문재인 대통령과 민주당이 내팽개친 공정과 민주주의

무너진 정의

오화석 지음

공감책방

정의를 위하여

"부모님 중 한 분이 전라도라서 생각 없이 민주당만 찍고 살았어요. '조국 사태' 때 분노하고 돌아섰습니다. 그래도 (민주당을) 지지하는 부모님께 '나를 흙수저로 키워놓고 조국을 옹호하시냐?'고 소리 지르며 눈물 흘리니, 그 다음부터는 아무 소리 못하시네요. 결국 2020년 4.15 총선에선 다른 당을 차마 찍지는 못하시고, 투표하지 않으신 걸로 제게 미안함을 대신하셨어요… 이 사회의 정의가 바로서기를 진심으로 바랍니다."

한 네티즌이 문재인 정부 비판기사에 적은 댓글이다. 읽다가 눈물이 핑 돌아 다 읽지 못하고 휴대전화에 복사해 놓았던 글이다. 정의가 바로서길 바라는 위 네티즌의 마음은 어쩌면 오늘을 사는 대한민국 평범한 국민들의 공통된 심정일 것이다.

난세다. 대한민국의 정치, 경제, 사법, 공정, 정의, 민주주의가 비틀대고 있다. 탈선한 전임 두 대통령은 감옥에 갔다. 새 대통령이 오면 나아질 줄 알았다. 그러나 감옥에 보낸 두 전직 대통령 때보다 더 험악하게 세상이 돌아간다.

박근혜 전 대통령은 우리 헌정사에서 최초로 탄핵됐다. 남녀노소할 것 없이 '박근혜-최순실 게이트'에 분노했다. 민주주의를 염원하는 수많은 촛불이 한겨울의 추위를 녹였다. 진보나 보수가 따로 없었다. 박 대통령을 탄핵소추하기 위해 여야 국회의원이 함께 나섰다. 그 이유는 오직 하나, 무너진 국격(國格)을 세우기 위해서였다. 민주주의를 존중하고 국민과 소통하며, 국민을 존중하고 통합하는 그런 대통령을 갖기 위해서였다.

선하고 잘생긴 얼굴, 노동·인권변호사 출신… 더불어민주당의 문재인 후보가 국민들의 낙점을 받아 새 대통령이 됐다. 문 후보를 지지한 국민들은 약 40%에 불과했다. 지지하지 않은 국민들이 훨씬 더 많았다. 그러나 취임 후 문 대통령에 대한 지지율은 80%를 웃돌았다. 역대 대통령 중 최고의 지지율이었다. 촛불 민심을 업고 탄생한 정권이기에 기대가 그만큼 컸다. '나라다운 나라'를 만들고 훼손된 민주주의의 복원을 염원하는 마음이었다. 문 대통령의 시대에는 두 전직 대통령 때와는 완전히 다른 새로운 세상이 펼쳐질 것으로 기대했다. 적어도 앞 정권 같은 독선과 불통, 비민주적 국정 독주는 없을 줄 알았다.

어, 어, 그런데 그게 아니었다. 앞으로 가는 줄 알았던 대한민국이 역주행하고 있었다. 감옥에 보낸 두 전직 대통령 때보다 더한 악행이 펼쳐지고, 심지어 군사독재 시절에도 못 보던 일들이 버젓이 눈앞에서 자행됐다.

문 대통령은 통합을 약속했으나 편 가르기 정치에 몰두했다. 소통을 말했으나 불통과 독선, 국정 독주가 박근혜 정권보다도 심했다. 부동산 문제는 자신 있다더니 아파트값, 전셋값 폭등은 역대 정권 최악이다. 약자 편이라더니 가난한 사람을 더 가난하게 만드는 정책을 고집했다. 공정과 정의를 부르짖더니 조국, 윤미향, 추미애, 박범계 등 자기편의 반칙과 불공정엔 귀 닫고 눈 감았다. 페미니즘 대통령이라더니 박원순, 오거돈 등 자기편의 권력형 성폭력은 끝내 외면했다. 도덕성을 으뜸으로 여긴다더니 성추행, 불륜, 절도, 음주운전, 부동산투기, 폭행 등 온갖 추문에 걸렸다 하면 민주당 쪽이었다.

특히 검찰개혁을 외치더니 검찰 장악을 위해 온갖 악행을 서슴지 않았다. 살아있는 권력의 비리도 눈치보지 말고 수사하라더니 막상 자신들 비리를 수사하자 대놓고 검찰을 압박하고 공격했다. 민주당 대표였던 추미애 법무부장관은 청와대의 울산시장선거 불법개입의혹사건, 월성원전(原電) 경제성조작의혹사건 등 다수의 권력비리 수사팀을 죄다 좌천시키거나 지방으로 쫓아냈다. 왕조시대에나 가능할법한 폭거였다. 그래도 검찰이 일부 수사를 지속하자 아예 검찰총장을 직무배제시켜 버렸다. 대한민국 헌정사에 단 한 번도 없던 패악질이었다. 검찰청 소속 평검사 100%가 정권의 검찰총장 직무 배제에 반대성명을 냈다. 헌정사상 최대의 검란(檢亂)이다. 그만큼 명백히 검찰의 독립성과 중립성을 훼손한 불법적, 반민주적 조치였기 때문이다.

후임으로 온 박범계 법무부 장관은 '추미애 시즌2'를 이어갔다. 추 장관처럼 친정권 검사에겐 영전을, 정권수사팀 검사들에겐 대놓고 좌천·보복인사를 단행했다. 또 검찰의 독립성을 저해하는 수사지휘권을 발동하는가 하면, 검찰인사에서 청와대 민정수석은 물론 심지어 문 대통령 '패싱(passing)' 논란까지 낳았다. 신(新)국정농단 의혹이다.

여기에 문 정권의 내로남불, 위선, 불공정, 표리부동의 상징인 조국 전 법무부 장관은 자기변명과 선동으로 일관한 책까지 냈다. 진실을 말해야 할 법정에선 300여차례나 증언을 거부한 그다. 치졸하고 사악한 저의가 명확히 읽힌다. 그런데도 부끄러움을 모른다. 뻔뻔하기가 하늘을 찌른다. 민주화 세력의 후예라고 자랑들하더니 하는 짓들은 군사독재정권이 도망갈 정도다.

믿을 수 없었다. 21세기 대한민국이 20세기 권위주의 통치시대로 역주행하고 있다. 거기에 인기영합의 포퓰리즘이 버무려졌다. 공정은 무너졌고 정의는 파괴됐다. 파괴의 주역들이 문 대통령을 비롯한 과거 민주화 투쟁을 훈장처럼 달고 다니던 사람들이라니, 배신이었다. 문 대통령과 민주당이 추구한 가치를 믿었던 사람들에 대한 배신이고, 민주공화국 대한민국 국민들에 대한 배반이었다. 우리가 알던 그 정당, 우리가 생각하던 그 대통령이 아니었다. 구적폐를 쫓았더니 신 적폐가 똬리를 틀고 오만한 위세를 떨고 있다. 4년 반의 신 국정농단으로 나라꼴은 엉망이 됐다.

그런데 어인 일인가? 이처럼 나라를 망가뜨린 민주당이 4.15 총선에서 압승했다. 180석이나 얻었다. 아니, 아무리 코로나19 사태가 문 정권의 실정(失政)과 악행을 눈가림했다 해도 어찌 이런 결과가 나올 수 있을까? 코로나19를 서구 선진국에 비해 잘 대처해서일까? 아니면 총선 직전 뿌린 엄청난 세금(재난지원금) 덕분이었을까? 그런 이유도 클 것이다. 그러나 그것만으로는 민주당의 압승이 설명이 안된다.

4.15 총선에서 더불어민주당과 제1야당 미래통합당이 얻은 득표 비율은 49.9%대 41.5%였다. 민주당 몰표가 쏟아져 부정선거 의혹이 일고 있는 사전투표까지 포함한 결과임에도 그렇다.[1] 부정선거 의혹이 있는 사전투표를 뺀 당일투표 결과는 민주당 123석, 통합당 124석으로 통합당이 오히려 1석이 더 많았다.

이 비율대로 산정해도 민주당과 통합당의 의석수는 대략 150석 대 125석이어야 한다. 그런데 결과는 180석 대 103석이었다. 너무 큰 차이가 난다. 어찌 이런 결과가 나왔을까? 바로 사전투표에 문제가 많았기 때문이다. 그래서 '사전투표 부정선거' 의혹이 강하게 제기됐다. 4.15 총선의 부정선거 의혹과 증거들은 차고 넘친다. 기약없이 연기하다 실시한 4.15 총선 무효소송에 대한 대법원의 첫 재검표에서도 부정선거 의혹과 증거들은 쏟아졌다. 이에 대해선 본문에서 자세히 다룰 것이다. 4.15 총선 부정선거 의혹을 묻으면 부정선거는 다가온 대선에서도 재현될 가능성이 높다.

필자는 우리 사회의 정의를 바라는 그저 평범한 시민이다. 추구하는 가치가 있다면 중도 진보적 가치, 즉 자유민주주의, 법치주의, 공정, 인권, 화해와 통합, 평화, 통일, 튼튼한 안보, 국부증진, 복지국가 등이다. 이는 문 대통령과 민주당이 내걸고 지향해온 가치이기도 하다. 만약 문 정권이 이런 가치에 어

---

1) 부정선거 의혹이 있는 사전투표를 뺀 당일투표 결과는 민주당 123석, 통합당 124석으로 통합당이 오히려 1석이 더 많았다.

느 정도라도 부합하는 정치를 했다면, 민주주의라는 정상 궤도를 이탈해 역주행하지 않았다면, 국민들에게 약속한 공약들을 단 한 가지라도 제대로 지켰다면, 심지어 탄핵당한 박근혜 대통령만큼만이라도 국정운영을 잘했다면 없는 시간을 내 이 책을 쓰지는 않았을 것이다. 평범한 시민으로서 일상만도 바쁘기 때문이다.

이 책은 꽁꽁 막힌 답답한 대한민국 현실에 대해 한 시민이 목 놓아 외치는 격문(檄文)이다. 문 정부에서 발생한, 혹은 문 정부가 일으킨 대표적 사건들에 대해 그 진실이 무엇인지, 그 의미가 무엇인지 추적한다. 정파, 진영에 구애받지 않고 오직 국민과 민주주의적 가치, 사실(팩트) 중심으로 서술할 것이다.

문재인 정권과 더불어민주당은 국민을 배신했다. 이에 대해 엄중한 법적·역사적 심판을 받아야 할 것이다.

오 화 석

목 차

1부

문재인 대통령의
위선과 거짓

사람이 아닌 "사저가 먼저다"

"그 정도 하시지요. 좀스럽고 민망한 일입니다"

　문재인 대통령은 2021년 3월 12일 페이스북에 큰 논란의 글을 남겼다. 이는 6개월 전인 2020년 9월 2일 의사-간호사 갈라치기 글 못지않게 거센 논란을 불러일으켰다. 문 대통령의 페이스북에 실린 글을 그대로 옮겨 본다.

　　"선거 시기라 이해하지만 그 정도 하시지요.
　　좀스럽고, 민망한 일입니다.
　　대통령 돈으로 땅을 사서 건축하지만 경호시설과 결합되기 때문에 대통령은 살기만 할 뿐 처분할 수도 없는 땅이지요.
　　노무현 전 대통령의 봉하 사저를 보면 알 수 있지 않나요?
　　모든 절차는 법대로 진행하고 있습니다."

　신문과 방송에 나온 이 말을 듣고 귀를 의심했다. 저게 정말 문 대통령이 쓴 글이 맞는가? 믿을 수가 없었다. 우선 언어의 낮은 품격이다. 아마도 이 글은 야당의 문 대통령 사저(私邸) 투기의혹에 대응하는 글일 것이다. 그렇다면 문 대통령은 나라의 어른, 국가의 최고 책임자로서 논리적이고 품위있게 답변했어야 할 것이다.

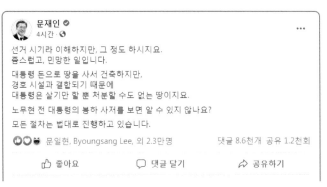

문 대통령 페이스북 캡처.

　혹시 문 대통령은 야당 국회의원들이 비판하니 그 국회의원들만을 상대로 답변했을지 모른다. 그러나 야당 국회의원들도 국민의 대표 아닌가? 야당이지만 그를 지지하는 다수의 국민이 있을 것이고, 그 사람들도 모두 대통령의 국민이다. 어느 모로 보든 대통령은 국민의 종이며, 국가 최고의 공인으로서 언제나 국민에 대한 예의와 품격을 갖고 발언해야 한다.

　그런데 "좀스럽고 민망"하다니⋯ 국회의원들에게, 국민들에게 감히 어찌 이런 저급하고 도발적인 표현을 쓸 수 있을까? 만약 상대 야당 의원이 먼저 자극적인 언어로 도발했다면 그럴 수도 있다고 이해한다. 그러나 야당은 자극적 단어나 언어를 사용하지 않고 양산 사저의 위법성과 투기 의혹 등을 지적했을 뿐이다.

　좀스럽다는 말은 '도량이 좁고 옹졸하다' '졸렬하다'는 뜻이다. 대통령이란 분이 상전인 국민들에게 '도량이 좁고 옹졸하다' '졸렬하다'고 말하고 있는 것이다. 이 말이 상대를 낮추고 폄하해 얼마나 큰 분노를 일으키는 언어인지 문 대통령은 모르는 것일까? 만약 누군가 내게 '좀스럽다' '옹졸하다' '졸렬하다'라고 하면 바로 싸움이 날 수도 있는 자극적 언사이다. 페이스북에 적힌 문 대통령 발언의 그 가벼움과 저렴함에 새삼 놀랐고 실망했다.

"조국과 코드가 비슷하시네요"

문 대통령의 해당 페이스북에는 실망하고 분노한 국민들의 댓글이 끝없이 이어졌다.

> "한가하시네요, 이런데 대꾸하시고… 조국만 그런 줄 알았는데 코드가 비슷하시네요." - 이★★

> "참~… 어이가 없네요. 뭐가 좀스럽다는 건지… 어떤 사소한 의혹 제기가 있어도 성실히 해명하고, 잘못이 있으면 사과하면 될 일. 좀스럽다고 하시면 되는가요?" - 김★★

> "대통령이란 분이 이렇게 페이스북에 기분 나쁘다고 쓰시는 게 더 좀스럽고 민망합니다. 의혹이 있으면 충분히 밝히고 떳떳하게 설명하시는 게 대통령의 도리 아닐까요?" - 송★★

> "이게 한 나라의 대통령이 인터넷 페이스북에 할 말인가요? 정말 부끄럽고 한숨만 납니다. 연예인도 이런 식으로 SNS에 올리면 욕먹습니다." - 정★★

> "국민이 불쌍합니다. 대통령이라 함은 나라의 큰 어른이신데, 국민에게 불편한 마음을 끼쳤으면 '송구스럽다' 이야기하면 될 것을… 좀스럽다는 표현까지 쓰는 것은 나라의 어른으로서 참으로 좀스러운 처신입니다." - 이★★

문 대통령, 양산 사저 비판에 과민반응

문 대통령은 왜 페이스북에 이런 저급한 언어를 적었을까? 황급히 말해야 할 만큼 양산 사저에 대한 야당의 비판과 공격이 아프고 쓰라렸던 것일까? 아니면 서울·부산시장 보궐선거가 다가와 이때다 싶어 지지자들에게 도와달라는 호소 메시지를 전하고 싶었을까? 사안과 별 관계없어 보이는, 돌아가신 노무현 대통령을 소환하면서까지 말이다. 이나저나 모두 한 나라의 대통령으로서 매우 바람직하지 않은 처사였다.

문 대통령이 민감하게 반응한 경남 양산 사저에는 어떤 문제가 있는 것일까? 뭐가 문제이기에 평소에 비친 문 대통령의 모습과는 크게 격이 낮은 언어로 글을 쓰게 했을까? 문 대통령이 퇴임 후 거주할 양산 사저 문제는 2020년 8월 6일 <중앙일보>의 특종기사로 세간에 알려지게 됐다.

코로나19가 한창 창궐하던 2020년 4월 문 대통령 부부는 퇴임 후 거주할 목적으로 경남 양산 사저 부지를 매입했다. 그런데 이중 일부가 농지인 것으로 드러났다. 청와대와 등기부등본에 따르면, 문 대통령 부부와 대통령 경호처는 경남 양산시 하북면 지산리 313번지와 363-2~6번지 일대 3860㎡(1170평) 땅을 샀다. 또 부지 내 2층짜리 단독주택(1층 87.3㎡, 2층 22.32㎡)도 함께 매입했다. 매입 금액은 14억여원 가량.

사저 토지 일부 집 지을수 없는 농지

이 사저 토지의 문제점은 크게 두 가지다. 첫째, 이 토지의 일부가 집을 지어도 되는 대지가 아닌, 농업목적의 농지란 것이다. 둘째, 문 대통령 부부가 제출한 농업경영계획서가 허위로 작성된 의혹이 있다는 점이다.

먼저 사저 부지의 농지 의혹부터 살펴보자. 국민의힘 안병길 의원이 해당 부지의 등기부등본과 토지대장 등을 확인한 결과, 이 가운데 363-4번지 토지 1871㎡(566평)가 농지(지목:전)인 것으로 확인됐다. 이 땅은 문 대통령과 김정숙 여사가 지분 절반씩 공동명의로 취득했다. 안 의원은 "농지(566평)를 취득한 이후 예외적 사유 없이 휴경(休耕) 상태라면 농지법 위반에 해당한다."고 말했다.

경남 양산시 하북면사무소가 안 의원실에 제출한 농지취득자격증명서에 따르면, 문 대통령 부부는 이 땅에서 유실수(과일 생산 목적의 나무) 등을 재배하겠다며 '농업 경영'의 목적으로 농지를 샀다.

농지법 제6조에 따르면 농지는 자기의 농업 경영에 이용하거나 이용할 자가 아니면 소유하지 못한다. 또 농지법상 '자경'은 "농업인이 소유 농지에서 농작물 경작 또는 다년생 식물 재배에 상시 종사하거나 농작업(農作業)의 2분의 1 이상을 자기의 노동력으로 경작 또는 재배하는 것"으로 정의한다. '농업인'은 ▶1000㎡ 이상 농지에서 농작물 등을 재배하거나 ▶1년 중 90일 이상을 농업에 종사하는 사람 ▶농업 경영을 통한 농산물 연간 판매액이 120만원 이상인 사람 등이다.(중앙일보)

안 의원실 관계자는 "2020년 4월 25일 문 대통령의 사저 부지를 답사했다. 울타리 안쪽으로 보이는 해당 농지에서 경작의 흔적은 찾아볼 수 없었다."고 말했다.

<중앙일보>가, 농지 취득자가 문 대통령 부부임을 밝히지 않고 해당 사례를 관련 부처인 농림축산식품부에 문의하자 다음과 같은 답변이 돌아왔다.

"농지인데 현재 휴경을 하고 있으면 농지를 부정하게 취득한 것으로 인정돼 농지 처분 의무가 발생하는 등 벌칙이 부과된다."

즉, 원칙적으로 농지임에도 휴경하고 있으면 농지 부정취득으로 인정돼 농지를 처분해야 한다. 헌법의 '경자유전(耕者有田)' 원칙에 따르면 농지는 직접 농업 경영을 하는 농업인과 농업법인만이 소유할 수 있다.

이에 대해 청와대는 "(지산리) 사저 부지에 농지가 일부 혼재됐다. 지금은 어느 정도로 사저를 설계할지 구상하는 단계"라며 "구상하면서 (농지가) 겹치면 그 구역은 일부 (토지) 형질 변경을 해야 할 것"이라고 말했다. 그러면서 "(농지 구입 과정에서) 모든 법 절차를 다 지켰다. 지자체의 승인도 다 받았다."며 "대통령이라고 해서 특별한 과정이나 절차를 거친 것은 하나도 없다."고 반박했다.

농업경영계획서 허위작성 의혹

둘째, 농업경영계획서가 허위로 작성됐다는 의혹이다. 안 의원은 문 대통령 부부가 농지를 취득하기 위해 제출한 농업경영계획서가 허위로 작성됐다고 주장했다. 안 의원실이 하북면사무소로부터 제출받은 농업경영계획서에 따르면 문 대통령의 영농 경력은 11년으로 기재돼 있다. 또 문 대통령은 2009년 매입한 양산시 매곡동의 현재 사저 부지 안에 '논(畓)'으로 설정된 76㎡(3개 필지)에서 유실수 등을 '자경'해 왔다고 신고했다. 해당 계획서는 문 대통령 부부의 위임을 받은 대리인이 작성했다.

문재인 대통령 내외가 퇴임 후 거주할 경남 양산시 하북면 지산리 평산마을에 자리잡은 사저 부지 입구. /TV조선뉴스 캡처

안 의원은 "문 대통령이 2009년 매곡동 사저를 사들인 이후 현재까지 농사를 지은 것으로 합산해 영농 경력을 11년으로 기재한 것으로 보이는데, 당시부터 현재까지 문 대통령은 국회의원과 대선후보, 당대표 등을 거치면서 자경할 수 없는 상황이었다."며 "대통령의 영농 경력이 언제부터를 기준으로 한 것인지 청와대가 명확하게 밝혀야 한다."고 주장했다.

이에 대해 청와대 고위 관계자는 "(현재의 매곡동 사저에서 문 대통령이) 틈틈이 밭을 일궜다. 휴가 때 내려가면 한다. (김정숙) 여사도 밭을 가꾸곤 했다."고 해명했다. 그는 "양산 사저 매입 후 김정숙 여사가 여러 차례 양산에 내려가 비료도 주고 실제로 경작을 했다."고 덧붙였다. 이와 관련, 안 의원은 "농사를 지었다는 땅을 확인해보니 농사지을 수 없는 아스팔트 도로였다."고 반박했다.

또한 청와대는 문 대통령이나 김 여사의 경작이 농지법상의 '자경(自耕)' 등의 요건을 충족하는지는 설명하지 않았다. 바로 위에서 보았듯이, 농지법 상 자경은 '농업인이 소유 농지에서 농작물 경작 또는 다년생 식물 재배에 상시 종사하거나 농작업(農作業)의 2분의 1 이상을 자기의 노동력으로 경작 또는 재배하는 것'을 말한다. 농지법에 따르면, 문 대통령과 김 여사의 경우는 명백히 '자경'에 해당되지 않아 보인다.

익명을 요구한 농지법 전문가는 <중앙일보>에 "관외 거주자인 영부인이 자신의 업무를 수행하면서 얼마나 자주 양산에 머물며 경작할 수 있었는지 의문"이라며 "일반적인 경우라면 수백 ㎞에 달하는 통작거리(거주지와 농지 간 거리)로 인해 농취증 심사 통과가 어려웠을 것"이라고 지적했다.

농지법 위반 의혹을 제기한 안 의원은 "애초에 사저 신축을 위한 부지 매입이었음에도 농취증 신청서 취득 목적에 '농지 전용'이 아닌 '농업 경영'이라고 적고 농업경영계획서까지 작성해 행정당국을 속인 것"이라고 주장했다.

이와 관련, 김은혜 국민의힘 대변인은 "600평 가까이 되는 농지를, 결정도 안 된 형질 변경을 전제로 (사저 신축을 위해) 매입하는 것이 일반 국민이라면 가능했겠느냐?"며 "농지전용 허가를 받는 경우 공시지가 자체가 상승한다. 싼값에 농지를 매입해 형질을 변경하는 것은 그토록 이 정부가 문제라던 투기와 다름없다."고 주장했다.

농지의 형질변경 통한 투기 의혹

정리해 보자. 첫째, 문 대통령 부부는 양산에 퇴임 후 살 사저 토지로 일부 농지(566평)를 샀다. 대지가 아닌, 집을 지을 수 없는 농지였다. 그래서 사저를 짓기 위해서는 농지를 대지로 형질 변경해야 했다. 농지를 산지 10개월만에 지자체는 형질변경을 해주었다. 지자체가 승인했으니 청와대는 불법이 아니라고 한다.

이게 일반적으로 일어날 수 있는 상식적이고 공정한 일인가? 집을 지으려면 대지를 사야지 왜 농지를 사는가? 대지는 비싸기 때문에 값이 싼 농지를 산 것 아닌가? 농지를 사서 형질 변경해 대지가 되면 당연히 땅값이 올라간다. 상당한 정도의 시세차익이 발생한다. 문 대통령은 "살기만 할 뿐 처분할 수도 없는 땅"이라며 이 땅을 바로 팔 것이 아니기 때문에 투기가 아니라고 항변하는 것 같다. 그러나 문 대통령은 그 사저를 언젠가 자식들에게 물려줄 것이 아닌가? 그렇다면 비정상적 거래에 의한 시세차익을 그대로 자식들에게 물려주는 것 아닌가?

또 청와대는 지자체가 형질변경을 승인했으니 불법이 아니라고 주장한다. 그러나 대통령과 청와대가 신청하는데 이를 거부할 간 큰 지자체 공무원이 어디 있는가? 그러고서 불법이 아니라고 하면 그만 끝인가? 이게 헌법 준수를 생명처럼 여겨야 하는 대통령의 바른 행태인가? 더구나 법을 누구보다 잘 아는 변호사 출신 대통령이 말이다.

둘째, 문 대통령은 농지취득자격증명서에 11년의 농업경력과 함께 유실수 등을 재배하겠다며 농지취득 목적을 '농업경영'이라고 적었다. 사저를 지을 땅을 구입하기 위한 것인데, 농지로 값 싸게 사기 위해 믿기 힘든 11년의 농업 경력을 적고, 향후 농업경영을 할 것이라고 약속했다. 거짓말 아닌가? 농지를 사서 형질 변경해 대지로 바꾼 후 사저를 지을 계획이면서 농사지을 것이라고 거짓말한 것 아닌가?

게다가 이를 뒷받침한다고 청와대는 문 대통령 부부가 틈틈이 양산에 내려가 밭을 경작했다고까지 했다. 김정숙 여사는 종종 양산에 내려가 비료도 주고 실제로 경작을 한다고 했다. 이걸 믿으라는 건가? 청와대에서 양산 하북면 지산리까지 400여km에 자동차로 보통 5시간 가까이 걸리는 곳에 대통령 부부가 직접 농사지으러 간다고? 이런 황당무계한 주장을 믿을 국민이 얼마나 될까?

백보를 양보해 문 대통령 부부가 농사를 지었다고 하자. 농사짓겠다고 약속하고 농지를 샀으면 그 땅에 계속 농사를 지어야 하지 않나? 왜 1년도 안돼 토지 형질 변경을 하는가? 애초 형질 변경을 염두에 두고 있었으면서 농지 담당 공무원을 속인 것 아닌가?

변호사 대통령의 편법에 분노

이와 관련해 네티즌들은 문 대통령의 페이스북 글에 강하게 항의 혹은 조롱하는 댓글을 달았다.

"변호사이신 분이 경자유전의 원칙을 모르실리 없죠. 헌법을 존중하는 대통령이라면 그 땅을 사저 부지로 매입하지는 않았을 것입니다. 가짜 영농계획서까지 써가면서 편법을 사용한 것인데, 왜 투기로 (투기하지 않았다고) 프레임을 바꾸시는지요? 정말 민망합니다." - 박★★

"농부의 길을 꿈꾸고 있는 청년입니다. 영농경력이 11년이나 되시는, 그것도 대통령인 동시에 농부였던 대단한 스펙을 가진 농업선배에게서 배움을 얻고 싶습니다. 특히 아스팔트 위에서 농사를 짓는 법은 다른 그 어디에서도 배울 수 없는 값진 정보일 것 같은데요. 실례가 안된다면 한수 가르침을 청합니다." - 이★★

"아무리 경호 목적으로 핑계를 댄다 해도 이해할 수 없는 건 영농이 직업이 아닌 사람이 꼭 농지를 사야만 했나요? 농지취득자격증명서에 농업경력을 그렇게 써야 했나요? 그 지역에는 대지가 없나요? 전직 대통령이면 넓은 땅에 꼭 고대광실 집을 짓고 살아야 하나요? 국민으로서 절대 인정할 수 없

는 부분입니다." - 최★★

"(투기 의혹의) LH 직원들도 11년차 경력 영농인 대통령의 뜻을 따르고자 은퇴 후를 대비해서 법대로 농지 사고 묘목 심었다고 하면 뭐라고 하실 것인가요? 사소한 법이라도 위반할까 조심하면서 살아가는 국민들과, 횡단보도 하나 건너더라도 손들고 지나가고 법과 양심을 따라 행동해야 한다고 배우며 커가는 이 나라의 초등학생들, 청소년들에게 무엇이라고 변명하실 것인가요?" - 윤★★

정곡을 찌르는 네티즌들의 한마디 한마디가 뼈를 때린다. 문 대통령은 대통령이 되기 전 '새로운 대한민국을 만들기 위한 문재인의 비전과 약속'이라며 '사람이 먼저다'를 주창했다. '사람이 먼저다'라는 이름의 책도 냈고, 대선 캠페인 슬로건으로 사용하기도 했다. 많은 사람이 공감하고 지지했다.

그러나 대통령이 된 후 문 대통령은 사람에는 관심이 없어 보였다. 국가 공무원이 북한군에 잔인하게 참수당해도, 정부가 관장하는 공기업 직원들이 투기의혹에 극단적 선택을 해도, 대통령의 지시로 시작된 검찰수사에 모멸감을 느껴 전직 대한민국 기무사령관(3성 장군)이 자살해도 문 대통령은 냉혹하리만큼 무관심했다. 그랬던 문 대통령이 자신의 사저 문제에는 매우 민감하게 반응했다. 그래서 문 대통령에겐 사람이 아닌 "사저가 먼저다"라는 비아냥이 터져 나왔다.

문 대통령이 페이스북에 사저 관련 글을 올린 날은 LH 직원이 투기의혹에 죄송하다며 자살한 날이었다. 슬픈 일이다. 대통령이라면 페이스북에 "좀스럽다"고 비난의 글을 올리기 전에 공기업 직원의 죽음에 위로와 국민에 대한 사과의 글을 적는 게 먼저가 아니었을까? 그렇다면 "사람보다 사저가 먼저다"라는 조롱의 소리는 안들었을 것이다.

2012년 대선 문재인 후보 TV광고 '사람이 먼저다'

<조선일보>에 따르면, 청와대에서는 문 대통령의 페이스북 글 게시를 만류했다고 한다. 한 여권 관계자는 "참모들이 대통령을 말렸지만, 직접 쓰겠다는 의사를 밝히신 걸로 알고 있다."고 말했다. 또 문 대통령의 '좀스럽다' '그 정도 하시지요' 라는 표현을 두고 당 내부에서도 "대통령이 직접 쓴 것이 맞느냐"는 의구심이 나왔다고 한다.

민주당의 한 중진 의원은 "가뜩이나 정부의 LH 사태 대책에 대한 여론이 부정적이고, 민심이 떠나고 있는 상황에서 대통령이 본인 의혹에 대한 감정적 호소를 하는 건 민심에 불을 지르는 것 아니겠나?"라며 "대통령 사저 의혹은 어제 오늘 일이 아니고, 청와대에서 대신 해명하면 될 일이었다."고 아쉬워했다.

문 대통령의 이례적 거친 메시지에 대해 여권 일각에선 "대통령의 참아왔던 분노가 터진 것"이라는 말도 나왔다. 당시 문 대통령 딸 다혜 씨와 처남의 부동산 투기 의혹이 불거진 상황에서 문 대통령 자신의 경남 양산 사저까지 논란이 되자 문 대통령이 분노했다는 것이다.

문 대통령 딸·처남의 투기의혹도 불거져

　다혜 씨는 2019년 5월 자신이 해외(태국)에 거주하면서 서울 양평동 집을 매입했다가 2년 뒤 되팔아 1억4000만원의 차익을 본 사실이 알려졌다. 곽상도 국민의힘 의원실과 국토교통부 실거래가 시스템에 따르면, 다혜 씨는 서울 영등포구 양평동의 다가구용 단독주택(지하층, 1·2층, 옥탑, 대지면적 84.6㎡)을 2021년 2월 9억원에 처분했다.

　등기부등본에 따르면, 다혜 씨는 이 주택을 2019년 5월 7억6천만원에 대출 없이 매입했다. 약 21개월만에 1억4천만원의 시세차익을 거둔 셈이다. 해당 주택은 지하철 9호선 선유도역 주변에 있는데, 다혜 씨가 매입한 뒤 우연찮게 주변이 서울시의 지구단위계획 구역으로 지정됐다. 또 문 대통령의 처남 김 모씨가 10여년전 소유했던 경기도 성남시 그린벨트(개발제한구역) 내 전답(田畓)이 LH에 수용되면서 47억원의 토지보상 차익을 거둔 사실도 보도됐다.

　이같은 대통령 가족들을 향한 야권과 언론의 비판이 과하다는 생각에 문 대통령이 화가 났다는 얘기다. 문 대통령의 입장에서 야당과 언론이 가족들의 투기 의혹을 제기하니 화가 날 법도 하다. 그러나 문 대통령은 대한민국의 대통령이다. 최고의 공인이다.

　만약 이들 의혹이 근거 없다고 여긴다면 이에 대해 겸손한 자세로 투명하고 소상하게 해명하면 될 일이었다. 문 대통령은 법을 잘 아는 변호사가 아닌가? 그렇다면 법에 따라 문제가 없음을 논리적으로 설명해야 했다. 대뜸 페이스북에 야당을, 국민들을 윽박지르듯이 저렴한 언어로 비난하고 공격한 것은 지나쳐도 한참 지나쳤다고 생각된다.

　2011년 10월 문 대통령은 당시 박원순 서울시장 후보 유세 현장을 찾아 "(이명박) 대통령 사저 부지가 무엇을 의미하는가. 탐욕이다."라며 "이미 충분히 많이 가진 사람들이 또 욕심을 부리는 것이 이명박 정부가 해온 정치"라고 비난했다. 이명박 전 대통령의 내곡동 사저 건은 2012년 민주통합당의 요구로 특검이 실시됐다.

남의 허물에 대해서는 그렇게 가혹했던 문 대통령. 그러나 본인의 허물을 지적하는 비판에는 신경질적으로, 원색적으로 반응하는 문 대통령. 그런 문 대통령의 발언에 화가 난 국민들은 문 대통령에게 같은 말을 되돌려주고 싶어 한다.

"그 정도 하시지요. 좀스럽고 민망한 일입니다"

빈손으로 허름한 농가로 돌아간 대통령

11년 농민 경력의 문재인 대통령! 대통령직을 수행하며 청와대에서 수백 km나 떨어진 밭에서 농사도 함께 지었다니, 경이롭다.

'농민 대통령' 하니 생각나는 사람이 있다. 2020년 10월 정계를 은퇴한 남미 우루과이의 호세 무히카(Jose Mujica) 전 대통령이다. 무히카야말로 대통령직과 농민의 삶을 혼연일치가 돼 함께 산 인물이다.

그는 대통령이 되기 전에도, 재임 기간 중에도, 또 퇴임 후에도 평범한 농부의 삶을 살았다. 우물에서 직접 물을 길어다 쓰고, 빨래도 직접 했다. 농가 마당에는 대통령 부부가 오랜 기간 직접 가꾼 꽃과 화초가 무성했다. 그는 대통령이 되어서도 프로필에 '농부'라고 적었다고 한다.

무히카는 2010년부터 2015년까지 5년간 우루과이 대통령으로서 재임했다. 재임기간 동안 그는 대통령 관저를 집 없는 노숙자에게 내주었다. 대통령 별장도 시리아 난민 고아들이 쓰도록 배려했다. 대신 자신은 쓰러져가는 시골 농가에 살며 1987년형 낡은 하늘색 폴크스바겐 비틀을 직접 몰고 출퇴근했다. 그의 농가는 문 대통령처럼 대통령 관저에서 수백 km나 떨어진 곳은 아니었다. 수도인 몬테비데오 외곽이었다. 대통령에 대한 경호도 두어 명의 경찰 경호원이 담당했다.

한 나라의 대통령이면서도 그는 늘 노타이에 낡은 통바지, 싸구려 구두를 신고 다녔다. 보여주기식 '쇼'나 가식이 아니었다. 그가 제출한 재산신고 서류에 따르면 대통령 월급은 1만4천 달러(약 1500만원)였다. 그는 월급의 90%를 서민주택 건설을 위해 사회단체에 기부했다. 기부한 액수가 40만 달러(약 4억4천만 원)를 넘었다.

퇴임할 때 무히카 대통령의 재산 목록에는 허름한 농장과 낡은 중고차 폴크스바겐 비틀, 트랙터 2대, 그리고 몇 대의 농기구가 전부였다. 그래서 '세계에서 가장 가난한 대통령', '세계에서 가장 검소한 대통령'으로 불렸다.

무히카는 1935년 빈농의 아들로 태어났다. 집안이 가난하니 어릴 때부터 생계 전선에 뛰어들었다. 8살에 아버지를 잃고 가족과 함께 꽃을 팔아 근근이 생활했다.

1960~70년대 군사독재정권이 들어서자 이에 항거하기 위해 그는 '도시 게릴라 운동가'가 됐다. 1962년 도시 게릴라 조직 투파마로스 인민해방운동(MLN-T)에 합류해 무장반군으로 활약했다. 하수구를 거점으로 게릴라 투쟁을 벌여 '로빈후드'로 불리기도 했다.

그는 체포돼 교도소 땅굴에 갇혔으나 두 번이나 땅굴을 파고 탈출한 '전설적 탈옥수'로도 이름을 날렸다. 또 37살에 투옥된 후에는 14년간이나 독방 감옥살이를 했다.

감옥에서 풀려난 뒤 정계에 투신했다. 1994년 하원의원으로 선출됐다. 게릴라 출신의 사상 첫 하원의원이었다. 1999년 상원의원을 거쳐 2005년 농축수산부 장관을 지냈다. 2009년 11월 대선에서 중도좌파연합 프렌테 암플리오(Frente Amplio) 후보로 나서서 제40대 우루과이 대통령이 됐다.

대통령에 취임한 뒤에는 실용주의 정책으로 우루과이 정치·경제 발전의 토대를 닦았다. 좌파 출신답지 않게 남미에 널리 퍼진 포퓰리즘과는 거리를 두었다. 또 대통령 재직동안에는 갈등과 적대가 아닌, 소통과 포용정책을 펼쳤다. 대선 레이스 경쟁자를 부통령에 임명하는 등 경쟁자와 반대자를 포용했다. 심지어 과거 게릴라 시절 자신을 14년간 감옥에 가두고 고문했던 군부에도 보복하지 않았다.

언론, 국민과도 늘 소통했다. 그는 "최악의 협상이 최선의 전쟁보다 낫다"며 투쟁보다는 대화와 협치를 강조했고, "대통령과 국민 사이에는 거리가 없어야 하므로 대통령을 지나치게 받들어 모시는 풍조를 없애야 한다."며 소탈함과 탈권위주의를 실천했다.

또 대통령이란 권위주의적 태도로 기자들에게 질문의 장벽을 치지도 않았고, 기자들이 농가에서 인터뷰를 할 때는 아내가 요리하고, 직접 마테차를 끓여 나누기도 했다. 아내 루시아 토폴란스키도 민주화투쟁 게릴라 대원 출신이었다. 두 사람은 군사정권에 체포돼 10여 년간 복역하면서 맺은 인연으로 부부가 됐다. 이후 아내는 우루과이 최초의 여성 부통령이 되었다.

무히카 대통령은 재임 기간 연평균 5.7%의 높은 경제성장을 견인하고 빈곤감소, 노동기회의 확대, 환경 보호 등에서 상당한 성과를 거뒀다는 평가를 받는다. 우루과이의 국민들은 퇴임하는 그에게 많은 박수갈채를 보냈다. 퇴임 때 지지율이 65%로 당선 지지율(52%)보다 훨씬 높았다.

대통령 퇴임 후 살던 농가로 돌아가 사는 호세 무히카 전 우루과이 대통령.

그는 대통령 퇴임 후 살던 허름한 농가로 되돌아갔다. 그는 집 없는 서민주택 건설을 위해 대통령 월급의 대부분을 기부해 '빈손'이었다. '빈손 농부'로 대통령이 되었다가 나올 때도 '빈손 농부'였다.

멀쩡한 고향 집을 두고 퇴임 후 새로 약 1200평에 달하는 거대한 사저를 짓겠다는 '농부' 문 대통령과 크게 구별된다.

"코로나19 곧 종식될 것"
청와대서 짜파구리 파티

"코로나 시국에 파안대소라니, 실화냐?"

문재인 대통령은 코로나19가 퍼지기 시작한 2020년 2월 20일 봉준호 감독과 배우 송강호 씨 등 영화 '기생충' 제작진과 배우들을 청와대로 초청해 오찬을 함께 했다. 문 대통령이 '기생충'의 아카데미 4관왕을 축하하기 위해 봉 감독 등을 청와대로 초청해 대접한 행사였다.

오찬 메뉴로 '기생충'에 등장해 화제가 된 짜파구리(짜파게티와 라면 너구리를 섞은 것)가 나왔다. 원작(原作)에 나온 '소고기' 대신 김정숙 여사가 서울 면목동의 한 전통시장을 찾아 구입한 진도 대파와 돼지고기 등을 곁들여서 만든 음식이라고 했다.

영화 기생충에서 '짜파구리'는 부잣집 가정에서 한우 채끝살을 곁들여 먹으면서 빈부격차를 상징하는 장치였다. 문 대통령도 '기생충'의 주제 의식을 염두에 둔 듯 이날 오찬에서 "불평등 해소를 최고의 국정 목표로 삼고 있는데, 반대도 많고 속 시원히 금방금방 성과가 나타나지 않아 매우 애가 탄다."고 말했다. 특히 이날 오찬에서는 참석자들이 대화를 나누는 과정에서 파안대소(破顔大笑: 얼굴이 찢어지도록 한바탕 크게 웃음)하는 장면들이 촬영됐다. 이는 언론에 대대적으로 보도됐다.

문재인 대통령과 김정숙 여사가 2020년 2월 20일 청와대에서 영화 '기생충'
봉준호 감독(신동호 앵커 뒤쪽) 등 참석자들과 대화를 나누던 도중 크게 웃고 있다.
/TV조선 캡처

영화 기생충이 4개의 아카데미상을 수상한 것은 한국 영화사에서 기념비
적인 사건이다. 청와대로서도 충분히 축하할만한 일이다. 문제는 시점과 방식
이었다. 청와대에서 오찬을 하기 전날(2월 19일) 우한폐렴(코로나19) 확진자
가 하루 한자릿수에서 22명으로 급증했다. 이날 최초의 사망자가 발생한 사
실도 공개됐다. 오찬 당일(20일)에는 확진자가 55명이나 추가되어 총 환자수
가 100명을 넘어섰다. 코로나사태가 아주 위급하게 돌아갔다. 이 같은 상황
에서 청와대가 예정됐던 축하 행사를 강행한 것이다.

문 대통령은 이에 앞서 2월 13일 주요 대기업 총수들과 '코로나19 대응 경제
계 간담회'를 가졌다. 문 대통령은 이 자리에서 "아직 국외 유입 등 긴장해야 할
부분들이 많이 남아 있지만, 국내에서의 방역 관리는 어느 정도 안정적인 단계
에 들어선 것 같다."며 "검역 당국이 끝까지 긴장을 놓지 않고 최선을 다하고 있
기 때문에 코로나19는 머지않아 종식될 것"이라고 단언했다.

당시는 4일째 추가 확진자가 발생하지 않았던 시기였다. 그러나 닷새 뒤인
18일 대구 신천지 교인인 31번 환자가 나온 뒤부터 확진자가 급증하기 시작했
다. 이 때문에 당시 문 대통령의 상황 인식이 지나치게 낙관적이어서 결국 방

역 실패로 이어진 것 아니냐는 지적이 나왔다. 청와대 짜파구리 파티도 이런 상황 인식하에 강행하였을 것이란 주장이다.

문 대통령 등이 짜파구리 파티하며 파안대소하는 장면을 두고 네티즌들 사이에서 크게 논란이 일었다. 한 네티즌은 "국민들은 우한 코로나로 불안에 떨고 있는데 웃음이 나오나?"라고 비난했고, 다른 네티즌은 "영화 '기생충'에서 나온 부자들의 파티 모습이 청와대에서 실제 연출된 것 같다."고 분석했다.

"나라 꼴이 이 모양인데, 짜파구리는 맛이 좋더냐?", "국민이 지금 코로나 바이러스 때문에 불안에 떨고 있는데 방역 잘 된 청와대에서 짜파구리가 넘어가냐?", "이 시국에 파안대소라니, 실화냐?"는 등 비판 댓글들이 대부분이었다. 야당도 "국민들은 자신들의 오늘과 너무 동떨어진 대통령 내외의 오늘에 절망감을 느낀다."고 비판했다.

청와대는 예정됐던 축하행사라 미룰 수 없었다고 항변할지 모른다. 그러나 국민들은 갑작스런 코로나19 상황의 악화로 장례식에 참석하지도 못하고, 일반 모임은 물론이고 오래 전에 확정한 결혼식조차도 미루는 경우가 아주 많았다. 그런데 코로나 방역의 최고 책임자인 문재인 대통령 내외는 영화 관련자들을 청와대로 불러 파안대소했다.

또 이를 언론에 알려 전국민이 알게 했다. 아마도 한국 영화 최초로 아카데미상을 받아 인기가 높아진 배우와 감독의 인기에 함께 묻어가고자 했을 것이다. 만약 축하행사를 갖더라도 조용히 치렀다면 국민들의 분노와 허탈감, 좌절감은 덜했을 것이다. 대통령으로서 코로나19로 인해 돌아가신 사망자와 국민들의 입장은 고려하지 않고 인기에 연연해 스스로 자초한 논란인 것이다.

공무원 사살됐는데 아카펠라 관람

이와 유사한 일은 7개월 후 또 발생했다. 2020년 9월 22일 두 아이의 아버지인 해양수산부 공무원 이모(47) 씨가 바다에서 실종된 뒤 북한군에 발견돼 사살되고 시신이 불에 태워진 전율할 사건이 발생했다.

　문 대통령은 다음 날인 9월 23일 오전 이 사건을 보고받고도 아무런 대응도 하지 않았다. 그러다 하루가 더 지난 24일 경기 김포시 '디지털 뉴딜' 관련 행사에 참석해 아카펠라 공연을 봤다. 국민이 북한군에 의해 사살되었는데도 NSC(국가안전보장회의)에는 참석하지 않았다. 이 소식이 공분(公憤)을 불러왔다.

문재인 대통령이 2020년 9월 24일 오후 경기 김포시 민간 온라인 공연장인
캠프원에서 열린 디지털뉴딜문화콘텐츠산업 전략보고회에 참석해
3D 입체음향 기술의 소리를 통해 공간을 인식하는 '메이트리'의 실감 콘텐츠
아카펠라 공연을 관람하고 있다./채널A 캡처

　이날 문 대통령은 민간 온라인 공연장 '캠프원'을 방문해 '디지털 뉴딜 문화콘텐츠사업 전략 보고회'를 주재했다. 이 곳에서 "저는 오늘 국민들과 함께 포스트 코로나 시대, 대한민국 콘텐츠 르네상스 시대를 선언하고자 한다."며 "BTS의 유료 온라인 공연에 76만 명이 모인 것은 비대면 공연으로도 흥행이 가능하다는 것을 보여줬다."고 말했다. 이날 행사는 혼성 5인조 아카펠라 그룹의 공연으로 마무리 됐고, 문 대통령은 박수를 치며 퇴장했다.

　포털 네이버에 게재된 이 기사의 댓글도 온통 문 대통령에 대한 비판과 비난 일색이었다. "(공무원이 사살된) 이 와중에 BTS 공연에 76만명이 접속한 걸 국가수장이란 자가 할 소리냐? 백만 명이 모이든 천만 명이 모이든 숟가락도 좀 눈치 좀 보면서 꽂아라." "20대로서 정말 부끄럽고 창피하다", "BTS를 정치적으로 이용하지 말라."는 등의 내용이 줄을 이었다.

한 네티즌은 2월의 '짜파구리 파티'를 언급하며 "짜파구리 시즌 2인가?", "짜파구리 먹으면서 파안대소할 때 기가 찼는데, 이번에 국민이 적국에게 총살에 화형까지 당했는데 아카펠라 공연 관람이라니…BTS가 뭐가 어째?", "세금이 아깝다", "아카펠라가 NSC 소집보다 중요한 거죠?", "다 취소하고 비상대책회의 했어야지…", "이런 사람이 대통령이라니" 라는 등의 힐난성 댓글들이 줄줄이 달렸다.

한 네티즌은 "국민이 타국에 살해당한 사태가 일어났으면 모든 일정을 중지하고 여기에 달려들어야 할 텐데…상황에 따라 보통사람들이 느끼는 감정 같은 게 있을 텐데… 그런 감정이란 게 존재하지 않는 건지, 별일이 아니라고 생각하는 건지…"라고 문 대통령을 성토했다.

문 대통령은 아카펠라 공연 관람 후인 9월 24일 오후 5시쯤 강민석 청와대 대변인의 브리핑을 통해 공무원 피살 사건에 대한 첫 입장표명을 했다. 이씨가 피살된 지 자그마치 43시간 40분이 지나서였다. 청와대 대변인은 문 대통령이 "충격적인 사건으로 매우 유감스럽다. 어떤 이유로도 용납될 수 없다. 북한 당국은 책임 있는 답변과 조치를 취해야 한다."고 말했다고 전했다.

이에 비해 2008년 발생한 고(故) 박왕자 씨 피살 사건 당시 이명박 대통령은 피살 다음 날인 7월 12일 "육안으로 식별이 가능한 시간대에 저항능력도 없는 민간인 관광객에게 총격을 가해 소중한 생명이 희생된 것은 도저히 이해할 수 없는 일"이라는 강경한 입장을 발표했다. 대변인을 통한 입장 전달이 아닌, 이 대통령이 직접 입장표명을 한 것이다. 문 대통령의 대응과 많이 비교된다.

2020년 2월과 9월 발생한 두 사례 모두 국민이 생명을 잃은 경우이다. 한

번은 국가의 방역실패, 또 한번은 국방의 실패 때문이었다. 두 사건 모두 대통령의 책임이 가볍지 않다. 그런데도 문 대통령은 짜파구리 파티를 하며 파안대소하거나 아카펠라 공연을 관람했다. 국민들의 생명과 안전은 뒷전이었다. 문 대통령은 원래 그런 사람인가, 아니면 대통령이 된 후 변한 것인가? 이를 보는 국민들은 억장이 무너진다.

"조국에게 크게 마음의 빚을 졌다"

　문재인 대통령은 2020년 1월 14일 신년 기자회견에서 직권남용 등 혐의로 기소된 조국 전 법무부장관에 대한 소회를 다음과 같이 밝혔다.

　"공수처(고위공직자범죄수사처)법과 검경수사권조정법안 통과에 이르기까지 조 전 장관이 청와대 민정수석으로서, 법무부 장관으로서 했던 기여는 굉장히 크다고 생각합니다… 그 분의 유·무죄는 수사와 재판을 통해서 밝혀질 일이지만, 그 결과와 무관하게 이미 조 전 장관이 지금까지 겪었던 고초, 그것만으로도 저는 아주 크게 마음의 빚을 졌다고 생각합니다."

문재인 대통령이 2020년 1월 14일 신년기자회견에서 조국 전 법무부 장관에게 "아주 크게 마음의 빚을 졌다고 생각한다."고 밝히고 있다. /채널A 캡처

　이 말을 듣고 귀를 크게 의심했다. 아니, 대통령이 공적인 기자회견 자리에서 범죄혐의자에게 "아주 크게 마음의 빚을 졌다."는 옹호발언을 어찌 할 수

있다는 말인가? 적어도 1987년 민주화 이후에 대통령으로부터 이런 해괴망측한 말을 들어본 일은 처음이다.

조국 전 장관이 어떤 사람인가? 그는 당시 뇌물수수, 직권남용, 업무방해, 위조공문서행사 등 12가지 혐의로 검찰에 의해 불구속 기소돼 재판에 넘겨졌고, 많은 특혜와 반칙, 파렴치 행위로 크게 지탄받던 인물이다. 그는 자신과 아내의 편법, 불법적 행위로 여론의 지탄을 받다가 결국 법무부 장관을 스스로 사퇴했다. 법원도 그에 대해 "우리 사회의 근간인 법치주의를 후퇴시켰다.", "죄질이 좋지 않다."고 분명히 밝혔다. 그런 조국 전 장관에게 문 대통령은 "마음의 빚을 크게 졌다."며 공개 석상에서 옹호성 발언을 한 것이다. 이는 대통령의 대한민국 법치주의에 대한 무시이며, 법을 지키며 사는 대부분의 선량한 국민을 우롱하는 처사이다.

특히 그의 아내 정경심 동양대 교수는 여러 허위 서류를 자녀들 입시에 불법 활용하고, 미공개 정보를 활용해 주식을 취득하는 등 14개 범죄 혐의로 기소됐다. 우리 사회 상류층에 속하는 이들 부부의 비리 행위로 인해 평범한 다수의 국민들은 큰 마음의 상처를 받았다. 그러함에도 문 대통령은 이런 국민들의 상처받은 마음은 아랑곳하지 않고 범죄혐의자를 감싸는 행태를 보인 것이다. 과연 이런 대통령을 국가 지도자라고 할 수 있겠는가?

"문 대통령, 공직 맡기에 부적합한 분"

이에 대해 진보진영의 진중권 전 동양대 교수는 "이는 문재인이라는 분이 과연 대통령이라는 '공직'을 맡기에 과연 적합한 분이었는가 하는 근본적 회의를 갖게 한다."고 신랄하게 비난했다. 진 교수는 "공화국을 의미하는 '리퍼블릭'(republic)은 라틴어 '레스 푸블리카'(res publica)에서 유래한다. 한 마디로 공화국이란 국정(國政)이 '공적 사안'으로 행해지는 나라이다. 대통령의 신년 기자회견에서 많은 분이 뜨악해했던 것은 대통령의 발언이 이 공화국의 이념을 훼손했다고 느꼈기 때문일 것"이라고 지적했다.

진 교수는 "기자회견장에서 문재인 대통령이 보여준 태도는 절대 '공화국'의 수장의 그것이 아니었다. 거기서 그는 국민의 대표자가 아니라, 자기 관리에 실패한 어느 위선자의 '친구', 그 친구가 속한 계파(PK친문) 이익의 대변인으로 발언했다."고 주장했다.

더불어민주당 내에서 비교적 균형감각을 갖고 있다고 평가받는 김부겸 전 의원도 <오마이뉴스>와의 인터뷰에서 문 대통령의 '조국 전 장관에게 마음의 큰 빚을 졌다'는 발언을 비판했다.

> "대통령께서 조 전 장관에 대한 신뢰나 애틋함이 있겠지만, 그 자리에서 (그런 말을) 하신 것은 적절치 못했다는 생각이 든다. 그런데 대통령이 그렇게 마음을 표현한 걸 어떻게 하겠나. 하지만 그게 사람(국민)들에게 조금 상처를 준 건 사실이다."

문재인 정부의 최대 정치스캔들로 통하는 이른바 '조국사태'는 전적으로 문 대통령에 의해 발생했다. 문 대통령은 그 해 8월 9일 조국 청와대 민정수석비서관을 법무부 장관에 내정했다. 당시 조 수석은 거듭된 장관인사의 검증실패 등 무능력과 야당에 대한 적대적 언행 등으로 인해 야당으로부터 끊임없이 경질 요구를 받고 있던 터였다.

게다가 우리 정치사에서 대통령이 청와대 민정수석비서관을 법무부 장관에 임명한 사례는 극히 드물었다. 왜냐하면 대통령의 민정수석비서관은 검찰과 국정원 등 권력기관 담당업무를 총지휘하는 직책으로 공정함과 균형감을 갖춰야 하는 법무부 장관 자리에는 부적절하기 때문이다. 그래서 민주당은 이명박 정부 시절 당시 권재진 민정수석의 법무부 장관 지명에 극렬하게 반대한 바 있다.

김진표 원내대표를 비롯한 민주당 의원들이 2011년 7월 15일 오전
서울 여의도 국회 원내대표실에서 긴급의원총회를 갖고 권재진 청와대 민정수석의
법무부 장관 내정 철회를 촉구하는 피켓을 들고 구호를 외치고 있다.
박병석 국회의장, 문희상 전 국회의장, 노영민 전 청와대 비서실장, 박영선 전
중소벤처기업부 장관 등의 얼굴이 보인다. /경향신문

2011년 7월 당시 야당이던 민주당은 이명박 대통령의 권재진 수석 법무부
장관 지명에 규탄 결의문까지 내며 강하게 반발했다. 민주당은 규탄 결의문
에서 "청와대 민정수석이 곧바로 법무부 장관에 임명된 것은 군사정권 시절
에도 없었던 일"이라며 "내년 총선과 대선을 앞두고 가장 공정해야 할 자리
에 대통령의 최측근 인사를 임명하려는 것은 '선거용 인사'요, 정권말 권력형
비리와 친인척 비리를 은폐하기 위한 '방패막이 인사'"라고 공격했다.

그런데도 민주당 대표 출신 문 대통령은 조국 민정수석을 법무부 장관에
지명했다. 이는 문 대통령이 여론과 야당의 요구, 과거 관례를 얼마나 간단히
무시하는지를 여실히 보여주었다. 이명박 정부 시절 그렇게도 반대했던 민주
당은 이번에는 반대는커녕 이를 적극 옹호했다. '내로남불(내가 하면 로맨스,
남이 하면 불륜)'이 참으로 오지다.

수많은 비리의혹에도 조국 장관 임명

조국 수석이 법무부 장관에 지명된 후 언론의 본격적인 검증이 시작되었

다. 그러자 조 법무부 장관 후보자 자신과 가족의 비리 의혹이 걷잡을 수 없이 쏟아졌다. 조 후보자가 신고한 재산액(약 56억원)보다 훨씬 많은 74억원을 배우자 및 자녀가 사모펀드에 투자 약정했다는 사실이 공개되고, 조 후보자 가족을 둘러싼 위장이혼, 부동산 위장거래, 수차례 위장전입, 조 후보자 일가가 소유한 웅동학원의 위상소송 및 채용비리 의혹, 조 후보자 딸이 부산대 의학전문대학원에서 낙제하고도 6차례 장학금을 수령했다는 의혹, 조 후보자 딸이 고교 때 의학논문 제1저자로 등재되고 이를 대학 입시에 활용했다는 의혹, 조 후보자 딸이 받은 동양대 총장 표창장 위조 의혹 등 무수한 의혹이 언론에 대대적으로 보도되었다.

장관 후보자와 관련된 의혹이 이 정도면 사퇴하는 게 마땅하다. 과거 국무총리, 장관 후보자 가운데 이처럼 많은 의혹이 불거진 후보자는 없었다. 한두 가지 의혹만으로도 사퇴하거나 중도 하차한 국무총리 혹은 장관 후보자들이 많았다. 예를 들어 박근혜 정부 시절인 2014년 안대희 총리 후보자는 변호사 개업 후 수임료가 과다하다는 이유로 사퇴했다. 대법관 출신으로 원칙과 소신을 지키는 원칙주의자로 알려진 그는 대법관 퇴임 후 수임료로 5개월 동안 16억원을 받았다는 사실이 알려지면서 전관예우라는 비판을 받고 사퇴했다.

안 대법관에 이어 지명된 언론인(중앙일보) 출신의 문창극 국무총리 후보자도 교회에서 장로 신분으로 강연한 내용이 국민감정을 자극했다는 이유로 사퇴했다. 언론인 시절 <중앙일보>에서 강한 보수성향의 칼럼을 써온 그가 총리에 지명되자 당시 총리후보자 인사청문위원장이었던 제1 야당 새정치민주연합의 박지원 의원은 "가장 큰 문제는 식민사관에 입각한 반민족적 인사라는 점"이라며 "만약 그가 청문회장에 서게 된다면 이 세상에서 동원할 수 있는 가장 포악한 언어로 대해 주겠다."며 노골적 반감을 드러냈다. 그런 상황에서 KBS가 "문 후보자가 일제 식민지배와 남북분단이 하나님의 뜻이라고 주장했다."며 교회특강 내용의 일부를 발췌 보도하자 여론이 급격히 악화됐고, 결국 사퇴했다.

심지어 김영삼 정부 때는 현직 법무부 장관이 딸의 편법입학 의혹만으로 장관직을 사퇴한 경우도 있었다. 1993년 3월 당시 박희태 법무부 장관은 미국 유학 시절 낳은 딸이 귀국 후에도 미국 시민권을 계속 유지하고 있다가 1991년 이화여대에 외국인 자녀 특례입학을 했다는 의혹을 <한겨레신문>이 보도하자 "부끄럽게 생각한다."고 사과한 후 사퇴했다.

이밖에도 조국 후보자보다 훨씬 적은 의혹으로 총리 혹은 장관 후보를 사퇴한 사람들이 부지기수였다. 그러나 평소 민주, 공정, 정의를 신주단지 모시듯 떠받들어 왔던 조국 후보자는 그 많은 의혹에도 사퇴하지 않았다.

그러자 검찰이 적극적으로 움직였다. 조 수석이 법무부 장관 후보에 지명되고 18일 후인 8월 27일 검찰은 서울중앙지검 특수부를 투입해 서울대·부산대 등 30여곳을 압수수색하는 등 본격 수사에 착수했다. 9월 6일에는 조 후보자에 대한 인사청문회가 실시돼 조 후보자를 무조건 옹호하는 더불어민주당과 그를 반대하는 자유한국당 의원들간에 치열한 공방전이 벌어졌다. 국회 인사청문회 도중 검찰은 법무부 장관 후보자의 아내 정경심 씨를 표창장 위조 혐의로 기소했다. 공소시효 만료 직전이었다.

야당은 청문보고서 채택을 거부했다. 그럼에도 문 대통령은 9월 9일 "절차적 요건을 모두 갖춘 상태에서 본인이 책임질 위법이 확인되지 않았다."며 조전 민정수석의 장관 임명을 강행했다.

문 대통령, 극심한 국론분열 조장

이런 와중에 국민들은 조국 찬반양론으로 갈라졌다. 조국 후보를 찬성하는 사람들은 서울 서초동 대검찰청 앞에서, 반대하는 사람들은 광화문 거리에서 대규모 집회를 열고 세를 과시했다.

문 대통령은 이같은 국론분열의 당사자임에도 침묵했다. 전 언론에는 조국 사건으로 도배가 되고, 정치인과 온 국민이 두 패로 나뉘어 사생결단의 세력 싸움을 벌이고 있는 데도 문 대통령의 입장은 나오지 않았다.

2019년 10월 3일 열린 광화문에서 열린 '조국 퇴진' 집회(왼쪽 /SBS 캡처), 9월 28일 서초동에서 열린 '조국 수호' 집회. /매일경제

그러다 조국 지명 후 약 두 달이나 지난 10월 7일 문 대통령은 수석·보좌관 회의 모두 발언에서 자신의 의견을 아래와 같이 피력했다.

"최근 표출된 국민들의 다양한 목소리를 엄중한 마음으로 들었다. 정치적 사안에 대해 국민의 의견이 나뉘는 것은 있을 수 있는 일이다. 이를 국론분열이라고 생각하지 않는다. 특히 대의정치가 충분히 민의를 반영하지 못한다고 생각될 때 국민들이 직접 의사 표시를 하는 것은 대의민주주의를 보완하는 직접 민주주의 행위로서 긍정적 측면도 있다고 본다."

사과는 없었다. 두 달 가까이 광화문에서, 서초동에서 최소 수만에서 수백만의 국민들이 운집해 목소리를 높인 문재인 정부의 최대 정치스캔들을 만든 당사자인 대통령은 한마디 사과의 말도 하지 않았다. 오히려 그것은 국론분열이 아니라 대의민주주의를 보완하는 직접 민주주의 행위로 긍정적 측면도 있다고 주장했다.

이런 말을 듣는 국민으로서는 정말 어처구니가 없다. 만약 두 달 동안 나라를 뒤흔든 조국사태 시위를 옆에서 지켜본 정치학자나 평론가라면 그렇게 말할 수도 있을 것이다. 그러나 문 대통령은 이 사태를 초래한 직접 당사자가 아닌가? 국론을 통합할 책임있는 국가의 지도자로서 자신이 초래한 국론분열의 엄중한 사태에 관해 우선 사과를 해야 마땅한 것 아닌가? 그런데도 대통령은 사과 대신 "대의민주주의를 보완하는 직접 민주주의 행위로서 긍정적 측면도 있다."며 강 건너 불구경하듯 언급했다.

그런데 더 어이없는 건 다음에 이어지는 말이다.

> "다양한 의견 속에서도 하나로 모아지는 국민의 뜻은 검찰의 정치적 중립 보장 못지않게 검찰개혁이 시급하고 절실하다는 것이다. 정부와 국회 모두 이 목소리에 귀를 기울여야 할 것이다. 국회는 공수처법과 수사권 조정 법안 등 검찰개혁과 관련된 법안들을 조속히 처리해주시기 당부드린다."

당시 조국 후보자의 법무부 장관 임명을 반대하는 사람들은 광화문에서, 조국 가족을 수사하는 검찰과 윤석열 검찰총장을 비판하는 사람들은 서초동에 모여 시위를 벌였다. 이 중에서 문 대통령은 검찰개혁을 지지하는 서초동 시위를 지지하고 나선 것이다. 서초동보다 훨씬 더 많은 사람들이 모인 것으로 알려진 광화문 시위 참여자들과 뜻을 같이 하는 다수 국민들의 여론은 의도적으로 무시하고, 검찰개혁을 내세운 조국 후보자 지지 여론을 옹호한 것이다. 조국 반대와 찬성 의견 모두를 고려해야 할 대통령이 일방적으로 한 쪽 편에 선 것으로, 이는 비판받아 마땅하다.

이에 대해 제1야당인 자유한국당은 "문재인 대통령의 '국민 갈라치기'에 생업에 종사하는 사람들이 매 주말 서초동과 광화문에서 전쟁 수준의 대립을 하며 신음하고 있다."며 "이제는 다름에 대해 서로 증오할 만큼 국민 간 갈등의 골이 깊어졌는데 이에 대한 문 대통령의 책임이 크다."고 비판했다.

문 대통령의 오기는 결국 오판으로 결말이 난다. 조국 법무부 장관의 임명 후에도 악화된 민심이 회복되기는커녕 갈수록 악화되었다. 조국 지명 직전인 2019년 8월초 50%를 웃돌던 문 대통령의 국정지지도는 그의 사퇴 직전 41%로 크게 떨어졌다. 이는 문 대통령의 대선 득표율(41.09%)보다 낮은 것이다.

검찰은 조국 장관과 아내 정경심 씨에 대한 수사를 계속했다. 검찰은 조국 장관의 5촌 조카를 주가조작·횡령 혐으로 구속기소하고, 동생에 대해서도 특정경제범죄가중처벌법상 배임과 배임수재 등 혐의로 구속했다. 정경심 씨에 대해서도 시시각각 검찰수사가 조여져 왔다. 결국 조국 장관은 10월 14일 법무부 장관직을 사퇴했다. 장관으로 지명된 지 66일, 취임한 지 35일 만이었다.

아내 정 씨는 조 장관이 사퇴한 지 1주일 후인 10월 21일 허위작성공문서행사 등 11개 혐의로 기소됐고, 11월 11일에는 자본시장법 위반(허위신고 및 미공개정보이용), 위계공무집행방해, 업무방해, 사기 혐의 등 총 14개 혐의로 추가 구속기소됐다.

조 장관이 사퇴하면서 문 대통령의 리더십도 큰 상처를 받았다. 문 대통령은 현직 청와대 민정수석의 법무부 장관 직행(直行)이 부적절하다는 거센 반대여론에도 불구하고 조 장관 지명을 강행했다. 이후 국회 인사청문회 과정에서 웅동학원과 사모펀드비리, 자녀입시비리 의혹 등 조 장관 일가(一家)의 문제가 불거져 검찰 수사로 이어졌지만 임명을 밀어붙였다. 문 대통령의 조국 장관 지명이나 임명 모두 국민의 뜻을 받들지 않은 오기와 불통의 정치였다. 대통령이 되기 전에 약속한 '소통과 화합의 리더십'은 없었다. 오만함뿐이었다.

문재인 대통령은 과거 민주통합당 대선후보 수락연설에서 다음과 같이 역설했다.

"'불통과 독선'의 리더십은 구시대의 유산입니다. 권위주의 시대의 역사의식으로는 새 시대를 열 수 없습니다. '협력과 상생'이 오늘의 시대정신입니

다. 저는 '소통과 화합'의 리더십을 발휘하겠습니다. '공감과 연대'의 리더십
을 펼치겠습니다. 저 문재인이 변화의 새 시대를 열겠습니다."

문재인 대통령은 스스로의 약속을 저버렸고, 기대했던 국민들을 배신했
다. 그러나 한편으론 문 대통령이 조국 씨를 법무부 장관에 임명한 것은 아주
잘 한 일이다. 그때 임명을 강행하지 않았더라면 문 대통령의 불통, 독선, 반
민주성, 후안무치함 등이 드러나지 않았을 테니 말이다. 대한민국을 위해 하
늘이 도운 것인가?

"내 친구 송철호가 당선됐으면 좋겠다"

청와대권력 사적 이용했다면 탄핵사유

대통령이 청와대 권력을 이용해 자신의 친구를 시장에 당선시키려 했다면 이는 대단히 엄중한 범죄행위이다. 정상적 민주주의 국가에선 있을 수 없는 일로 대통령 탄핵 사유가 된다. 검찰은 2018년 울산시장 선거에서 실제로 이런 일이 벌어졌다는 믿음 하에, 2020년 1월 송철호 울산시장과 한병도 전 정무수석 등 문재인 정부의 청와대 인사 다수를 불구속기소하였다.

2018년 6월 13일 치러진 울산시장선거의 당선 유력자는 당시 야당인 자유한국당 출신의 김기현 후보였다. 김 후보는 울산 토박이로 이미 울산에서 3선 국회의원을 한 데다 현역 울산시장이었다. 큰 이변이 없는 한 그가 재선 울산시장이 될 것으로 보였다.

여당인 더불어민주당에서는 부산 태생의 송철호 변호사를 공천했다. 송변호사는 1949년생으로 부산고, 고려대 법대를 나와 회사를 다니다 뒤늦게 사법시험에 합격해 변호사가 됐다. 1980년대 후반부터 활동지역을 부산에서 울산으로 옮겨 현대자동차 노조 등을 변호했다. 부울경(부산, 울산, 경남) 지역에서는 노무현 대통령, 문재인 대통령과 함께 '인권변호사 3인방'으로 불렸다고 한다.

그는 정치에도 관심이 있어 1992년 실시된 14대 총선 이후 2018년까지 8번의 선거에 도전했다. 그러나 모두 고배를 마셨다. 송 변호사가 김기현 시장의 도전자로 나섰으나 승리 가능성은 적어 보였다. 2020년 2월 공개된 검찰의 공소장에 따르면, 송 변호사는 울산 출신이 아닌데다 여러 차례 당적을 바꿔 출마한 이력이 있어 민주당 내 입지가 취약했다. 또한 공직 경험이 없어 지역 내 조직도 빈약해 당내 울산시장 후보 경선 통과도 힘든 상황이었다. 게다가 울산에서는 그 이전에 민주당 시장이 당선된 적이 한 번도 없었다.

김기현 시장이 자유한국당의 울산시장 후보로 공천된 날은 2018년 3월 16일이었다. 그런데 바로 이날 울산경찰청(청장 황운하)은 울산시청 시장비서실을 비롯한 5곳을 대대적으로 압수수색했다. 압수수색 이유는 시청 공무원이 울산의 한 아파트 건설현장에 특정 레미콘업체를 선정하라고 강요한 정황이 포착됐기 때문이라고 했다. 경찰은 김 시장의 동생에 대해서도 체포영장을 발부받아 수사에 들어갔다. 2014년께 김 시장의 동생과 동업자 관계였던 건설시행사 대표가 경찰 조사에서 "새로 바뀐 시행사와 시장 동생 사이에 인허가 비리가 있다."고 진술했다고 한다. 이 때문에 경찰이 동생에 대한 수사에 돌입한 것으로 전해졌다.

김 시장은 의혹을 모두 부인했다. 김 시장은 "압수수색 직후 사실관계를 알아본 결과, 지역 업체 참여를 적극적으로 권장하는 울산시 조례의 통상적 지침에 따라 정상적으로 업무를 처리한 것으로 확인됐다."고 반박했다.

경찰은 김 시장의 비서실장, 울산시 고위공무원, 김 시장 동생, 레미콘업체 대표 등 4명을 직권남용권리행사방해 및 뇌물수수·공여 혐의로 검찰에 구속영장을 청구했다. 그러나 검찰은 "법리적으로 다툼의 소지가 있다."며 모두 기각했다.

경찰의 전방위적인 김 시장 주변 수사는 6·13 울산시장선거 내내 지속됐다. 이는 선거 판도에 거센 회오리바람을 몰고 왔다. 경찰의 압수수색 직후 시민단체와 더불어민주당, 민중당, 언론 등에선 일제히 김 시장에 대한 공격에 나섰다. 민중당은 "시장 비서실이 경찰의 압수수색을 받은 것은 초유의 부패·비리사건"이라며 "김 시장이 진실을 밝히고 수사에 응해야 한다."고 압박했다. <울산MBC>는 보도탐사 프로그램에서 김 시장의 부동산 취득 과정에 대한 의혹을 크게 다뤄 그는 더욱 코너에 몰렸다.

김 시장도 반박에 나섰다. 김 시장은 "황운하 울산경찰청장의 지시를 받은 울산경찰청이 객관적 조사를 한다는 신뢰를 할 수 없으므로 관련 사건 일체를 울산검찰청으로 이관해 줄 것을 요구한다."고 촉구했다. 또 <울산MBC>의 보도에 대해서도 "이 보도는 계획적이고 의도적인 의혹의 보도와 함께 울산시의 행정에 대한 신뢰성을 폄하했다."며 "의혹 부풀리기의 허위사실 보도는 공정보도를 해야 할 의무가 있는 공영방송이 공직선거법을 위반한 것이고 명백한 명예훼손으로 도저히 묵과할 수 없는 처사"라고 밝혔다.

경찰의 전방위 관여 선거에서 송철호 당선

결국 경찰의 대대적 압수수색 소용돌이 후에 치러진 2018년 6·13 울산시장선거에서 김기현 후보는 송철호 후보에게 대패했다. 선거결과는 송 후보 52.88%, 김 후보가 40.07%로 12%포인트 이상 차이가 났다. 이전 2014년 지방선거 때 김 후보는 65.42% 득표율로 정의당의 조승수 후보(26.43%)에 압도적으로 승리한 바 있다.

경찰의 김 후보 주변 압수수색이 송 후보 당선에 결정적 역할을 한 것으로 판단된다. 실제로 김 후보는 경찰의 압수수색 한 달 전인 2018년 2월 <UBC울산방송>이 <한국갤럽>에 의뢰한 조사에서 지지율 37.2%로 송 후보(21.6%)보다 15%포인트 이상 앞섰다. 하지만 경찰 수사가 알려진 이후 뒤집혔다. 2018년 4월 <리얼미터>가 <부산일보> 의뢰로 발표한 조사에서 송 후보는 41.6%로 김 후보(29.1%)를 크게 앞질렀다.

그러나 김 후보가 패하게 된 결정적 요인인 경찰의 김 후보 측근 수사의 핵심 피의자들은 1년 후인 2019년 3월 검찰에 의해 모두 무혐의처분을 받았다. 경찰은 아파트 시행권 계약서 작성(변호사법 위반), 운영자금 횡령 등으로 김 후보 동생 등 5명을 6개월간 수사했다. 이 역시 5명 중 3명은 경찰 수사 단계에서 무혐의 처분을 받았다. 경찰이 불구속기소한 나머지 2명은 수사 착수 당시 횡령액이 1억5000만원에 달한다고 했으나, 검찰의 보강 수사 지휘를 거친 결과 200만원으로 축소됐다.

경찰은 2014년 김 후보의 국회의원 시절 후원금 문제도 들춰내 수사했다. 후원금 한도인 500만원을 넘지 않기 위해 여러 명의로 후원하는 '쪼개기 후원금' 의혹 사건이다. 경찰은 김 후보 아내의 이종사촌 등 6명을 기소 의견으로 검찰에 송치했다. 대가성 여부를 증명해 뇌물 혐의도 적용하려 했으나 끝내 증거를 찾지 못했다. 결국 후원금을 쪼개서 낸 혐의(정치자금법 위반)만 적용돼 경찰이 빼든 칼에 비해 제대로 된 결과물을 내놓지 못했다는 비판을 받았다.

그런 와중에 황운하 울산경찰청장이 김 후보 수사에 앞서 당시 민주당 예비 후보이던 송철호 변호사를 두 차례나 만난 사실이 불거졌다. 송 변호사는 문 대통령의 오랜 친구로 민주당의 유력 시장 후보임이 이미 알려진 상황에서 둘의 만남에 의혹의 눈길이 쏠렸다.

검찰의 공소장에 따르면, 송철호 후보는 측근 송병기 씨 등을 통하여 김기현 울산시장과 그 주변의 비리 의혹을 수집하여 오던 중, 2017년 9월 중순경 황운하 울산경찰청장으로부터 만나자는 제의를 받았다.

송철호 후보는 '공업탑 기획위원회' C 등에게 "황운하가 인사를 온다는데, 만나볼까?"라고 물었고, C는 "만나 보소, 송병기가 모아놓은 김기현 비위 자료를 줘 보이소."라고 권했다. 송철호 후보는 2017년 9월 20일 저녁 무렵 울산 남구 번영로에 있는 한 식당에서 황운하 청장을 만나 "김기현 관련 수사를 적극적으로 진행하여 달라."는 취지의 대화를 나누면서 김기현 시장에 대한 집중적인 수사를 청탁하였다.

문재인 의원, 무소속 송철호 선거 도와

송철호 후보와 측근 송병기 씨 등은 위와 같이 황운하 청장에게 직접 김기현 시장에 대한 표적수사를 청탁했다. 또한 이들은 송철호 후보와 대통령과의 친분을 배경으로 대통령비서실이 나서서 김기현 시장에 대한 수사를 경찰에 독려하거나 지시하여 표적수사가 진행되면, 김기현 시장의 적폐 이미지가 부각되어 선거에 있어 유리한 상황이 조성될 것으로 기대하였다.

특히 경찰공무원에 대한 인사, 경찰 업무에 대한 지시·조정, 국가사법 관련 정책 조정 등 권한을 가지고 있는 민정수석비서관이나 산하 민정비서관을 통하는 것이 가장 확실한 방법이라고 판단했다. 이에 따라 송병기 씨는 평소 알고 지내던 민정비서관실 소속 파견 공무원인 문모 행정관에게 김기현 시장과 관련된 비위 정보를 제공하기로 하였다. 검찰의 공소장에 나와 있는 내용이다.

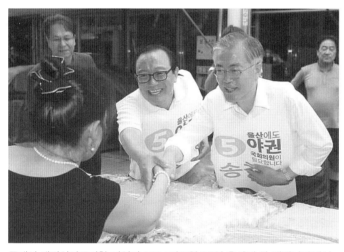

문재인 새정치민주연합 의원이 2014년 7월 20일 울산의 한 재래시장에서 7·30 재·보궐선거 울산 남을 국회의원에 출마한 무소속 송철호 후보 지지를 호소하고 있다. 문 대통령과 송 울산시장은 30년 지기로 송 시장이 3살 더 많지만 우정은 매우 깊다고 알려져 있다./조선DB

여기서 송 후보와 문 대통령, 조국 전 법무부 장관과의 관계가 새삼 주목

된다. 송 시장은 문 대통령의 30년 지기로 송 변호사가 문 대통령보다 3살 나이가 더 많지만 우정은 아주 깊다고 알려져 있다. 문 대통령은 2014년 새정치민주연합 국회의원 시절 무소속으로 보궐선거에 출마한 송 후보의 토크 콘서트에 참석한 바 있다. 이 때 문 대통령은 송 후보를 소개하며 "(부산에서 3번 낙선한) 바보 노무현보다 더한 바보 송철호"라고 말했다.

<조선일보>에 따르면, 문 대통령은 "노무현 전 대통령이 내게 정치하자는 것을 (제가) 거절하고 송 변호사에게 '형이 노무현을 도와주시면 어떻겠나'라고 권유해 송 후보가 받아들였다. 그동안 울산에서 6번 선거에 나와 모두 낙선한, 바보 노무현보다 더한 바보 송철호."라고 송 후보를 소개했다고 한다.

문 대통령은 2014년 울산시장 보궐선거 당시 새정치민주연합 국회의원 신분임에도 송 후보 캠프의 자원봉사자로 활동했다. 송 후보는 노무현 전 대통령과도 가까운 사이였는데, 노 대통령 집권 시절 송 후보는 국민고충처리위원장에 임명되기도 했다.

송 후보와 조국 전 장관과 관련, 조 장관은 2012년 총선 때 송 후보의 선거대책본부장으로 활동했다. 조 장관은 또 2014년 울산 남구을 국회의원 보궐선거 때는 송 후보의 후원회장을 했다. 둘 사이 아주 특별한 관계임을 확인할 수 있다. 송 후보와 이런 관계의 조 장관은 2018년 6.13 울산시장선거 당시에는 청와대 민정수석으로 재직했다. 이에 따라 선거 직전 경찰의 대대적인 김기현 후보와 측근 압수수색과 수사 뒤에 청와대가 있는 것이 아니냐는 의혹이 제기되었다.

2019년 11월 27일 <조선일보>는 "김기현 당시 울산시장에 대한 수사가 청와대가 전달한 비리 첩보에 의해 시작된 것으로 밝혀졌다."고 보도했다. 이 신문은 "이 수사는 청와대의 하명(下命) 수사였다. 이 첩보를 전달한 곳은 청와대의 민정수석실이었고, 당시 민정수석은 조국 전 법무부 장관이었다. 조 전 장관은 2012년 총선에서 송철호 후보 후원회장을 맡았다."고 전했다. 이

신문은 "(첩보는) 청와대에서 경찰로 직접 전달됐다. 대통령 비서실 직제를 규정한 대통령령에 따르면 민정수석실이 비리 첩보를 수집하는 대상은 대통령이 임명하는 고위공직자로, 선출직 공무원은 대상이 아니다. 월권 소지가 있는 것"이라고 강조했다.

이러한 하명수사 의혹보도에 대해 청와대는 "개별 사안에 대해 하명수사를 지시한 바가 없다."고 부인했다. 고민정 당시 청와대 대변인은 서면 브리핑을 통해 "김 전 시장 관련 비위 혐의에 대해 청와대의 하명수사가 있었다는 언론보도는 사실 무근"이라며 "청와대는 비위 혐의에 대한 첩보가 접수되면, 정상적 절차에 따라 이를 관련 기관에 이관한다. 당연한 절차를 두고 마치 하명수사가 있었던 것처럼 보도하는 것에 유감을 표한다."고 밝혔다.

당시 울산지방경찰청장으로 수사를 총지휘했던 황운하 대전지방경찰청장(현 민주당 국회의원)도 "악의적 여론전이 전개되고 있다."며 "대꾸할 가치조차 없는 터무니없는 얘기들이 '단독'이라는 타이틀을 달고 보도된다. 악성 유언비어를 날조, 유포하는 세력이 있다는 의구심이 든다."고 페이스북을 통해 반박했다.

청와대, 경찰수사 하명지휘 의혹

그러나 이후 청와대가 경찰 수사를 하명 지휘했다는 언론보도들은 쏟아져 나왔다. 특히 <조선일보>는 2019년 12월 18일 "검찰이 송철호 울산시장의 측근 송병기 울산시 부시장의 업무 일지에서 문재인 대통령이 비서실장을 통해 2017년 10월 송 시장에게 울산시장 출마 요청을 했고, 이 직후 청와대가 송철호 시장의 당내 경쟁자를 정리하려 했다는 취지의 메모를 발견한 것으로 알려졌다."고 단독 보도했다.

이 신문은 "송병기 부시장은 2017년 10~11월 청와대에 당시 김기현 울산시장의 비위 의혹이 담긴 문건을 최초 제보한 인물"이라면서 "대통령의 출마권유 자체를 법적으로 문제 삼긴 어렵지만 권유 직후 청와대가 송 시장을 지원하고 당내 경쟁 후보들을 배제하려고 시도했다면 선거법 위반 소지가 작지 않다는 게 법조계의 분석"이라고 덧붙였다. 즉, 문 대통령이 울산시장 선거에 송 후보 출마를 요청했고, 송 후보를 공천하기 위해 청와대가 당내 경선부터 개입했을 것이란 얘기이다.

송병기 부시장의 업무일지 문서들은 당·정·청이 모두 나서서 송철호 후보의 울산시장 당선을 도우려 한 단서일 수도 있다. 이와 관련, <조선일보>는 2018년 울산시장 선거 당시 지원 유세를 왔던 추미애 민주당 대표가 "'인권변호사 친구, 동지인 송철호가 됐으면 좋겠다.'고 하는 게 문 대통령의 마음"이라고 말했다고 보도했다. 문 대통령이 실제로 이런 말을 했는지는 확인할 수 없다. 그러나 집권 여당인 민주당 대표의 입에서 이런 말이 나왔다는 사실은 의미심장하다.

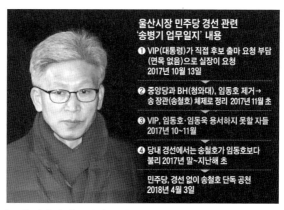

울산시장 민주당 경선 관련 송병기 울산 부시장의 업무일지 내용/조선일보

청와대의 민주당 내 경선 개입과 관련, 실제 이런 일이 있었다는 증언이 당내 인사로부터 나왔다. 송 후보와 울산시장 당내 경쟁자였던 임동호 전 민주당 최고위원은 2019년 12월 18일 <조선일보>와 통화에서 "2017년 11월쯤 청와대 민정수석실과 정무수석실에서 내게 일본 오사카 총영사와 공사 사장

자리 얘기를 했다.”고 말했다.

그는 이날 <경향신문>과의 인터뷰에서도 “청와대 한 수석급 인사가 ‘공사 사장 자리를 주겠다. 여론조사 결과가 부산은 좀 이기고 울산은 지는데 굳이 나갈 필요가 있냐. 이번에는 송철호를 내고 대신 공사 사장 자리에 갔으면 좋겠다.’며 계속해서 불출마를 권유했다.”고 밝혔다. 다시 말해 청와대가 울산시장 선거를 앞두고 그에게 당내 경선 불출마를 조건으로 특정 자리를 주려는 움직임을 보였다는 말이다. 그러나 임 전 최고위원은 “결국 얘기가 잘 안 됐다.”고 전했다. 이후 그는 울산시장 예비후보로 등록했지만, 민주당은 2018년 4월 경선 없이 송 후보를 울산시장 후보로 단독 공천했다.

<조선일보>는 “이는 곧 검찰이 압수한 송 시장의 측근 송병기 울산시 부시장의 업무 일지에 나오는 내용과 일치한다.”며 “2017년 10월 13일자 업무 일지엔 문재인 대통령이 비서실장을 통해 송 시장에게 출마를 요청했다는 취지의 메모가 나온다.”고 주장했다.

논란이 커지자 임 전 최고위원은 이를 부인했다. 그는 입장문을 내 “울산(시장선거가) 어려운데 다음 총선을 준비하는 것이 어떻겠느냐는 청와대·국회 친구들의 의견은 있었다.”면서도 “울산시장 출마를 앞두고 경선을 준비하는 상황에서 그런 이야기를 공식적으로 받은 적은 없고, 검찰에서도 ‘자리 제안을 받았느냐?’는 질문에 분명히 아니라고 진술했다.”고 말했다.

한편, 2019년 12월 1일 ‘청와대의 김기현 전 울산시장 하명 수사’에 연루된 의혹으로 수사를 받던 청와대 민정비서관실 특별감찰반원 출신 백모 검찰 수사관이 숨진 채 발견됐다. 그는 백원우 전 민정비서관이 지휘한 청와대 민정비서관실 특별감찰반원 가운데 이른바 백 민정비서관의 직속 ‘별동대’ 2명 중 1명이었다. 민정비서관실 특별감찰반은 반부패비서관실 산하 특별감찰반과 별도로 운영된 조직이다. 그는 ‘청와대 하명수사’의 의혹을 풀 키맨(key man)으로 주목받았던 인물이다.

검찰, 청와대 인사들 선거법위반 기소

결국 검찰은 2020년 1월 29일 6.13 울산시장선거는 부정선거라는 결론을 내린 후 다수의 청와대 인사가 포함된 13명을 공직선거법 위반 혐의로 불구속 기소했다. 수십명의 관련자들을 소환조사하며 울산경찰청, 울산시청, 기획재정부, 국무총리실, 청와대 등을 차례로 압수수색한 후의 결정이었다.

불구속기소된 사람들은 한병도 전 청와대 정무수석, 민정수석실의 백원우 전 민정비서관, 박형철 전 반부패비서관, 장환석 전 균형발전비서관실 선임행정관, 문모 전 민정비서관실 행정관 등 '문재인 청와대' 출신 인사 5명과 송철호 울산시장, 송병기 전 울산시 부시장, 황운하 전 울산지방경찰청장, 울산시청 직원 등 13명이다.

검찰의 기소는 청와대 민정수석실, 정무수석실, 정책실이 문 대통령의 '친구'인 송 후보를 울산시장에 당선시키기 위해 조직적으로 선거에 개입했다고 판단한 것이다. 검경 수사권 조정에 앞장섰던 황운하 전 울산지방경찰청장도 청와대 '하명수사'를 수행한 혐의 등으로 기소 대상에 포함됐다.

검찰의 공소장에 따르면, 이번 사건 수사는 크게 세 갈래로 진행돼 왔다. 김기현 당시 울산시장에 대한 경찰 하명수사, 청와대의 송철호 시장 선거 공약 지원, 민주당 내 송 시장 경쟁 상대에 대한 '후보자 매수' 혐의 등이다.

첫째, '하명 수사'와 관련해 송 시장은 2017년 9월 황운하 당시 울산지방경찰청장에게 김기현 시장에 대한 수사를 청탁한 혐의를 받고 있다. 이어 한 달 뒤인 2017년 10월 송 시장 측근인 송병기 울산시 부시장이 민정수석실 문모 행정관에게 '김기현 비위 정보'를 제공하고, 문 행정관은 이를 재가공한 범죄첩보서를 작성했다는 것이다. 그동안 청와대는 해당 첩보를 제보받은 뒤 그대로 경찰에 이첩했을 뿐 '하명 수사'가 아니라고 반박해 왔다. 검찰에 따르면, 이후 2017년 11~12월 백원우 당시 민정비서관이 박형철 반부패비서관을 통해 경찰청, 울산지방경찰청에 순차 하달했으며, 황운하 울산지방경찰청장은 '김기현 수사'에 미온적인 경찰관을 인사조치한 뒤 수사를 진행한 것으로 나타났다.

둘째, '선거공약 지원'과 관련해서는 2017년 10월 송 시장이 당시 청와대 정책실 소속인 장환석 균형발전비서관실 선임행정관에게 공공병원인 '산재 모병원'의 예비타당성조사 발표 연기를 부탁했고, 장 행정관은 송 시장이 선 거에 활용할 수 있도록 이를 받아들였다는 것이다. 장 행정관은 또 산재모병 원 관련 내부 정보를 송 시장 측에 제공한 것으로 나타났다. 한 변호사는 "공 무원이 특정 후보의 공약 수립을 돕는 행위를 하면 이는 선거법 위반에 해당 한다."고 말했다.

셋째, 민주당 내 송 시장 경쟁 상대에 대한 '후보자 매수' 혐의 관련, 한병 도 전 정무수석에게는 선거법 위반 혐의 중에서도 중범죄에 해당하는 '후보 자 매수' 혐의가 적용됐다. 2018년 2월 당시 한 수석은 송 시장의 당내 경쟁 후보였던 임동호 전 민주당 최고위원에게 공기업 사장직 등을 제공하겠다면 서 출마 포기를 권유한 것으로 조사됐다. 법조계의 한 인사는 "청와대 민정· 정무·정책실뿐 아니라 경찰까지 동원해서 '내 가장 큰 소원은 송철호의 당선' 이라고 했던 문 대통령의 바람을 이뤄준 것."이라고 평가했다.

청와대의 울산시장 선거개입 의혹에 대해 자유한국당의 심재철 원내대표 는 "공소장에는 대통령이라는 단어가 35차례 등장한다. 몸통이 누구인지 알 기 때문에 대통령이라는 단어를 이렇게 많이 쓴 것 아니겠나?"라며 이 사건 에 대한 국정조사와 특검을 추진하겠다고 말했다. 그러나 울산시장 부정선거 의혹 사건에 대한 국정조사나 특검은 1년 6개월이 넘은 2021년 7월까지 실시 되지 않았다. 4.15 총선에서 민주당이 압승했기 때문이다.

"초원복집 사건은 발톱의 때"

검찰의 공소장에 나타난 피의자들의 범죄 혐의내용은 대단히 충격적이다.

일반 국민들은 1987년 6.29선언 이후 우리 사회의 민주화가 상당히 진전되었다고 생각한다. 이 민주화는 진보정권으로 통하는 김대중·노무현 정부 이후 보다 광범위하게 실질적으로 이루진 것으로 평가받는다. 그런데 이들 진보정권을 이어받았다는 문재인 정부의 청와대가 주축이 되어 부정선거를 획책했다는 사실은 충격을 넘어 개탄을 금치 못하게 한다.

물론 청와대와 관련 인사들은 이를 부인한다. 그러나 증거, 증언을 토대로 한 검찰수사에 의해 청와대 인사가 대규모로 기소되었다는 사실 자체만으로도 국민들은 큰 분노와 배신감을 느낀다. 적어도 1987년 이후, 김대중·노무현 정권은 물론, 문 대통령이 그렇게 공격했던 보수정권 하에서도 이런 일은 없었기 때문이다.

진보단체인 민변(민주화를 위한 변호사 모임) 소속의 권경애 변호사는 "공소장 내용은 대통령의 명백한 탄핵사유이고 형사처벌 사안인데도 그분은 가타부타 일언반구가 없다. 이곳은 왕정이거나 입헌군주제 국가인가?"라고 비난했다.

권 변호사는 또 "공소장에 기재된 범죄사실을 보면 1992년의 초원복집 회동은 발톱의 때도 못 된다. 감금과 테러가 없다뿐이지 수사의 조작적 작태는 이승만 시대 정치경찰의 활약에 맞먹는다."고 강하게 비판하였다.

초원복집 사건이란 1992년 12월 11일 부산광역시 남구 대연동의 복어요리 음식점인 '초원복국'에서 부산지역 정부 기관장들이 모여 제14대 대통령 선거를 앞두고 선거에 영향을 미치게 하기 위해 지역감정을 대놓고 부추기자고 모의한 사건이다. 이는 야당인 통일국민당 관계자의 도청에 의하여 드러났다.

권 변호사가 말하듯이, 초원복집 사건은 청와대가 나선 것이 아니라 부산지역 기관장들이 주도한 사건이다. 국가권력의 핵심인 청와대가 대규모로 선거에 개입했다면, 이는 적어도 1987년 민주화 이후에는 처음이다. 군사독재 시대에도 드물던 중대한 범죄이다. 검찰의 공소권 내용과 언론보도 내용을 보면 이 의혹은 사실일 가능성이 매우 높다.

　그러나 안타깝게도 4.15 총선에서 민주당이 압승한 걸로 발표돼 사실 규명은 험로가 예상된다. 정부 여당의 방해로 국정조사와 특검은 물론 검찰의 수사조차 진척을 보이지 못하고 있기 때문이다. 검찰은 수사를 방해한 추미애 장관 등 문 정부의 법무부에 의해 풍전등화(風前燈火)의 위기에 몰렸다. 이와 함께 대한민국의 민주주의도 바람 앞의 등불 신세가 되었다.

"우리 윤석열 총장님"

윤석열 검찰총장과 관련해 시중에 떠도는 말이 있다.

"문재인 정부는 취임 후 어느 한 분야도 성과를 내지 못했다. 이런 무능한 문 정부가 가장 잘 한 일이 한 가지 있다. 그것은 윤석열을 검찰총장에 임명한 것이다."

권력에 휘둘리지 않는 제대로 된 검찰총장을 임명했다는 뜻이다. 그러나 이후 문 정부는 이런 윤석열을 검찰총장에서 내쫓기 위해 온갖 악행을 저질렀다. 코미디다.

문재인 대통령이 2019년 7월 25일 청와대 본관에서
윤석열 신임 검찰총장에게 임명장을 수여하고 있다. /청와대

문재인 대통령은 2019년 7월 25일 청와대에서 윤석열 신임 검찰총장에게

임명장을 수여했다. 문 대통령은 이 자리에서 '살아있는 권력에 대해서도 눈치보지 않는 자세'와 '공수처(고위공직자비리수사처) 설치, 검·경수사권조정 등 검찰의 근본적 개혁'을 주문했다. 문 대통령은 검찰개혁을 주문하면서 "그만큼 또 '우리 신임 윤석열 총장님'에 대한 기대가 더 높다."고 말했다. 대통령이란 권력자가 특정 공직자에게 "우리"라는 이례적 표현을 쓰며 '같은 편'임을 강조한 것이다.

문 대통령은 이어진 환담에서 "윤 총장은 권력형 비리에 대해 권력에 휘둘리지 않고 권력의 눈치도 보지 않고 '사람에게 충성하지 않는 자세'로 엄정하게 처리해서 국민들의 희망을 받았다."며 "앞으로도 그런 자세를 계속 끝까지 지켜달라."고 요청했다.

이어 문 대통령은 "제가 그 점을 강조하는 것은 그런 자세가 살아있는 권력에 대해서도 똑같은 자세가 되어야 한다고 생각하기 때문"이라며 "우리 청와대든 또는 정부든 또는 집권 여당이든 만에 하나 권력형 비리가 있다면 그점에 대해서는 정말 엄정한 그런 자세로 임해 달라."고 말했다. 그러면서 "그렇게 해야만 검찰의 정치적 중립에 대해서 국민들이 체감도 하게 되고, 그 다음에 권력의 부패도 막을 수 있다."고 강조했다.

문 대통령의 검찰개혁 역주행

아주 바른 말이다. 인권변호사와 민주화운동을 한 문 대통령의 검찰개혁에 대한 철학이 녹아있는 발언이다. 윤 검찰총장에 대한 문 대통령의 위 언급에 우리 검찰이 어디로 가야 하는지가 모두 함축돼 있다. 즉, 사람에게 충성하지 않는 자세로 살아있는 권력에 대해서도 법에 따라 엄정하게 처리해야 하고, 그렇게 할 경우만이 검찰의 정치적 중립성을 확보할 수 있고 권력의 부패를 막을 수 있다는 것이다. 이게 바로 국민들이 원하는 검찰개혁 방향이다. 그러나 안타깝게도 이후 상황은 문 대통령이 말한 것과는 정반대로 진행됐다.

윤석열 여주지청장
저는 사람에 충성하지 않기 때문에
제가 이런 말씀을 드리는 겁니다.

국정원 댓글사건 수사팀장이었던 윤석열 여주지청장이 2013년 10월 21일
국정감사에서 의원들 질문에 답하고 있다. /KBS뉴스 캡처

　문 대통령이 '우리 윤 총장님'이라며 애정을 보인 윤석열 총장은 2013년 국가정보원(국정원)의 댓글여론조작 사건 수사로 세간에 널리 알려졌다. 그는 이 사건의 특별수사팀장이었다. 그가 이끄는 특별수사팀은 국정원을 압수수색하는 등 박근혜 정권의 정통성을 흔들 수준으로 적극적으로 수사했다. 박근혜 정권은 이 수사를 막으려 했다. 이 과정에서 채동욱 검찰총장이 혼외아들 스캔들로 사퇴했다. 윤석열 팀장도 수사팀에서 배제됐다. 국정원 직원들의 압수수색·체포 영장청구 사실을 상부에 보고하지 않았다는 이유였다.

　그러자 윤 팀장은 황교안 당시 법무부 장관이 부당한 수사지휘권을 행사하고 있다고 폭로했다. 2013년 10월 21일 윤 팀장은 국정원 여론조작 사건 관련 국정감사 증인으로 출두했다. 그는 이 자리에서 "수사 과정에서 외압이 심했으며, 대놓고 '야당 도와줄 일 있냐'라는 질책을 받았다. 이래선 조영곤 검사장님 밑에서 수사를 계속 할 수 없다."라는 폭로성 증언을 했다. 그러면서 그는 "저는 사람에 충성하지 않는다."고 강조했다.

　'사람에 충성하지 않는다.'라는 이 말은 언론에 대서특필돼 윤석열이라는 이름 석 자를 세상에 널리 알려지게 했다. 그러나 그는 이로 인해 좌천됐다.

2014년 1월 대구고등검찰청 검사로 발령났다. 그리고 2016년 1월에도 대전고등검찰청 검사로 발령받아 지방을 전전했다. 고등검찰청 검사는 수사권이 없는 한직으로 간주된다. 사임하라는 무언의 압력이었다. 박근혜 정권에 찍힌 그는 승진 가능성도 없었다.

이런 상황에서 2016년 말 '박근혜-최순실 게이트'가 터졌다. 이 사건 수사를 책임진 박영수 특별검사는 특검팀의 수사팀장으로 그를 지명했다. 그가 맡은 팀의 수사 분야는 뇌물죄 관련 대기업 수사였다. 구체적으로 국민연금공단이 삼성물산-제일모직 합병 찬성 결정을 한 과정에 대한 수사가 요체였다. 그의 손에 의해 박영수 특검의 성패 및 '박근혜-최순실 게이트'의 성과가 달려 있었다. 2017년 2월 그는 마침내 이재용 삼성전자 부회장을 구속시켰다.

2017년 5월 문재인 대통령은 그의 뛰어난 수사 성과를 인정해 그를 요직인 서울중앙지검장에 승진, 임명했다. 파격적인 인사였다. 옛날로 치면 유배당했던 인물이 하루아침에 고관대작으로 영전한 셈이다. '사람에 충성하지 않는다.'라는 그의 소신도 문 대통령의 인사 결정에 큰 영향을 주었을 것이다. 청와대는 "윤 서울중앙지검장이 검찰의 최대 현안인 최순실 게이트의 추가 조사 및 공소유지를 원활하게 수행할 적합한 인물"이라고 높이 평가했다.

윤석열 지검장은 2018년 3월에는 이명박 전 대통령을 과거 적폐청산이란 이름하에 구속하였다. 뇌물 수수와 배임, 횡령 및 직권 남용 등 총 20가지가 넘는 혐의였다. 이로써 보수정권의 박근혜 전 대통령과 이명박 전 대통령이 1년의 시차를 두고 모두 구속되었다. 2019년 1월에는 '사법농단' 혐의로 양승태 전 대법원장이 구속되었다. 양 전 대법원장은 헌정사 최초로 구속 수감된 대법원장이 되었다.

마침내 문 대통령은 2019년 6월 17일 윤석열 서울중앙지검장을 검찰총장 후보자로 지명하였다. 윤 지검장의 과거 정권 적폐청산 수사공로에 대한 보답임에 분명했다. 향후 과거 정권 적폐청산을 지속할 것과 검찰개혁을 수행하라는 메시지이기도 했다. 여당인 민주당은 "정치적 중립성과 공정성을 담보로 적폐청산과 검찰개혁을 완수해 검찰이 국민 신뢰를 회복하기를 기대한다."고 환영의 의사를 밝혔다. 정의당은 "'정치검찰'의 오명을 씻고 검찰을 개혁하는 데 부합하는 인사"라고 호평하였다.

문 정권, 자신들 수사하자 윤석열 공격

신임 윤석열 검찰총장은 2019년 7월 25일 문 대통령으로부터 임명장을 받은 후 본격적으로 임기를 시작했다. 그런데 윤 총장은 본인의 평소 말대로 '정무적 감각'이 부족했던 것인가? 아니면 '살아있는 권력도 법에 따라 엄정하게 수사하라'는 문 대통령의 지시를 액면 그대로 받아들인 것인가?

그의 검찰총장 취임 직후 '조국 사태'가 터졌다. 조국 법무부 장관 후보자와 딸의 입시특혜 의혹, 아내의 공문서·사문서위조 의혹, 일가의 사모펀드 논란, 사학비리 등 의혹이 봇물처럼 터져 나왔다. 윤석열 총장은 취임 후 한달만인 8월 27일 조 후보자에 대한 전방위 압수수색에 나서며 살아있는 권력에 대해 전격적으로 수사를 시작했다. 윤 총장 취임 이후 첫 번째로 이루어지는 '살아있는 권력' 문 정권에 대한 수사라는 점에서 전 국민의 관심을 모았다.

그러나 윤 총장이 문 대통령의 당부대로 '살아 있는 권력' 조국 후보자와 주변을 수사하자 청와대와 민주당 등 여권은 완전히 돌변했다. 조 후보 지지자들은 대규모로 서초동 대검찰청 앞 도로에 모여 대규모 촛불집회를 갖고 윤석열 처벌과 사퇴를 외쳤다. 이인영, 이재명, 김부겸, 이낙연, 박상기, 유시민 등 정부 여당 편 인사들은 연일 윤 총장을 공격했다. 이해찬 대표 등 민주당 지도부도 조국을 반대하는 광화문 시위 대신 서초동 촛불시위 편을 들며 일제히 윤석열 총장을 압박했다.

여론은 조국 가족에 대한 검찰수사를 지지했다. <MBC>의 의뢰로 <코리아리서치>가 수행한 여론조사에서 조국 가족 수사가 '원칙에 따른 적절한 수사'

라는 반응이 66.3%로 나타났다. 이에 비해 '부적절한 정치개입'이라는 응답은 30%에 그쳤다. 검찰수사 지지가 반대보다 두 배 이상 많았다.

그럼에도 문 대통령은 여론을 무시한 채 조국 후보의 법무부 장관 임명을 강행했다. 하지만 조 후보자 동생과 조카가 구속되고 아내조차 구속 위기에 몰리자 조 후보자는 결국 사퇴했다. 국민과의 소통을 외면한 문 대통령의 아집은 실패로 끝났다.

조 후보자 사퇴 직후인 2019년 11월 5일 문 대통령은 반부패협의회에서 윤 총장을 만났다. 이 자리에서 문 대통령은 "이제부터 과제는 윤 총장이 아닌 다른 어느 누가 총장이 되더라도 흔들리지 않는 공정한 반부패시스템을 만들어 정착시키는 것"이라고 말했다. 윤 총장에 대한 우회적 경고라는 분석이 나왔다.

문 대통령의 '우회적 경고'에도 불구하고 윤석열 검찰은 다시한번 문재인 정권의 폐부를 향했다. 서울중앙지검 공공수사2부는 그해 11월 '청와대의 울산시장 불법 선거개입 의혹사건' 수사에 착수했다. 수사착수 직후부터 법조계에서는 "수사결과에 따라 정권을 뿌리부터 흔들 수 있다."는 말까지 나왔다.

수사가 시작되자 청와대 비서관들이 줄줄이 소환통보를 받았다. 윤석열 검찰은 2020년 1월 29일 6.13 울산시장선거가 부정선거였다는 결론을 내린 후 한병도 전 청와대 정무수석 등 관련자 13명을 공직선거법 위반 혐의로 불구속 기소했다. 문 대통령의 '절친'인 송철호 변호사를 울산시장에 당선시키기 위해 청와대 민정수석실, 정무수석실, 정책실 등이 대거 조직적으로 선거에 개입했다고 판단한 것이다.

이것이 사실이라면, 기가 막힐 일이다. 평생 민주주의를 추구해왔다는 문재인 대통령을 비롯한 집권세력의 엄청난 반민주주의적 범죄행위이기 때문이다. 민주주의를 추구하는 국민에 대한 배신인 셈이다. 법에 따라 엄한 벌을 받아야 마땅하다. 친여 쪽 민변(민주사회를 위한 변호사모임) 출신의 권경애 변호사는 "공소장 내용은 대통령의 명백한 탄핵 사유이고 형사처벌 사안"이라고 주장했다.

돌아볼 때, 적어도 1987년 민주화 이후 청와대가 직접 나서서 이런 대규모 선거부정을 저지른 정권은 없었다. 과연 이런 의혹들이 사실인지 철저히 검증할 필요가 있다. 그렇지 않고 권력이 사건을 수사하는 검찰에 압력이나 공격을 가한다면 그 자체로 부정선거를 저질렀다고 자인하는 행위라고 의심할 수밖에 없다.

그런데 불행하게도 조국 전 청와대 민정수석비서관에 이어 법무부 장관에 임명된 추미애 전 더불어민주당 대표는 윤석열 검찰에 노골적인 압력과 수사방해를 자행했다.

방약무도한 추미애 시즌 시작

문 대통령은 2020년 1월 2일 추미애 법무부 장관의 임명을 재가했다. 문 대통령이 국회의 인사청문보고서 채택 없이 장관급 인사 임명을 강행한 23 번째 사례였다.

추 장관은 법무부 장관에 임명되자마자 윤석열 총장에 대한 압박을 시작했다. 법무부 장관에 임명된 지 1주일만인 1월 8일 32명의 검사장급 인사를 단행했다. 2019년 7월 검찰 고위간부 정기인사를 실시한 지 6개월 만의 이례적 인사였다. 이 인사에서 추미애 법무부는 윤석열 검찰총장 핵심 측근 대부분을 지방으로 보냈다.

특히 문 정부의 핵심비리 의혹을 수사하던 간부들을 지방으로 발령냈다. 예를 들어, 청와대의 울산시장 선거개입 의혹 수사를 지휘한 박찬호 대검 공공수사부장을 제주지검장으로 전보시켰다. 또 조국 가족비리 의혹과 청와대의 유재수 감찰무마 의혹 수사를 지휘한 한동훈 대검찰청 반부패강력부장(검사장급)을 부산고검 차장으로 좌천시켰다. 이후 5개월만에 추미애 법무부는 근거없는 '검언유착' 의혹사건[1]을 이유로 한동훈 검사장을 법무연수원 연구위원으로 또다시 좌천 발령했다. 이어 서울 근처인 용인연수원에서 충북 진천으로 또 좌천시켰다. 1년도 안되는 기간에 세 번이나 좌천시킨 것이다. 치졸하고 졸렬한 보복인사이다. 반면 법무부 및 검찰 요직에는 문 대통령 혹은 추 장관과 가까운 간부들을 배치시켰다.

이를 두고 법조계 안팎에서는 문 정권과 청와대를 향한 수사를 무력화하려는 시도라고 비판했다. 노무현 정부에서 법무부 장관을 지낸 김승규 전 법무장관은 <신동아>와의 인터뷰에서 "더 이상 수사하지 말라는 소리", "정치만 하던 사람이 뭘 알아, 오자마자 인사하나?", "秋 장관이 법 절차 어겼다."고 비판했다. 1997년 한보그룹 비리에 연루된 김영삼 전 대통령의 차남 현철 씨를 구속시킨 바 있는 심재륜 전 대구고검장은 "수사 대상인 靑이 추 장관 이름 빌려 인사한 것", "현 정권의 논리를 적용하면 직권남용"이라고 강하게 비판했다.

법조계 안팎의 우려와 비판에도 추미애 법무부는 윤석열 총장을 수사라인에서 배제하는 보복성 인사를 이어갔다. 1월 23일 법무부는 고검 검사급 검사 257명, 일반검사 502명 등 중간 간부급 검사 759명에 대한 인사를 단행했다. 이 인사에서 청와대·여권 수사를 이끌던 차장검사는 거의 전원 교체됐다.

예를 들어 조국가족 수사를 지휘했던 송경호 서울중앙지검 3차장은 여주지청장으로, '청와대 하명·선거 개입' 수사를 지휘했던 신봉수 서울중앙지검 2차장은 평택지청장으로, '유재수 감찰중단 의혹' 사건 수사를 지휘했던 홍

---

1) 2020년 3월 31일, MBC 뉴스데스크가 단독 보도한 채널A 이동재 기자의 취재윤리 위반행위이다. 채널A의 법조팀 이동재 기자가 금융사기로 복역 중인 이철 전 밸류인베스트코리아 대표에게 접근하여 윤석열 검찰총장의 최측근인 한동훈 검사장과 이동재 자신이 특수 관계라고 주장하며, 유시민 노무현재단 이사장 등 여권 인사에 대한 비위 사실을 내놓으라고 회유 및 협박하여 취재 윤리를 위반한 사건이다(나무위키). 한 검사장과 이 기자의 유착 여부에 대해선 채널A와 한 검사장 측이 공식적으로 부인했고, 이를 수사한 서울중앙지검은 증거부족으로 한 검사장을 기소하지 못했다.

승욱 동부지검 차장검사는 천안지청장으로, '조국 일가' 수사를 이끌었던 고형곤 서울중앙지검 반부패수사2부장은 대구지검 반부패수사부장으로, 문정권 실세들의 개입 의혹이 있는 '우리들병원 사건'을 맡았던 신자용 서울중앙지검 제1차장은 부산동부지청 지청장으로, "조국이 왜 무혐의냐"며 항의한 것으로 알려진 양석조 대검 반부패강력부 선임연구관은 대전 고검으로, 윤석열 팀장과 함께 국정원댓글사건을 수사했던 김성훈 공안 수사지원과장은 서울북부지검 형사1부장으로 전보됐다.

이를 두고 현안 수사를 방해하기 위한 인사라는 비판이 일자 법무부는 아래와 같이 반박했다.

"직접 수사부서 축소·조정과 공판중심주의 강화에 대한 대비가 필요하여 형사부 및 공판부의 확대를 추진한 것이다. 현안사건 수사팀 존속 여부와 아무런 관련이 없으며, 실제 현안 사건 수사팀은 대부분 유임했다."

그러나 수사팀 중 대부분이 아니라 일부가 유임된 것뿐이었다. 현안 수사팀 중 유임된 사람은 '청와대 하명·선거 개입'을 이끌던 김태은 서울중앙지검 공공수사2부장, '유재수 감찰중단 의혹'을 이끌던 이정섭 서울동부지검 형사6부장 등 소수였다. 현안 수사를 지휘하던 지검장급, 차장급 검사들은 거의 모두 좌천성, 보복성 인사발령을 받았다.

추미애 법무부는 8개월 뒤인 8월 7일에도 검사장급 이상 검찰 고위간부 인사를 단행했다. 추 장관 사단과 속칭 '이성윤 서울중앙지검장 라인'이 약진했다.

이성윤 지검장은 문 대통령의 경희대 후배로, 노무현 정부 때 문 대통령 밑에서 청와대 특별감찰반장을 지냈다.

검찰국장 후임은 심재철 대검 반부패강력부장이 발탁됐다. 그는 2020년 초 조국 수사에 반대했다가 후배 검사로부터 항의를 받은 '상갓집 항명' 사태로 구설에 오른 인물이다. 당시 추 장관은 심 부장에게 항의한 양석조 전 대검 선임연구관을 겨냥해 "장삼이사도 하지 않는 부적절한 언행"이라며 공개 질타했다. 이후 양 검사는 대전고검 검사로 좌천됐다.

'검언유착' 의혹 사건을 지휘하며 윤 총장과 대립각을 세웠던 서울중앙지검 간부들은 승진과 동시에 대검 주요 보직을 맡았다. 이 사건을 지휘한 이정현 서울중앙지검 1차장은 검사장으로 승진해 대검 공공수사부장에 임명됐다. 같은 사건에 관여했던 신성식 서울중앙지검 3차장도 대검 반부패강력부장으로 승진했다.

전국 주요 공안사건을 지휘하는 대검 공공수사부장과 중요 특수사건을 총괄하는 대검 반부패강력부장 자리가 모두 추 장관 그리고 이성윤 서울중앙지검장 측근으로 채워진 셈이다. 이후 이들은 윤석열 총장을 찍어내는데 선봉 역할을 한다.

반면 추 장관에게 밉보인 문찬석 광주지검장은 한직으로 좌천됐다. 문 지검장은 전국 지검장 회의에서 윤석열 총장의 지시를 거부한 이성윤 지검장을 향해 공개 비판한 바 있다. 그는 법무연수원 기획부장으로 전보됐으나 전보 직후 사직했다.

추미애 법무부의 수차례 보복성 인사로 인해 검찰 내 문재인 정권 비리 수사팀은 동력을 잃었고, 윤석열 검찰총장의 고립은 갈수록 심화됐다. 그래서 윤 총장이 '식물총장'이 됐다는 말이 나왔다.

과연 이런 해괴한 일이 과거에 있었던가? 적어도 민주화 이후에 검찰총장이 권력의 마음에 들지 않는다고 해서, 검찰이 권력의 비리를 수사한다고 해서 검찰총장을 쫓아내기 위해 권력이 노골적으로 검찰에 압력을 가하고 대규모 보복성 인사를 남발한 적이 있었던가?

탄핵당한 박근혜 정부 때 비슷한 사례가 있긴 했다. 박 정부가 국정원 댓글사건을 원칙대로 수사하는 채동욱 검찰총장을 쫓아내려던 공작이다. 결국 사생활 문제로 채 총장은 중도 사임했다. 그러나 이는 국민들이 모르게 은밀하게 진행되었고, 혼외 아들을 두는 등 채 총장에게 문제가 있어 가능했다. 그러나 온 국민이 지켜보는 가운데 노골적인 보복성 인사로 검찰을 권력의 하수인으로 만드는 정권은 듣지도 보지도 못했다. 그러면서도 청와대와 민주당은 세상의 모든 정의는 자신들 것인 양 위선을 떨며 국민을 호도한다.

2020년 10월 국정감사에서 박범계 민주당 의원이 보인 태도는 이를 잘 보여준다. 박 의원은 박근혜 정부 하에서의 국정원 댓글수사 방해를 언급하며 윤석열 총장에게 "문재인 정부에서 하고 싶은 수사에 대해 수사압력, 수사방해를 받은 적이 있느냐?"고 물었다. 박 의원은 윤 총장에게 대답할 시간을 주지 않고 스스로 "없다."고 대답했다. 문 정부가 과거 정부보다 검찰에 대한 독립성을 지켜주는 민주적 정권임을 확신하는 듯한 태도였다.

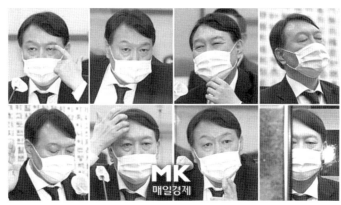

2020년 10월 22일 국회 법제사법위원회의 대검찰청에 대한 국정감사에서
발언하는 윤석열 검찰총장. /매일경제

그러나 이에 대해 윤 총장은 박 의원의 질의가 끝나자마자 다음과 같이 명확히 말했다.

"박근혜 정권과 이 정부에서의 외압 문제를 말하면, 그때는 제가 부장검사로서 수사팀장이었고 법무부나 이런 쪽에서 과도한 간섭을 받았다고 국정감사장에서 말을 했다. 그런데 이번에는 제가 취임하고 한 6개월은 일선을 소신껏 지휘할 수 있었는데, 인사를 통해서 제가 부당한 것을 하게끔 놔둘 수는 없지만 어떤 사건을 적극적으로 수사할 수 없는 환경이 돼버렸기 때문에 이 거는 외압 문제를 논하고 어쩌고 할 그런 상황이 아니라는 점을 말씀드린다."

다시 말해 보복인사를 통해 손발을 자르고 '식물 검찰총장'으로 만들어놓 은 것은 단순히 외압 문제를 논하고 어쩌고 할 그런 상황이 아니라는 말이다. 이는 특정한 수사외압과는 비교도 할 수 없이 중대한 문제임을 증언하고 있 는 것이다. 또한 추미애 법무부는 그동안 관례였던 법무부 장관과 검찰총장 의 검찰 인사협의도 사실상 없애버렸다.

"개똥처럼 흔해진 수사지휘권"

게다가 추 장관은 1948년 정부수립 이후 단 한 번뿐이었던 검찰총장에 대 한 수사지휘권을 몇 개월 사이에 사실상 세 번이나 발동했다. 법무부 장관의 검찰총장 수사지휘권 발동은 그 자체가 검찰의 독립성을 해치고 간섭하는 것으로 심각한 문제이다.[2]

아래는 문 대통령의 자서전 <운명>에 나오는 말이다.

"(노무현) 대통령과 우리는 검찰개혁의 출발선을, 검찰의 정치적 중립으로 봤다. 즉 '정치검찰'로부터 벗어나는 게 개혁의 핵심이라고 본 것이다. 사실 이 목표는 제도의 문제라기보다 정치권력이 검찰을 정권의 목적에 활용

---

2) 1949년 제정된 검찰청법 제8조엔 '법무부 장관은 구체적 사건에 대하여는 검찰총장만을 지휘한다'고 규정돼 있다. 이는 검찰의 정치적 중립성과 독립성을 보장하기 위해 독일과 일본 등 선진국의 관련법을 준용해 만든 것이다. 이 규정의 원조인 독일에서는 정작 수사지휘권이 발동된 사례가 전혀 없다. 일본은 1954년 법무대신이 동경지검 특수부가 수사하던 뇌물 정치인의 사건을 불구속 수사지휘한 것이 유일하다. 당시 법무대신은 여론의 비난이 거세어 사퇴했다. 그만큼 법무부 장관은 함부로 검찰총장에게 지시하거나 간섭해선 안된다. 그런데도 문재인 정권의 추미애, 박범계 법무장관은 검찰총장 지휘권을 수시로 발동했다. 그만큼 권력의 검찰 통제와 간섭이 일상화됐다는 방증이다.

하려는 욕망을 스스로 절제하고, 검찰 스스로 정권의 눈치 보기에서 벗어나는 '문화의 문제로 봤다.'"

문 대통령은 윤 총장 임명 시에도 "살아있는 권력에 대해서도 눈치보지 않는 자세로 수사할 것"과 "권력형 비리에 대해 권력에 휘둘리지 않고 권력의 눈치도 보지 말고 '사람에게 충성하지 않는 자세'로 엄정하게 처리하라."고 지시했다.

그랬던 문재인 정부가, 윤석열 검찰이 실제로 '살아있는 권력'의 비리를 수사하자 이제는 검찰의 독립성과 중립성을 노골적으로 침해했다. 문 대통령의 침묵 속 비호 하에 이런 반민주적 행위들이 공개적으로 자행됐다. 이처럼 정치권력이 검찰에 대해 몰상식적, 비민주적, 독재적 압박 조치들을 취하고 인사를 통해 겁박하는 게 문 대통령이 추구했던 '검찰개혁'이고 '검찰개혁 문화'였던가?

인사권자인 문 대통령은 한 때 "우리 총장님"이라고 불렀던 윤석열 검찰총장이 마음에 들지 않으면 그를 직접 해임하면 될 일이었다. 대신 임기가 보장된 검찰총장을 자른 데 대한 책임을 지면 됐다. 그러나 문 대통령은 그렇게 하지 않았다. 불법, 부당한 추미애 장관의 윤석열 찍어내기를 수수방관하거나 암묵적 동조했다. 한편으론 여론이 무서워, 다른 한편으론 정치적 책임을 지지 않기 위해서였을 것이다. 리더답지 못한 비겁하고 무책임한 자세다.

문 대통령은 "우리 윤석열 총장님"이라며 윤 총장에게 뜨거운 애정을 과시했다. 그러나 검찰의 수사가 문 정부의 부패·비리로 향하자 돌변했다. 추 장관의 '망나니 칼'은 문 대통령의 묵시적 동의하에 윤 총장의 목을 향해 빠르게 치달았다. 이에 따라 검찰의 정치적 독립과 문 정부의 권력형 비리도 윤 총장과 함께 묻힐 위기에 처했다. 대한민국 민주주의와 법치주의의 위기였다.

"살아있는 권력도 엄정히 수사하라"

헌정사에 없는 검찰총장 직무배제

추미애 법무부 장관은 2020년 11월 24일 윤석열 검찰총장에 대한 징계를 청구하고 직무배제 조치했다. 법무부 장관이 현직 검찰총장을 징계 청구하거나 직무배제한 것은 대한민국 헌정사에 유례가 없는 일이다. 문재인 정부 들어 헌정사에 전례없는 일들이 수도 없이 발생하고 있다.

추 장관은 이날 오후 6시 5분쯤 서울고등검찰청 기자실에 나타났다. 퇴근시간 즈음에 갑자기 예고한 이례적이고 갑작스런 방문이었다. 추 장관은 이 자리에서 윤석열 검찰총장에 대한 징계청구와 직무배제 사실을 전격 발표했다.

그는 "매우 무거운 심정으로 검찰총장에 대한 징계 청구 및 직무배제 조치를 국민들께 보고드리지 않을 수가 없게 되었다."며 준비해온 자료를 토대로 직무배제·징계청구 사유를 조목조목 설명했다.

추 장관은 윤 총장의 징계 사유와 관련해 △언론사 사주와의 부적절한 접촉 사실 △조국 전 법무부 장관 사건 등 주요사건 재판부에 대한 불법사찰 △채널A 사건 및 한명숙 전 국무총리 사건 관련 측근 비호를 위한 감찰방해 및 수사방해, 언론과의 감찰 관련 정보 거래 사실 △검찰총장 대면조사 과정에서 협조의무 위반 및 감찰방해 사실 △정치적 중립에 관한 검찰총장 위엄과 신망이 심각히 손상된 사실을 확인했다고 밝혔다.

추 장관은 "이와 같이 감찰결과 확인된 총장 비위혐의가 매우 심각하고 중

대해 금일 불가피하게 총장에 대한 징계를 청구하고 직무집행정지 명령을 하게 됐다."고 말했다.

약 14분 분량의 브리핑이 끝난 후 기자단의 질의응답 요구가 있었으나 추 장관은 이를 외면하고 서둘러 청사를 빠져나갔다. 서울고검에 도착한 지 약 16분 만이었다. 무엇이 그리도 급했는지, 헌정사상 초유의 현직 검찰총장 직무배제 조치를 번갯불에 콩 구워먹듯 처리해버린 것이다.

추 장관이 현직 검찰총장을 직무배제하고 징계에 나서자 각계의 비난이 들끓었다. 감찰이나 징계할만한 사안이 전혀 아니라는 반응이었다. 특히 당사자인 검사들의 반발이 거세게 일었다. 검찰 내부망에는 추 장관의 조치가 부당하다는 일선 검사들의 반응이 속속 올라왔다.

김경목 수원지검 검사는 "법무부 장관이 총장의 직무 집행정지를 명한 것은 소위 집권세력이 비난하는 수사를 하면 언제든지 해당 세력의 정치인 출신 장관이 민주적 통제·검찰개혁이란 이름으로 총장의 직무를 정지할 수 있다는 선례를 남기는 일"이라고 비판했다. 이환우 제주지검 검사는 "우리는 그리고 국민은 검찰개혁의 이름을 참칭해 추 장관이 행한 오늘의 정치적 폭거를 분명히 기억하고 역사 앞에 고발할 것"이라고 강하게 비난했다.

평검사 100% 윤 총장 징계 반대성명

추 장관이 윤 총장의 직무배제를 발표한 다음날인 11월 25일부터 평검사들의 집단 항의가 시작됐다. 대검찰청 연구관(사법연수원 34기 이하)이 "장관 처분은 위법"이라는 첫 성명을 냈다. 이후 부산지검 동부지청을 시작으로 전국 59개 검찰청(18개 지검 41개 지청)의 모든(100%) 평검사들이 연이어 윤 총장 징계 반대 집단성명을 발표했다.

평검사들뿐만이 아니었다. 검찰청 최고위급인 고검장과 검사장들도 공동 성명에 나섰다. 장영수 대구고등검찰청 검사장 등 일선 고검장 6명은 11월 26

일 "법무부 장관의 검찰총장에 대한 민주적 통제는 신중함과 절제가 요구되고 절차와 방식이 법령에 부합하며 상당성을 갖춰야 한다."고 주장했다.

이 밖에 검사장급, 지청장, 차장검사, 부장검사, 부부장검사, 그리고 검찰청 사무국장 등 극소수 친정부 검사를 제외한 모든 검사가 검찰총장 직무배제가 부당하다는 집단성명을 냈다. 심지어 대표적 친정부 검사로 꼽히는 이성윤 지검장이 이끄는 서울중앙지검에서도 평검사들과 부부장검사, 부장검사들이 징계 청구 및 직무배제를 비판했다. 이성윤 지검장 본인과 차장검사 4명을 제외한 사실상 모든 중앙지검 소속 검사들이 추 장관의 결정에 반대하는 의견을 밝힌 것이다.

특히 검찰총장 권한대행인 조남관 대검차장도 추 장관에게 서한을 보내 윤 총장에 대한 직무집행정지 철회를 요구했다. 그는 "총장이 불명예스럽게 쫓겨날 만큼 중대한 비위나 범죄를 저지르지 않았다."면서 "검찰개혁의 대의를 위해 한 발만 물러나 달라."고 요청했다. 조 대검차장은 추 장관 밑에서 법무부 검찰국장을 지낸 친정부 성향 인사다. 그런 그마저도 추 장관의 조치가 부당하다며 등을 돌린 것이다.

윤석열 검찰총장에 대한 중징계에 반대하는 합동성명을 낸 전직 검찰총장들(왼쪽부터 김각영 송광수 김종빈 정상명 임채진 김준규 김진태 김수남 문무일 총장. /조선일보

전직 검찰총장들도 윤 총장에 대한 징계 결정에 반대하는 합동 성명을 냈다. 김대중 정부 마지막 검찰총장부터 시작해 노무현 정부 때의 모든 검찰총장, 문재인 정부가 임명했던 검찰총장까지 참여했다. 9명의 전직 검찰총장들은 "법치주의에 대한 큰 오점이 될 것"이라며 "징계절차는 우리 국민이 애써 쌓아 올린 민주주의와 법치주의에 대한 위협의 시작이 될 우려가 너무 크므

로 중단되어야 할 것"이라고 요구했다.

　사상 최대의 초대형 검란(檢亂)이다. 과거 다수의 평검사들을 중심으로 한 검란이 종종 있었지만 이처럼 평검사에서 고검장, 대검 차장까지 검찰청의 거의 모든 구성원, 전직 검찰총장들, 법무부 검사들까지 정부에 반기를 든 적은 최초였다. 그만큼 문 정부의 검찰총장 찍어내기가 불법 부당하다고 본 것이다.

법무부도 반대해 추미애 사면초가

　또한 추미애 장관 직속의 법무부 차장검사, 부장검사, 평검사들과 법무연수원의 검사교수들까지 들고 일어섰다. 여기에다 추 장관 휘하의 고기영 법무부 차관도 윤 총장 징계에 반대한다는 취지로 사표를 제출했다. 추 장관은 사면초가의 위기에 몰렸다.

　법조계에서도 비판이 쏟아졌다. 문재인 후보의 대선 캠프에서 공익제보지원위원장을 맡았던 신평 변호사는 "눈앞에서 벌어지고 있는 전대미문의 추미애 활극을 보면 개탄스럽다."며 "여당(민주당)의 당적을 가진 그(추미애)가 수사지휘권을 핑계로 칼을 휘두르며 정권에 대한 수사를 막고 있다."고 추 장관을 비판했다.

　문재인 정부의 검찰개혁위원을 지낸 박준영 변호사도 "누군가에게 불이익을 줄 수 있는 절차는 정해진 법과 규칙에 따라 진행되어야 한다. 나중에 다 밝혀질 것이고 또 문제될 수 있는 일을 왜 벌이는지, 안타깝다. 이건 진영 논리로 접근해서는 안 되는 '원칙'의 문제"라고 강조했다.

　진보성향의 참여연대도 입장문을 통해 추 장관의 검찰총장 직무배제를 비판했다. 참여연대는 "'법관 사찰 의혹' 등 8개의 윤 총장 징계청구 사유는 결코 가벼운 사안이 아니다."라면서도 "이에 대한 결과가 확정되지 않았는데도 법무부 장관이 검찰총장의 직무를 정지시키는 것은 검찰수사의 독립성을 훼손할 수 있다."고 우려했다.

대한변호사협회도 "검찰총장의 비위와 관련해 명백·중대한 증거가 제시되지 않은 상태에서 성급하게 직무집행을 정지시키고 징계를 청구한 법무부 장관의 조치에 깊은 우려를 표하며 재고를 촉구한다."고 밝혔다. 법조 학계에서도 한 목소리로 추 장관의 검찰총장 직무배제를 비판했다. 대한법학교수회는 "헌법정신과 법치주의를 훼손한 행위"라며 "국민이 원하는 살아있는 권력에 대한 성역 없는 수사를 지휘하고 있는 검찰총장의 직무를 정지시킨 법무부 장관의 처분은 위법·부당하다."고 추 장관을 비판했다.

진중권 전 동양대 교수는 검찰총장에 대한 징계와 직무정지와 관련해 "군사독재에 이어서 이제는 운동권 독재와 맞서 싸워야 하는 상황이 됐다."고 말했다. 그는 "추미애와 윤석열의 싸움, 뭐 이런 게 아니다. 친문 586 세력의 전체주의적 성향이 1987년 이후 우리 사회가 애써 쌓아온 자유민주주의를 침범하고 있는 사태"라고 우려했다.

민변(민주사회를 위한 변호사모임) 출신의 권경애 변호사는 "(윤 총장을 직무배제한) 어제부로 문 대통령은 선출된 합법적 독재자의 길에 들어섰다."며 문재인 대통령을 직격했다. 권 변호사는 "(검찰총장 직무배제가) 대통령 승인없이 이루어진 일이라면 대통령은 국가운영 능력을 상실한 유고 상황이고, 추 장관은 국정농단을 일으킨 국헌문란범"이라고 공격했다.

국민의 여론도 비판적이었다. 2020년 11월 26일 발표된 리얼미터 여론조사 결과에 따르면, 추 장관의 윤 총장 직무 정지에 대해 "잘못한 일"이라는 응답(56.3%)이 "잘한 일"이라는 응답(38.8%)보다 크게 우세했다.

이런데도 문재인 대통령은 추 장관 대신 윤 총장과 검사들의 행태를 에둘러 비판했다. 문 대통령은 11월 30일 청와대 수석·보좌관회의에서 "집단의 이익이 아니라 공동체의 이익을 받드는 선공후사의 자세로 격변의 시대를 개척해 나가야 한다."고 말했다. 그동안 추 장관과 윤 총장 간 갈등에 침묵으로 일

관해온 문 대통령이 추 장관에게 힘을 실어준 셈이어서 파문이 일었다.

게다가 이낙연 민주당 대표는 검사들의 반발에 대해 "조직과 권력을 지키려는 몸부림"이라고 비하했다. 김경협 민주당 의원은 "동네 양아치를 상대하며 배웠는지 낯짝이 철판"이라는 막말까지 쏟아냈다. 국민의 한 사람으로서 차마 듣기가 불편한 천박하기 짝이 없는 막말이다.

직접 당사자인 윤석열 검찰총장은 추 장관의 직무배제에 강하게 반발했다. 윤 총장은 "검찰의 정치적 중립성을 지키기 위해 그동안 한 점 부끄럼 없이 검찰총장 소임을 다해왔다."며 "위법·부당한 처분에 대해 끝까지 법적으로 대응하겠다."고 밝혔다. 윤 총장은 추 장관이 직무배제를 발표한 다음 날인 11월 25일 서울행정법원에 집행정지를 신청하고, 26일에는 직무배제 취소 소송을 제기했다.

법원, 윤석열 손 들어줘

아니나 다를까. 윤 총장에 대한 감찰과 직무배제 명령은 먼저 법무부 감찰위원회로부터 제동이 걸렸다. 외부인사로 구성된 감찰위원회는 12월 1일 윤 총장에 대한 추 장관의 징계 청구 및 직무배제 조치, 수사 의뢰에 대해 참석자 7명 만장일치로 모두 부적절하다는 결론을 냈다. 감찰위는 추 장관이 윤 총장에게 직무배제 조치를 취하면서도 윤 총장에게 소명기회를 주지 않은 점 등 절차상 하자가 크다고 판단했다.

이런 상황에서 윤석열 검찰총장을 직무에서 배제한 명령의 효력을 임시로 중단하라는 법원의 결정이 나왔다. 서울행정법원 행정4부(재판장 조미연)는 12월 1일 윤 총장이 추 장관의 직무배제 명령에 반발해 제기한 집행정지 신청을 일부 인용했다. 법무부 감찰위원회에 이어 법원도 윤 총장 측 손을 들어준 것이다.

윤 총장은 집행정지 신청이 일부 인용됨에 따라 이날 오후 5시10분쯤 대검으로 출근했다. 윤 총장은 "신속하게 결정해주신 재판부에 감사드린다."며 "대한민국의 공직자로서 헌법정신과 법치주의를 지키기 위해 최선을 다하겠다."고 밝혔다.

그러나 추미애 법무부는 검찰청과 법무부의 거의 모든 구성원과 각계의 반대, 국민 다수의 반대 여론에도 불구하고 윤석열 총장에 대한 징계를 밀어붙였다. 불법하고 부당하다는 지적도, 민심도 깔아뭉갰다. 결국 법무부 검사징계위원회는 12월 16일 윤 총장에 대해 정직 2개월의 징계처분을 내렸다. 역시 헌정사상 초유의 일이다.

징계 의결은 출석위원 4명의 표결로 이뤄졌다. 위원은 정한중 위원장 직무대리(한국외대 교수), 안진 전남대 법학전문대학원 교수, 윤 총장 징계에 반대하며 사퇴한 고기영 차관 후임으로 선임된 이용구 법무부 차관, 신성식 대검 반부패강력부장으로 구성됐다. 징계위인 심재철 법무부 검찰국장은 윤 총장 징계에 적극 찬성한다는 진술서만 제출한 후 이날 징계에는 참여하지 않았다.

문제는 이들 징계위원 5명 가운데 호남출신이 4명이나 되었다는 사실이다. 법무부가 윤 총장 징계를 밀어붙이기 위해 지역 편향적 징계위원회를 구성했다는 비판이 나왔다. 정한중 직무대리는 전남 광양, 신성식 부장은 전남 순천, 안진 교수는 전라도 광주, 심재철 부장은 전북 전주 출신이다.

한 법조계 관계자는 <조선일보>와의 인터뷰에서 "출신 지역 자체로 어떤 결론을 예단할 수는 없더라도, 현직 검찰총장의 징계를 결정하는 위원회에서 전체 인원 5명 중 특정 지역 출신이 4명인 것은 누가 봐도 편중된 구성"이라고 비판했다.

윤 총장 측은 정 직무대리와 신 부장에 대해 "공정성이 우려된다."며 기피신청을 냈으나 징계위는 아무런 설명도 없이 이를 기각했다. 또한 윤 총장 측은 심문 뒤 징계위에 최종의견 진술 준비를 위해 속행 기일을 요구했지만 받아들여지지 않았다. 이에 윤 총장 측은 의견 진술 기회를 포기하고 항의하며 회의장을 나왔다.

윤 총장의 특별변호인인 이완규 변호사는 "법무부에서는 이미 (결과를) 정해놓은 게 아닌가 싶다."며 "징계절차 자체가 위법하고 부당한 만큼 결과에 승복하지 않고 대응할 것"이라고 말했다.

징계위는 이같은 절차의 불공정성, 징계위원 구성의 편파성 우려 속에서 강행됐다. 징계위가 인정한 윤 총장의 혐의는 재판부 사찰 의혹과 채널A 사건 감찰·수사 방해, 정치적 중립 훼손 등이었다.

징계위에서 의결된 윤 총장에 대한 2개월의 징계는 바로 당일 추 장관의 제청을 거쳐 문재인 대통령이 재가했다. 문 대통령이 한 치의 망설임도 없이 바로 윤 총장에 대한 징계를 재가한 것이다. 이는 그동안 모호했던 문 대통령의 의중이 윤석열 검찰총장 찍어내기에 있었음을 분명하게 보여준 조치였다.

문 대통령은 이날 "검찰총장 징계라는 초유의 사태에 이르게 된 데 대해 임명권자로서 무겁게 받아들인다. 국민들께 매우 송구하다. 검찰이 바로서는 계기가 되길 바란다."고 말했다. 문 대통령은 또 "검찰총장 징계를 둘러싼 혼란을 일단락 짓고 법무부와 검찰의 새로운 출발을 기대한다. 추 장관의 추진력과 결단이 아니었다면 고위공직자범죄수사처(공수처)와 수사권개혁을 비롯한 권력기관 개혁은 불가능했을 것이다. 시대가 부여한 임무를 충실히 완수한 데 특별히 감사하다."고 말했다.

이런 문 대통령의 언행은 과거 비슷한 사건 때의 반응과 180도 다른 모습이다. 2013년 9월 13일 채동욱 검찰총장이 숨겨놓은 혼외자 문제로 사의를 표명했다. 이에 당시 민주통합당 의원이었던 문 대통령은 "결국… 끝내… 독하게 매듭을 짓는군요. 무섭습니다."라는 글을 트위터에 올렸다. 박근혜 정부 때 '국정원 댓글사건' 수사를 책임지던 채동욱 총장의 사의 표명 뒤에 청와대 압력이 있었다는 취지로, 박근혜 청와대를 강하게 비판한 것이다.

당시 국정원 댓글사건 특별수사팀장이 윤석열 현 검찰총장이었다. 문 대통령은 취임 직후 박근혜 정부에서 좌천된 윤석열 당시 대전고검 검사를 서울중앙지검장에 임명하면서 "국정 농단 수사의 적임자"라고 추켜세웠다. 2019년 7월 검찰총장으로 임명할 때는 "살아 있는 권력에도 엄정하게 수사해달라."고 당부했다.

문재인 대통령이 2013년 9월 채동욱 당시 검찰총장의 사의 표명 이후
올린 트위터 글. /문 대통령 트위터

그랬던 문 대통령이 이번에는 그간 온갖 불법, 탈법행위를 자행하고 막말과 오만한 언행을 일삼아온 추 장관과 권력을 일방적으로 편들었다. 반면 자신이 임명한 윤 총장에 대해선 검찰개혁이라는 미명하에 징계를 정당화했다. 이 발언을 통해 문 대통령의 의중이 어디에 있는지, 법치나 정의의 실현이 아닌 권력장악과 유지에 있음을 다시 한번 명확히 확인할 수 있었다.

앞서도 언급했지만, 만약 윤 총장이 마음에 안들었다면 문 대통령은 직접 해임하면 될 일이었다. 그러나 임기가 보장된 검찰총장을 해임할 경우 지게 될 책임을 회피하기 위해 문 대통령은 추 장관의 손을 빌려 윤 총장 징계에 나선 것이다. 지도자로서 참으로 비겁하고 무책임한 자세이다.

문 대통령, 대법원장과 부적절한 만남

문 대통령의 이런 비겁한 태도는 윤 총장의 징계를 재가한 이후에도 노골적으로 이어졌다. 윤 총장 측은 문 대통령이 재가한 '2개월 정직' 처분의 효력을 중지해 달라며 법원에 집행정지 신청을 냈다. 12월 22일 서울행정법원 행정12부(홍순욱 부장판사)는 이에 대해 심문을 시작했다. 그런데 이날 문 대통령은 대법원장 등 5부 요인을 청와대로 초청해 간담회를 가졌다. 윤 총장 징계를 판단하는 날에 대법원장을 청와대에서 만난 것이다.

5부 요인 청와대 간담회 목적은 코로나 바이러스 사태 극복 방안을 포함해 국정현안 전반에 걸쳐 의견 교환을 한다는 취지였다고 했다. 5부 요인은 김명수 대법원장, 유남석 헌법재판소장, 박병석 국회의장, 정세균 국무총리, 노정희 중앙선거관리위원장 등이다. 이 가운데 정세균 총리를 제외하면 코로나 바이러스 방역과는 별 관련이 없는 사람들이다. 이들과 코로나 바이러스 사태 극복방안을 논의한다니, 참 넌센스다.

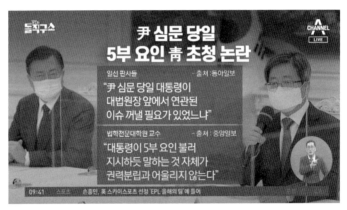

문재인 대통령이 윤석열 총장의 심문 당일인 2020년 12월 22일 오전 김명수 대법원장을 비롯한 5부요인을 청와대로 초청, 간담회를 가져 논란을 빚었다. /채널A 캡처

문제는 만남의 시점이다. 하필이면 이날, 윤 총장이 제기한 집행정지 사건 심문 기일에 판결에 영향을 미칠 수 있는 대법원장과 헌재소장을 불러 만났는가 하는 점이다. 문 대통령은 이 사건의 당사자이기도 하다. 문 대통령은 윤

총장의 정직 2개월 징계처분을 최종 재가했다. 원고는 법무부 장관이지만 소송의 성격은 대통령의 처분을 대상으로 한다. 법관윤리강령은 '소송 관계인을 법정 이외의 장소에서 면담하거나 접촉하지 아니해야 한다.'고 규정하고 있다.

헌법재판소 역시 윤 총장 측이 제기한 검사징계법에 대한 헌법소원과 효력 정지 가처분 신청을 맡고 있다. 헌재가 검사징계법을 위헌으로 판단하면 해당 검사징계법에 따라 열린 징계위 결과도 원천 무효가 될 수 있다. 이런 상황에서 대통령이 부른다고 조르르 달려간 대법원장과 헌재소장도 문제지만, 이날 이들을 초청한 문 대통령과 청와대에 큰 책임이 있다. 삼권분립 체제 아래서 중요 재판을 앞두고 가진 이날의 간담회는 누가 보아도 부적절한 만남으로 비친다. 최소한 문 대통령과 청와대는 "오얏나무 아래서 갓끈을 고쳐 맨" 모양새가 됐다.

법원, 두 번 연속 윤석열 손들어줘

그럼에도 불구하고 법원은 또 윤 총장의 손을 들어주었다. 서울행정법원은 12월 24일 밤 윤 총장이 징계 처분에 불복해 제기한 집행정지 신청을 받아들였다. 바람 앞 등불 같은 대한민국 민주주의가 회생하는 순간이었다. 참으로 다행이었다.

재판부(재판장 홍순욱 부장판사)는 △징계처분으로 윤 총장에게 회복하기 어려운 손해와 그 손해를 예방하기 위해 긴급한 필요가 어느 정도 인정되는 점 △법무부가 주장하는 공공복리에 중대한 영향을 미칠 우려가 있다고 단정하기 어려운 점 등을 고려하면 "이 사건 징계처분의 효력을 정지함이 맞다."고 판단했다. 재판부는 또 가장 큰 쟁점이었던 '재판부 성향분석 문건'은 "매우 부적절하나 추가 소명자료가 필요"하고 "채널A 사건에 대한 감찰·수사 방해는 다툼의 여지가 있어 본안 재판에서 충분한 심리가 이뤄져야 한다."

고 말했다.

이에 따라 윤 총장은 직무정지 8일만에 다시 복귀하게 됐다. 그는 법원의 징계처분 집행정지 결정 직후 "사법부의 판단에 깊이 감사드린다. 헌법정신과 법치주의 그리고 상식을 지키기 위해 최선을 다하겠다."고 입장을 밝혔다.

한편, 무리한 징계를 강행한 추 장관과 이를 재가한 문 대통령은 큰 타격을 입게 됐다. 특히 전날(12월 23일) 문 대통령이 끝까지 신임했던 조국 전 장관의 아내 정경심 씨까지 1심에서 자녀 입시비리 의혹과 관련해 징역 4년을 선고받았다. 법원에서 잇따라 윤 총장 손을 들어준 것이다.

문 대통령은 다음날인 12월 25일 이에 대해 사과했다. 문 대통령은 윤 총장의 직무 복귀와 관련해 "법원의 결정을 존중한다."며 "국민들께 불편과 혼란을 초래하게 된 것에 대해 인사권자로서 사과 말씀을 드린다."고 말했다.

문 대통령의 사과는 바람직한 일이다. 그러나 이번에도 사태를 이 지경까지 몰고 온 추 장관에 대해선 일언반구가 없었다. 윤 총장 찍어내기가 문 대통령의 뜻이어서 그랬을까? 문 대통령은 검찰개혁을 내세우며 오직 검찰에 대한 공격을 계속했다. 문 대통령은 검찰의 판사사찰 논란과 과도한 검찰권 행사를 지적하며 차질 없이 검찰개혁을 추진하겠다고 강조했다.

애초 "살아있는 권력도 엄정히 수사하라."고 했던 문 대통령. 그러나 윤석열 검찰이 실제로 청와대 등의 살아있는 권력 비리를 수사하자 문 정권은 돌변했다. 법무부 장관에 임명된 추미애 전 민주당 대표는 입각 후 1년 내내 윤 총장 찍어내기에만 몰두했다. 청와대와 민주당 등 권력은 이를 총력 지원했다. 다행히 이같은 문 정권의 불법 무도한 짓은 법원에 의해 일단 저지됐다.

그러나 문 정권의 검찰개혁을 빙자한 검찰 장악 시도는 끝나지 않았다. 2021년 새해 벽두에 무소불위의 공수처(고위공직자범죄수사처)가 출범했기 때문이다. 공수처는 검찰 대신 기소권과 수사권을 동시에 갖는 기관이다. 민주당은 기존 검찰의 수사권을 빼앗기로 했다. 검찰 위에 검찰보다 훨씬 힘이

센 새로운 검찰조직을 신설한 셈이다. 지금껏 검찰이 기소권과 수사권을 가져 권력남용으로 비판받았는데, 과거 검찰과 똑같은 권한을 공수처에 부여한 것이다.

특히 공수처장 임명에 대한 야당의 비토권이 무산돼 공수처는 사실상 대통령의 영향 하에 놓이게 됐다. 이 경우 대통령이 공수처장 1명만 장악하면 입법·사법·행정 등 '국가 주요기관 전체'를 지배할 수 있게 된다. 이는 권력자들의 비리를 견제하기보다 정치적 반대자를 숙청하는 도구로 전락한 중국 공산당의 중앙기율검사위원회와 유사하다. 공수처의 신설 목적이 공직 비리 근절이 아니라 권력형 비리의 은폐에 있다고 비판받는 이유이다.

그런 징후는 이미 공수처의 공식출범 전부터 농후했다. 김학의 전 차관 불법 출금사건 수사를 중단시킨 혐의를 받은 이성윤 서울중앙지검장은 검찰의 소환에 세 번씩이나 불응하더니 이 사건 자체를 공수처로 이첩해야 한다고 주장했다. 또한 같은 사건에서 서류를 조작한 혐의로 수사받던 이규원 검사도 사건의 공수처 이첩을 요구했다. 범죄 의혹이 있는 두 친정부 검사가 2021년 2월말 현재 아직 조직체계도 갖춰지지 않은 공수처를 방탄막으로 악용한 것이다. 이래서 '공수처'가 권력형 범죄혐의자들의 '피난처'가 됐다는 비난이 나왔다.

그런데도 박범계 법무부는 2021년 6월 4일 피고인 이성윤 지검장을 서울고검장으로, 피고인 이규원 검사를 부부장검사급으로 승진, 영전시켰다. 기소된 검사가 영전한 것은 1948년 대한민국 정부수립 이래 처음 있는 일이다. '무슨 일을 저질러도 정권에 이익이 된다면 보은한다'는 문 정부의 원칙을 여기서도 확인한다. 이건 나라가 아니다. 그냥 조폭조직인 것이다.

또한 친정권 검사들로 또다시 검찰 핵심요직을 채웠다.

살아있는 권력 수사는 이제 꿈도 꿀 수 없는 세상이 도래한 것인가?

"부동산 문제 자신 있다… 집값 반드시 잡겠다"

"부동산 문제 자신 있습니다… 집값 반드시 잡겠습니다."

문재인 대통령이 2019년 11월 19일 열린 '국민이 묻는다, 2019 국민과의 대화'에서 확신에 찬 어조로 밝힌 말이다.

문 대통령은 당시 부동산 가격이 폭등하는 상황에서 '대출 규제 등으로 서민이 피해를 보고 있다.'는 질문에 "부동산 가격이 올라가면 서민들은 전세값이 함께 올라가니까 부담이 커지고 규제를 강화하면 실수요자에게도 영향을 미친다. 그러나 부동산 문제는 우리 정부에서 자신 있다고 장담한다."고 단언했다.

문 대통령은 치솟는 서울 집값과 관련해 "고가 아파트를 중심으로 강도 높은 합동조사를 하고 있는데 현재 방법으로 부동산 가격을 못 잡는다면 보다 강력한 방법을 강구해서 반드시 (집값을) 잡겠다<경향신문>."고 강조했다.

그러나 "부동산 문제 자신 있다…집값 반드시 잡겠다"던 문 대통령의 호언장담 이후 서울 집값은 더 가파른 속도로 상승했다. 문 대통령의 발언 후 1년이 훨씬 지난 2021년 7월 현재 국토부는 30차례 가까이 부동산 정책을 발표하며 서울 집값을 잡으려 했지만 실패했다. 이로 인해 실수요자인 젊은 층은 좌절했고, 문 정부에 대한 극도의 분노를 표출했다.

문재인 대통령은 2019년 11월 19일 오후 방송된 '국민이 묻는다,
2019 국민과의 대화'에서 부동산 대책과 관련해
"반드시 부동산 가격을 잡겠다"고 강조했다. /YTN화면 캡처

경실련(경제정의실천시민연합)에 따르면, 문재인 정부 3년 동안(2017.05
~ 2020.05) 서울 아파트값은 평균 3.1억(52%) 상승했다. 단독주택은 1억원
16%, 연립주택은 0.2억원 9% 상승했다.

<표1> 문재인 정부 3년간 서울 주택유형별 상승액

	유형	주택수[1]	매매 중위가격 (단위: 백만원/호)			총주택가격 (단위 : 조원)			상승률
			임기초 (2017.05)	현재 (2020.05)	상승액	임기초	임기초	임기초	
서울	아파트	1,620,000	606	920	314	982	1,491	509	52%
	단독	1,072,058	635	736	101	682	790	108	16%
	연립	811,764	245	267	23	199	217	18	9%
	전체[2]	3,505,061	531	713	181	1,863	2,498	835	34%

주1) 주택 수는 2018년 기준
주2) 전체는 주택유형별 중위매매가격에 주택수를 곱하여 산출한 주택총액(2,488조원)을 전체
　　주택수 (350만채)로 나누어 산출한 가격
주3) 자료: 경실련(http://ccej.or.kr/63341)

경실련은 문재인 정부 3년과 이명박·박근혜 과거 8년 두 정부의 주택가격

변동을 비교했다. 과거 정부 기간은 KB국민은행 자료가 제공되는 2008년 12월부터 박근혜 대통령 탄핵이 확정된 2017년 3월까지 약 8년간이다.

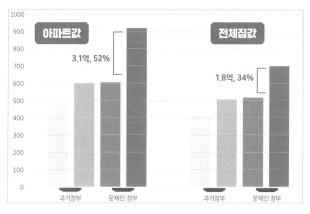

자료: 경실련

문 정부 들어 아파트값 최악의 폭등

과거정부 8년 동안 서울 전체 주택 값은 4.3억에서 5.3억으로 1억이 상승(24%)했다. 이에 비해 문재인 정부 3년간 상승률은 과거 정권 8년간의 1.4배인 34%였다. 주택유형별로 단독과 연립의 상승률은 문재인 정부 상승률이 과거 정부보다 낮아 전 정권의 0.6배였지만, 아파트값 상승률은 2.1배로 더 높았다. 문재인 정부 3년 동안 아파트값은 52% 상승하여 주택유형별 상승률 중 가장 높았으며, 이명박근혜 정부 8년간의 2.1배나 됐다.

경실련은 국토부 공개질의를 통해 입수한 감정원 집계 과거정부 상승률 및 감정원 중위가격을 KB 중위가격과 비교했다. 서울의 아파트값 상승률은 KB 중위가격 기준 문재인 정부가 52%, 과거 정부가 25%로 현 정부가 2.1배 더 높았다. 감정원 중위가격으로는 문재인 정부 57%, 과거 정부 16%로 3.6배로 더 높아졌다.

<표2> 문재인 정부 및 과거 정부 주택유형별 중위가격 격차

(단위 : 백만원/호)

	이명박·박근혜				문재인				상승률 격차
	임기초 ('08.12)	임기말 ('17.03)	상승액	상승률	임기초 ('17.05)	현재 ('20.05)	상승액	상승률	
아파트	481	599	118	25%	606	920	314	52%	2.1배
단독	507	633	126	25%	635	736	101	16%	0.6배
연립	211	244	34	16%	245	267	23	9%	0.6배
전체1)	426	527	101	24%	531	713	181	34%	1.4배

주1) 전체는 주택유형별 중위매매가격에 주택수를 곱하여 산출한 주택총액을 전체
주택수로 나누어 산출한 가격
주2) 전체 평균치를 산출하기 위한 각 년도별 주택수는 2018년 주택수를 동일하게 적용
주3) 자료: 경실련

감정원 중위가격은 2012년 이후 만들어져 이명박 정부의 수치가 빠져있다. 이명박 정부 동안 서울 아파트값이 하락했기 때문에 이를 반영하면 격차가 더욱 커질 것이다. 국토부가 핵심통계로 삼는 감정원 지수 기준으로 과거 정부와 현 정부 격차를 비교한 결과 현 정부가 4.7배 더 높게 나타났다.

경실련이 서울 아파트값 연간 상승률을 계산한 결과, KB 중위가격 기준으로는 문재인 정부가 과거 정부보다 5.6배 높았다. 감정원 중위가격 기준으로는 문재인 정부가 9.5배 높았으며, 감정원 지수로는 11.8배나 더 높았다. 어떤 수치로 계산하든 과거 정부 8년간에 비해 문재인 정부 3년간 서울 아파트값이 폭등했음은 명백하다.

위 경실련 분석결과를 요약하면, 첫째, 문재인 정부 3년 동안 전체 주택가격 상승률이 이명박·박근혜 전임 두 정부의 8년보다도 높게 나타났다. 둘째, 서울 등 아파트값 상승이 전체 집값 상승을 주도하고 있다. 셋째, 문재인 정부 아파트값 연간상승률은 이명박·박근혜 정부보다 최대 12배나 빠르게 나타났다.

이후 1년이 더 지난 2021년 6월 경실련은 문 정부 4년간 서울의 강남 아파트 가격이 30평형 기준 10억9000만원(84%), 비강남 아파트는 5억원(96%)

상승했다고 발표했다. 이에 따르면 문 정부가 출범한 2017년 5월쯤 서울 아파트값은 평당 평균 2061만원이었지만 2021년 5월 현재 1910만원(93%)이 오른 3971만원이 됐다. 30평형 아파트로 환산하면 6억2000만원 아파트가 11억9000만원이 됐다. 4년동안 자그마치 5억7000만원(93%)이 올랐다. 문 정부 내내 아파트값이 폭등한 것이다.

아파트값 폭등은 잘못된 신념과 무능력 탓

아파트 가격 폭등은 과거 노무현 정부에서도 나타난 현상이다. 그렇다면 왜 진보정권, 서민 정권이라는 문재인 정부와 노무현 정부에서 특히 이런 집값 폭등 현상이 나타나는 것일까? 그 이유는 다양하겠지만, 가장 중요한 요인은 정책 책임자들의 잘못된 철학, 무능력, 신뢰부족 때문이 아닌가 생각한다.

<표3> KB 중위가격 및 감정원 통계 비교

구분			상승률	격차	연간상승률	격차
서울 아파트값	감정원 지수	문재인	14%	4.7배	4.7%	11.8배
		과거정부	3%		0.4%	
	감정원 중위값 (이명박정부 자료미생산)	문재인	57%	3.6배	19%	9.5배
		과거정부	16%		2%	
	KB중위값	문재인	52%	2.1배	17.3%	5.6배
		과거정부	25%		3.1%	
서울 전체 주택값	감정원 지수 (과거정부 미공개)	문재인	11%	-	3.7%	-
		과거정부	-		-	
	KB중위값	문재인	34%	1.4배	11.3%	3.8배
		과거정부	24		3%	

자료: 경실련

대한민국은 자본주의 국가이다. 자본주의 국가에선 부동산도 상품의 하나이다. 따라서 부동산정책 책임자들은 시장을 올바르게 이해해야 한다. 물론 부동산은 공급이 한정된 상품이기에 종종 시장의 실패가 일어나기도 한다. 그럼에도 변하지 않는 점은 '부동산도 상품'이라는 사실이다. 시장에서 상품가격은 수요와 공급에 의해 결정된다. 수요에 비해 공급이 부족할 때는 당연히 상품가격이 오르게 된다. 그런데 진보정권 정책 책임자들은 이 사실을 종종 망각하는 것 같다. 아니, 이들은 '시장은 악'이라는 확신과 철학을 갖고 있는 듯 보인다.

과거 학생운동권이 추구했던 사상과 철학은 사회주의 혹은 공산주의, 종속이론, 신식민지지배이론 등이다. 학생운동권 출신이 많이 포진한 노무현 정부나 문재인 정부에는 미국을 종주국으로 하는 '신자유주의 사상'에 극도의 불신과 혐오감을 가진 사람들이 많다. 따라서 이들은 시장을 악으로 보고, 부동산시장의 실패에 방점을 두어 시장규제에 열을 올린다. 이런 철학을 가진 사람들의 정책이 과연 시장에 제대로 먹힐 수 있겠는가? 그런 점에서 진보정권의 부동산정책 실패는 예견된 것이라 할 수 있다. 시장 참가자들은 이런 진보정권의 속성을 이미 꿰뚫고 있기 때문이다.

둘째, 정책 책임자들의 무능력이다. 문재인 정부의 부동산정책 실패는 청와대 참모진과 국토교통부 장관의 합작품이라고 할 수 있다. 문 정부의 일부 청와대 참모들은 2020년 8월 부동산 문제를 포함한 전반적인 국정 혼란에 대한 책임을 지고 사퇴 의사를 밝혔다. 대통령 비서실장, 정무·민정·국민소통·인사·시민사회 수석 등이다. 그러나 청와대 내에서 부동산정책의 실제 책임자는 김상조 정책실장으로 알려졌다. 즉, 문재인 정부에서 김상조 정책실장과 김현미 국토부 장관이 부동산 폭등을 야기한 가장 중요한 정책 책임자란 얘기다.

김상조 실장은 '재벌저격수'로 알려진 것처럼 재벌개혁과 경제민주화에 관심이 많던 경제학자 출신이다. 부동산과 관련해선 전문성이 의문시된다. 김현미 장관도 마찬가지이다. 김 장관이 비록 2020년 12월 교체되긴 했지만, 장관이 되기 전에 국토, 건설, 부동산 등에 대한 전문성이나 경험은 없다고 알려져 있다. 부동산에 관한 전문성과 정책 경험이 없는 사람들이 시장 규제 측면에서 정책을 추진하니 정책실패를 가져오는 것은 어쩌면 당연하다고 할 수 있다.

셋째, 정부 정책과 정책팀에 대한 신뢰 부족이다. 부동산 분야에 대한 전문성이나 정책 경험이 없는 사람들이 반(反)시장적 철학을 갖고 졸속의 규제 정책을 남발하니 시장이 문 정부의 부동산정책을 신뢰할 리 만무하다. 문재인 정부는 출범 후 부동산 가격을 잡겠다고 20여 차례나 규제 정책을 발표했다. 그러나 규제 약발이 먹히지 않고 정책에 대한 불신만 커졌다. 이런 요인들이 역대 어느 정부 때보다 아파트값 대폭등을 가져오는 견인차가 됐다.

'집값정상화 시민행동'이 문 정부의 부동산 폭등에 항의하기 위해
2021년 3월 10일부터 한 달간 운행한 버스.

위에서 보았듯이, 이명박 정부 때는 부동산 가격이 하락했다. 이명박 정부는 역대 정부 가운데 부동산 가격이 하락한 유일한 정부였다. 투기를 차단하기 위해 수차례 금리를 올려 돈줄을 죄고, 강남 주변에 보금자리 주택을 지어 공급을 확대했다. 부동산 경기 침체로 여러 건설회사가 부도났지만 부양책을 쓰지 않았다. 즉, 친시장적인 부동산정책으로 부동산 가격을 잡은 것이다. 이명박 대통령이 문재인 정부의 적폐청산 대상으로 장기간 옥고를 치르는 등 비판받고 있지만, 배울 것은 배워야 한다.

아파트값 폭등에 폭발한 민심

아파트값 폭등은 결국 민심의 폭발을 불러왔다. "부동산 문제는 자신있다."던 문 대통령의 말을 철석같이 믿었던 국민들은 억장이 무너졌다. 문 대통령을 믿고 집 사기를 미룬 3040 젊은이들은 큰 배신감을 느꼈다.

아래는 문 정부의 부동산 폭등에 대한 Cranberries라는 젊은 블로거의 분노어린 글을 요약한 것이다.

"서울 종암동의 조금 오래된 평범한 아파트, 내 친구가 살던 곳이다. 내가 종암동에 살던 2013년, 가격은 2억원이 조금 넘는 수준으로 2억원선에서 급매물로 살 수 있었다. 나는 당시 학생이었고 대학원, 유학, 고시 등 진로 설계로 바빴기 때문에 부동산에 신경 쓸 여력이 없었다. 이명박 정부 때 이 아파트의 가격 상승은 미미했다.

그러다가 2017년 후반부터 가격이 가파르게 상승하기 시작했다. 문재인 대통령이 권좌에 앉은 시점이다. 이후 믿어지지 않는 부동산 대폭등이 시작됐다. 2013년 2억원 하던 아파트가 지금은 5~6억원을 호가한다.

그 친구는 예전에 나와 함께 로스쿨을 준비하다가 실패하고 취직을 했다. 그는 회사 생활을 하면서 작고 낡은 아파트 한 채를 융자로 샀다. 부모님의 도움도 받았을 것이다. 그 아파트가 최근 급등한 것이다.

친구는 부동산 규제가 심해지기 전에 이 작은 아파트를 팔고 더 큰 아파트로 이사 갔다. 그 새로운 아파트는 현재 10억원을 훌쩍 뛰어넘는다. 이를 보며 공부가 정말 '무쓸모' 라는 교훈을 얻을 수 있었다. 나는 그 친구보다 잠자는 시간을 아끼고 기초적인 본능마저 억제하며 열심히 살아왔다. 공부도 더 잘했고, 좋은 대학을 나왔고, 앞으로 좋은 직장을 잡을 가능성도 높다. 하지만 경제적으로는 그 친구가 나보다 훨씬 더 우위에 있게 될 것이고, 일반적인 경로라면 평생 따라잡지 못할 것이다.

이게 바로 문재인 정부의 힘이다. 공부 못 하고 끈기 없어도 된다. 부모님 잘 만나서 집을 한 채 선물 받거나 어디선가 돈을 조달할 끈이 있다면, 학창 시절 내내 띵가띵가 놀고 대학 가서 술만 퍼마시고 성범죄 저지르고 살아도 똑똑한 의사, 변호사보다 더 나은 삶을 살 수 있을 것이다. 더이상 좋은 대학 졸업자, 의사/변호사가 갑인 세상이 아니다. 세상이 이렇게 바뀌었다. 참으로 '사람사는 세상'이 된 것이다."

(https://blog.naver.com/poohandwoo/222024785458)

실제로 서울 아파트 10가구 중 7가구였던 6억원 이하 아파트가 3년 만인 2020년 6월에 10가구당 3가구로 반 토막이 났다. 반면 9억원 초과 아파트는 1.5가구에서 4가구로 늘었다. 문재인 정부 3년간 생긴 변화다. 서민 아파트는 줄고, 고가 아파트만 늘었다.

이는 <중앙일보>에 실린 한국감정원의 시세자료 분석결과이다. 문재인 정부가 출범한 2017년 5월 서울 아파트 중 6억원 이하 비율은 67%였다. 하지만 현재(2020년 6월 말)는 29%에 불과했다. 반면 9억원 초과 아파트는 같은 기간 15%에서 39%로 늘었다. 서울에서 6억원 이하 아파트보다 9억원 초과 아파트가 더 많아진 것이다.

이에 따라 서민 주거지로 불리는 지역에서 싼 아파트를 찾기 어려워졌다. 3년 전 전체 아파트의 74%가 6억원 이하였던 강동구에선 6억원 이하 아파트 비율이 8%로 급감했다. 성북구는 97%에서 33%로 줄었다. 동대문구(88→26%), 서대문구(88→26%), 은평구(91→34%), 관악구(98→42%) 등도 6억원 이하 아파트 비율이 50%포인트 이상 감소했다.

6억원 선을 넘었을 뿐 아니라 가격도 큰 폭으로 올랐다. 한국감정원에 따르면 강동구 아파트값은 2017년 5월 평(3.3㎡)당 평균 1,446만원이었지만, 2020년 7월 말엔 2,400만원이었다. 3년 새 66%가 상승했다. 동대문구

(1,309만원→2,174만원),　서대문구(1,333만→2,268만원),　은평구(1,265만
→1,801만원), 관악구(1,304만원→1,906만원)도 상승 폭이 컸다.

2020년 중하반기부터는 서울은 물론 수도권과 대구 부산 광주 대전 등 지
방 아파트값도 폭등했다. 전국적으로 부동산 값 대란이 벌어진 것이다.

집값뿐 아니라 전세값도 폭등

집값뿐만이 아니다. 전셋값도 폭등했다. 집값이 천정부지로 올랐으니 전셋
값도 덩달아 뛸 수밖에 없다. 문재인 정부가 집권 4년반 동안 집값을 계속 높
여놓고 전셋집의 씨도 말려놓았다. 이에 따라 전세난이 세입자들을 힘들게
하고 있다. 2020년 9월 전국 주택 전셋값은 5년 5개월 만에 가장 큰 폭으로
올랐다. 한국감정원의 '9월 전국주택가격 동향조사'에 따르면, 전국 주택 전
셋값은 0.53% 높아졌다. 2015년 4월(0.59%) 이후 최고치다. 전세 물량이 줄
어들어 세입자는 월세·반(半)전셋집으로 내몰렸다.

3년새 서민 아파트 줄고, 고가 아파트 늘고

	단위: %	6억 이하	9억 초과~15억 이하
강동구	-66		48.2
성북구	-63.3		11.3
동대문구	-62.9		20.9
서대문구	-62.1		25.6
성동구	-58.2		54.8
은평구	-57.1		7.1
관악구	-55.8		0.7
종로구	-55.8		23.6
동작구	-55.2		49.2
중구	-55.2		50.2

※2017년 5월 대비 올해 6월 금액별 아파트 비율 변동률.
상·하한 평균의 평균가격 기준. 시세 미발표단지는 제외.
자료: 김상훈 의원실·한국감정원　ⓙ중앙일보

* 자료: 한국감정원/중앙일보

문재인 정부는 서민을 위한다는 모토로 집권했다. 그러나 부동산 가격 폭등으로 집을 갖지 못한 서민들의 박탈감은 훨씬 커졌다. 부동산 폭등으로 '벼락 거지'가 되었기 때문이다. 또한 징벌적 과세의 유탄을 맞은 1주택자나 실수요자들의 아우성도 점점 커졌다. 이들은 '세금'이 아닌 '벌금'을 내고 있다며 규탄 시위와 인터넷 실검 챌린지, 청와대 국민청원 게시판 등 온·오프라인 공간을 넘나들며 '조세저항 국민운동'을 펼쳤다. 예를 들어 2020년 7월 26일에는 '나라가 니꺼냐'라는 키워드를 네이버 급상승 검색어 상위에 올려 문재인 정부의 부동산정책에 대해 항의했다.

이 같은 실검 챌린지는 네이버 카페 등 부동산 관련 온라인 커뮤니티 회원들이 주축이 된 온라인 운동이다. 이들의 실검 챌린지는 '김현미 장관의 거짓말', '3040 문재인에 속았다' '못살겠다 세금폭탄' '문재인 내려와' 등의 검색어로 정부에 항의했다. 온라인 카페 회원들은 오프라인 집회도 주도했다. 수천명의 참가자들은 여러 차례 집회를 갖고 문재인 정부의 부동산정책을 강도 높게 비판했다. 참가자들은 '문재인 자리'라는 이름표가 붙은 빈 사무용 의자에 자신들의 신발을 벗어던지며 문재인 정부의 부동산정책 실패에 격하게 항의했다.

<중앙일보>의 이하경 주필은 부동산폭등 관련 칼럼에서 문재인 정권의 정체를 물었다.

"부동산 폭등은 문재인 정부의 서민 착취 아닌가?… …도대체 이 정권의 정체는 무엇인가. 평등·공정·정의라는 달콤한 약속과 달리 서민을 지켜주지 못한 무능한 정권인가. 아니면 지지자를 늘리기 위해 의도적으로 부자를 더 부자로 만들어 준 교활한 정권인가. 그 어느 쪽도 치욕적인 평가로 역사에 남을 것이다."

LH 직원들의 투기의혹에 민심 흉흉

2021년 3월에는 공기업인 LH(한국토지주택공사) 직원들의 3기 신도시 땅 투기 의혹 사건이 터져 그렇잖아도 부동산 가격 폭등으로 흉흉한 민심에 염장을 질렀다. 최소 수십명의 LH 직원들은 정부의 3기 신도시 지정 직전에 일대의 토지를 이른바 '지분 쪼개기' 등의 방법으로 대량 사들였다. 신도시 개발 내부정보를 미리 알고 투기에 나선 의혹이 역력했다. '고양이에게 생선을 맡긴 격'이었다.

이와 함께 다수 민주당 의원들의 부동산 투기 의혹도 불거졌다. 양이원형 의원, 양향자 의원, 김경만 의원, 서영석 의원, 김주영 의원, 윤재갑 의원 등이다. 이들은 자신의 가족이 3기 신도시로 지정된 수도권 지역의 토지 등을 매입한 경우다. 신도시 지정 등 '지역 호재' 사업이 공개되기 전에 지인들과 함께 '쪼개기'식으로 공동 구매하는 식이 많았다. LH 직원들의 땅투기 의혹사건에서도 확인된 전형적인 부동산 투기 방식이다. 나라를 이끌어가는 청와대와 정부 내각에 이어 집권 민주당도 부동산 투기 의혹으로 얼룩진 것이다. 윗물이 이처럼 썩었으니 아랫물이 맑을 리가 없다.

2021년 3월 8일 농민들이 경남 진주시 소재 한국투지주택공사(LH)
본사를 찾아가 LH 직원들의 대규모 농지투기의혹과 관련,
사명을 '농지투기공사'로 바꾸라며 규탄시위를 벌이고 있다. /KBS뉴스 캡처

문 대통령은 국민들이 부동산 가격 폭등으로 신음하고 있을 때 노영민 비서실장을 비롯한 적지 않은 다주택자들을 청와대 참모로 기용했다. 청와대의 얼굴인 김의겸 대변인은 '부동산 투자의 귀신'이란 비아냥을 들었다.

특히 문 대통령은 인사청문회 때 부동산 투기 의혹을 받던 무수한 장관급 이상 인사들을 그대로 임명 강행했다. 예를 들면 이낙연 국무총리, 김이수 헌법재판소장, 강경화 외교부 장관, 김상조 공정거래위원장, 김현미 국토교통부 장관, 박능후 보건복지부 장관, 박상기 법무부 장관, 진영 행정안전부 장관, 조명래 환경부 장관, 권덕철 보건복지부 장관, 전해철 행정안전부 장관, 유영민 미래부 장관, 이효성 방송통신위원장… 등. 너무 많아서 이루 다 헤아릴 수조차 없다.

문 대통령이 이들에게 임명장을 주는 순간 이들의 의혹은 모두 덮어졌다. 이렇게 의혹에 싸인 수많은 고위 공직자들을 내각에 임명해놓고 부동산 가격을 잡는다거나 투기를 없앤다고 하면 누가 믿겠는가? 문 대통령이 부동산 투기를 '성역없이' 근절할 것이라고 누차 진노(震怒:존엄한 존재가 크게 화를 냄)했지만, 이를 곧이곧대로 믿을 사람은 아무도 없을 것이다. 양산 대통령 사저 논란에서 보듯 문 대통령 자신부터 투기 의혹을 받고 있지 않은가? 문재인 정부는 '부동산 무능정권' '부동산 투기 정권'이란 오명을 두고두고 뒤집어쓸 것이다.

문 대통령은 "부동산 문제 자신 있다.", "집값 반드시 잡겠다."고 호언장담했다. 그러나 문 대통령의 장담과는 달리 이후 집값과 전셋값은 더욱 폭등했다. 문 대통령을 믿은 집 없는 서민들은 분노하고 좌절했다. 부동산 투기는 국민들의 분노와 좌절에 기름을 부었다.

문 대통령은 규제 위주의 잘못된 정책, 부동산투기 의혹 등으로 서민들의 경제적 박탈감과 상실감을 심화시킨 데 대해 진심으로 반성하고 사과해야 한다. 그다음 남은 임기나마 시장친화형 정책을 통해 부동산 가격 거품을 제거토록 노력해야 할 것이다.

부동산 투기에 대해서는 문 대통령이 경험과 전문성을 보유한 검찰에 수사를 맡겨 청와대와 정부, 민주당 등의 여권 투기세력들을 먼저 철저히 조사, 발본색원해야 한다. 그래야 국민들의 신뢰를 얻는다. 정부나 경찰의 '셀프 수사'로는 불신만 가중시킨다. 그러나 전례로 볼 때 그럴 가능성은 거의 제로(0)이다. 문 정권은 지독한 '내로남불'에 '내편 무죄, 네편 유죄'의 확고한 철학과 신념을 갖고 있기 때문이다.

무능하고 사악한 문 정권의 남은 6개월은 6년보다도 더 길게 느껴질 것이다.

"사전투표로 인원이
분산됐으면 좋겠다"

문 대통령 부부, 이례적 사전투표

문재인 대통령 부부는 21대 총선 사전투표 첫날인 2020년 4월 10일 오전 9시 청와대 인근 삼청동 주민센터에서 한 표를 행사했다. 청와대 측은 문 대통령의 사전투표가 국민들의 참여를 독려해 투표율을 높이자는 취지였다고 설명했다. 문 대통령도 사전투표를 한 뒤 "선거 당일에는 투표하러 오는 분들이 밀릴지도 모르니 사전투표로 인원이 분산됐으면 좋겠다."고 언급했다.

그러나 위 기사 댓글에는 문 대통령이 왜 사전투표를 하는지 의아하다는 반응이 상당히 많았다. 사전투표는 본투표(당일투표)일에 투표하기 어려운 사람들을 위해 만든 것인데, 4월 15일을 임시공휴일로 지정해놓고 대통령이 왜 공휴일 본투표일에 투표하지 않느냐는 지적이었다. 문 대통령의 "사전투표로 인원이 분산됐으면 좋겠다."는 취지에 공감한다고 해도 대통령 부부가 정해진 공휴일이 아닌 날에 사전투표를 한 것은 쉽게 납득이 안 가는 것도 사실이다. 일부 네티즌들은 문 대통령이 사전투표를 많이 하도록 독려해야만 하는 다른 이유가 있었던 것 아니냐는 의혹도 제기했다.

문재인 대통령과 부인 김정숙 여사가 제21대 국회의원 선거 사전투표 첫 날인
2020년 4월 10일 오전 서울 종로구 삼청동 주민센터에 마련된 사전투표소에서
투표를 하고 있다. /SBS뉴스 캡처

　21대 총선 개표가 끝난 후 부정선거 의혹이 유튜버들을 중심으로 강하게 제기되었다. 공교롭게도 이 부정선거 의혹은 모두 사전투표에 기인했다. 사전투표에서 디지털 통계조작, 오프라인 개표조작이 광범위하게 이루어졌다는 것이다. 만약 이게 사실이라면 경천동지(驚天動地)할 대사건이다. 1960년 3.15 부정선거로 이승만 정권이 무너지고, 핵심 관련자들은 사형당하는 등 엄중한 법의 처벌을 받은 바 있다.

　이후의 정권 하에서 관권, 금권을 동원한 부정선거 시비가 일기도 했지만, 적어도 1987년 민주화 이후에는 권력에 의한 대규모 선거부정은 감히 상상도 할 수 없는 일로 인식되고 있다. 따라서 민주화된 21세기 대한민국에서, 그것도 민주주의를 위해 투쟁해온 역사가 깊은 집권당 더불어민주당 측에서 대규모 선거부정을 저질렀다는 주장은 믿기 어렵다.

부정선거 의혹 전례 있는 민주당

　그러나 이미 민주당과 청와대 등 여당 진영에서는 최근 부정한 선거개입 의혹의 전례들이 있다. 유명한 드루킹 여론조작 사건과 청와대의 울산시장선거 불법개입 의혹 사건이다. 드루킹 여론조작 사건은 블로거 드루킹을 비롯한 민주당 당원 3인이 19대 대선 이전부터 킹크랩 등의 프로그램을 이용하여 네이버 등의 포털사이트 인기검색어와 인터넷기사에 문재인 후보와 민주당에 유리하도록 댓글을 작업하여 여론조작을 벌인 의혹 사건이다. 드루킹 김동원 씨는 1심에서 3년 6개월, 2심에서 3년형을 선고받았다. 대법원의 상고심에서도 징역 3년과 징역 6개월에 집행유예 1년을 선고한 원심이 확정됐다.

문 대통령의 핵심 측근 중의 하나인 김경수 경남지사도 김동원 씨와의 공모혐의로 기소돼 1심에서 컴퓨터 등 장애업무방해혐의로 징역 2년, 공직선거법 위반 혐의로 징역 10개월에 집행유예 2년을 선고받았다. 김 지사는 항소심에서도 댓글조작 혐의로 1심과 같은 2년의 실형을 선고받았다. 다만 공직선거법 위반 혐의는 무죄를 받았다. 청와대의 울산시장선거 불법개입 의혹 사건은 검찰에 의해 2020년 1월 한병도 전 정무수석 등 문재인 정부의 청와대 인사 다수가 불구속 기소되었다. 아직 최종 판결이 나지는 않았지만, 부끄러운 일임에는 틀림없다.

21대 총선 사전투표 조작 의혹은 위 사건들보다 훨씬 심각하고 엄중하다. 선거부정과 개표조작이 전방위적으로 행해진 의혹이 있다. 여기선 먼저 사전투표의 디지털 통계조작 의혹을 살펴본 후, 뒤 6부에서 오프라인 사전투표 개표조작 증거들과 의혹을 살피도록 한다.

21대 총선 최종 개표 결과 더불어민주당·더불어시민당이 총 180석을 차지했다. 원내 1당은 물론 과반 이상의 의석을 확보해 공룡 여당이 탄생했다. 지역구 선거에서 더불어민주당은 163석, 미래통합당은 84석, 정의당 1석, 무소속은 5석을 확보했다. 비례대표의 경우 미래한국당 34.18%, 더불어시민당 33.21%, 정의당 9.54%, 국민의당 6.71%, 열린민주당 5.32% 등의 순이었다. 이를 의석수로 환산하면 미래한국당 19석, 더불어시민당 17석, 정의당 5석, 국민의당 3석, 열린민주당 3석으로 총 47석이다.

<표 1.8.1> 4.15총선 정당별 의석수 종합

전체 300석(지역구 253석 + 비례대표 47석)

정당	지역구	비례대표	총의석수	비율
더불어민주당 더불어시민당	163석	17석	180석	60.0%
미래통합당 미래한국당	84석	19석	103석	34.3%
정의당	1석	5석	6석	2.0%
국민의당	0석	3석	3석	1.0%
열린민주당	0석	3석	3석	1.0%
무소속	5석	0석	5석	1.7%

자료: 중앙선거관리위원회

지역구와 비례대표를 합산하면 민주당 연합(민주·시민)이 180석, 통합당 연합(통합·한국)이 103석, 정의당 6석, 국민의당 3석, 열린민주당 3석, 무소속 5석이다. 민주당 연합과 정의당 그리고 열린민주당 등 범 진보진영의 총합은 189석에 달한다. 이해찬 당 대표가 예상한 '16년만의 과반 이상'과 유시민 노무현재단이사장의 예상 '범여권 180석 장악'을 초과하는 그야말로 압승인 셈이다.

통계적으로 불가능한 사전선거결과

그런데 여당의 압승에는 이상한 점이 적지 않았다. 특히 사전투표에서 이해하기 어려운 개표결과가 나왔다.

첫째, 사전투표 득표율과 당일투표(본투표) 여야 득표율이 비정상적으로 크게 달랐다. 중앙선거관리위원회(선관위)의 발표에 따르면, 지난 21대 총선에서 사전투표자와 당일투표자 숫자는 각각 1,174만2064명, 1,738만4332명이다. 비율로 따지면 40.31% 대 59.69%로, 대략 40% 대 60%이다. 사전투표비율이 40%로 대단히 높다.

사전투표 비율이 이 정도로 높으면 사전투표 집단과 당일투표 집단의 특성은 거의 차이가 없어야 한다. 즉, 여야의 사전투표 득표율과 당일투표 득표율이 거의 비슷하게 나와야 한다.

이는 여론조사를 예로 들어 쉽게 설명할 수 있다. 일례로 대통령의 국정 지지율을 조사할 때 그 표본은 대개 500명 혹은 1,000명 정도에 불과하다. 표본수가 이 정도만 되어도 국민들(모집단)의 대통령에 대한 지지여부를 큰 오차없이 파악할 수 있다. 이 때 오차는 보통 ±2~3%p 정도이다. 만약 표본수가 많아지면 그만큼 오차는 줄어들고 모집단의 특성을 보다 정확히 예측한다. 이게 통계학에서 말하는 '대수의 법칙(大數의法則)'이다. 즉, '대수의 법칙'이란 표본의 수가 많아지면 통계적 추정의 정밀도가 향상된다는 것을 수학적으로 증명한 것이다. 이는 통계학에서 진리로 통한다.

21대 총선에서 당일투표자 숫자를 모집단(母集團), 사전투표자 숫자를 표본집단(標本集團)이라고 볼 때 당일투표자와 사전투표자의 특성이 거의 동일해야 한다. 표본인 사전투표자의 숫자가 1,174만2064명으로 어마어마하기 때문에 더욱 그러하다. 단지 500명 혹은 1,000명의 표본만으로도 모집단의 특성을 큰 오차 없이 예측하는데, 1,174만명의 표본이야 더 말할 게 뭐가 있나? 따라서 여야의 사전투표 득표 결과와 당일투표 득표결과는 엇비슷하게 나와야 정상이고, 그게 학문적 진리에 부합한다.

그러나 21대 총선의 사전투표 개표는 전혀 다른 결과가 나왔다. 서울 경기 등 주요 지역 사전투표에서 더불어민주당(이하 민주당) 후보의 득표율이 당일선거 득표율에 비해 비정상적으로, 일괄적으로 평균 12~13%p 높다. 반면 미래통합당(이하 통합당) 후보의 사전투표 득표율은 당일선거 득표율에 비해 비정상적으로, 일괄적으로 평균 12~13%p 낮다. <표 1.8.2>는 21대 총선 서울 지역의 민주당과 통합당 후보자들의 사전득표율, 당일득표율, 당일득표율과 사전득표율의 차이를 나타낸다.

민주당 후보의 사전선거 득표율은 한결같이 당일선거 득표율에 비해 일괄적으로 평균 12~13%p 높은 반면, 통합당 후보의 사전선거 득표율은 당일선거 득표율에 비해 일괄적으로 평균 12~13%p 낮다. 이에 따라 민주당 후보와 통합당 후보와의 사전득표율 격차는 24~26%p나 벌어지게 된다. 민주당-통합당 후보간 사전투표 득표율 격차는 최소 19.33%p(중랑갑)에서 최대 30.43%p(종로)에 이른다. 민주당과 통합당 후보간 사전투표 득표율과 당일투표 득표율간 격차가 이렇게 크니 사전투표 결과에 따라 승부가 뒤바뀐 곳이, 즉 민주당 후보가 통합당 후보를 막판 뒤집기 해 역전한 곳이 부지기수로 나온 것이다. 사전투표는 이처럼 민주당이 통합당을 180석 : 103석이라는 압도적 승리를 가져오게 한 결정적 계기가 됐다.

통계적으로 같은 모집단인데 사전투표와 당일투표 득표율 결과가 어떻게 이처럼 일괄적으로 큰 차이(오차)가 날 수 있을까? 일반적으로는 ±2~3%의 오차 범위에서 오차가 제로(0)에 수렴하는 것이 정상이다.

<표 1.8.2> 21대 총선 서울지역 여야 후보자 당일투표율에서 사전투표율을 뺀 차이

선거구	후보	소속 정당	사전 득표 (명)	사전 득표율 (%)	당일 득표 (명)	당일 득표율(%)	총득표 (명)	총 득표율 (%)	당일득표율 - 사전득표율 (%p)
종로	이낙연	더불어민주당	30,565	65.55	23,959	49.87	54,524	57.59	-15.67
종로	황교안	미래통합당	14,946	32.05	22,486	46.81	37,432	39.54	14.76
중구성동갑	홍익표	더불어민주당	33,637	60.64	36,466	48.5	70,103	53.65	-12.14
중구성동갑	진수희	미래통합당	18,802	33.9	34,103	45.36	52,905	40.49	11.46
중구성동을	박성준	더불어민주당	30,808	59.26	32,957	45.7 4	63,765	51.4	-13.52
중구성동을	지상욱	미래통합당	20,314	39.07	37,676	52.29	57,990	46.75	13.21
용산	강태웅	더불어민주당	31,987	54.92	30,715	40.34	62,702	46.66	-14.58
용산	권영세	미래통합당	23,045	39.57	40,547	53.25	63,592	47.32	13.68
광진갑	전혜숙	더불어민주당	25,578	61.26	30,808	47.88	56,386	53.14	-13.39
광진갑	김병민	미래통합당	13,677	32.76	29,001	45.07	42,678	40.22	12.31
광진을	고민정	더불어민주당	25,719	57.83	28,276	44.38	53,995	49.91	-13.45
광진을	오세훈	미래통합당	17,836	40.1	33,471	52.53	51,307	47.42	12.43
동대문갑	안규백	더불어민주당	24,598	59.61	26,694	46.55	51,292	52.02	-13.05
동대문갑	허용범	미래통합당	14,058	34.07	26,684	46.54	40,742	41.32	12.47
동대문을	장경태	더불어민주당	22,095	60.02	32,950	48.98	55,045	52.88	-11.05
동대문을	이혜훈	미래통합당	12,859	34.93	31,372	46.63	44,231	42.49	11.7
중랑갑	서영교	더불어민주당	25,512	63.03	29,474	52.73	54,986	57.06	-10.3
중랑갑	김삼화	미래통합당	12,411	30.66	22,189	39.7	34,600	35.9	9.03
중랑을	박홍근	더불어민주당	31,968	65.48	41,840	54.32	73,808	58.65	-11.15
중랑을	윤상일	미래통합당	15,206	31.14	32,224	41.84	47,430	37.69	10.7
성북갑	김영배	더불어민주당	39,718	66.99	42,829	54.72	82,547	60.01	-12.27

선거구	후보	소속 정당	사전 득표 (명)	사전 득표율 (%)	당일 득표 (명)	당일 득표 율(%)	총득표 (명)	총 득표율 (%)	당일득표율 - 사전득표율 (%p)
성북갑	한상학	미래통합당	17,505	29.52	32,046	40.94	49,551	36.02	11.42
성북을	기동민	더불어민주당	31,043	65.73	39,427	54.03	70,470	58.63	-11.7
성북을	정태근	미래통합당	14,701	31.13	30,734	42.12	45,435	37.8	10.99
강북갑	천준호	더불어민주당	23,183	63.69	26,062	51.72	49,245	56.74	-11.97
강북갑	정양석	미래통합당	11,806	32.43	21,902	43.46	33,708	38.84	11.03
강북을	박용진	더불어민주당	23,832	71.06	32,992	59.14	56,824	63.62	-11.92
강북을	안홍렬	미래통합당	9,097	27.12	21,495	38.53	30,592	34.25	11.41
도봉갑	인재근	더불어민주당	22,919	60.57	27,536	48.71	50,455	53.46	-11.86
도봉갑	김재섭	미래통합당	12,681	33.51	25,187	44.55	37,868	40.13	11.04
도봉을	오기형	더불어민주당	22,570	59.74	28,961	47.73	51,531	52.33	-12.01
노봉을	김선동	미래통합당	14,381	38.06	29,973	49.39	44,354	45.05	11.33
노원갑	고용진	더불어민주당	25,276	63.26	28,400	50.98	53,676	56.11	-12.28
노원갑	이노근	미래통합당	12,921	32.34	23,744	42.63	36,665	38.33	10.29
노원을	우원식	더불어민주당	28,538	68.95	42,811	57.98	71,349	61.92	-10.97
노원을	이동섭	미래통합당	12,144	29.34	29,469	39.91	41,613	36.11	10.57
노원병	김성환	더불어민주당	25,055	59.27	30,230	48.25	55,285	52.69	-11.02
노원병	이준석	미래통합당	15,895	37.6	30,295	48.35	46,190	44.02	10.75
은평갑	박주민	더불어민주당	41,404	70.04	44,529	58.56	85,933	63.58	-11.48
은평갑	홍인정	미래통합당	16,303	27.58	29,131	38.31	45,434	33.62	10.73
은평을	강병원	더불어민주당	35,872	64.29	42,452	51.64	78,324	56.75	-12.65
은평을	허용석	미래통합당	16,261	29.14	33,274	40.48	49,535	35.89	11.34
서대문갑	우상호	더불어민주당	22,310	59.8	25,392	46.31	47,702	52.63	-12.19
서대문갑	이성헌	미래통합당	12,833	34.4	24,549	46.03	37,382	41.24	11.63
서대문을	김영호	더불어민주당	26,756	67	31,317	55.71	58,073	60.4	-11.29
서대문을	송주범	미래통합당	12,373	30.98	23,370	41.58	35,743	37.18	10.59
마포갑	노웅래	더불어민주당	25,118	63.1	27,763	49.75	52,881	55.31	-13.35
마포갑	강승규	미래통합당	13,881	34.87	26,733	47.9	40,614	42.48	13.03
마포을	정청래	더불어민주당	32,190	61.43	36,828	47.45	69,018	53.09	-13.98
마포을	김성동	미래통합당	14,963	28.56	32,279	41.59	47,242	36.34	13.03
양천갑	황희	더불어민주당	35,784	59.84	42,057	45.82	77,841	51.35	-14.02
양천갑	송한섭	미래통합당	21,942	36.69	45,669	49.76	67,611	44.6	13.06
양천을	이용선	더불어민주당	30,785	63.82	35,724	51.84	66,509	56.77	-11.98
양천을	손영택	미래통합당	16,407	34.01	31,333	45.47	47,740	40.75	11.46
강서갑	강선우	더불어민주당	27,928	63.03	35,229	50.47	63,157	55.35	-12.56
강서갑	구상찬	미래통합당	13,812	31.17	29,571	42.37	43,383	38.02	11.2
강서을	진성준	더불어민주당	29,524	62.8	36,859	50.67	66,383	55.43	-12.13
강서을	김태우	미래통합당	16,440	34.97	33,637	46.24	50,077	41.82	11.27
강서병	한정애	더불어민주당	30,985	67.3	33,254	53.42	64,239	59.32	-13.87
강서병	김철근	미래통합당	13,216	28.7	25,775	41.41	38,991	36.01	12.71
구로갑	이인영	더불어민주당	32,295	61.9	43,238	48.42	75,533	53.39	-13.48
구로갑	김재식	미래통합당	16,226	31.1	38,884	43.54	55,110	38.95	12.44
구로을	윤건영	더불어민주당	26,131	64.08	29,694	50.99	55,825	56.38	-13.09
구로을	김용태	미래통합당	12,498	30.65	24,412	41.92	36,910	37.28	11.27
금천	최기상	더불어민주당	28,982	55.59	35,516	44.63	64,498	48.97	-10.95
금천	강성만	미래통합당	15,168	29.09	30,973	38.92	46,141	35.03	9.83
영등포갑	김영주	더불어민주당	33,624	63.77	38,488	50.08	72,112	55.65	-13.69
영등포갑	문병호	미래통합당	16,057	30.45	33,100	43.07	49,157	37.94	12.62
영등포을	김민석	더불어민주당	22,925	58.07	23,925	43.55	46,850	49.62	-14.52
영등포을	박용찬	미래통합당	14,214	36	27,183	49.48	41,397	43.85	13.48
동작갑	김병기	더불어민주당	33,000	62.37	36,967	49.19	69,967	54.64	-13.18
동작갑	장진영	미래통합당	18,525	35.01	35,790	47.63	54,315	42.41	12.61
동작을	이수진	더불어민주당	29,681	59.68	31,465	45.74	61,146	51.59	-13.94
동작을	나경원	미래통합당	18,354	36.9	34,483	50.13	52,837	44.58	13.23
관악갑	유기홍	더불어민주당	39,793	60.02	43,346	45.65	83,139	51.56	-14.36
관악갑	김성식	무소속	17,565	26.49	32,433	34.16	49,998	31.01	7.67
관악을	정태호	더불어민주당	35,035	60.69	37,238	47.65	72,273	53.19	-13.04

선거구	후보	소속 정당	사전 득표 (명)	사전 득표율 (%)	당일 득표 (명)	당일 득표 율(%)	총득표 (명)	총 득표율 (%)	당일득표율 - 사전득표율 (%p)
관악을	오신환	미래통합당	19,816	34.33	36,139	46.25	55,955	41.18	11.92
서초갑	이정근	더불어민주당	21,123	46.14	21,575	30.33	42,698	36.52	-15.81
서초갑	윤희숙	미래통합당	24,059	52.55	48,544	68.24	72,603	62.09	15.68
서초을	박경미	더불어민주당	29,648	53.7	32,454	38.57	62,102	44.56	-15.13
서초을	박성중	미래통합당	24,463	44.31	49,648	59	74,111	53.18	14.69
강남갑	김성곤	더불어민주당	17,999	48.62	22,722	33.94	40,721	39.16	-14.68
강남갑	태구민	미래통합당	18,042	48.73	42,013	62.75	60,055	57.76	14.01
강남을	전현희	더불어민주당	22,084	53.72	24,837	40.77	46,921	45.99	-12.95
강남을	박진	미래통합당	17,792	43.28	33,785	55.46	51,577	50.55	12.18
강남병	김한규	더불어민주당	16,427	43.02	19,741	27.93	36,168	33.22	-15.09
강남병	유경준	미래통합당	21,047	55.12	49,574	70.14	70,621	64.87	15.02
송파갑	조재희	더불어민주당	26,486	55.39	28,016	41.98	54,502	47.58	-13.41
송파갑	김웅	미래통합당	20,648	43.18	37,465	56.14	58,113	50.73	12.96
송파을	최재성	더불어민주당	28,939	53.82	36,528	40.78	65,467	45.67	-13.04
송파을	배현진	미래통합당	22,793	42.39	49,006	54.71	71,799	50.09	12.32
송파병	남인순	더불어민주당	35,023	59.97	43,426	46.94	78,449	51.99	-13.03
송파병	김근식	미래통합당	20,676	35.41	43,985	47.55	64,661	42.85	12.14
강동갑	진선미	더불어민주당	35,860	58.95	44,116	45.83	79,976	50.91	-13.12
강동갑	이수희	미래통합당	23,958	39.38	50,230	52.18	74,188	47.22	12.79
강동을	이해식	더불어민주당	26,895	61.49	32,029	48.91	58,924	53.95	-12.58
강동을	이재영	미래통합당	15,155	34.65	30,312	46.29	45,467	41.63	11.64

자료: 중앙선거관리위원회

20대 총선과는 다른 비정상적 결과

그래서 지난 20대 총선에선 어떠했는지 분석해보았다. 과연 20대 총선에
서도 여야간 사전선거 득표율과 당일선거 득표율간 차이가 21대 총선처럼 큰
차이가 났는지 궁금했다. 그러나 20대 총선에선 사전선거와 당일선거 득표
율간 차이가 크게 나지 않았다. <표 1.8.3>에서 확인할 수 있듯이, 서울 지역
의 민주당과 새누리당 후보들의 사전투표-당일투표 득표율 차이(오차)는 평
균 ±2~3%p였다. 이 정도의 오차가 나는 게 정상이다. 그렇지 않고 오차가 ±
12~13%p로 나타난 21대 총선 사전투표 득표율은 대단히 비정상적이다. 누

군가 정상 오차 ±2~3%p에 ±10%p 정도를 인위적으로 얹어 평균 오차를 ±12~13%p로 비정상적 오차로 만든 게 아닌가 하는 강한 의심을 갖게 한다.

20대 총선의 사전투표에서도 21대 총선 사전투표와 마찬가지로 민주당 후보가 대부분 승리했다. 이는 사전투표에 민주당 지지자들이 몰리는 경향이 있다는 사실을 뒷받침해준다. 그러나 20대 총선에서는 사전투표 득표율과 당일투표 득표율 격차는 평균 ±2~3%p로 크지 않았고, 21대 총선과는 달리 민주당의 모든 후보의 사전투표 득표율이 당일투표 득표율에 비해 일괄적으로 높지도 않았다.

20대 총선에서 민주당인 은평갑의 박주민 후보와 구로갑의 이인영 후보의 사전투표 득표율은 당일투표 득표율에 비해 오히려 각각 8.04%p, 4.12%p나 낮았다. 당일투표에 비해 사전투표에서 그만큼 적게 표를 얻은 것이다. 반면 새누리당 후보들 중 사전투표 득표율이 당일투표 득표율보다 높은 사람들도 있었다. 새누리당인 구로갑의 김승재 후보, 동작을 나경원 후보, 양천을 김용태 후보의 사전투표 득표율은 당일투표 득표율에 비해 각각 4.76%p, 1.56%p, 0.46%p가 더 높았다.

20대 총선처럼 사전투표 득표율과 당일투표 득표율 오차가 평균 ±2~3%p로 크지 않고, 민주당 후보의 사전투표 득표율이 당일투표 득표율에 비해 낮게 나오거나, 통합당 후보의 사전투표 득표율이 당일투표 득표율에 비해 높게 나오기도 하는 게 자연스럽고 정상적이다.

그러나 서울 지역 모든 민주당 후보의 사전투표와 당일투표 득표율이 통합당 후보에 비해 일괄적으로 평균 12~13%p로 대단히 높게 나온 21대 총선 사전투표 결과는 매우 부자연스럽고 비정상적이다. 이런 결과는 누군가 인위적으로 득표 통계에 손을 대지 않으면 나올 수 없는, 현실에서는 거의 불가능한 경우이다.

<표 1.8.3> 20대 총선 서울지역 여야 후보자 당일투표율에서 사전투표율을 뺀 차이

선거구	후보	소속 정당	사전득표 (명)	사전득표율 (%)	당일득표 (명)	당일득표율(%)	총득표 (명)	총득표율 (%)	당일득표율 - 사전득표율 (%p)
종로	오세훈	새누리당	7,556	38.08	25,934	39.87	33,490	39.45	1.78
종로	정세균	더불어민주당	10,584	53.34	33,758	51.89	44,342	52.23	-1.45
중구성동갑	김동성	새누리당	8,007	36.69	36,246	39.57	44,253	39.02	2.88
중구성동갑	홍익표	더불어민주당	10,458	47.92	40,172	43.86	50,630	44.64	-4.06
중구성동을	지상욱	새누리당	7,157	36.9	30,824	37.81	37,981	37.63	0.9
중구성동을	정호준	국민의당	6,644	34.26	29,587	36.29	36,231	35.9	2.03
용산	황춘자	새누리당	8,833	36.15	36,858	40.44	45,691	39.53	4.28
용산	진영	더불어민주당	11,374	46.55	37,591	41.24	48,965	42.36	-5.31
광진갑	정송학	새누리당	5,807	35.8	27,638	37.88	33,445	37.5	2.08
광진갑	전혜숙	더불어민주당	7,035	43.37	28,820	39.5	35,855	40.2	-3.87
광진을	정준길	새누리당	6,952	35.92	26,749	37.02	33,701	36.79	1.1
광진을	추미애	더불어민주당	9,740	50.33	34,240	47.39	43,980	48.01	-2.94
동대문갑	허용범	새누리당	5,983	32.59	29,610	39.12	35,593	37.84	6.53
동대문갑	안규백	더불어민주당	8,629	47	31,099	41.08	39,728	42.24	-5.92
동대문을	박준선	새누리당	4,859	34.05	27,906	38.21	32,765	37.53	4.16
동대문을	민병두	더불어민주당	8,576	60.09	41,366	56.64	49,942	57.2	-3.45
중랑갑	김진수	새누리당	4,990	29.45	21,632	31.53	26,622	31.12	2.09
중랑갑	서영교	더불어민주당	9,291	54.83	36,547	53.28	45,838	53.58	-1.55
중랑을	강동호	새누리당	7,366	35.28	33,751	36.55	41,117	36.32	1.27
중랑을	박홍근	더불어민주당	9,306	44.58	40,314	43.66	49,620	43.83	-0.91
성북갑	정태근	새누리당	8,991	33.95	34,798	36.38	43,789	35.85	2.43
성북갑	유승희	더불어민주당	13,204	49.85	44,615	46.64	57,819	47.34	-3.22
성북을	김효재	새누리당	5,719	29.78	27,962	32.66	33,681	32.13	2.88
성북을	기동민	더불어민주당	7,920	41.24	32,914	38.44	40,834	38.96	-2.8
강북갑	정양석	새누리당	5,206	35.97	24,892	39.7	30,098	39	3.73
강북갑	천준호	더불어민주당	5,612	38.78	20,799	33.17	26,411	34.22	-5.61
강북을	안홍렬	새누리당	4,626	32.66	23,183	35.16	27,809	34.72	2.5
강북을	박용진	더불어민주당	7,549	53.3	32,824	49.79	40,373	50.41	-3.51
도봉갑	이재범	새누리당	6,318	37.34	26,732	39.46	33,050	39.04	2.12
도봉갑	인재근	더불어민주당	10,286	60.8	39,494	58.3	49,780	58.8	-2.49
도봉을	김선동	새누리당	7,425	43.08	31,363	43.15	38,788	43.14	0.07
도봉을	오기형	더불어민주당	6,234	36.17	26,057	35.85	32,291	35.91	-0.32
노원갑	이노근	새누리당	6,191	37.48	27,918	39.27	34,109	38.94	1.79
노원갑	고용진	더불어민주당	7,109	43.04	29,096	40.93	36,205	41.33	-2.11
노원을	홍범식	새누리당	5,309	27.5	26,717	30	32,026	29.56	2.5
노원을	우원식	더불어민주당	10,299	53.36	45,388	50.97	55,687	51.4	-2.39
노원병	이준석	새누리당	6,559	28.75	25,726	31.8	32,285	31.13	3.05
노원병	안철수	국민의당	12,587	55.17	41,343	51.11	53,930	52	-4.06
은평갑	최홍재	새누리당	8,006	33.06	34,985	37.78	42,991	36.8	4.72
은평갑	박주민	더불어민주당	10,432	43.08	47,335	51.12	57,767	49.45	8.04
은평을	강병원	더불어민주당	8,542	36.1	34,162	35.5	42,704	35.62	-0.61
은평을	이재오	무소속	6,794	28.71	27,524	28.6	34,318	28.62	-0.11
서대문갑	이성헌	새누리당	6,052	37.41	25,477	40.28	31,529	39.69	2.87
서대문갑	우상호	더불어민주당	9,073	56.08	33,899	53.59	42,972	54.1	-2.49
서대문을	정두언	새누리당	6,511	38.19	27,341	39.64	33,852	39.35	1.45
서대문을	김영호	더불어민주당	8,505	49.88	33,020	47.87	41,525	48.27	-2.01
마포갑	안대희	새누리당	5,193	30.74	23,236	33.43	28,429	32.9	2.7
마포갑	노웅래	더불어민주당	8,998	53.26	35,453	51.01	44,451	51.45	-2.25
마포을	김성동	새누리당	6,479	29.34	30,884	32.19	37,363	31.65	2.85
마포을	손혜원	더불어민주당	10,041	45.46	39,414	41.08	49,455	41.9	-4.38
양천갑	이기재	새누리당	10,295	38.17	40,900	39.59	51,195	39.29	1.42
양천갑	황희	더불어민주당	14,129	52.38	52,816	51.12	66,945	51.38	-1.26
양천을	김용태	새누리당	9,298	41.8	36,330	41.34	45,628	41.43	-0.46
양천을	이용선	더불어민주당	8,846	39.77	34,547	39.31	43,393	39.4	-0.46

선거구	후보	소속 정당	사전 득표 (명)	사전 득표율 (%)	당일 득표 (명)	당일 득표 율(%)	총득표 (명)	총 득표율 (%)	당일득표율- 사전득표율 (%p)
강서갑	구상찬	새누리당	6,071	31.52	26,440	32	32,511	31.91	0.48
강서갑	금태섭	더불어민주당	7,626	39.6	30,023	36.34	37,649	36.95	-3.26
강서을	김성태	새누리당	8,700	44.26	37,161	45.73	45,861	45.44	1.46
강서을	진성준	더불어민주당	7,743	39.39	30,761	37.85	38,504	38.15	-1.54
강서병	유영	새누리당	5,779	30.98	23,869	32.12	29,648	31.89	1.14
강서병	한정애	더불어민주당	8,308	44.53	31,684	42.63	39,992	43.02	-1.9
구로갑	김승재	새누리당	9,424	37.42	32,363	32.66	41,787	33.63	-4.76
구로갑	이인영	더불어민주당	12,156	48.26	51,907	52.39	64,063	51.55	4.12
구로을	강요식	새누리당	5,508	29.64	23,899	31.48	29,407	31.12	1.84
구로을	박영선	더불어민주당	10,204	54.92	40,319	53.12	50,523	53.47	-1.8
금천	한인수	새누리당	7,112	32.8	31,613	34.48	38,725	34.16	1.68
금천	이훈	더불어민주당	8,601	39.67	34,034	37.12	42,635	37.61	-2.55
영등포갑	박선규	새누리당	7,766	36.19	36,073	40.14	43,839	39.38	3.95
영등포갑	김영주	더불어민주당	10,239	47.71	39,696	44.17	49,935	44.85	-3.54
영등포을	권영세	새누리당	6,559	36.45	25,782	37.57	32,341	37.34	1.12
영등포을	신경민	더불어민주당	7,703	42.8	27,518	40.1	35,221	40.66	-2.7
동작갑	이상휘	새누리당	6,969	31.68	31,076	35.07	38,045	34.39	3.39
동작갑	김병기	더불어민주당	8,749	39.77	31,297	35.32	40,046	36.2	-4.46
동작을	나경원	새누리당	10,829	43.85	33,628	42.3	44,457	42.66	-1.56
동작을	허동준	더불어민주당	7,777	31.49	24,435	30.73	32,212	30.91	-0.76
관악갑	유기홍	더불어민주당	12,504	40.55	40,702	36.27	53,206	37.19	-4.28
관악갑	김성식	국민의당	11,018	35.73	43,427	38.7	54,445	38.06	2.97
관악을	오신환	새누리당	10,212	35.63	35,242	36.89	45,454	36.6	1.26
관악을	정태호	더불어민주당	10,874	37.94	33,719	35.3	44,593	35.91	-2.64
서초갑	이혜훈	새누리당	10,421	53.98	43,696	56.77	54,117	56.21	2.79
서초갑	이정근	더불어민주당	5,863	30.37	21,168	27.5	27,031	28.08	-2.87
서초을	박성중	새누리당	10,560	44.21	45,106	46.71	55,666	46.21	2.49
서초을	김기영	더불어민주당	8,985	37.62	34,318	35.54	43,303	35.95	-2.08
강남갑	이종구	새누리당	8,031	50.28	36,651	54.28	44,682	53.51	4
강남갑	김성곤	더불어민주당	7,595	47.55	29,231	43.29	36,826	44.1	-4.26
강남을	김종훈	새누리당	8,757	42.37	33,000	44.07	41,757	43.7	1.69
강남을	전현희	더불어민주당	10,721	51.88	37,660	50.29	48,381	50.63	-1.59
강남병	이은재	새누리당	8,737	51.85	40,389	56.91	49,126	55.93	5.06
강남병	전원근	더불어민주당	7,187	42.65	26,457	37.28	33,644	38.31	-5.37
송파갑	박인숙	새누리당	8,928	42.57	36,000	43.77	44,928	43.53	1.2
송파갑	박성수	더불어민주당	8,847	42.18	33,710	40.99	42,557	41.23	-1.2
송파을	최명길	더불어민주당	8,990	44.43	33,380	42.94	42,370	43.25	-1.5
송파을	김영순	무소속	7,313	36.15	30,763	39.57	38,076	38.86	3.43
송파병	김을동	새누리당	9,674	38.52	40,538	39.42	50,212	39.24	0.9
송파병	남인순	더불어민주당	11,339	45.15	45,433	44.18	56,772	44.37	-0.97
강동갑	신동우	새누리당	10,184	38.72	40,507	41.1	50,691	40.6	2.37
강동갑	진선미	더불어민주당	11,923	45.34	42,236	42.85	54,159	43.37	-2.49
강동을	이재영	새누리당	7,618	35.96	31,215	37.97	38,833	37.56	2.01
강동을	심재권	더불어민주당	8,970	42.34	33,126	40.29	42,096	40.71	-2.04

자료: 중앙선거관리위원회

'대수의 법칙'에 반하는 21대 총선결과

이번에는 20대 총선과 21대 총선 사전투표 및 당일투표 결과를 이해하기 쉽게 다이아그램을 활용해 살펴보기로 하자. <그림 1.8.1>에서 먼저 서울지역 왼쪽의 20대 총선 결과를 보자. 민주당, 새누리당, 기타 정당 후보자들의 사전투표 득표율과 당일투표 득표율과의 오차(사전투표 득표율 - 당일투표 득표율)가 제로(0) 근처에서 종(鐘) 모양의 정규분포를 보이고 있음을 알 수 있다. 이것이 정상이다. '표본수가 커질수록 그만큼 오차는 줄어들고 오차는 0에 수렴한다'는 대수의 법칙에 수긍하는 모습이다.

반면 오른쪽의 서울 지역 21대 총선 결과는 완전히 다르다. 사전투표 득표율과 당일투표 득표율과의 오차(사전투표 득표율 - 당일투표 득표율)가 기타 정당 후보자들의 경우만이 0 주변에 몰려 있을 뿐(이게 정상이다), 민주당과 통합당 후보자들의 그래프는 ±0.12~0.13, 즉 ±12%~13%를 중심으로 정규분포를 이루고 있다.

<그림 1.8.1> 서울지역 20대총선과 21대총선 다이아그램

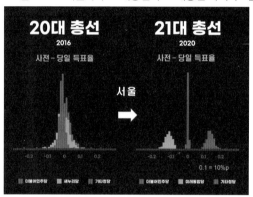

자료: 디시인사이드 우한갤러리

이는 대단히 비정상적이다. 민주당, 통합당, 기타 정당 후보자들의 사전투표 득표율과 당일투표 득표율과의 오차 그래프가 20대 총선처럼 0 주변에 몰려있어야 하지만 21대 총선 그래프는 전혀 그렇지 않다. 민주당과 통합당 후보의 그래프는 0에서 왼쪽과 오른쪽으로 평균 ±12~13% 떨어져 있다. 이는 통계학의 진리인 '대수의 법칙'에 정면으로 위배된다. 반복되는 말이지만, 이런 결과는 누군가가 인위적으로 투표 통계를 만지지 않는 한 불가능한 일이다. 그런데 이런 기이한 현상은 서울만이 아니라 전북과 전남 등 호남 지역을 제외한 인천, 경기, 강원, 대전, 충청, 대구, 부산 등 전국적으로 나타났다. (경기 강원 대구 부산 지역은 <그림 1.8.2, 1.8.3> 참조).

이번에는 서울 지역 49개 선거구를 동(洞)단위 선거구로 나누어 살펴보기로 한다. 서울에는 모두 424개의 동단위 선거구가 있다고 한다. 그런데 놀랍게도 이 424개 동선거구 가운데 단 1곳(문정2동)을 제외한 423개 선거구에서 민주당 후보의 사전투표 득표율이 당일투표 득표율보다 평균 12~13% 높게 나타났다. 이게 현실적으로 가능한 일인가?

<그림 1.8.2> 20대 총선과 21대 총선 경기 강원 지역 사전투표 득표율 비교

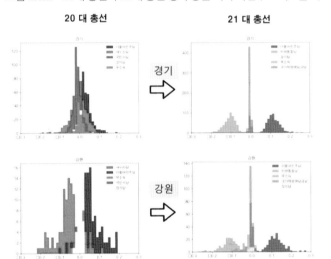

자료: 디시인사이드 우한갤러리

이에 대해 통계물리학을 전공하고 학력고사 전국 수석 출신으로 알려진 박영아 명지대 물리학과 교수는 "이런 일이 일어날 확률은 1000개의 동전을 던져 모두 앞면이 나올 확률보다 낮다."고 의문을 제기했다. 한국통계학회 회장을 지낸 박성현 서울대 통계학과 명예교수도 "사전 투표를 둘러싸고 말들이 많아 전국 지역구 253곳의 선거 데이터를 자세히 봤다. 통계적 관점에서는 확실히 일어나기 어려운 투표 결과였다. 어떤 형태로든 인위적 개입이 있었을 가능성을 배제하기 어렵다고 본다.”고 밝혔다. 이들 외에도 국내외의 많은 통계학자, 사회과학자, 자연과학자들이 대한민국 21대 총선 사전투표 결과에 의문을 표시하고 있다. 현실적으로 발생하기 매우 어려운, 거의 불가능한 일이라는 것이다.

<그림 1.8.3> 20대 총선과 21대 총선 대구 부산지역 사전투표 득표율 비교

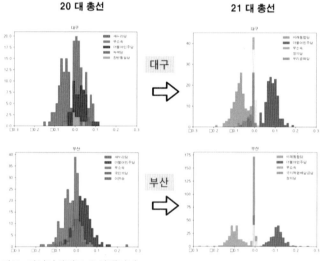

자료: 디시인사이드 우한갤러리

특히 부정선거에 관한 세계적 학자인 미국 미시건대의 월터 미베인 (Walter R. Mebane) 교수도 그중 하나이다. 미베인 교수는 통계적 증명을 통해 2009년 이란(Iran) 부정선거, 2015년 터키 부정선거, 2016년 러시아 부정선거, 2017년 온두라스 부정선거, 2018년 콩고의 부정선거, 2018년 케냐의 부정선거, 2018년 이라크의 부정선거, 2019년 볼리비아의 부정선거 등 총 8개 부정선거를 정확히 예측한 것으로 알려져 있다. 그가 보고서를 통해 부정선거의 의심이 간다고 했던 나라들에서는 재검표를 해 본 결과 이들 국가에서 실제로 대규모 선거부정이 발견되었다. 이에 따라 이들 나라에서는 유혈

사태와 국가비상사태선포, 대통령 퇴진 등의 사태가 벌어지기도 했다.

미베인 교수 "와우, 이런 건 처음보네"

미베인 교수는 21대 한국 총선 사전투표결과 통계를 보고 "와우, 이런 것은 처음 보았다."면서 "2020년 한국 총선의 사기 가능성이 있다."라고 밝혔다. 그는 총선이 끝난 지 보름만인 4월 28일 '2020년 한국 국회의원 선거에서의 사기(Frauds in the Korea 2020 Parliamentary Election)'라는 제목의 보고서를 발표했다. '선거 포렌식'(Election Forensics) 기법으로 데이터를 분석한 이 보고서에서 미베인 교수는 "사전투표에서 받은 득표가 비정상적으로 보이며, 전체 득표의 7% 가량이 정상적이지 않은 수치로 보인다."고 주장했다.

미베인 교수의 부정선거 주장에 대해 일부 국내 인사들이 나서서 반박하기도 했다. 박원호 서울대 정치외교학과 교수는 "한국 자료에 대한 이해가 전혀 없으면서 섣부른 분석을 진행하고 결과를 쓴 미베인 교수에 대해 유감스럽게 생각한다."고 비판했다. 그는 "(미베인 교수가) 사전투표 선거인 수를 집계할 때 참여 인원만 표시하는 국내 관행을 모르다 보니 엉뚱하게도 관내 사전투표율을 95~100%로 착각(실제 전국 사전투표율은 26.69%)했다."고 주장했다. 그러나 이 오류는 미베인 교수가 이후 수정 보고서를 내면서 분석에 반영됐다. 미베인 교수는 오류를 반영한 수정 보고서에서 오히려 한국 총선의 부정(사기) 가능성이 더욱 높아졌다고 밝혔다.

통계청장을 지낸 유경준 미래통합당(국민의힘) 의원도 미베인 교수 비판 대열에 섰다. 그는 '미베인 교수 워킹페이퍼 분석 결과'라는 글을 통해 "미베인 교수가 고안한 통계모델의 오류를 바로잡고 한국의 선거문화를 올바르게 반영했을 경우 그 결과는 상당히 다를 수 있다."고 주장했다. 그는 "우리나라는 미국처럼 사전투표인단이 정해져 있지 않고 누구든지 의사가 있으면 사전투표를 할 수 있는 구조"라면서 "미베인 교수는 이러한 한국의 선거제도를 이해하지 못하고 잘못된 계산을 한 것으로 보인다."고 비판했다. 유 의원은 "오류를 바로잡을 경우 3,485개 읍면동 유형의 투표율(관내사전투표+당일투표)과 민주당 후보 득표율을 사용해 추정한 결과 '부정선거 없음' 확률이 98.4%로 나타났다. 21대 총선의 부정선거 가능성이 거의 없다고 판단됐다."고 주장했다.

그러나 유 의원이 지적한 사항도 결국 이전 박원호 교수가 주장한 것과 일맥상통한다. 미베인 교수가 한국의 사전투표 상황을 잘 모르고 데이터를 잘못 사용했다는 것이다. 그러나 앞서 언급했듯이, 미베인 교수는 이런 사전투표 데이터의 문제점을 바로 반영해 수정보고서를 냈다. 미베인 교수는 2차, 3차, 4차 수정 보고서를 내 오류 등을 바로 잡고 내용을 보다 깊이 있게 다듬었다. 수정보고서에선 이미 박원호 교수나 유경준 의원이 지적한 부분을 반영한 것이다. 중요한 사실은, 이들 수정 보고서에서는 21대 한국 총선 사전투표의 부정(사기) 가능성이 최초 보고서에 비해 더 높아졌다고 밝히고 있다는 점이다.

여기서 좀 황당한 것은 미래통합당 유 의원의 주장이다. 유 의원은 자신이 직접 통계적으로 추정한 결과 "'부정선거 없음' 확률이 98.4%로 나타났다. 21대 총선의 부정선거 가능성이 거의 없다고 판단됐다."고 발언했다. 총선에서 단 0.001%의 부정이라도 발견된다면 선거무효가 될 수 있다. 부정선거를 규탄해야 할 야당의원이 "98.4%가 부정선거가 아니었으므로 부정선거 가능성이 거의 없다."며 집권당을 옹호해주고 있는 것이다. 그렇다면 1.6%의 개표부정은 있어도 된다는 말인가?

국회의석 총 300석 중에서 1.6%이면 5석 정도이다. 5명의 의원이 부정으로 국회의원이 되어도 괜찮다는 뜻인가? 특정 정당이 부정선거로 5명을 가져간다면 다른 정당은 5명을 부정선거로 잃게 된다. 그러면 부정선거로 발생하는 의석수 차이는 10명이나 된다. 특히 간발의 차이로 승패가 결정되는 경우도 많은데, 이 때 1.6%(투표자 46만6000명)의 개표부정이면 부정선거 당선자가 수십 명이 될 수도 있다. 이 정도의 선거부정은 아무런 문제가 없다는 것이 야당인 통합당의 공식 입장인가? 그래서 '민주주의의 적' 부정선거를 밝힐 막중한 사명을 가진 제1야당 미래통합당(국민의힘)은 21대 총선 부정선거 의혹에 대해 꿀 먹은 벙어리처럼 입 다물고 있는 것인가?

합리적 근거없는 이병태 교수 주장

저명한 통계학자인 박성현 서울대 통계학과 명예교수나 박영아 명지대 물리학과 교수의 주장을 비판한 학자들도 있다. 그 대표적인 사람이 이병태 카이스트 경영대학 교수이다. 그는 박영아 교수의 부정선거 주장을 직격했다. 박 교수는 "서울 424개 모든 동(洞)선거구에서 민주당 후보의 '사전선거 득표율-당일득표율' 차이는 +12%P로서, 이런 일이 일어날 확률은 $\frac{1}{2^{424}}$의 확률이다… 즉, 1000 개의 동전을 동시에 던져 모두 앞면이 나올 확률보다 낮은 것으로, 인위적 작동이 있었다고 봐야 한다."고 주장하였다.

이에 대해 이병태 교수는 "그것이 독립 사건이고 동시 발생 확률로 계산하니 그런 계산이 나온다."며 다음과 같이 비판했다. 이 교수는 "예를 들면, 한국의 지역에 특정 계절에 비가 올 확률이 10%다. 이런데 100개 군(群)에 동시에 비가 올 확률은 10분의 1의 100승($\frac{1}{10^{100}}$)이 되어 불가능하다고 주장하는 것과 같다. 그런데 한반도를 덮는 먹구름이 왔을 때 전국에 비가 동시에 올 확률은 1이 된다. 바로 전국을 덮는 비구름의 조건부 확률이다. 많은 분들이 조건부 확률을 자꾸 독립의 확률로 계산하고 있다."고 비판했다.

이병태 교수의 이른바 '한반도 먹구름 론'이다. 전국을 뒤덮는 먹구름이 오면 전국에 비가 내릴 확률이 1이 된다는 주장이다. 일면 타당성이 있는 주장이지만, 사전투표와 당일투표 득표율의 큰 격차(오차)를 설명하긴 역부족이라는 비판을 받았다. 사전투표일에 전국을 뒤덮는 먹구름이 끼여 민주당이 몰표를 받았다면, 이후 당일투표 날까지 무슨 일이 있어 먹구름이 싹 개여 민주당 몰표가 통합당 우세로 바뀌었냐는 지적이다.

당일투표 결과만 보면 민주당 123석, 통합당 124석으로 통합당이 1석 더 많이 얻은 걸로 나오기 때문이다. 관내 사전투표 결과만 보면 민주당이 198석으로 통합당(49석)을 4배 이상 압승하는 걸로 나오는데, 며칠 지난 후 실시된 당일투표에선 민주당이 오히려 통합당에 패배하는 결과가 나왔다. 도대체 이런 유권자의 크나 큰 변심을 설명할 수 있는 대사건(먹구름)이 당시에 있었던가? 이병태 교수의 주장이 설득력을 가지려면 이런 기괴하고도 불가능한 상황을 설명할 수 있어야 한다.

진보가 사전투표일에 몰려나왔다고?

혹자는 사전투표일에 진보성향의 사람들이 대거 몰려나와 투표해서 민주당의 사전투표 득표율이 높게 나왔다고 주장한다. 그러나 선관위(중앙선거관리위원회)가 발표한 자료에 따르면 진보적이라는 30, 40대의 사전투표율은 30.4%로 50~60대의 52.7%에 비해 훨씬 적었다(<표 1.8.4> 참조).

<표 1.8.4> 21대 총선 연령별 사전투표 결과

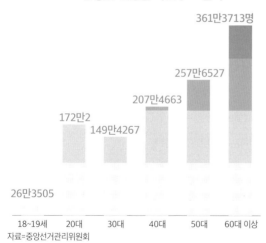

자료=중앙선거관리위원회

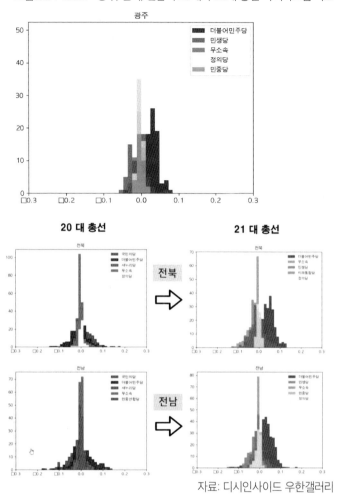

<그림1.8.4~1.8.6> 광주, 전북, 전남의 20대와 21대 총선 다이아그램 비교

자료: 디시인사이드 우한갤러리

백번 양보해 만약 사전투표일에 진보성향 사람들이 대거 투표했다는 주장이 맞다고 한다면, 왜 정의당 민생당 등 진보정당 사전투표 득표율은 민주당처럼 높지 않을까? 정의당 등 진보정당 사전투표 득표율은 당일투표 득표율과 비슷했다. 일례로 일산에 출마한 심상정 후보는 사전투표 득표율(38.8%)이 당일투표 득표율(39.6%)보다 오히려 조금 낮았다. 이처럼 사전투표(표본집단)와 당일

투표(모집단)는 엇비슷해야 정상이다. 그러나 진보성향 정당 중에서도 민주당의 사전투표 득표율만이 당일투표 득표율에 비해 비정상적으로 매우 높았다.

특히 총선 사전투표율이 가장 높았던 '진보의 땅' 호남(광주, 전남, 전북)에선 그 격차(사전득표율-당일득표율)가 어느 곳보다 커야함에도 민주당의 사전득표율과 당일득표율 격차는 평균 3~4%p로 비슷했다. (<그림1.8.4~1.8.6> 참조).

불가사의한 관외투표자/관내투표자 비율

두 번째 통계적 의혹은, 수도권을 비롯한 많은 격전지의 사전투표에서 관외투표자(해당 관할구역 밖에 주소를 두고 있는 선거인)를 관내투표자(해당 관할구역 내에 주소를 두고 있는 선거인)로 나눈 비율이 일정한 상수(常數)로 동일하게 나타났다는 점이다. 이런 일도 현실적으로 일어나기 극히 힘든 일이다. 여기서 이해를 돕기 위해 관외투표자/관내투표자 = k라고 표시하자.

인천 연수을 지역구 사전투표에서 통합당 민경욱 후보의 k값이 0.39였는데, 놀랍게도 민주당 정일영 후보, 정의당 이정미 후보의 k값이 모두 같았다. 이 k값이 이처럼 상수(常數)로 나타나 서로 같을 확률은 아무리 커도 1백만분의 $1(\frac{1}{100} \times \frac{1}{100} \times \frac{1}{100})$보다 작다. 그만큼 일어나기 힘든 일이다. 그런데 이런 비슷한 현상이 수도권 접전지를 비롯해 전국 약 11곳에서 나타났다. 서울 종로, 용산, 송파병, 중·성동을, 영등포갑, 인천 연수을, 인천 서구갑, 인천 남동갑, 성남 분당갑, 성남 분당을 등 약 11개 지역에서다.

연수을 지역을 제외한 다른 곳에서는 세 후보가 아닌 민주당-통합당 두 후보의 k값이 서로 같았다. 두 후보의 k값이 서로 같을 확률도 1만분의 $1(\frac{1}{100} \times \frac{1}{100})$에 불과하다. 이렇게 두 후보의 관외투표자/관내투표자 비율, 즉 k값이 같은 곳이 10개 지역구에 달했다. 현실에선 발생하기 어려운 현상들이 전국 곳곳에서 발생한 것이다. 사전투표에서만 이런 불가사의한 비정상적 특이 사건들이 발생했다.

이에 관해 선관위는 "이는 해당 선거구에서 단순히 민주당 후보에 투표한 유권자 중 관내투표자와 관외투표자의 비율이, 통합당 후보에 투표한 유권자 중 관내투표자와 관외투표자의 비율과 일치하는 결과를 보인 것일 뿐이며, 전국 253개 선거구 중에서 11개 선거구(4.3%)만이 같은 비율이므로 전국적으로 유사한 결과를 보였다고도 할 수 없다."고 해명했다.

그러나 선관위의 해명은 핵심을 벗어난 것이다. 선관위는 "전국 253개 선거구 중에서 11개 선거구(4.3%)만이 같은 비율이므로" 별 문제될 것이 없다고 해명했으나, 이는 바른 해명이 아니다. 위에서 살펴본 것처럼, 이렇게 약 11곳의 관외투표자/관내투표자 비율, 즉 k값이 동시에 같을 확률은 극히 작다. 현실에선 발생하기 거의 불가능한 현상들이 11곳에서나 발생했으므로 큰 문제가 된다. 외부에서 누군가 개표통계를 만지지 않으면 발생할 수 없는 현상들이 곳곳에서 발생했기에 의문을 제기하는 것이다.

세 번째 통계적 의혹은, 서울 인천 경기 지역에서 민주당과 통합당의 사전투표 득표 비율이 마치 짜놓은 것처럼 동일하다는 점이다. 서울 지역에서 민주당과 통합당이 얻은 득표율을 분석한 결과, 63%대 36%로 나타났다. 그런데 인천에서 민주당과 통합당이 얻은 득표율도 63%대 36%이었고, 경기도에서도 63%대 36%이었다. 이런 결과가 나올 확률은 1백만분의 1($\frac{1}{100} \times \frac{1}{100} \times \frac{1}{100}$)이다. 현실에서 발생할 가능성이 매우 드문 현상이다.

이에 대해 선관위는 "전국 253개 선거구 중에서 17개 선거구(6.7%)만이 63% 대 36%의 비율"이라며 "민주당과 통합당 양당 외 다른 정당 후보, 무소속 후보 등의 변수는 제외하고 일부 지역 두 정당 득표율 비교 수치만으로 결과 조작을 주장하는 건 지나친 비약"이라고 반박했다.

여기서도 선관위는 이런 특이한 현상이 전국 253개 선거구 중에서 17개 선거구(6.7%)에서만 발생한 현상이라며 과소평가하고 있다. 만약 선관위 말대로 민주당과 통합당의 사전투표 득표 비율이 동일한 지역이 전국에서 17개 지역이나 된다면 문제는 훨씬 더 심각해진다. 그런 현상이 발생할 수 있는 확률이 천문학적으로 낮아지기 때문이다. 전국 17개 지역에서 민주당과 통합당의 사전투표 득표율이 동일할 확률은 최소 수십조 분의 1($\frac{1}{100조}$)보다 작다. 이렇게 현실에서 거의 불가능한 일들, 즉 우연들이 사전선거에서만 동시에 연이어 발생했다면 그것은 결코 우연이라 할 수 없다. 외부의 개입이나 조작이 아니곤 설명할 방법이 없다.

현실불가한 방송4사 출구조사 결과

총선 당일 투표가 끝나자마자 공개된 공중파방송 3사와 JTBC의 출구조사 결과도 부정선거 의혹에 일조하고 있다. 4월 15일 오후 6시경에 발표된 KBS·MBC·SBS 등 지상파 방송 3사와 종편 JTBC의 출구조사 결과에 따르면 민주당이 143~178개의 지역구&비례대표에서, 통합당은 101~134개의 지역구&비례대표에서 승리하는 것으로 나타났다. 위 방송사 모두가 민주당과 관련 정당이 압도적으로 우세할 것으로 예상한 것이다.

<그림 1.8.7> 4.15 총선 정당별 의석수

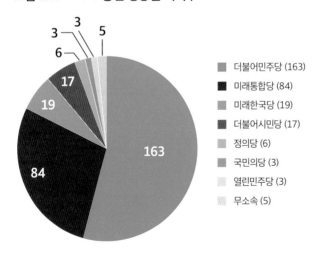

더불어민주당 (163)
미래통합당 (84)
미래한국당 (19)
더불어시민당 (17)
정의당 (6)
국민의당 (3)
열린민주당 (3)
무소속 (5)

\<표 1.8.5\> 지상파방송 3社 & JTBC의 21대 총선 출구조사 결과

방송사	더불어민주당 + 더불어시민당	미래통합당 + 미래한국당
KBS	155~178석	107~130석
SBS	154~177석	107~131석
MBC	153~170석	116~133석
JTBC	143~175석	101~134석

실제 총선의 최종 집계 결과도 민주·시민당 180석, 통합·한국당이 103석을 얻은 것으로 나와 결국 방송사들의 출구조사 결과가 거의 정확히 들어맞았다. 이를 두고 유튜버들을 중심으로 여러 의혹이 제기되었다. 왜냐하면 출구조사는 사전투표를 제외하고 당일투표한 사람들만을 대상으로 조사한 것인데 어떻게 전체 투표결과를 정확히 맞출 수 있느냐는 의문이었다.

매우 합리적인 의문이었다. 선관위의 총선결과 데이터를 바탕으로 당일투표만을 놓고 계산해 봤을 때 민주당과 통합당은 박빙의 결과를 보였다. 통합당이 124석, 민주당이 123석으로 오히려 통합당이 1석 더 많았다. 그렇다면 당일투표 표심에만 바탕한 출구조사 결과는 당연히 민주당과 통합당이 박빙으로 나와야 한다. 그런데도 4개 방송사의 출구조사가 예외 없이 사전투표 결과를 미리 알았던 것처럼 민주당 압승으로 나온 것이다. 이게 가능한 일인가? 출구조사에는 사전투표가 전혀 반영되지 않는데 방송사들은 어떻게 사전투표까지 반영된 전체적인 결과를 맞출 수 있었는가?

특히 21대 총선의 사전투표율은 역대 최고였다. 따라서 당일투표 표심만을 반영하는 출구조사가 이렇게 정확히 나오는 것은 거의 불가능하다. 한두 방송사도 아니고 네 방송사 모두가 말이다. 실제로 4월 15일 밤 진행된 개표 때 사전투표 결과가 집계되는 16일 새벽시간 막바지에 당락이 뒤바뀐 경우도 적지 않았다. 민주당이 사전투표에서 거의 몰표에 가까운 표를 얻었기 때문이다. 사전투표결과가 집계되기 전까지 앞서 있던 김진태, 이언주, 민경욱 후보를 비롯한 다수의 통합당 후보들은 사전투표로 인해 민주당의 후보들에게 막바지에 고배를 마셨다.

이처럼 사전투표 결과로 인해 마지막까지 예측불허의 접전을 벌였던 총선 결과를 방송사들은 어떻게 한결같이 정확히 맞출 수 있었는가? 그래서 네티즌 사이에선 '총선에 불법 개입한 외부세력'과 방송사들이 사전투표 결과를 공유한 것이 아니냐는 의혹들이 제기되었다. 그러나 이에 대해 해명할 책임이 있는 방송사들은 함구로 일관하고 있다. 그래서 의혹이 더 증폭되고 있는 것이다. 해당 방송사들은 마치 사전투표 결과를 미리 알고 있었기라도 한 듯한 출구조사 의혹에 대해 투명하게 해명해야 할 것이다.

의심스런 '사전투표 보정값'

이와 관련해 '총선에 불법 개입한 외부세력'이 누구인지 시사해주는 자료가 잠시 공개돼 논란이 됐다. 이 자료는 총선이 실시되기 전 민주당의 전략기획위원회가 만든 '대외비' 문건이다. 이 자료에는 민주당이 4.15 총선에서 얻은 163석이 정확하게 예측되어 있어 의혹이 증폭됐다.

민주당의 이근형 전 전략기획위원장은 총선 다음 날인 4월 16일 자신의 페이스북에 '광역별 판세분석'이란 자료를 공개했다. 그는 "자랑질하려는 것은 아니고… 나름 민심을 잘 읽으려 노력했다는 점을 강조하는 차원에서…" 글과 자료를 올린다고 적었다.

이 자료에 따르면 민주당은 선거가 치러지기 전에 내부 문서로 각 지역별 예상확보 의석을 예측했다. 그런데 각 지역 및 전체 선거구의 종합인 이 예측치가 거의 정확히 총선 결과와 일치한 것으로 나타났다.

이 자료에 나온 예측치와 실제 총선 결과가 어떻게 일치했는지 자세히 살펴보자. 자료는 서울·경기·인천 등 수도권에서 101석을 예측했는데, 선거 결과는 이보다 두 석이 많은 103석이었다. 대전·충청에선 20석 예상해 20석,

광주·전라 지역에선 27석 예상해 27석으로 한 치의 오차도 없이 각각 정확히 예측했다. 부산·울산·경남 지역은 8석 예상해 7석, 대구·경북지역은 0석 예상해 0석, 강원·제주 지역은 7석 예상해 6석으로 거의 모든 지역의 예상이 실제 총선결과와 거의 정확히 일치했다.

<표 1.8.6> 이근형 위원장이 예상한 광역별 판세

이 자료가 언제 만들어진 것인지는 정확하지 않다. 그러나 민주당과 통합당의 사전투표 & 당일투표의 득표가 극명히 달랐던 4.15 총선에서 민주당이 획득 의석을 정확히 맞힌 것은 대단히 놀랍고 이례적이다. 여론조사를 토대로 판세를 예측한 수치라 하더라도 어떻게 한 석의 오차도 없이 163석을 정확히 맞힐 수가 있나? 게다가 전국 지역구 별로 획득 의석수도 거의 정확히 맞힌다는 것도 거의 불가능에 가까운 일이다.

자료에서 특히 눈에 띈 것은 제목 오른쪽에 적혀 있는 '사전투표 보정값'이란 문구이다. '보정값'이 무엇인가? 통계학 용어인 '보정값'은 원래의 측정값 또는 계산값에 보정을 목적으로 가해지는 값이다. 그렇다면 자료에 나온 민주당의 득표 예측치는 원래의 측정값, 즉 실제 여론조사 수치에 보정을 해 나온 결과란 말인가? 다시 말해 실제 여론조사에 인위적으로 손을 댔다는 뜻인가? 그래서 일부 네티즌들은 이 '보정값'이 '조작값'인 것 같다고 의문을 제기했다. 논란이 되자 그는 바로 페이스북의 글과 자료를 삭제했다. 자랑하려고 글을 올렸으나 문제가 되자 바로 삭제한 것으로 보인다.

4.15 총선을 총 기획한 것으로 알려진 이근형 위원장과 양정철 민주연구원장은 선거가 끝나자마자 약속한 듯 당직에서 물러났다. 총선압승의 최대 공로자인데도 사임하는 기괴한 행동들을 보였다. 종선압승 공로로 대대적 표창과 찬사, 금의환향을 해도 부족할 텐데 말이다. 이상한 일이다. 그래서 무언가 큰 잘못을 저지른 후 한동안 몸을 숨기는 범죄자들의 행태와 유사하다는 지적이 나왔다.

이근형
4월 16일 오전 8 30

선거막판에 이러저러한 괴문서들이 돌아 다녔는데 실제 우리 당 전략기획 파트의 예측은 이랬습니다

자랑질하려는 건 아니고.
나를 민심을 잘 읽으려 노력했다는 점을 강조하는 차원에서....
국민의 선택이 두렵게 느껴집니다.

문재인 정부와 더불어민주당이 확실하게 중간급유를 받아 연료를 가득 채우고 다시 길을 나섭니다

국민과 더불어 이 위기를 극복하고 '나라다운 나라'에 좀 더 다가 가야 하겠습니다.

응원과 지지 보내주신 분들께 눈물겨운 감사를 보냅니다.

<그림 1.8.8> 이근형 위원장이 광역별 판세관련 페이스북에 올린 글
이근형 위원장이 직접 페이스북에 올린 글. 자신들이 예측했던 수치와
실제 선거 결과가 정확이 일치하는 것을 직접 보여주고 있다. /파이낸스투데이

21대 총선의 사전투표 결과와 당일투표 결과가 현격히 다르게 나올 것인지는 누구도 예상하지 못했다. 만약 이를 정확히 예상한 사람들이 있다면 그들은 아마도 사전투표 득표통계를 불법적으로 만지거나 조작한 사람들일 것이다. 만약 그런 자들이 실제로 있다면 용납할 수 없는 민주주의의 대역죄를 저지른 것으로 엄중한 법의 처벌을 받아야 할 것이다.

2부

숨막히는 언론·표현의
자유

전대미문의
임미리 교수 & 경향신문 고발사태

'민주당만 빼고' 칼럼 필자 고발

2020년 2월 5일 더불어민주당은 충격적인 일을 벌였다. 자당(自黨)을 비판하는 칼럼을 쓴 임미리 고려대 연구교수와 이를 실은 <경향신문>을 선거법 위반 혐의로 검찰에 고발한 것이다.

신문기사를 보는 눈을 의심했다. 이게 실화일까? 2020년 대한민국에서… 아니, 비판 칼럼을 썼다고 글쓴이를 고발하다니, 게다가 이를 게재한 신문사까지…

신문사 칼럼을 쓴 필자와 신문이 특정 정당으로부터 고발된 것은 상당히 이례적이다. 1987년 민주화 이후에는 이런 사례를 들어본 기억이 없다. 군사독재 정권 때도 이런 예는 찾기 쉽지 않을 것이다.

도대체 어떤 칼럼일까 궁금해 바로 찾아보았다. '민주당만 빼고'란 제목을 달고 있었다. 추미애 신임 법무부 장관이 검찰총장 수족을 자르는 등 검찰 인사 전횡 사태 등을 언급하며 "깊어진 정치 혐오의 책임은 민주당에 있다.", "선거에서 민주당을 빼고 찍어야 한다."는 등의 내용이었다. 칼럼의 일부 내용을 그대로 옮겨본다.

경향신문

2020년 01월 29일
31면 (오피니언)

정동칼럼

임미리
고려대 연구교수·정치학 박사

민주당만 빼고

신임 법무부 장관은 검찰총장의 수족을 자르고 야당은 그런 장관을 직권남용으로 고발했다. 대검 선임연구관은 조국 전 법무부 장관의 기소를 막은 직속상관에게 "당신이 검사냐?"고 항의하고 서울중앙지검장은 검찰총장의 청와대 공직기강비서관 기소 지시를 수차례 거부했다. 여당은 공수처법에 이어 형사소송법과 검찰청법 개정안을 마저 통과시켰고 야당은 다가오는 총선 공약으로 공수처법 폐지를 걸었다. 서초동 촛불집회는 올해도 열렸고 3·1절에는 보수교회를 중심으로 광화문집회 총동원령이 내려졌다.

정권 내부 갈등과 여야 정쟁에 국민들의 정치 혐오가 깊어지고 있다. 총선이 코앞이지만 가까운 사이라도 정치 얘기는 금물이다. 공약(公約)이 공약(空約)이 되고 공부야이어야 한국 회의원이 상전 노릇한 오래다. 그래도 선거 때가 되면 없던 관심도 생기고 배신당할 기대도 또다시 하곤 했다. 하지만 올해는 다른 것 같다. 깊어진 정치 혐오가 선거 열기도 식히고 있다. 제왕적 대통령제 아래서도 행정부가 군열을 보이고 국회가 운영 중인데도 여야를 신한 군중에게 맞불고 있다. 이들집단 선거는 무용하고 정치는 해악이다. 자유한국당에 책임이 없지는 않으나 더 큰 책임은 더불어민주당에 있다. 촛불정권을 자임하면서도 국민의 열망보다 정권의 이해에 골몰하기 때문이다. 권력의 사유화에 대한 분노로 집약하면서도 대통령이 진 '마음의 빚'을 국민보다 퇴임한 장관에게 갚으려 하기 때문이다.

그러나 민주당의 이 같은 처신은 처음부터 예견돼 있었는지 모른다. 지난 촛불집회의 성과를 국민 스스로 포기했기 때문이다. 누적인원 1700만이 거둔 결실을 고스란히 대통령 선거에 갖다 바쳤다. 2016년 10월29일 시작된 집회는 2017년 4월29일의 23차까지 이어졌고 5월9일 치러진 19대 대통령선거를 열흘 앞둔 날이었다. 주최 측은 "우리가 대통령선거 날짜 앞당기자고 촛불 들었나?"며 '장미대선 No! 촛불대선 YES'를 외쳤다. 하지만 촛불의 여망을 선거에 담는 순간 모든 것은 문재인 후보를 위해 갈아놓은 주단 길에 다름없었다.

지금 여당은 4·15 총선 승리가 촛불혁명의 완성이라고 외치지만 민주당은 촛불의 주역이 아니다. 1987년 6월항쟁에서 야당인 통일민주당은 항쟁지도부인 국민운동본부와 함께 대정부협상을 주도했다. 그러나 2016년 말 민주당의 역할은 다른 야당들과 함께 촛불시민들의 요구를 사후적으로 수용해 탄핵안을 가결시키는 데 그쳤다. 더욱이 그 과정에서 민주당 추미애 대표는 청와대 단독 영수회담을 제의했다 논란이 됐고 우상호 원내대표는 탄핵 사유에서 '세월호 7시간'을 빼자는 새누리당의 제안에 응해줘서 공분을 샀다.

2016년 겨울, 국민들은 유사 이래 처음으로 정치권력에 대해 상전 노릇을 할 수 있었다. 1960년 4월혁명과 1987년 6월항쟁 때도 국민의 힘으로 독재정권을 물러나게 했다. 그러나 아직까지 포함한 정치권력 전체가 국민의 요구에 굴복한 일은 그때가 처음이었다. 촛불시민들은 정당을 포함한 일체의 권위를 부정하고 자신의 행동과 스스로의 힘만을 믿었다.

그러나 지금 상황은 역전됐다. 정당과 정치권력이 다시 상전이 됐다. 많은 사람들의 열정이 정권 유지에 동원되고 있다. 더 많은 사람들의 희망이 한줌의 권력과 맞바꿔지고 있다.

우리는 촛불집회 당시에도 있었다. 많은 사람들이 '죽 쒀서 개 줄까' 열려했다. 하지만 우려는 현실이 됐다. 선거 외에는, 야당을 여당으로 바꾸는 것 말고는 기대와 희망을 담을 다른 그릇을 찾아내지 못했기 때문이다. 변화에 대한 기대가 '2017 촛불권리선언'으로 이어졌지만 결과는 다르지 않았다. 재벌개혁은 물 건너갔으나 노동조건도 더 악화될 조짐이다. 한상균 전 민주노총 위원장은 최근 인터뷰에서 "'노동존중' 구호가 '재벌존중'으로 바뀌는 시간이 너무 짧았다"며 "이명박, 박근혜 정권 때보다 더 싸우기 힘들다"고 주장했다.

이제는 깨버려야 한다. 이제는 선거에만 매달리는 것을 멈춰야 한다. 더이상 정당과 정치인이 국민을 농락하지 못하도록 해야 한다. 선거 과정의 달콤한 공약이 선거 뒤에 배신으로 돌아오는 일을 막아야 한다. 하지만 그 배신에는 국민도 책임이 있다. 차선을 선택했기 때문이다. 최악을 피하고자 계속해서 차악에 표를 줬기 때문이다. 국민들은 그렇게 정당에 길들여져 갔다. 이번에는 거꾸로 해보자. 차선이 아닌 정당을 길들여보자. 정당과 정치인들에게 알려주자. 국민이 불모가 아니라는 것을, 유권자도 배신할 수 있다는 것을 알려주자. 선거가 끝난 뒤에도 국민의 눈치를 살피는 정당을 만들자. 그래서 제안한다. '민주당만 빼고' 투표하자.

(19.0×19.3cm)

임미리 교수가 2020년 1월29일자 경향신문에 게재한 칼럼

신임 법무부 장관은 검찰총장의 수족을 자르고 야당은 그런 장관을 직권남용으로 고발했다. 대검 선임연구관은 조국 전 법무부 장관의 기소를 막은 직속상관에게 "당신이 검사냐?"고 항의하고 서울중앙지검장은 검찰총장의 청와대 공직기강비서관 기소 지시를 수차례 거부했다. 여당은 공수처법에 이어 형사소송법과 검찰청법 개정안을 마저 통과시켰고, 야당은 다가오는 총선 공약으로 공수처법 폐지를 걸었다. 서초동 촛불집회는 올해도 열렸고, 3·1절에는 보수교회를 중심으로 광화문집회 총동원령이 내려졌다. 정권 내부 갈등과 여야 정쟁에 국민들의 정치 혐오가 깊어지고 있다.(중략)

깊어진 정치 혐오가 선거 열기도 식히고 있다. 제왕적 대통령제 아래서도

행정부가 균열을 보이고 국회가 운영 중인데도 여야를 대신한 군중이 거리에서 맞붙고 있다. 이쯤 되면 선거는 무용하고 정치는 해악이다. 자유한국당에 책임이 없지는 않으나 더 큰 책임은 더불어민주당에 있다. 촛불정권을 자임하면서도 국민의 열망보다 정권의 이해에 골몰하기 때문이다. 권력의 사유화에 대한 분노로 집권했으면서도 대통령이 진 '마음의 빚'은 국민보다 퇴임한 장관에게 있기 때문이다.(중략)

우려는 촛불집회 당시에도 있었다. 많은 사람들이 '죽 쒀서 개 줄까' 염려했다. 하지만 우려는 현실이 됐다. 선거 외에는, 야당을 여당으로 바꾸는 것 말고는 기대와 희망을 담을 다른 그릇을 찾아내지 못했기 때문이다. 변화에 대한 기대가 '2017 촛불권리선언'으로 이어졌지만 결과는 다르지 않았다. 재벌개혁은 물 건너갔고 노동여건은 더 악화될 조짐이다. 한상균 전 민주노총 위원장은 최근 인터뷰에서 " '노동존중' 구호가 '재벌존중'으로 바뀌는 시간이 너무 짧았다."며 "이명박, 박근혜 정권 때보다 더 싸우기 힘들다."고 주장했다.

이제는 끊어버려야 한다. 이제는 선거에만 매달리는 것을 중단해야 한다. 더 정당과 정치인이 국민을 농락하지 못하도록 해야 한다. 선거 과정의 달콤한 공약이 선거 뒤에 배신으로 돌아오는 일을 막아야 한다. 하지만 그 배신에는 국민도 책임이 있다. 최선이 아니라 차악을 선택했기 때문이다. 최악을 피하고자 계속해서 차악에 표를 줬기 때문이다. 국민들은 그렇게 정당에 길들여져 갔다. 이번에는 거꾸로 해보자. 국민이 정당을 길들여보자. 정당과 정치인들에게 알려주자. 국민이 볼모가 아니라는 것을, 유권자도 배신할 수 있다는 것을 알려주자. 선거가 끝난 뒤에도 국민의 눈치를 살피는 정당을 만들자. 그래서 제안한다. '민주당만 빼고' 투표하자.

두 번을 읽어봤으나 칼럼에 별 놀랄만한 내용도 없다. 현상을 분석하고 그저 필자 자신의 의견을 적은 것뿐이다. 칼럼의 파장도 매우 미미했을 것이다. 만약 민주당이 고발하지 않았다면, 어쩌면 아무도 관심을 갖지 않았을 것이다. 실제로 이 칼럼은 <경향신문>에 1월 29일 실렸는데, 민주당은 1주일이 지난 2월 5일 고발했다. 그 후 논란이 된 것은 2월 13일부터였다. 칼럼이 게재되고 보름이 지날 때까지 국민 대부분은 이런 칼럼이 있었는지조차도 모르고 있었다.

신문社 고발, 군사독재 때도 드문 일

그런데도 민주당은 칼럼 필자와 심지어 진보성향의 신문사까지 고발했다. 필자인 임미리 교수도 노동운동과 노동연구에 많은 관심을 기울여 온 진보 학자로 알려졌다. 왜 그랬을까? 당명(黨名)에 민주라는 이름을 수십년간 달고 온 당이 어찌 이런 일을 벌일 수 있을까? 민주당은 정말 막가자는 걸까?

고발 사실을 전해들은 임 교수는 분노했다.

> "나도 지난 대선에선 문재인 대통령에게 투표했다. 조국사태 이후 국민이 아닌 조국 전 장관에게 '마음에 빚이 있다'고 한 대통령에게 분노할 수밖에 없었다."
>
> "전직 판사(추미애 장관)가 얼마 전까지 대표로 있던 정당이 (나를) 왜 고발했을까? (비판을) 위축시키거나 번거롭게 하려는 목적일 텐데, 성공했다. 살이 살짝 떨리고 귀찮은 일들이 생길까봐 걱정된다. 하지만 그보다 더 크게는, 노엽고 슬프다. 민주당의 작태에 화가 나고 1987년 민주화 이후 30여년이 지난 지금의 한국 민주주의 수준이 서글프다. 민주당의 완패를 바란다. 그래서 민주화 이후 민주주의 역사를 제대로 다시 쓸 수 있기를 바란다."

고발 이유에 대해 민주당 관계자는 "임 교수는 칼럼을 통해 투표참여 권유 활동을 했다. 선거운동 기간이 아닌데도 선거운동을 하는 등 각종 제한 규정을 위반했다."고 주장했다. 선거법에 따르면 공식 선거운동 기간 전에는 선거운동을 금지하고 있는데 '민주당만 빼고 투표하자'는 임 교수의 글이 사전 선거운동에 해당한다는 것이다. 민주당은 임 교수와 <경향신문>이 인쇄물을 이용해 특정 정당을 지지하거나 반대하는 것을 금지하는 선거법 조항도 위반했다고 보는 것으로 전해졌다.

고발 사실이 알려지자 비판여론이 들끓기 시작했다. 특히 진보성향의 인사들이 비판의 선봉에 섰다. 진중권 전 동양대 교수는 이날 페이스북에 이렇게 적었다.

"이쯤 되면 막 가자는 거죠. 왜 나도 고발하지. 나는 왜 뺐는지 모르겠네. 낙선운동으로 재미봤던 분들이 권력을 쥐더니 시민의 입을 틀어막으려 하네요… 리버럴(진보적인) 정권이 표현의 자유를 억압하네요. 민주당의 이해찬 대표님, 이게 뭡니까?"

'조국사태' 때 민주당에 비판의 날을 세웠던 김경율 전 참여연대 공동집행위원장도 가세했다.

"나도 고발하라!!!!!!!!! 임미리 교수의 한 점 한 획에 모두 동의하는 바이다. 나도 만약에 한 줌의 권력으로 고발한다면, 얼마든지 임미리 교수의 주장을 한 점 한 획 거리낌 없이 반복하겠다."

'민변(민주사회를 위한 변호사 모임)' 소속의 권경애 법무법인 해미르 변호사도 나섰다.

"임미리 선생님과 <경향신문>을 고소했다고? 민주당만 빼고 찍어 달라고 아예 고사를 지내신다. 우리가 임미리다. 이 말의 용법은 이런 것이다. 어디 나도 고소해봐라."

우석훈 '내가꿈꾸는나라' 공동대표도 "이런 건 진짜 아니다."라고 우려의 목소리를 냈다.

"내가 (우파)정부에 대한 비판을 참 많이 한 사람인데⋯ 진짜로 고발당한 건 이명박 서울시장 때 딱 한 번이다. 대통령이 된 후에는 이명박이 광우병 촛불집회 때 이를 갈면서도 고발하지는 않았다. 박근혜도 엄청 신경질을 냈었다고 하는데도, 고발당한 적은 없다."

"민주당은 파시스트당?"

민주당의 고발 조치가 파시즘(극단적 전체주의)에 비유되기도 했다. 권경애 변호사는 'NO 더불어민주당, Boycott Fascist, 믿지 않습니다, 뽑지 않습니다'라는 내용의 이미지를 올렸고, 박권일 사회비평가는 "민주당의 방약무도(傍若無道)가 넘치다 못해 기본권마저 파괴하고 있다. 민주당은 기어코 전체주의 정당 내지 파시스트당으로 가려는 건가?"라고 비판했다.

민주당은 고발 이유가 칼럼이 선거법을 위반했기 때문이라고 했다. 그러나 민주당의 고발은 법률적으로 선거법 조항의 입법 취지와 거리가 멀고, 표현의 자유를 심각하게 위축시킬 수 있다는 비판이 나왔다. 서울지방변호사회장을 지낸 김한규 변호사(법무법인 공감)는 "자기 생각을 기재한 임 교수의 칼럼을 선거법이 우려한 '선거질서를 혼탁하게 만드는 행위'로 볼 수 있는지 의문이다. 표현의 자유영역에 속한다고 생각한다. 이번 고발이 총선을 2개월 앞두고 여당 비판을 입막음하려는 사전 경고가 아닌지 우려된다."고 밝혔다.

김호기 연세대 사회학과 교수는 페이스북에 "민주당을 지지하는 이로서

이 문제는 민주당이 잘못하는 것으로 보인다. 표현의 자유는 이념을 넘어 존재하는 민주주의의 기본 가치"라고 지적했다.

구정우 성균관대 사회학과 교수는 "집권여당이 오늘 결국 일을 쳤다. 검찰총장의 수족을 깡그리 잘라 사법방해하고, 선거개입 의혹사건 공소장을 비공개해 국민의 알권리를 침해하더니, 오늘은 인권의 심장인 언론과 표현의 자유까지 털어갔다. 임미리 교수와 <경향신문>은 그렇게 재갈이 물려졌다."고 강하게 비판했다.

야당도 비판에 나섰다. 강민진 정의당 대변인은 "신문의 칼럼난은 원래 권력층에 날선 비판이 오가는 공간이다. 칼럼으로 비판했다고 고발이 들어온다면, 그것도 고발 주체가 집권 여당이라면, 어느 누가 위축되지 않고 자유롭게 말할 수 있겠느냐?"며 고발 취하를 촉구했다.

새로운보수당[1]의 권성주 대변인은 "이해찬 대표가 임미리 교수를 고발한 것은 표현의 자유를 짓밟겠다는 대한민국 자유민주주의에 대한 선전포고이자, 정권에 비판적인 지식인과 언론을 탄압하겠다는 대국민 겁박"이라고 성토했다. 권 대변인은 "민주당이 가장 민주적이지 않다. 군사독재 시절에나 있었을 이해찬 대표의 고발은 임미리 교수의 비판이 정확하고 뼈아프다는 방증이며 민주당이 그 비판을 수용할 그릇이 되지 못한다는 자백"이라고 비판했다.

민주당 내에서도 비판론이 대두했다. 3선의 정성호 민주당 의원은 "오만은 위대한 제국과 영웅도 파괴했다. 항상 겸손한 자세로 국민 목소리를 경청해야 한다. 가치의 상대성을 인정하고 다양한 의견을 수용해야 한다."고 꼬집었다. 재선의 홍의락 의원도 "어쩌다가 이렇게 임미리 교수의 작은 핀잔도 못 견디고 듣기 싫어하는지 모르겠다. 부끄럽고 죄송하다. 민심은 민주당에게 온전하고 겸손하기를 원한다. 그런데도 이것을 알아채지 못하는 민주당 지도

---

1) 바른미래당의 비당권파(바른정당계)가 탈당하여 2020년 1월 5일 창당한 보수정당.

부가 안타깝다."고 말했다.

민주당, 고발취하 하면서도 뒤끝

칼럼 고발 건에 대해 비판 여론이 높자 이낙연 전 국무총리도 나섰다. 이전 총리는 민주당의 이번 고발 조치가 "바람직하지 않다. 안 좋은 모습이다. 고발을 취소하는 것이 좋겠다."는 취지의 의견을 밝힌 것으로 전해졌다.

결국 민주당은 고발을 취소하기로 결정했다. 민주당 공보국은 2월 14일 출입 기자들에게 보낸 문자 메시지를 통해 "우리의 고발조치가 과도했음을 인정하고, 이에 유감을 표한다."고 밝혔다.

그러면서도 뒤끝을 남겼다. 민주당 공보국은 "임미리 교수는 안철수의 씽크탱크 '내일'의 실행위원 출신"이라며 "<경향신문>에 게재한 칼럼이 단순한 의견 개진을 넘어 분명한 정치적 목적이 있는 것으로 판단해 고발을 진행하게 됐다."고 덧붙였다. 잘못에 대해 깨끗이 사과하지 않고 임 교수의 과거를 문제 삼은 것이다. 그러다 논란이 되자 뒤늦게 정정문을 내고 '안철수의 씽크탱크'에서 '특정 정치인의 씽크탱크 출신'이라고 표현을 바꿨다.

이번 고발은 이해찬 대표의 명의로 이뤄진 것으로 전해졌다. 이 대표가 고발 당사자라면, 아니 고발 당사자가 아니더라도 그 당의 대표라면 이처럼 엄청난 사건에 대해 입장을 밝히는 것이 마땅하다. 그러나 이해찬 대표는 임 교수 고발 사건에 대해 끝까지 침묵했다. 기자들의 잇따른 질문에도 묵묵부답으로 대응했다.

민주당은 여론에 밀려 임 교수와 <경향신문>에 대한 고발을 취하했지만, 당 지도부의 언급이나 사과는 없었다. 이는 민주주의의 핵심가치인 언론의 자유와 표현의 자유를 대하는 민주당과 이 대표의 의중을 짐작케 하는 대목이다. 과연 이들이 민주주의를 위해 투쟁해온 세력이 맞는지, 민주주의에 대한 기본 인식이나 제대로 되어 있는지 의구심이 든다.

그러자 이번에는 민주당과 이해찬 대표의 공식적 사과를 촉구하는 목소리가 일었다. 하태경 새로운보수당 공동대표는 "이는 이해찬 대표가 정계 은퇴할 사건"이라며 고발자인 이 대표를 맹질타했다. 하 공동대표는 "같이 민주화운동을 했던 세력으로서 이해찬 대표는 건국 이후 민주화 투쟁에서 산화한 민주영령에 사죄해야 한다. 광주 망월동, 부마항쟁, 4.19 민주열사들에게 석고대죄해야 한다."고 주장했다.

2019년 조국 전 장관 규탄 시국선언을 했던 교수단체 '사회정의를 바라는 전국교수모임'(정교모)도 '나치'를 거론하며 민주당을 비판했다. 정교모는 전국 377개 대학의 전·현직 대학교수 6200여 명이 참여하는, 지금까지 시국선언을 한 단체로는 사상 최대의 단체이다.

정교모는 "민주당은 (신문 필자와 경향신문을) 형사고발을 해서 사회적 쟁점으로 부각시켜 놓고, 취하함으로써 마치 아무런 일도 없었다는 듯이 시침을 떼고 있다. 하지만 속으로는 소기의 목적을 달성한데 대해 크게 만족하고 있을 것"이라며 "민주당의 고발취하는 없었던 일로 돼선 안된다."고 강조했다.

정교모는 민주당이 추구한 목적이 '공포의 전염'이라고 주장했다.

"나치가 정권을 잡을 때 반대파들을 잡아 가두었다가 일부러 풀어 주었다. 그 목적은 공포의 전염이었다. 민주당은 임미리 교수의 사건을 통해 양심적 지식인과 시민들이 여간한 용기가 아니고서는 섣불리 나설 수 없는 자기검열의 분위기로 만드는데 성공했다. 민주당의 이번 행태는 다분히 의도된 것으로 전체주의적 통치 방식의 하나로 보기에 충분하다. 이 사건을 단순한 해프닝으로 간주하고 넘어가서는 안 되는 이유이다. (중략) 입만 막으면 된다는 반민주적 선거 전략이 아니라면 이번 사건에 대해 당사자와 국민 앞에 사과하고, 재발 방지를 다짐해야 한다."

이해찬 대표 끝내 사과안해

결국 민주당의 이낙연 전 국무총리가 나서서 "국민들께 미안하다."고 사과했다. 이 전 총리는 "겸손함을 잃었거나 또는 겸손하지 않게 보인 것들에 대해 국민들께 미안하게 생각한다. 앞으로 저부터 더 스스로 경계하고 주의할 것이다. 당도 그렇게 해주기를 기대한다."고 말했다.

"죄송하다."거나 "송구하다.", "사과한다."가 아니라 "미안하다."고 했다. "미안하다."라는 말은 보통 윗사람이 아랫사람에게 하는 말이다. 그런데 국민의 심복인 국무총리라는 사람이 상전인 국민에게 "미안하다."고 했다. 그럼에도 민주당에서 이 사태와 관련해 공식적으로 이 정도의 사과라도 한 것은 이 전 총리가 처음이고 유일했다.

고발 당사자로 알려진 이해찬 민주당 대표는 끝내 사과하지 않았다. 이후 이 대표는 박원순 전 서울시장의 자살 직후 향후 당의 계획을 묻는 기자에게 '후레자식'이란 쌍욕을 해 구설수에 올랐다. 그의 언론에 대한 인식이 어떤 수준인지 짐작케 하는 또 다른 사례였다.

이해찬, 기자에게 "후레자식" 막말

2020년 7월 10일 이해찬 대표는 고(故) 박원순 서울시장의 빈소를 찾아 조문했다. 조문을 끝내고 나온 이 대표에게 <뉴시스> 기자가 "박 시장의 성추행 의혹을 당 차원에서 대응할 계획이 없으신가?"라고 물었다. 그러자 이 대표는 "그건 예의가 아니다. 그런 걸 이 자리에서 얘기라고 하냐? 최소한 가릴 게 있다."고 사납게 답했다. 이후 이 대표는 기자를 째려보다 "후레자식 같으니"라고 중얼거렸다.

후레자식은 '배운 데 없이 제풀로 막되게 자라 교양이나 버릇이 없는 사람을 낮잡아 이르는 말'이다. '홀어머니의 자식'에서 유래했다고 전해져 부모가 없거나 한 부모 가정에서 자란 버릇없는 이들을 비하하는 뜻으로 쓰인다.

이해찬 더불어민주당 대표가 2020년 7월10일 고 박원순 서울시장의
빈소가 차려진 서울대병원 장례식장에서 조문을 마친 뒤
질문한 기자를 째려보고 있다./중앙일보 동영상 캡처

기자는 독자, 시청자, 국민을 대신해 질문하는 사람이다. 취재 장소가 질문 내용에는 다소 부적절한 곳일 수도 있다. 그러나 기자는 어떤 상황이든 기회가 되면 '국민의 알권리'를 위해 질문할 수 있고, 질문해야 한다. 그게 진실을 보도할 책무가 있는 기자들의 역할이고 사명이다.

이해찬 대표는 집권당을 대표하는 공인이다. 집권 민주당 대표가 기자의 질문에 사적 감정을 개입시켜 과격한 언행으로 대응한 것은 분명 적절치 못한 처사였다. 또 집권당 대표가 기자에게 '후레자식'이라고 한 것은 그 기자만이 아닌 국민들에게 욕지거리를 한 것이나 마찬가지이다.

민주당 대표인 이해찬 대표가 언론과 언론인을 얼마나 우습게 여기고 반민주적인지를 여실히 드러낸 사건이다. 과거 박근혜 정부 때 우병우 당시 청와대 민정수석보좌관이 기자를 째려보았다고 온 나라가 난리가 났었는데, 이 경우는 그때보다 훨씬 심각한 사안이다. 그런데도 언론들은 매우 조용했다. 문 정부에서 언론이 얼마나 순치(馴致)되었는지를 보여주는 수많은 사례 중 하나였다.

이 대표의 욕설이 논란이 되자 이 대표의 수석대변인은 해당 언론사에 전화를 걸어 사과의 뜻을 전한 것으로 알려졌다. 그러자 당사자인 이해찬 대표가 아닌 수석대변인이 나서서 당 대표의 잘못을 수습하려 한다는 비판이 나왔다.

2016년 11월 6일 우병우 당시 청와대 민정수석이 "혐의를 인정하느냐?"는 질문을 받자 질문한 기자를 째려보고 있다./YTN뉴스 캡처

언론중재위, 정권편향적 판단

본래 주제로 돌아가서, 임미리 교수 고발사태가 난 지 얼마 지나지 않아 언론중재위원회는 임 교수의 칼럼이 선거법을 위반했다고 결론 내렸다. 언론중재위원회 산하 선거기사심의위원회는 임 교수의 '민주당만 빼고' 칼럼이 공직선거법 제8조를 위반했다고 판단, 권고했다. 공직선거법 제8조는 '언론기관의 공정보도의무' 조항으로, 정당의 정강·정책이나 후보자의 정견에 대해 공정하게 논평해야 한다고 규정돼 있다. 언론중재위 측은 "이 권고는 가장 낮은 수준의 조치로 법적 강제성은 없지만 선거에 영향을 미칠 수 있으니 유의하라는 취지"라고 설명했다.

지극히 자의적이고 정권 편향적 판단으로 보인다. 이에 대해 하태경 새로운보수당 공동대표는 "문재인 정권, 이젠 공안독재로 막 달린다."며 "공안독

재 타도를 위해 다시 촛불을 들어야 할 것"이라고 비난했다. 하 공동대표의
주장이 이어진다.

"판결 요지는 언론은 공정해야 하는데 민주당 비판 칼럼이 공정하지 않
다는 것이다. '민주당 비판은 불공정하다'는 정말 황당하고 충격적인 결론이
다. 이 사람들 야당 비판 칼럼에 대해서도 불공정하다고 결론 내릴까? 특정
의견이 공정한지 불공정한지는 언론중재위 당신들이 판단하는 게 아니라 국
민이 판단하는 것이다.

팩트(Fact)를 다루는 기사는 허위사실일 경우 정정 보도를 요청할 수 있
겠지만 팩트가 아닌 자신의 의견을 개진하는 것에 대해 공정과 불공정을 권
력이 판단하겠다는 것! 그것이 바로 독재다.

이는 여당을 비판하는 국민 입에 재갈을 물리는 공안독재 선거하자는 것
이다. 이건 5공(화국) 때도 없었던 일이다. 문재인 정권과 민주적 타협이 이
젠 불가능해졌구나 하는 생각이 든다. 다시 한번 공안독재 타도를 위해 촛불
을 들어야 할 것 같다."

우리 현대사에서 집권 여당이 신문의 칼럼이 못마땅하다고 해서 해당 필
자와 신문사까지 고발했다는 얘기는 들어본 적이 없다. 적어도 1987년 민주
화 이후에는 그렇다. 언론출판의 자유와 표현의 자유는 민주주의의 핵심이
며 기본이기 때문이다. 그런데 해방 이후 줄곧 민주주의를 추구해 왔다는 민
주당이, 해방된 지 75년이 된 2020년 선진 대한민국에서 그 기본을 흔들면
서 새로운 선례를 만들었다. 지난 수십년간 당명에 민주를 내걸어 온 바로 그
정당이 맞는지 의구심이 든다.

고발을 취소하는 과정에서도 반민주적인 행태가 고스란히 나타났다. 명백
한 잘못임에도 불구하고 바로 사과하고 취소하지 않았다. 미적거리며 눈치를

보며 비판 여론의 압박에 마지못해 취소하는 표정이 역력했다. 취소하면서도 개운치 못한 뒤끝을 남겼다. 확실치도 않은 임 교수의 정치적 뒷배를 의심했다. 당 안팎의 비판에도 이 사태를 불러온 직접 당사자로 알려진 이해찬 대표는 끝내 사과하지 않았다.

고발 자체도 들어보지 못한 일이지만, 이를 취소하는 과정과 자세도 역대 집권당에서 못 본 풍경이다. 모두 전대미문의 기가 막힌 현장이다. 그러나 너무 놀라진 말자. 이 역시 문 대통령이 약속한 "한 번도 경험해보지 못한 세상"일테니…

"카카오 들어오라 하세요"

윤영찬 민주당의원 포털통제 의혹

　2020년 9월 8일 국회 본회의에서 국민의힘 주호영 원내대표가 교섭단체 대표연설을 하는 중이었다. 이 때 더불어민주당의 한 국회의원이 충격적인 휴대폰 메시지를 보내는 게 사진기자의 카메라에 잡혔다.

2020년 9월 8일 국회 본회의장에서 윤영찬 더불어민주당 의원이
주호영 국민의힘 원내대표 연설이 포털 메인화면에 반영된 것과 관련해
"카카오, 들어오라 하세요"라고 보낸 문자가 언론에 포착됐다. /SBS뉴스 캡처

　이 의원은 '주호영 연설은 바로 (포털) 메인에 반영되네요'라는 메시지를 받자 "이거 카카오에 강력히 항의해주세요."라고 메시지를 보냈다. 그 뒤 바로 "카카오 너무하군요. 들어오라 하세요."라고 추가 메시지를 보냈다. 휴대

폰 메시지를 보낸 당사자는 청와대 국민소통수석을 지낸 민주당 윤영찬 의원
이었다.

윤 의원은 <동아일보> 기자 출신으로 네이버에서 부사장을 지냈다. 이후
문재인 정부 초대 청와대 국민소통수석을 역임했다. 그는 현재 인터넷, 포털
사이트 등을 담당하는 국회 과학기술정보방송통신위원회 소속이다. 카카오
에 영향을 끼칠 수 있는 중요한 위치다. 카카오는 포털 다음(daum.net)을 운
영하는 회사이다.

윤 의원의 행태는 2014년 이정현 당시 청와대 홍보수석비서관을 떠올리게
한다. 이정현 수석은 그해 4월 KBS가 세월호 참사에 대한 정부 대처와 구조
활동 문제점을 주요 뉴스로 다루자 당시 김시곤 KBS 보도국장에게 전화를
걸어 "뉴스 편집에서 빼달라."고 하는 등 보도에 개입한 혐의를 받았다. 이 수
석은 "뉴스 편집에서 빼 달라. 다시 녹음해서 만들어 달라. 지금 국가가 어렵
고 온 나라가 어려운데 (KBS가) 지금 그렇게 해경(海警: 해양경찰)하고 정부
를 두들겨 패야 하는 게 맞느냐?"고 항의했다. 이에 대해 김시곤 국장은 "우
리 보도가 무슨 의도가 있는 게 아니다."라고 반박했다.

세월호 관련 2014년 KBS의 보도에 개입한 혐의를 받은 이정현 당시 청와대
홍보수석(좌). 오른쪽은 김시곤 당시 KBS 보도국장./YTN 방송 화면 캡처

이 사건은 당시 정국을 뒤흔들 정도로 큰 문제가 됐다. 민주당은 2014년 4월 30일 언론시민단체들과 기자회견을 갖고, 세월호 참사 직후 청와대가 KBS의 보도에 개입한 증거인 이정현 홍보수석과 김시곤 보도국장의 통화 내용과 관련 "청와대는 세월호 보도 개입과 진실 은폐에 대해 국민 앞에 사죄할 것"을 요구했다. 이재정 민주당 원내대변인은 이날 국회 현안브리핑을 통해 "이정현 홍보수석은 김시곤 보도국장에게 전화를 걸어 보도에 항의하며 '뉴스 편집에서 빼 달라', '다시 녹음해서 만들어 달라'고 편집에까지 직접 개입했다."며 이같이 공격했다.

세월호 참사 피해자 가족 300여명도 청와대 앞에서 '대통령 면담'을 요구하며 연좌농성을 벌였다. 이들은 희생자 영정을 들고 KBS를 항의 방문한 데 이어 서울 종로구 청와대 앞에 위치한 청운효자동 주민센터 앞에 모여 농성을 했다. 비슷한 시기에 김영록 민주당 수석대변인은 "포털을 겁박해 인터넷 기사 편집권을 검열하겠다는 태도는 보도지침으로 언론을 통제하던 군부독재 시절을 연상케 한다."며 여당인 새누리당을 질타했다.

"카카오 들어오라 하세요"란 문자로 논란의 중심에 선 윤영찬 민주당 의원.
사진은 청와대 국민소통수석비서관 시절 모습. /청와대

포털 장악이 언론보다 쉬워

윤영찬 의원의 "카카오 들어오라 하세요." 문자에 국민의힘 과학기술정보 방송통신위원회 위원들은 이날 비판 성명서를 내고 항의했다. 이들은 성명서에서 "(포털 뉴스 편집에) 보이지 않는 손이 작용하고 있는 것이 명명백백히 드러났다."며 "지난해 드루킹 사건과 '조국 힘내세요' 실검·댓글 조작, 뉴스 깜깜이 배열 등 (의문이) 한꺼풀 벗겨진 것"이라고 비판했다. 배현진 국민의힘 원내대변인도 논평을 통해 "충격이고 유감이다. 뉴스통제가 실화였다."며 "그동안 포털을 통한 여론 통제를 시도한 것이냐? 민주당은 당장 해명하라."고 성토했다.

물론 윤 의원의 카카오 문자메시지 사태는 KBS 보도 개입과 양상은 조금 다르다. 그러나 요즘 포털사이트 뉴스 메인화면이 갖는 의미는 지상파 방송보다 결코 덜 중요하지 않다. 오늘날 다수 사람들은 신문·방송을 통해 뉴스를 접하지 않는다. 과거 여론을 주도하던 레거시(legacy) 미디어의 시대는 이미 저물었다. 포털이 대세다.

우리나라 포털은 뉴스를 직접 제작하지 않는다. 뉴스 제작 대신 유통만 한다. 그런데도 국민들의 다수는 포털에 실린 뉴스를 이용한다. 한국언론진흥재단에 따르면, 2019년 20세 이상 국민 4명 중 3명 가까이(72%)가 포털에서 뉴스를 접했다. TV는 이제 50~60대만의 전유물이 됐다. 젊은 층은 예능프로 등 외에는 TV를 외면한다. 종이신문은 일부(12%)만 구독한다. 절대다수의 국민들은 신문사들이 만든 뉴스를 종이가 아닌 포털을 통해 읽는 것이다. 이제 포털은 국민의 여론을 좌지우지하는 거대 공룡 미디어 권력이 되었다.

윤영찬 의원이 뉴스를 생산하는 언론사 대신 언론 뉴스를 공급받아 유통하는 포털을 호출한 이유도 바로 여기에 있다. 뉴스가 맘에 안 들면 개별 언론사를 상대하지 않고 네이버·다음 카카오 등 포털과 직거래를 하겠다는(혹은 직거래하고 있다는) 문 정권의 언론정책이 드러난 것이 아닌가 의심된다.

정치권력이 어용 매체가 아닌 신문사나 방송사에 압력을 가해 기사를 바꾸게 하는 것은 매우 어렵다. 기자들이 권력의 압력에 쉽게 굴복하지 않기 때문이다. 이에 비해 권력의 입장에서 포털에 종사하는 직원은 언론인이 아니기에 간섭하거나 압력을 가하기 쉽다. 특히 포털은 뉴스 검색뿐 아니라 쇼핑·금융·보험·여행·엔터테인먼트·게임 등 다양한 사업을 하는 문어발식 기업이다. 정치권력은 각종 포털 사업의 생사여탈권을 쥐고 있다. 포털이 권력에 나약할 수밖에 없는 구조요 환경인 것이다.

　따라서 포털은 언론사에 비해 정치권력에 의한 뉴스통제와 여론조작이 보다 수월하게 이루어질 여지가 크다. <동아일보> 기자와 네이버 부사장 출신인 윤 의원은 언론과 포털의 이런 속성을 잘 알고 있을 것이다. 비록 윤 의원의 문자 메시지는 들통 나 실행되지는 않아 다행이다. 그러나 포털을 압박해 여론을 통제하려 했다는 비판을 면하기는 어려운 언행이었다.

　이에 대해 윤 의원은 "이걸 정치적인 사안으로 끌고 가는 것에 대해 대단히 유감스럽다."고 주장했다. 그는 "어제(지난 9월 7일) 이낙연 대표의 연설을 보면서 카카오 메인 페이지를 모니터링했는데 메인에 (기사가) 뜨지 않았지만 주 원내대표의 연설은 시작하자마자 메인 화면에 전문까지 붙어서 기사가 떴다."며 "이건 형평성에 있어서 너무한 것 아니냐는 (취지에서) '너무하다'고 표현했다."고 해명했다. 그러면서 "여야 대표연설이 왜 이렇게 차이가 나는지 알아봐야겠다고 생각해서 알아보라고 한 것"이라고 말했다.

　윤 의원은 카카오(다음 포털) 메인 페이지가 여야의 대표연설을 불공정하게 다뤘다고 했지만, 이는 사실이 아니다. 전날 이낙연 민주당 대표의 연설도 다음 포털의 메인에 노출됐다. 포털 다음은 인공지능(AI) 알고리즘에 따라 뉴스를 자동 편집한다고 했다. 특정 뉴스를 인위적으로 부각할 수 없는 구조라는 것이다. 설령 AI 알고리즘의 중립성에 의문이 있다고 해도 이렇게 불러서 따지는 것은 잘못됐다. 이는 결국 그가 청와대에서, 그리고 국회에서 포털

기사에 불만 있을 때 종종 포털 관계자들을 불러 이런 식으로 처리했을 것이라는 추정을 하게 한다.

윤영찬 "의견전달 자유" 항변

야당은 윤 의원이 문자 메시지를 보낸 직원이 그와 함께 청와대 뉴미디어비서관실 행정관으로 일한 보좌관이라고 주장했다. 국민의힘은 "청와대에서해오던 포털 통제를 장소만 옮겨 국회에서도 하는 것이 아닌가 의심케 한다."며 윤 의원의 의원직 사퇴와 국정조사를 요구하고 나섰다. 정의당마저 "언론의 자율성을 훼손하는 갑질"이라며 "집권 여당이 여론 형성에 영향을 미친다는 의구심을 기정사실화했다."고 맹비난했다.

윤 의원은 또 '포털 길들이기'라는 야당 비판에 자신도 "의견을 전달할 자유가 있다."고 항변했다. 그러나 이 말은 권력의 엄중함을 무시한 안이한 발언이다. 그는 국회 과학기술정보통신위원회 소속 집권 여당 의원이다. 카카오입장에서 정보기술(IT) 기업의 인허가 등을 다루는 상임위 소속 여당 의원이"국회로 들어오라."고 한 것은 명백한 압박이다.

문재인 정권 출범 후 포털사이트 뉴스 편집을 통해 집권 세력이 여론조작을 하고 있다는 주장이 줄곧 제기돼 왔다. 그런 가운데 여당 의원이 관련 기사를 메인 화면에서 내리기 위해 즉각 항의하고 관계자를 불러들이는 등의행태가 포착된 것이다. 한심하고 개탄스러운 일이다.

다음 포털 창업주인 이재웅 전 쏘카 대표는 페이스북에 "국회의원이 마음에 안 드는 뉴스가 메인에 올라왔다고 바로 포털 담당자를 불러서 강력히 항의하는 것은 문제"라며 "포털을 자기에게 유리한 뉴스만 보도되도록 압력을넣는 것은 국회의원이 해서는 안될 일이기도 하거니와, 포털이 발표했듯이 뉴스 편집은 AI(인공지능)가 전담한다."고 주장했다.

그러나 AI이든 AI를 설계하는 사람이든 포털의 뉴스는 독자들의 눈에 띠도록 배열해준 특정 뉴스 중에서 '선택하는' 구조다. 포털이 걸러낸 뒤 공급하는 편향된 정보 속에서 포털의 의도대로 '만들어진 여론'이 생성되는 구조인 것이다. 즉, AI에 의해 편집된 뉴스도 얼마든지 AI를 설계하는 사람에 의해 '편집'(혹은 조작)될 수 있는 것이다.

이재웅 전 쏘카 대표도 "AI는 가치중립적이지 않다. 시스템을 설계하는 사람의 생각이 반영될 수 밖에 없다."고 주장했다. 그는 "(AI가 중립적이라고 얘기하려면) AI가 차별하지 않는지, 정치적으로 중립적인지 판단하기 위한 감사 시스템이 필요하다. 어떤 가치판단을 (하고) 어떻게 뉴스 편집을 하도록 설계된 AI인지 밝혀야 한다."고 강조했다.

포털 다음의 창업자 이재웅 전 쏘카 대표가 페이스북을 통해 윤영찬 의원과 포털 다음을 모두 비판했다. [사진 이재웅 페이스북] /TV조선 캡처

윤 의원의 '카카오 문자메시지' 사태 후 며칠 지나지 않아 실제로 포털의 조작 의혹 사례가 네이버에서 발생해 논란이 됐다.

국민의힘 서울 송파병 당협위원장인 김근식 경남대 교수는 9월 19일 SNS를 통해 이 문제를 제기했다. 김 교수는 "모바일 네이버에서 '추미애'를 검색하면, 보통 정치인의 검색 결과와 달리 VIEW(카페·블로그 등 후기), 이미지, 지식인 카테고리가 먼저 노출되고 뉴스는 뒤에 나온다."며 "네이버가 최근 의혹이 쏟아지고 있는 추미애 장관 관련 검색어만 뉴스 노출이 가급적 안 되도록 검색 카테고리를 다르게 설정한 것 아닌가 의심된다."고 주장했다. 또 사용자가 실수로 '추미애'를 영어(cnaldo)로 쳐도 자동전환된 결과를 보여줘야 하지만 한글로 바뀌지 않는다며 "권력의 포털 통제" 의혹을 제기했다.

이에 대해 네이버는 다음 날(9월 20일) 자사 공식 블로그를 통해 '검색결과 오류에 대해 말씀드립니다'라는 제목의 글을 올려 해명하고 일부 사과했다. 카테고리 순서는 이용자의 검색량(클릭 수)에 따라 정해지는데, '추미애' 대신 '(공백)추미애'의 검색량 집계대로 순서가 정해지는 오류가 있었다는 설명이다. 사용자가 직접 입력하는 대신 어딘가에서 추 장관의 이름을 복사해서 검색창에 붙이면서, 앞에 공백이 딸려온 경우가 많았다는 것이다. 네이버는 오류를 긴급 수정했다고 밝혔다. 네이버는 또 "자동전환은 포르투갈 축구선수 호날두를 의미할 수도 있어 자동전환하지 않은 것"이라고 해명했다.

2020년 9월 19일 추미애 법무부 장관을 네이버 모바일 환경에서 검색한 결과(왼쪽)와 9월 20일 검색한 결과. 19일 검색에선 메뉴가 "통합, VIEW, 이미지, 지식iN' 순인데 20일엔 '통합, 뉴스, 실시간, 이미지'순으로 바뀌었다. /김근식 교수 페이스북 캡처

그러나 왜 다른 정치인과 달리 추 장관 관련 검색어만 콕 집어 오류가 난 채 상당 기간 방치됐는지, 왜 이 검색어만 AI 알고리즘과 무관하게 임의로 자동변환을 막은 것인지 등에 대해 네이버는 납득할 만한 설명을 내놓지 않았

다. 이에 따라 조작 논란이 오히려 증폭되었다. 반면 당시 구글에서는 예외없이 한글 자동전환이 이뤄졌다. 또 네이버에서도 문제 제기 후엔 자동전환이 잘되었다. 네이버의 해명이 선뜻 납득되지 않는 이유이다.

포털, AI 알고리즘 뒤에 숨어 책임회피

국내 포털들은 뉴스 편집의 공정성 시비가 불거질 때마다 AI 알고리즘 뒤에 숨어 책임을 회피해 왔다. 하지만 이번 조작 논란을 보면 특정 검색어를 노출하는 과정에서 포털의 인위적 개입이 가능하다는 걸 스스로 시인한 것이나 다름없다. 국민 대다수가 포털을 통해 뉴스를 접하는 상황에서 만약 네이버나 카카오 등이 정권에 유리한 여론 형성을 위해 직접 검색 알고리즘에 손댄 것이라면 민주주의의 근간을 훼손하는 심각한 사안이다.

앞 장에서 보았듯이, 민주당은 칼럼이 마음에 안든다는 이유로 칼럼니스트와 신문사를 고발조치했다. 이번에는 포털에 대한 여론 통제 정황이 드러났다. 언론자유는 민주주의의 기본이다. 정치권력이 언론사 혹은 포털을 통해서 여론을 오도하는 것은 국기문란이자 반민주적 독재 행위다. 가뜩이나 민주당은 드루킹 여론조작사건과 '조국 힘내세요' 실검·댓글 조작, 뉴스 '깜깜이 배열' 등과 관련해 포털에 대한 외압 소문이 무성한 상황이다.

윤 의원은 언제부터 어느 정도 빈도로 자신의 '의견'을 포털에 전달해 왔는지, 청와대 수석 당시에도 '의견 전달'이 있었는지에 대해 전혀 해명하지 않았다. 그리고 그 많은 의혹들이 속 시원하게 밝혀지지도 않았다. 지금 이 순간에도 언론사나 포털에 대한 정치권력에 의한 간섭과 압력이 이루어지고 있는지도 모른다. 민주당은 이런 의혹들에 대해 솔직하고 철저하게 밝혀야 한다. 그것이 언론자유를 살리고 민주주의를 유지하는 최소한의 길이다.

세월호 참사에 대한 KBS 보도에 개입한 혐의로 기소된 이정현 전 청와대 홍보수석은 2020년 1월 방송법 위반 혐의로 벌금 1,000만원을 선고받았다.

이 전 수석은 윤영찬 의원의 문자메시지 논란에 "내가 유죄면 정부·여당 사람들도 같은 사안에 유죄여야 법치국가"라고 주장했다. 그는 "여야에 적용되는 법의 잣대가 다르다면 그것은 법이 없는 나라, 즉 독재국가"라며 이같이 말했다.

시민단체 서민민생대책위원회는 윤영찬 의원을 직권남용 및 위력에 의한 업무방해 혐의 등으로 서울남부지검에 고발했다.

건조물침입죄에 갖힌 표현의 자유

문재인 후보 "국민은 대통령 비판할 자유"

문재인 대통령은 후보 시절인 2017년 2월 9일 JTBC의 '썰전'에 출연해 아래와 같은 대담을 나누었다.

— 진행자 : 만약 대통령이 된다면 납득할 수 없는 비판, 비난도 참을 수 있습니까?

△ 문 후보 : 참아야죠, 뭐. 국민들은 얼마든지 권력자를 비판할 자유가 있죠.

- 진행자 : 어떤 비난에도 청와대는 절대 고소, 고발하지 않는다고 해 주십시오.

△ 문 후보 : 그렇게 권력자를 비판함으로써 국민들이 불만을 해소할 수 있고 위안이 된다면 그것도 좋은 일 아닙니까?

문 대통령은 2020년 8월 27일에도 같은 취지의 말을 했다. 교회 지도자들과의 간담회 자리에서다.

"대통령을 모욕하는 정도는 표현의 범주로 허용해도 됩니다. 대통령 욕해서 기분이 풀리면 그것도 좋은 일입니다."

문재인 대통령은 후보 시절 방송 프로그램에 출연해 "대통령이 된다면 납득할 수 없는 비판, 비난도 참을 수 있느냐?"는 질문에 "참아야죠."라고 대답했다./JTBC 캡처

　　문재인 대통령의 '표현의 자유'와 관련한 대답은 분명했다. 대통령에 대한 어떤 납득할 수 없는 비판, 비난도 참을 수 있고, 국민들은 얼마든지 권력자를 비판할 자유가 있다고 명백히 밝혔다. 또 대통령에 대한 어떤 비난에도 절대 고소, 고발하지 않는다는 입장에도 동의했다. 민주주의 국가에서 자연스럽고 당연한 대답이었다. 그러나 문재인 정부 하에서 문 대통령을 비판한 대자보를 붙인 한 젊은이는 기소돼 유죄판결을 받았다. 1987년 민주화 이후는 물론 독재시대에도 드문 사례이다.

문 대통령 비판 대자보 붙인 청년 유죄

　　2019년 11월 김모 군(당시 24세)은 단국대 천안캠퍼스 학생회관과 체육관 등 5곳에 문재인 대통령을 비판하는 대자보를 붙였다. 시진핑 중국 국가주석의 얼굴이 인쇄된 대자보에는 "나(시진핑)의 충견 문재앙이 공수처, 연동형비례대표제를 통과시켜 완벽한 중국 식민지가 될 수 있도록 준비를 마칠 것"이란 내용이 적혀 있었다. 김 군은 이인영·임종석 등 현 여권 핵심인사들이 의장을 맡았던 1980년대 학생운동 단체(전대협)의 이름을 딴 '신 전국대학생대표자협의회(신 전대협)'에서 정부 비판 활동을 해왔다.

경찰은 김 군을 건조물 침입 혐의로 조사했고, 검찰은 이를 받아들여 김 군을 벌금 100만원에 약식 기소했다. 이에 김 군은 무죄를 주장하면서 정식 재판을 청구했다. 2020년 6월 23일 열린 대전지법 천안지원 형사3단독 재판에서 홍성욱 판사는 김 군에게 벌금 50만원을 선고했다.

그러나 일반인도 수시로 드나드는 대학 캠퍼스에 들어간 행위를 건조물침입죄로 다룬 사례는 찾기 어렵다. 법조계에선 "정부 비판 대자보를 붙인 것에 무단침입 혐의를 덧씌운 기소에, 법원이 독재 정권에도 없었던 판단을 내렸다."는 비판이 나왔다.

건조물침입죄는 건물 관리자의 의사에 반(反)해 건물에 들어가야 죄가 된다고 한다. 경찰은 당초 "대학 당국의 신고를 받고 출동했다."고 했다. 하지만 재판 증인으로 나온 단국대 천안캠퍼스 관계자는 "신고한 적이 없으며 '유사 사례가 있으면 알려 달라'는 경찰 부탁에 따라 업무 협조 차원에서 알려준 것뿐"이라고 증언했다. 이 관계자는 "대자보로 피해를 본 것도 없고 김 군 처벌을 원치 않으며 표현의 자유가 있는 나라에서 재판까지 갈 문제인지도 모르겠다."고 말했다.

법원의 유죄 선고 근거는 '대자보를 붙이려면 학교 당국의 허락을 맡아야 한다'는 대학 내부 지침인 것으로 알려졌다. 대자보 부착 허가를 받지 않았으니 대학 출입도 불법이라고 판단한 것으로 보인다. 그러면서 '표현의 자유'라는 김군 주장을 감안해 벌금을 절반으로 깎은 것으로 전해졌다.

독재시대의 '국가원수 모독죄' 부활?

이 판결에 대해 법조계와 정치권에서는 비판이 쏟아졌다. 한 법조인은 "대학 대자보는 언로(言路)가 막힌 권위주의 시대에 거의 유일한 의사 표현의 수단이었다. 대학 당국의 허가를 받지 않은 경우가 대부분이었어도 그 행위만으로 처벌한 적은 없었던 걸로 안다."고 말했다. 또 다른 법조인은 "지금은 사라진 '국가원수 모독죄'가 다른 형태로 부활한 것 같다."고 했다. 한 법원 관계자는 "대통령이 아니라 이름 모를 시민을 비판한 내용이었으면 경찰이 수사나 시작했겠느냐?"고 비판했다.

2019년 11월 단국대 천안캠퍼스에 붙은 문재인 대통령 비판 대자보. /전대협

　정치권도 비판의 소리를 냈다. 미래통합당 배준영 대변인은 "시대를 역행하는 반민주적, 반헌법적 '친문(親文)무죄 반문(反文)유죄'라는 목소리가 높아지고 있다."고 비난했다. 정의당 김종철 선임대변인도 "이번 판결은 납득하기가 매우 어렵다. 민주주의 국가에서 표현의 자유는 가장 기본적으로 보장되어야 한다."고 강조했다.

　유죄판결을 받은 김 군은 이에 불복해 항소했다. 그리고 1심 판결 후 약 한 달만인 2020년 7월 김 군은 법원에 항소이유서를 제출했다. 김 군은 항소이유서에서 "젊은 청년을 전과자로 만들어 다시는 대자보를 붙이지 못하게 협박해 표현의 자유를 억압하려는 것"이라며 "청와대 인사들과 여당 의원들이 과거 운동권 시절 붙인 대자보만 민주화운동이고 표현의 자유인가?" 라고 항변했다.

문 정부서 억압받는 '표현의 자유'

위에서 언급했듯이, 이 사건을 최초 수사한 충남 천안동남경찰서는 김 군에 대해 '건조물침입죄'혐의를 적용했다. 그러나 김 군 측은 항소이유서를 통해 "단국대 측이 학내 대자보 게재 행위에 대해 건조물침입죄로 문제 삼지 않았고, 김 씨의 처벌을 원치 않았다."고 강조했다. 김 군 측은 "조사 과정과 피의자 신문조서 내용을 볼 때, 경찰은 김 군이 대자보를 소지한 경위와 붙인 이유, 대자보의 내용 등을 집중적으로 추궁했다."고 주장했다. 즉, 경찰이 대학 캠퍼스에 들어간 행위 자체보다는 대통령을 비판한 대자보 내용을 문제 삼아 수사했다는 것이다.

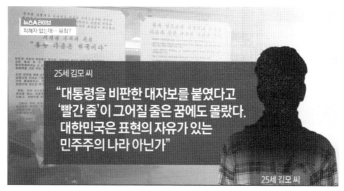

출처: /채널A 캡처

이와 관련, 김 군 측은 "(표현의 자유를 보장한다던) 문 대통령의 입장이 후보일 때와 당선 뒤 달라진 건지, 경찰이 청와대의 눈치를 보는 건지, 청와대가 잡아다가 수사하고 처벌하라고 하명한 건지 모르겠다."고 말했다.

김 군 측은 이 사건을 담당하는 대학 관계자가 "경찰에 수사의뢰를 한 적이 없고 단순히 대자보 붙은 사실을 알려줬는데 오히려 경찰들이 '가택침입이네요?'라는 식으로 유도를 했다."고 말했다고 밝혔다. 경찰이 김 군에게 건조물침입 혐의를 씌우기 위해 단국대 측을 유도했다는 것이다. 이 대학 관계자는 또 "학생들이 허가받지 않은 대자보를 가끔 붙여도 함부로 떼지 않는다. 경찰이 이해가 안 된다."고 말했다고 김 군 측은 전했다.

사실 김 군 측이 주장하는 것처럼, 대자보 게시를 위한 대학출입 행위는 과거부터 광범위하게 통용돼 온 정치적 의사표현의 한 방식이고 관례이다. 또 이를 처벌하지도 않았다. 물론 처벌한 사례가 아주 없지는 않지만 주로 국가보안법 위반 같은 특수한 경우였다.

1980년~1990년대 대학 캠퍼스에서 대자보는 그냥 일상 풍경이었다. 무수한 대자보가 캠퍼스를 뒤덮었다. 작성자 이름을 밝힌 기명이 일반적이었지만, 익명도 많았다. 당시 대학생활을 한 필자의 입장에서 대학 내 대자보 게재를 처벌하는 것은 코미디다. 대학 캠퍼스는 사회 어느 곳보다 자유롭게 의견이 오가는 민주의 광장이어야 한다. 그게 최소한의 민주주의다. 그래서 김 군 측이 아래와 같이 항변하는 것은 너무도 당연하다.

이인영 통일부 장관이 전대협 의장으로 활동하던 시절의 모습. /국회방송 캡처

"현 정부 청와대 인사들, 집권 여당 국회의원들 다수가 과거 전대협 활동을 하면서 했던 일이 매일 대학 게시판에 대자보를 붙이던 일이다. 그들에게 과거 자신들이 대자보 붙인 것은 표현의 자유, 민주화운동이고 현재 2020년 대한민

국에서 정부를 비판하는 대자보를 붙이는 것은 건조물침입죄인지 묻고 싶다."

20대 젊은이의 항변에 이인영, 임종석 등 현 문 정부의 실세들은 답을 해야 한다. 과거 대자보와 오늘의 대자보가 어떻게 다른 지를. 왜 과거에는 일상적이었던 일이 오늘날 21세기 대한민국에선 유죄가 되어야 하는 지를⋯

문 대통령 비판 전단 뿌린 30대도 입건

비슷한 사례들이 더 있다. 국회 분수대에서 문 대통령 비판 전단을 뿌린 30대 청년이 '대통령 모욕'으로 1년 넘게 수사를 받았다. 휴대전화를 석 달간 압수당하고 경찰에 10차례나 출석해 강도 높은 추궁을 당했다. 2021년 4월 8일 경찰은 그를 대통령 모욕 혐의로 검찰에 기소 의견으로 송치했다.

모욕죄는 친고죄라 문 대통령이 고소하지 않는 한 '대통령 모욕'죄는 성립하지 않는다. 공소 제기가 안 되니 수사할 일도 없다. 그런데 '피의자'가 된 김정식(34) 씨에 따르면 경찰은 김 씨에게 누가 고소했는지는 물론, 피소 여부조차 알려주지 않고 수사를 계속했다. 아래는 김 씨로부터 들은 사건의 전말을 <중앙일보>의 강찬호 논설위원이 재구성한 것이다.

"대통령님 욕하면 어떻게 하나?"

"2019년 7월 17일 오후 5시경 국회 분수대 앞에서 문재인 대통령과 박원순 서울시장, 유시민 씨 등 여권 인사를 비판하는 전단을 뿌렸다. 그러자 서울 영등포경찰서 '집중수사팀'에서 출석요구서가 날아와 가보니 안내데스크에선 모르더라. '하명수사'를 위해 특별히 세워진 태스크포스팀이란 느낌이 번쩍 들었다. 수사관은 날 보자마자 '대통령님 욕하면 어떻게 하나?' 하더라.
'대통령이 나라님이냐? 비판도 못 하나? '님'자는 왜 국민에게 강요하나?'

고 항의했다. 그러자 수사관은 '문 대통령을 북조선의 X라고 표현한 대목이 너무 셌다.'면서 'VIP(청와대를 지칭한 듯)에 보고됐는데 당신 이름을 콕 집어 처벌해달라고 했다.'고 말했다. 이 사실이 알려지면서 기자들이 전화를 걸어오자 경찰은 입을 다물었다."

"대통령이 고소했냐고? 내 입으로 말 못해"

"경찰에 '문 대통령이 날 모욕죄로 고소했느냐?'고 물으니 '누군지 뻔히 알건데 내 입으로 못 말한다.'고 하더라. '피해자가 누구냐? 합의라도 보자. 1백만원 주겠다. 고소되긴 된 거냐?'고 캐물으니 '에이 다 알면서 왜 물어. 내 입으로 그게 나오면 안 돼.' '누구인지 충분히 알 거라고 생각한다.'고 하더라.

'개인인지 기관인지만이라도 알려달라.'고 해도 '절차대로 진행되고 있으니까 협조만 해라.'고만 하더라. 너무 화가 나서 '경찰이 정권의 충견이라고 자백하는 거냐. 대통령도 국민의 욕은 참겠다고 하지 않았느냐?'고 항의하니 '그런 식으로 말하면 안 되고 국회 방호처에서 연락 왔으니 경찰도 그냥 넘어갈 순 없지 않느냐.'라고 하더라.

절박한 심정에서 청와대 비서실과 대검·경찰청에 날 고소한 이가 누구인지 알려달라고 정보 공개를 청구했다. 그런데 세 기관 모두 영등포경찰서로 그 요구를 이첩하더라. 황당했다. 영등포경찰서는 내게 '이런 것 괜히 해봤자다. 쓸데없는 것 보내지 말고 수사나 받아라.'고 했다."(중략)

문 대통령 비난 대목만 집중 추궁

"경찰은 문 대통령을 비난한 대목만 집중 추궁했다. 난 박원순·유시민 등도 비판했는데 그들에 대해선 전혀 안 물어봤다. '대통령을 어떤 이유로 북조선의 X라 욕했나?'고 추궁하고 전단을 만든 배후와 공범을 캤다. '이런 행동 하면 처벌받을 수 있다는 건 알았나?'라고도 묻더라.

'배후는 없고 그냥 내가 한 것'이라 하니 '인쇄업체가 어디냐?'까지 묻더라. 기자들에게 이 얘기를 해주니 '요즘도 대통령 모욕죄가 있느냐?'며 못 믿겠다고 하더라. 그러다 내가 수사받는 사실이 보도되니까 경찰은 '언론에 말 좀 하지 말라.'며 엄청나게 화를 냈다." (중략)

- '욕해도 된다'는 대통령 발언? 그건 그거고 …

"경찰은 5월 말 나를 기소 의견으로 검찰에 넘겼는데 '빠꾸'(수사 보강 지시)를 먹었다고 한다. 그 뒤 7월 초 마지막 심문을 받은 후론 감감무소식이다.

지난달(8월) 27일 대통령이 '날 모욕해도 좋다'고 발언한 직후 경찰에 전화해 '대통령이 한 말 들었나?'고 하니 어색한 웃음과 함께 '그건 그거고 우리가 판단해 방향을 정할 것'이라 하더라. 10개월 넘게 피의자 신세로 지내니 조리돌림을 당하는 느낌이다. 날 차라리 구속했으면 좋겠다. 그래야 사람들이 정권의 실상을 알 것 아니냐?"

- 표현이 지나친 건 아닌가?

"반일(反日)을 국내 정치에 이용하는 정권의 행태가 국익을 해친다고 비판하면 친일파로 몰지 않나? 그런데 여권 사람들 조상 중엔 친일파가 없나? 그 사실을 지적한 것이다. 또 '북조선의 X'는 내 주장이 아니라 일본 잡지사가 쓴 표현을 번역한 것뿐이다. 일본 잡지사에는 항의 한마디 안 하면서, 또 북한이 문 대통령을 '삶은 소대가리'라고 욕해도 가만있으면서 왜 국민만 잡나? (중략)

그러나 김 씨 수사에 대해 법조계는 부정적 입장이다. 문 대통령으로부터 '날 욕해도 된다.'는 발언을 끌어낸 전원책 변호사는 "모욕죄는 고소가 없는 한 공소는 물론 수사도, 내사도 하면 안 된다. 그러면 불법"이라고 했다. 배승희 변호사는 "법리상 수사까지는 할 수 있지만, 경찰이 고소도 없는데 모욕죄 수사를 하는 경우는 사실상 없다. 과잉수사라 비판받기에 충분하다."고 했다.

2020년 8월 11일 임명된 최재성 정무수석의 입장도 눈길을 끈다. (정무수석은 청와대에서 경찰을 관장한다.) 그는 2018년 언론 인터뷰에서 "문 대통령을 '문죄인'이라 비난하는 댓글을 그냥 둬야 하나?"는 질문을 받자 이렇게 답했다.

"정치인이 그런 표현을 쓰면 금도를 넘어선 것이라 조처를 받아야 한다고 본다. (그러나) 일반인이 그렇게 하는 건 표현의 자유 영역일 수 있다고 생각한다. (중략) 아주 심플하다. 고 최진실 씨가 댓글에 시달리다 유명을 달리했을 때 국회가 당사자의 고발 없어도 처벌할 수 있도록 입법하려 했는데 내가 반대했다. 명예를 훼손당한 사람이 고발하면 되는 거다. 표현을 갖고 뭐라 하는 건 안 맞다."

그는 "대통령을 그렇게 부르는 건 국민 모두의 수치일 수 있다. 죄인이라 말하면 죄상이 있어야 한다. '문죄인'은 표현의 자유 영역과 사실에 어긋나는 영역의 경계에 있다."고 덧붙였다.

장영수 고려대 법학전문대학원 교수는 "표현의 자유는 진영 논리를 떠나 지켜져야 한다. 표현의 자유를 탄압하는 건 민주주의가 퇴행하고 있다는 가장 적나라한 징후"라고 강조했다.

이제 문재인 대통령이 직접 답을 해야 한다. 국민들은 얼마든지 권력자를 비판할 자유가 있다고 명백히 밝혔던 문 대통령. 그 문 대통령이 통치하는 시기에 대통령을 비판하는 대자보나 전단을 뿌린 사람들이 왜 수사를 받고 범죄자가 되어야 하는지를… 국민들은 정말 궁금하고 분노한다.

※ 문재인 대통령은 김정식 씨 사건에 대한 언론의 비판이 고조되자 2021년 5월 4일 김 씨에 대한 고소를 취하했다.

국정원댓글 닮은꼴
'드루킹 언론조작'

민주당 측의 '킹크랩' 여론조작 의혹

18대 대통령 선거를 1주일 앞둔 2012년 12월 12일 국가정보원(국정원) 직원의 온라인 여론조작 의혹사건이 발생했다. 전날 밤 민주통합당은 국정원 직원 김모 씨 등이 서울 역삼동 오피스텔에서 인터넷에 문재인 후보를 비방하는 댓글을 지속적으로 올려 선거에 개입했다는 의혹을 제기했다. 이에 민주당은 '국정원 선거개입 의혹사건 대책반'을 꾸리기로 했다.

민주당 문재인 대선 후보 측은 "명백한 국기문란이자 선거방해"라고 규탄하며 수사기관의 엄정한 수사를 촉구했다. 문 후보 측 정세균 선거대책본부 상임고문은 이날 열린 선대본부장단 회의에서 "이같은 방해공작은 역사의 도도한 흐름을 멈추게 할 수 없다."며 "정경유착, 재벌 특혜에 이어 공작정치까지 유신독재의 끔찍한 악몽이 되살아나는 느낌"이라고 지적했다. 정 상임고문은 "의혹이 만일 사실이라면 명백한 국기문란이자 선거방해다. 신속하고 철저한 수사가 이뤄지지 않으면 국민적 저항에 직면할 것"이라고 경고했다.

이인영 공동 상임 선대본부장도 "있을 수 없는, 있어선 안 되는 아주 퇴행적인 정치공작에 해당된다."며 "선관위를 비롯한 모든 수사기관에서는 한 점 의혹 없이 진실을 규명해야 한다. 권력기관 스스로 정권의 시녀가 됐다는 오명에서 벗어나길 바란다."고 촉구했다.

아주 당연한 반응이다. 민주주의는 여론정치이다. 참다운 여론정치는 바르게 형성된 여론에 바탕한다. 공정하고 투명하게 형성된 여론이 투표에 반영돼야 가장 적합한 인물이 국민의 공복(公僕)으로 선출될 수 있다. 만약 중간에서 특정세력이 여론을 부당하게 왜곡한다면 국민의 뜻(민의)과는 전혀 다른 인물이 뽑히게 된다. 이같은 인위적 여론조작은 민주국가에서 민주주의를 파괴하는 최대의 적이요 중대한 범죄이다. 민주당이 국정원의 온라인 여론조작 의혹에 대해 "명백한 국기문란이자 선거방해"라며 대책반을 꾸린 것은 지극히 당연하고 마땅한 일이다.

국정원 직원의 온라인 여론조작 의혹사건은 실제 실행된 사건으로 밝혀진다. 2017년 8월 4일 국가정보원 적폐청산팀(TF)은 2012년 대선 당시 국정원이 대규모 '댓글부대'를 동원해 여론조작 활동을 했다고 확인했다.

민주당은 "경악스러운 일"이라며 한목소리로 비판했다. 민주당 김현 대변인은 브리핑을 통해 "18대 대선을 앞두고 제기됐던 국정원 댓글 사건에 진실의 일부가 밝혀졌다. 빙산의 일각임에도 매우 경천동지할 내용"이라며 "이명박 전 대통령, 원세훈 전 국정원장 등은 아무런 입장을 내지 않는데, 그 뻔뻔함에 기가 찰 노릇이다. 국정원 댓글공작은 일벌백계로 다뤄야 한다. 이 전 대통령이 반드시 책임을 져야할 일이다."고 성토했다.

주지하다시피, 국정원 여론조작사건(혹은 대선개입 사건)은 2012년 대한민국 대통령 선거기간 중 국정원 산하 심리정보국 소속 요원들이 국정원의 지시에 따라 인터넷에 게시글을 남김으로써 국정원이 대한민국 제18대 대통령 선거에 개입한 사건을 말한다. 여기에 국군사이버사령부 직원들이 대선에 개입하는 글을 올린 사실과, 국정원 심리전단에서 트위터에 수십만건 이상의 정치·대선 개입 활동을 한 사실이 확인되어 사건은 더욱 확대되었다. 결국 그 책임자인 원세훈 전 국정원장은 2017년 8월 30일 항소심에서 국가정보원법 위반과 공직선거법 위반 혐의가 인정되어 징역 4년형과 자격정지 4년이 선고되었고, 2018년 4월 19일 대법원에서 확정되었다.

원세훈 전 국정원장이 상고심 선고공판을 위해 2018년 4월 19일
서초동 대법원 청사로 들어서고 있다. /JTBC뉴스 캡처

이런 특정세력에 의한 여론조작행위, 반민주적 범죄는 국가적으로 대단히 불행한 일이다. 민주화된 대한민국에서 다시는 있어서는 안 될 '국기문란 행위'이다.

그러나 이런 '국기문란 행위'가 18대 대선에 이어 19대 대선에서도 다시 발생했다. 이번엔 민주당의 문재인 후보 측이 벌인 것으로 의심되는 정황이 드러났다. 이른바 '드루킹 여론조작 사건'이다. 국정원 여론조작 사건이 발생하자 민주당 측 인사들은 "명백한 국기문란이자 선거방해", "유신독재의 끔찍한 악몽", "있을 수 없는, 있어선 안 되는 아주 퇴행적인 정치공작", "경천동지할 사건"이라고 목소리 높여 비난했다. 그런데 이번에는 이런 범죄를 규탄했던 민주당 측에서 유사한 일이 발생한 것이다.

'드루킹 여론조작 사건'은 인터넷 필명(筆名) 드루킹 김동원을 비롯한 더불어민주당 당원들이 19대 대선 이전부터 킹크랩 등의 매크로 프로그램을 이용하여 네이버 등의 포털사이트 인기검색어와 인터넷 기사에 문재인 후보와 민주당에 유리하도록 댓글을 작업하여 여론조작을 벌인 사건이다. 이들은 대선 이후에는 반대로 문 정부를 비방하다 민주당이 댓글 조작 현황을 경찰에 고발하여 체포됨으로써 정황이 드러났다.

'드루킹 여론조작' 사건에 가담한 혐의로 기소된 김경수 경남지사가 후보시절인 2018년 5월 4일 조사를 받기 위해 경찰에 출석하고 있다./SBS 캡처

이와 관련, 문 대통령의 최측근으로 알려진 김경수 경남지사는 1심 재판에서 경공모의 조직적 댓글 작업을 알고 있었고, 댓글 작업의 대가로 센다이 총영사직을 제안했다며 컴퓨터 등 장애업무 방해 혐의로 징역 2년, 공직선거법 위반 혐의로 징역 10월에 집행유예 2년을 선고받고 법정 구속되었다가, 이후 보석으로 풀려났다.

민주당의 고발로 전모 드러나

이 사건은 2018년 1월 18일 청와대 국민청원 게시판에 '포털사이트 네이버에 대한 철저한 수사가 필요합니다'라는 청원 글이 올라오면서 이슈화됐다. 청원인은 "네이버 댓글 중 상당수가 조작으로 강력히 의심되는 정황이 너무나 많이 발견된다. 매크로(한꺼번에 여러 댓글이나 추천 등을 자동적으로 올릴 수 있는 프로그램) 등으로 추정되는 비정상적인 댓글과 이를 추천하는 현상, 네이버의 도움이 있다고 의심되는 현상이 많다."고 지적했다. 그는 전날 유튜브에 올라온 '네이버 추천 올라가는 속도..'라는 동영상을 근거로 내세웠다.

이 영상에는 한 언론사가 작성한 '평창올림픽, 남북 한반도기 앞세워 공동 입장, 여자 아이스하키 단일팀 구성' 관련 기사에 달린 비판 댓글 '문체부, 청와대, 여당 다 실수하는 거다. 국민들 뿔났다!'의 추천 수가 빠르게 올라가는 모습이 담겨있다. 영상을 보면 댓글 추천 수는 2분 30여초 만에 1,762개에서 2,516개로 750개 가량 증가했다.

이 청원에는 21만 명이 넘는 네티즌이 동의했다. 이 청원에 서명한 네티즌 상당수는 문재인 정부의 지지층으로 추정됐다. 가상화폐 대책과 평창올림픽 남북 단일팀 구성 등으로 문 정부에 부정적인 댓글이 급속히 늘어나자 '댓글 조작' 의혹을 제기한 것으로 풀이됐다.

특히 당시 민주당은 "네이버의 댓글이 인신공격과 욕설, 비하와 혐오의 난장판이 돼 버렸다."며 네이버를 타깃으로 삼은 상황이었다. 추미애 당시 민주당 대표는 2018년 1월 17일 "익명의 그늘에 숨어 대통령을 '재앙'으로 부르고 (문재인 대통령) 지지자를 농락하는 것은 명백한 범죄 행위"라며 "아무런 조치도 취하지 않고 이를 묵인, 방조하는 네이버의 책임도 묻지 않을 수 없다."고 공개 비판했다.

네이버는 국민청원이 올라온 지 하루 만인 1월 19일 "진상을 밝혀 달라"며 자사가 소재한 경기 분당경찰서에 수사를 의뢰했다. 여권은 이렇게 불거진 네이버 댓글 여론조작 의혹을 본격적으로 이슈화하기 시작했다. 민주당은 1월 31일 네이버 기사 댓글 조작을 위해 '매크로'가 사용된 의심 정황이 있다며 서울경찰청에 고발했다. 민주당은 "네이버에 기사 게재 즉시 일사불란하게 악성 댓글을 등록해 조작하는 방식이 국정원 댓글부대와 매우 흡사하다."면서 "불법적으로 매크로를 사용하거나 조직적으로 타인의 계정을 사용하고 경비를 지급해 댓글 조작으로 여론 형성에 영향을 줬다면 엄중히 처벌해야 한다."고 주장했다.

<조선일보>에 따르면, 여권 성향의 방송인 김어준 씨도 공중파방송을 통해 논란에 가세했다. 김 씨는 2월 1일 SBS 시사프로그램 '김어준의 블랙하우스' 코너에서 '네이버 댓글 조작 의혹'을 8분가량 다뤘다. 방송은 우선 네이버 댓글 공감 수가 순식간에 증가하는 영상과 네이버가 뉴스서비스 댓글 조작 의혹을 경찰에 수사 의뢰했다는 기사 등이 나오는 영상을 보여줬다. 김 씨는 "초기 댓글 조작은 사람이 했다. 최근에는 사람이 아니라 '프로그램으로 한다' 이런 얘기가 나오고 있다."며 "댓글부대가 여전히 활동하고 있을지도 모른다는 정황을 최근에 문제를 제기한 사람이 바로 저"라고 밝혔다.

특검 기소자 명단		
이름 (경공모 아이디)	혐의	
김경수 경남도지사	컴퓨터 등 장애 업무방해, 공직선거법 위반	불구속 기소 (구속영장 기각)
한모 전 김경수 보좌관	뇌물수수	불구속 기소
김동원(드루킹)	컴퓨터 등 장애 업무방해, 정치자금법 위반, 뇌물공여 등	불구속 기소 (구속 수감 중)
도모 변호사(아보카)	컴퓨터 등 장애 업무방해, 정치자금법 위반 등	불구속 기소 (구속영장 2번 기각)
우모씨(둘리)	컴퓨터 등 장애 업무방해	
양모씨(솔본아르타)	〃	불구속 기소 (구속 수감 중)
박모씨(서유기)	〃	
김모씨(초뽀)	〃	구속 기소
강모씨(트렐로)	〃	구속 기소
김모씨(파로스)	컴퓨터 등 장애 업무방해, 뇌물공여 등	불구속 기소
김모씨(성원)	컴퓨터 등 장애 업무방해, 뇌물공여	불구속 기소
윤모 변호사(삶의 축제)	위조증거사용, 위계에 의한 공무집행방해	불구속 기소

그때까지만 해도 댓글 여론조작 주체는 문재인 정부에 반대하는 한국당 등 야당 쪽일 것으로 의심됐다. 그러나 놀랍게도 경찰 수사 결과, 댓글 여론조작을 한 네티즌들은 민주당원들로 밝혀졌다. 4월 13일 네이버 뉴스 댓글 조작 혐의로 드루킹 김동원 씨 등 세 사람이 구속되었다.

주범인 드루킹 김동원 씨는 네이버 등지에서 오랫동안 활동한 친 민주당 성향의 정치 논객으로 알려졌다. 이들은 평창올림픽 남북단일팀 논란이 일었을 당시 드루킹이 주도해 네이버의 기사에 정부 비판성 댓글을 달고 추천수를 조작했던 것으로 드러났다. 이들은 614개의 아이디를 동원한 뒤 자동화 프로그램으로 특정 댓글의 추천 수를 집중적으로 늘렸다.

친문 핵심 김경수 개입 의혹

드루킹 김 씨는 자신이 만든 인터넷 카페 회원과 함께 파주의 한 사무실에서 댓글 조작을 벌인 것으로 조사됐다. 이러한 행동에 대하여 이들은 "매크로 프로그램 테스트를 위해서 매크로를 구입했으며, 보수에게 뒤집어씌우려고 문 대통령과 민주당에 대한 악플 매크로를 썼다."고 주장했다.(나무위키)

경찰이 수사를 진행하고, 이후 특별검사가 임명되어 조사하면서 이들은 2016년부터 19대 대선을 포함한 기간까지도 여론조작을 해온 정황이 밝혀졌다. 특히 친문 정치인 김경수 경남지사까지 개입한 의혹이 드러났다.

허익범 특별검사는 2018년 8월 27일 '드루킹' 김동원 씨 일당과 공모해 포털사이트 댓글 공감·비공감 숫자를 8,840만회 조작한 혐의(컴퓨터 등 장애 업무방해)로 김경수 경남지사를 재판에 넘겼다. 김 지사는 2018년 6·13 지방선거 당시 김 씨로부터 선거운동 도움을 받는 대가로 도모 변호사에게 공직을 제안한 혐의(공직선거법 위반)도 받았다.

특검에 의하면 김 지사는 2016년 11월 경기 파주시에 있는 경제적공진화모임(경공모) 사무실을 방문해 댓글조작 매크로 프로그램인 '킹크랩' 프로토타

입(초기 버전) 시연회를 참관한 뒤 드루킹 김동원 씨에게 킹크랩 개발·운영을 허락한 혐의를 받았다. 김 씨 일당은 시연회 한 달 뒤인 2016년 12월부터 2018년 2월까지 킹크랩을 이용해 7만6,000여개의 뉴스기사 댓글 118만여개에 총 8,840만회의 공감·비공감 클릭을 한 것으로 특검의 조사결과 밝혀졌다.

댓글 여론조작 혐의로 대법원에서 유죄판결을 확정받은 '드루킹' 김동원 씨./ KBS뉴스 캡처

　민주당 측 인사들은 김 지사의 드루킹 사건 연루 의혹을 일제히 부인했다. 서울시장 후보로 나선 박원순 서울시장은 "전형적인 정치공세"라고 반박했다. 우상호 의원은 "김 의원(당시 김 지사는 국회의원 신분)이 이 문제의 배후라고 생각하지 않는다. 야당의 문재인 대통령 흔들기"라고 규정했다. 이철희 의원은 "김경수 의원은 가해자가 아니고 피해자"라고 말했다. 심지어 박영선 서울특별시장 예비후보는 "착한 김경수가 악마에 당했다."고 주장했다.

　그러나 2019년 1월 30일 김 지사는 1심에서 실형을 선고받고 법정 구속됐다. 법원은 김 지사와 드루킹 김동원 씨를 '공범(共犯)'이라고 판단하고 김 지사의 혐의를 모두 유죄로 인정했다. 컴퓨터 등 장애업무 방해 혐의엔 징역 2년, 공직선거법 위반 혐의에 대해서는 징역 10개월에 집행유예 2년이 선고됐다.

　법원은 김 씨 일당이 매크로 프로그램 킹크랩을 개발하는 데 김 지사가 승인하거나 동의했고, 이를 활용한 댓글 조작도 모두 알고 있었다고 판단했다. 특히 김 지사가 김 씨 일당의 댓글 조작 범행에 직접 가담한 정황도 일부 확인됐다고 밝혔다.

재판부는 "온라인상에서 실제 이용자가 기사 댓글에 대해 공감하는 것처럼 허위 정보나 부정한 정보를 입력한 것은 포털 회사들의 정상적인 업무를 방해한 것"이라며 "댓글 조작은 실질에 있어 업무방해에 그치지 않고 온라인 공간의 투명한 정보 교환과 건전한 토론을 심각하게 훼손하는 것"이라고 말했다.

이어 재판부는 "김 지사는 드루킹 김동원과 1년 6개월 장기간 동안 관계를 지속하며 8만 건에 가까운 온라인 기사에 대해 댓글 조작이 이뤄지도록 해 죄질이 무겁다."며 "또 김 지사는 물증에도 불구하고 자신의 범행을 부인하면서 (자신은) 절대 알지 못했다는 등의 진술로 일관하고 있다. 이러한 사정을 종합해 엄중한 책임을 물을 필요가 있다."고 밝혔다.

재판부는 "2016년 11월 9일 킹크랩 시연회를 봤던 것이 충분히 인정되고, 이를 통해 드루킹 김 씨 등이 댓글을 조작한 사실을 충분히 알고 있었을 것으로 보인다."며 "김 지사가 댓글 조작 행위에 가담한 것으로 판단된다."고 말했다.

공직선거법 위반 혐의와 관련해서는 "지방선거까지 계속해서 댓글 작업을 통한 선거운동을 하기로 하며 센다이 총영사직을 제안한 것으로 보는 것이 타당하다."며 "이는 공직선거법상 '이익제공 의사표시'에 해당한다고 판단된다."고 했다.

법원은 이날 오전 드루킹 김동원 씨에게도 컴퓨터 등 장애 업무방해 및 뇌물공여 혐의로 3년 6개월의 실형을, 정치자금법 위반 혐의에는 징역 6개월에 집행유예 1년을 선고했다. 이와 함께 '둘리' 우모 씨 등 4명에게 징역 1년6개월을 선고하는 등 관련자 9명에게도 유죄를 선고했다.

김경수 지사가 실형을 선고받은 데 대해 민주당 등 여권은 "짜맞추기 판결"이라고 비난했다. 김 지사도 "특검의 물증 없는 주장과 드루킹 일당의 거짓 자백에 의존한 판결"이라고 주장했다.

이재정 민주당 대변인은 논평을 내 "재판부는 허술함이 만천하에 드러난 여러 오염 증거들을 그대로 인정했다. 정해놓은 결론에 도달하기 위해 증거가 부족한 억지 논리를 스스로 사법 신뢰를 무너뜨리는 방식으로 인정해 최악의 판결을 내렸다. 특검의 짜맞추기 기소에 이은 법원의 짜맞추기 판결에 강한 유감을 표한다."고 말했다.

'드루킹 댓글 조작 사건' 재판부가 든 주요 증거

❶ 킹크랩 이용한 댓글 순위 조작 패턴 분석 결과

❷ 김경수 경남지사와 드루킹의 텔레그램 비밀대화 캡처한 화면 출력물

❸ 김 지사와 드루킹의 시그널 메신저 채팅 대화

❹ 드루킹의 휴대폰 포렌식(디지털 증거 분석) 결과

❺ 김 지사와 드루킹의 신용카드 사용 내역

❻ 킹크랩을 작동한 것으로 보이는 아이디(ID)의 네이버 가입 내역

❼ '남북 아이스하키 단일팀 구성' 뉴스 기사에 대한 공감 클릭 내역 분석

❽ 드루킹 일당 소유의 보안 USB(이동식 저장장치) 내역 분석

자료: 조선일보

법원 "객관적 증거로 김경수 유죄"

그러나 법조계는 여권 실세인 김 지사를 법정 구속까지 하려면 객관적인 증거 없이는 하기 어렵다고 말했다. 이 사건 재판부도 "진술과 객관적 증거에 의해 유죄가 인정된다."고 밝혔다. 실제 공개된 김 지사에 대한 170쪽의 판결문을 보면 '드루킹 휴대폰 포렌식(디지털 증거 분석) 결과' 등 증거 목록만 총 20쪽에 달했다. 그중 법정 진술·피의자 신문조서 등 사람의 말에 기초한 진술 증거는 한 쪽에 불과했고, 나머지는 모두 재판부가 강조한 '객관적 증거'였다. 아래는 <조선일보>가 분석한 판결문 내용이다.

판결문을 보면 실제 그런 객관적인 증거가 많이 등장한다. 이 사건의 핵심 쟁점은 김 지사가 2016년 11월 9일 드루킹 김동원 씨의 파주 사무실을 방문해 댓글 조작 프로그램인 '킹크랩' 시연을 봤느냐, 였다. 김 지사는 줄곧 "사무실에 간 것은 맞지만 킹크랩 시연은 못 봤다."고 주장했다.

하지만 재판부는 김 지사가 사무실에 간 것으로 추정되는 이날 저녁 8시 7분부터 23분까지의 포털사이트 접속 내역을 분석했다. 그에 따르면 특정 아이디가 휴대폰으로 네이버에 로그인한 뒤 메인 화면으로 이동한다. 이후 "20살 정도 차이에 반말…측근이 본 최순실-고영태"라는 제목의 2016년 10월 19일 기사로 이동한 후 '좋아요' 및 '공감' 버튼을 클릭한 후 접속 기록을 삭제하는 작업을 했다. 총 3개의 아이디에 의해 이런 작업이 약 16분간 반복적으로 이뤄졌다. 이런 로그 내역과 시연 동영상은 "2016년 10월 말 라오스에 거주하는 경공모(경제적 공진화 모임) 회원으로부터 아이디 세 개를 받아 프로그램을 개발해 김 지사 방문 때 시연했다."는 드루킹 측근 우모 씨의 진술과 정확히 일치했다. 경공모는 댓글 작업을 주도한 조직이다.

김 지사가 댓글 조작을 알고 있었는지도 핵심 쟁점이었다. 드루킹은 김 지사에게 소셜미디어 비밀대화방으로 '네이버 댓글이 수도권의 여론을 좌우하므로 킹크랩으로 대응해야 한다' '킹크랩 완성도는 98%' 등의 온라인 정보보고를 보냈다. 김 지사는 법정에서 "그런 내용을 확인하지 않아 모른다."고 했다. 하지만 이 내용들은 김 지사의 설정에 따라 수신 하루에서 일주일 만에 자동으로 삭제됐고, 일부가 드루킹의 캡처 등으로 남아 있었다. 그런데 이런 자동삭제 기능은 수신자가 메시지를 읽어야 작동하는 것이다. 재판부는 이런 증거들을 근거로 김 지사가 킹크랩의 존재를 알고 있었다고 보았다.

지난해(2018년) 2월 '해킹 프로그램을 이용한 댓글 알바 매뉴얼이 유출됐다'는 언론 보도가 나온 직후 김 지사가 보인 태도도 유죄 증거가 됐다. 김 지사는 보도 직후 보좌관에게 "드루킹에게 확인해 보라."고 지시했고, 텔레그램 대화방 자체를 삭제했다고 한다. 재판부는 "킹크랩 범행을 인식하지 못했다면 기사만 보고 곧바로 그런 행동을 하지 않았을 것"이라고 지적했다. 킹크랩을 이용한 댓글 조작이 들통날까 봐 바로 확인 지시를 했다는 것이다.

김 지사는 드루킹에 대해 "수많은 지지자 중 하나"라고 했다. 하지만 재판부는 "김 지사와 드루킹은 긴밀한 협력관계에 있었으며 이를 통해 김 지사가 범행에 관여했다."고 했다. 실제 두 사람 사이에는 당시 정치적 이슈에 대한 분석과 의견이 오가기도 했다. 드루킹이 보안성이 높은 소셜미디어 시그널을 통해 보낸 '공동체(경공모)를 통한 재벌개혁 계획보고'는 문재인 당시 대선 후보의 기조연설에 반영되기도 했다. 김 지사는 비밀대화방을 통해 기조연설 내용을 드루킹에게 보내며 반응을 물었고, 드루킹은 '직접 (경공모 회원들에게) 와서 들어 보시라.'고 답했다. 이런 긴밀한 협력관계를 기반으로 김 지사가 범행 전반을 지배했다는 게 재판부의 판단이다.

판결문을 본 한 판사는 "물적 증거와 진술이 상당히 촘촘하다."며 "김 지사 측이 항소심에서 뒤집기가 쉽지 않아 보인다."고 말했다.

김 지사와 드루킹 일당이 조직적으로 댓글 조작을 했다는 1심 판결이 나오면서 배후에 대한 의혹도 커졌다. 만약 여기에서 문 대통령이 직접적으로 관여한 정황이 드러날 경우, 대통령직 퇴임 후 구속수사까지 받을 수 있는 가능성까지 제기되었다.

김 지사 유죄판결이 나온 다음날인 1월 31일 오전 자유한국당 의원들은 청와대 앞에서 긴급의원총회를 열고 문 대통령의 해명을 촉구했다. 나경원 원내대표는 "(김 지사의 댓글조작과 관련해) 지금껏 드러난 것은 일부에 불과하다. 여러 가지 부분이 특검 수사 대상에서조차 제외됐다. 선관위의 수사 의뢰를 무혐의 처분한 검찰, 봐주기 수사를 넘어서 수사를 방해한 (이주민) 서울경찰청장, 누가 이들을 움직였느냐?"라며 "이제 문재인 대통령께서 답해야 한다. 댓글 조작에 대해 알고 있었는지에 대해 해명해줘야 한다."고 목소리를 높였다.

자유한국당 국회의원들이 2019년 1월 31일 오전 서울 종로구 청와대 앞 분수대에서 긴급 의원총회를 가진 후 단체시위하고 있다. /KBS뉴스 캡처

정용기 한국당 정책위의장은 "김 지사는 문재인 대통령이 대선 후보 시절 수행단장을 했고, 영부인(김정숙 여사)이 '경인선에 가자'고 이야기하는 것을 모든 국민이 다 봤다. 설날 밥상에선 모든 국민이 문 대통령이 (댓글 조작을) 몰랐느냐 알았느냐, 이런 이야기를 할 것이다. 국민의 요구에 문 대통령은 즉각 응답하라."고 요구했다.

'경인선'이란 드루킹이 만든 단체 '경공모'가 주축이 된 외부 선거운동 조직으로 '경인선(경제도 사람이 먼저다)'을 뜻한다. 김정숙 여사는 2017년 4월 민주당 대선후보 경선장에서 "경인선에 가자."고 외친 바 있다.

드루킹의 항소심 재판부는 2019년 8월 14일 컴퓨터 등 장애 업무방해·위계공무집행방해·뇌물 등 혐의로 기소된 드루킹 김 씨에게 징역 3년 6개월을 선고한 원심을 파기하고 징역 3년을 선고했다. 아울러 정치자금법 위반 혐의에 대해서는 징역 6월에 집행유예 1년을 선고했다.

이후 2020년 2월 13일 대법원은 '드루킹' 김 씨에 대해 징역 3년형을 확정했다. 대법원 3부(주심 김재형 대법관)는 이날 드루킹 일당에 대한 원심 판결을 확정하며 킹크랩 등 매크로 프로그램을 이용한 댓글 조작 행위가 포털사이트에 허위의 정보와 부정한 명령을 입력한 '컴퓨터 등 장애 업무방해죄'에 해당한다고 판시했다. 댓글 조작이 "건전한 민주주의의 발전을 저해하고 전체 국민의 여론을 왜곡하는 중대한 범죄행위"라는 1·2심의 판단을 대법원이 수긍한 것이다.

항소심서도 김경수 2년 실형

반면 드루킹 특검 수사 당시 이들과 함께 기소된 김 지사는 1심 판결 후 1년 9개월이 지나서야 항소심 판결이 나왔다. 서울고법 형사2부(함상훈 김민기 하태한 부장판사)는 2020년 11월 6일 김 지사의 댓글 조작(컴퓨터 등 장애 업무방해) 혐의에 대해 1심과 마찬가지로 징역 2년을 선고했다. 그러나 김 지사 재판은 항소심 재판 선고가 두 차례나 연기되는 등 파행을 겪었다. 이러다가 대법원의 판결이 김 지사의 4년 임기 이후에나 나오는 것이 아니냐는 우려도 높았다.

집권당 민주당 측이 연루된 대한민국 국기문란 범죄인 '드루킹 여론조작 사건'. 공정성을 의심받으며 진행되는 김경수 지사에 대한 대법원의 최종 판결은 어떻게 나올까? 유죄일까, 무죄일까? 그러나 대법원이 김 지사에 대한 판결을 어떻게 하든 간에 김 지사는 이미 자신의 신뢰성에 많은 상처를 냈다. 사건이 터진 후 스스로 뱉은 말을 자주 바꾸었기 때문이다. 말을 바꾼다는 것은 그만큼 진실을 말하지 않는다는 것을 뜻한다. 김 지사의 말 바꾸기 사례를 몇 가지만 들어본다.

김 지사는 2018년 4월 14일 가진 1차 기자회견에서 처음 자신이 드루킹(김동원 씨)과 비밀 메시지를 주고받았다는 의혹이 보도되자 "드루킹이 텔레그램으로 많은 연락을 보내왔지만 일일이 확인할 수 없었다."며 "의례적으로 감사의 인사를 보낸 적은 있다."고 말했다. 그러나 이틀 후인 4월 16일 2차 기자회견 때는 "홍보하고 싶은 기사 링크(URL)를 주위 분들에게 보냈는데 드루킹에게도 전달됐을 가능성은 배제할 수 없다고 본다."고 했다. 감사 인사만 보냈다는 자신의 말을 스스로 뒤집은 것이다.

김 의원은 또 드루킹의 요청을 받아 경기도 파주 출판사 사무실을 찾아갔고, 안희정 충남지사를 드루킹에게 소개했다고도 했다. '(드루킹에 의한) 일방적 사이'라고 잡아뗐던 드루킹과의 관계 역시 파주의 드루킹 사무실을 방문한 사실이 알려지면서 거짓 해명이 된 것이다.

드루킹을 만난 시점에 관해서도 김 지사의 말이 달라졌다. 1차 회견 때 김 지사는 "지난 대선 경선 전에 문재인 후보를 돕겠다면서 스스로 연락을 하고 찾아왔다."고 말했으나, 2차 회견에선 "2016년 중반에 드루킹이 의원회관으로 찾아왔고 저도 드루킹의 사무실(파주)에 몇 차례 방문했다."고 말을 바꾸었다.

김 지사는 드루킹의 인사 청탁에 대해서도 1차 회견 때는 "선거가 끝난 뒤 (드루킹 측이) 무리한 인사 관련 요구를 했는데, 청탁이 뜻대로 받아들여지지 않자 상당한 불만을 품은 것으로 보였고, 그렇게 끝난 일"이라고 밝혔다. 그러나 2차 회견 때에는 드루킹이 '오사카 총영사'로 추천한 변호사의 이력서를 청와대 인사수석실에 전달했다고 말을 바꾸었다. '무리한 요구'여서 들어주지 않았던 드루킹의 인사 청탁을 실제로는 받아줬다는 얘기다. 김 지사는 자신이 이틀 전에 한 말을 바꾸면서도 이러한 과정이 "정상적이었고 청탁이라고 생각하지 않는다."고 강조했다. 그런데 청와대는 "드루킹이 김 지사를 협박했다."며 다른 말을 했다.

김 지사는 1차 기자회견 때 "(대선 때 김 씨가 어떤 활동을 했는지) 제가 확인할 수 있는 상황이 아니었다."고 말했다. 그러나 2차 회견 때는 "기사에 들어가서 열심히 포털 사이트 순위가 올라갈 수 있도록 참여도 하고 그런 활동이 이뤄졌을 거라 추측한다."고 말의 뉘앙스를 바꿨다.

김 지사는 드루킹과의 관계가 '(드루킹에 의한) 일방적 사이'라고 주장했다. 그러나 김 지사는 2017년 3월 광주에서 열린 민주당 대선 경선 현장에서 문 대통령 부인 김정숙 여사가 드루킹 주도 조직인 '경인선(經人先)'을 만날 때 현장에서 수행도 했다. 양 측이 긴밀한 관계임을 보여주는 사례이다.

또 이 사건을 수사한 서울경찰청이 밝힌 내용과도 배치된다. 서울경찰청은 김 지사가 2016년 11월부터 2018년 3월까지 텔레그램 메신저로 10개의 기사 인터넷 주소(URL)를 보내며 "홍보해 주세요."라는 메시지를 보냈다고 밝혔다. 이에 드루킹은 "처리하겠습니다."라고 답했다. 김 지사와 드루킹이 '지시하고 보고받는 관계'였음을 짐작하게 하는 대목이다. 이는 단순 지지자 관계라는 김 지사 측의 해명과 다른 것이다. 경찰은 또 "김 지사와 드루킹이 2017년 1~3월 미국의 (보안 메신저 프로그램) '시그널'로 50차례 넘게 메시지를 주고 받았다."고 했다. 텔레그램 외에 김 지사와 드루킹의 연락 창구가 또 있었던 것이다.

김경수, 잦은 말바꾸기로 신뢰 잃어

거듭된 말 바꾸기뿐만 아니라, 김 지사의 '기이한' 언행에도 의구심이 일었다. 경남지사 출마 선언 일정을 전격 취소했다가 몇 시간 만에 다시 번복하는 황당한 일이 벌어졌기 때문이다. 경남지사 후보로 나선 김 의원은 드루킹사건 해명 기자회견 후 사흘이 지난 2018년 4월 19일, 경남지사 출마 선언 일정을 전격 취소했다. 김 의원 측은 이날 문자메시지를 통해 "오늘 오전 10시 30

분 예정됐던 경남도지사 출마 선언 및 이후 일정이 취소됐음을 안내드린다."
고 밝혔다. 김 의원은 이날 오전 10시 30분 경남도청 앞 광장에서 경남지사
출마를 공식 선언할 예정이었다.

문 대통령의 최측근인 김 의원은 6·13 지방선거 최대 전략적 요충지인 경
남지사 후보로 사실상 전략 공천된 상태였다. 하지만 이후 그는 '드루킹 사
건' 연루 의혹에 휩싸여 출마 선언을 미뤄왔다. 주변에선 이 사건이 당에 미
칠 부정적 영향을 고려해 김 의원이 불출마 결단을 내린 것 아니냐는 관측이
나왔다.

김 의원은 사태가 불거진 후 선거운동을 중단하고 두 차례 기자회견을 해
직접 해명했다. 그러나 이 과정에서 드루킹 측의 오사카 총영사 요구 등 인사
청탁을 받고 이를 청와대에 전달한 사실을 밝혀 논란이 커졌다. 이에 따라 김
의원은 거취를 놓고 고심하는 것으로 비쳐졌다.

<연합뉴스>는 당 핵심 관계자의 말을 빌려 "결국 출마 선언을 연기했다는
것은 장고에 들어간 것이고 사실상 불출마를 고민하는 것 아니겠냐?"며 "정치
적 부담을 안고 출마하는 것이 당에 도움이 될 것인지 고민할 것"이라고 전했다.

그러나 이날 오전 경남지사 출마선언 일정을 전격 취소했던 김 의원은 8시
간 뒤 나타나 경남지사에 출마하겠다고 공식 선언했다. 그러면서 자신을 둘
러싼 의혹을 "무책임한 정치 공방과 정쟁"이라며 야권을 비난했다.

김 의원이 경남지사에 불출마하려 하자 민주당 지도부가 나서서 적극 말
린 것으로 보인다. 우선 김 의원이 경남지사에 불출마할 경우 사실상 댓글 조
작 연루를 인정하는 것으로 해석돼 야권에 공격의 빌미를 줄 수 있고, 특히
문 대통령 최측근인 김 의원이 무너지면 문 대통령을 비롯한 청와대 핵심부
가 다음 타깃이 될 가능성이 높았기 때문이다.

이와 관련, 전희경 한국당 대변인은 "댓글조작 사태가 청와대 코앞까지 이
르고 있는 가운데, 불출마하려야 할 수도 없는 가련한 시간을 보냈을 친문

핵심 김 의원의 결정은 잘못돼도 한참 잘못됐다."며 "투표장은 멀고, 특검 포토라인은 가깝다는 것을 명심하기 바란다."고 비난했다.

하태경 바른미래당 최고위원은 "김경수 의원의 거짓말을 제가 다시 한번 간단히 정리해 드리겠다."며 아래와 같이 요약 정리했다.

"첫째, 김경수 의원은 드루킹을 대선 경선 전에 처음 만났고, 그 전에는 일면식도 없었다고 밝혔다. 그런데 2016년에 드루킹 사무실을 두 번이나 찾아갔던 게 확인됐다.

둘째, 김 의원은 드루킹과 메시지를 주고받은 적이 없다며 기자를 고소하겠다고 큰소리쳤는데, 드루킹에게 수십 차례 기사와 문자 메시지를 보낸 것이 발각됐다.

셋째, 처음에는 드루킹이 무리한 인사 청탁을 했다고 얘기했는데 이틀 만에 드루킹이 추천한 사람이 훌륭한 사람이라서 청와대에 이력서까지 갖다 주고 추천했다고 말을 바꿨다. 모두 다 김경수 의원이 거짓말한 내용이다."

이어 하 최고의원은 "김 의원이 이들 거짓말뿐만 아니라 중대한 사실도 은폐했다."고 주장했다.

"첫째, 테러조직인 IS가 쓴다는 고도의 보안 메시지 프로그램인 '시그널'을 이용해서 드루킹과 수십 차례 대화한 사실을 철저히 숨겼다.

둘째, 자신의 보좌관에게 500만원을 건넨 경공모의 핵심 멤버가 김 의원과 같은 대학, 같은 과 직속 후배란 사실도 숨겼다.

셋째, 지난 3월까지 드루킹과 보좌관이 협박 메시지를 주고받았다는 사실도 철저히 숨겼다. 그리고 김 의원은 2월 말로 드루킹과 관계가 끝났다고 거짓말을 했다.

잘못이 없는 사람은 감추지 않는다. 숨기지 않는다. 전 국민을 상대로 대담하게 은폐와 거짓말을 해온 김경수 의원에 대해 경찰이 형식적인 조사만 하고 끝낸다면 경찰은 엄청난 국민의 저항에 직면하게 될 것임을 경고한다."

1심 재판부도 판결문에서 범행을 막무가내로 부인하는 김 지사의 답변 태도를 질타했다.

"…피고인은 사후에 조작이 불가능한 여러 객관적인 물증과 그에 부합하는 관련자들의 진술에도 불구하고 자신의 범행을 모두 부인하면서 자신은 킹크랩 프로그램에 관하여 전혀 알지 못했으며 드루킹 김동원과 경공모는 단순한 지지 세력에 불과하고 소위 '선플운동'을 하는 것으로만 알았으며 국민추천제의 일환으로 단순히 인사 추천만 했을 뿐이라는 등 수긍하기 어려운 변소로 일관하였다…"

여기서 '변소(辯訴)'란 '자신을 변론하다'는 뜻의 법률 용어다. '변소로 일관하고 있다'를 쉽게 설명하면 '자기변명으로 일관하고 있다.'는 의미이다. 재판부는 이런 김 지사에 실형을 선고하며 법정 구속했다.

죄질 불량한 김경수 보석 부당

그러나 김 지사는 2019년 4월 17일 보석으로 풀려났다. 그해 1월 30일 1심에서 징역 2년의 실형을 선고받고 법정 구속된 지 77일 만이다. 보석은 서울고법 형사2부(부장판사 차문호)가 결정했다.

여기서 서울고법 재판부의 보석 결정은 납득하기 어렵다. 1심 판결문은 "죄질이 매우 불량하다.", "위법성의 정도가 중대(重大)하다.", "상응하는 엄중한 책임을 물을 필요가 있다." 등의 표현을 써가며 김 지사를 질타했다. 게다가 지속적인 말 바꾸기와 막무가내 식으로 혐의를 부인해 보석으로 석방될 경우 증거인멸의 우려가 높은 상황이었다. 그럼에도 항소심 재판부는 김 지사에게 보석을 허가했다. 일반 국민이라면 상상할 수도 없는 특혜성 결정이었다.

민주당은 '드루킹 여론조작 사건' 초기 야당의 연루가 의심되었을 때 "불법적으로 매크로를 사용하거나 조직적으로 타인의 계정을 사용하고 댓글 조작으로 여론 형성에 영향을 줬다면 엄중히 처벌해야 한다."고 목소리를 높였다. 그러나 범인들이 민주당 측 사람들로, 특히 김 지사가 연루된 것으로 드러나자 정반대로 표변했다.

김경수 경남지사의 보석 석방을 규탄하는 기자회견과 시위가
2019년 4월 18일 오후 서울 서초구 서울중앙지법 앞에서 열렸다.
/유튜버 안중규TV 캡처

민주당은 1심에서 김 지사에게 실형이 선고되자 "법원에 아직 사법농단 적폐 세력이 남아 있다."며 격앙된 반응을 보였다. 이재정 민주당 대변인은 "재판부는 정해놓은 결론에 도달하기 위해 증거가 부족한 억지 논리를 스스로 사법신뢰를 무너뜨리는 방식으로 인정해 최악의 판결을 내렸다. 특검의 짜맞추기 기소에 이은 법원의 짜맞추기 판결"이라고 극렬히 비난했다.

'드루킹 여론조작 사건'은 '국정원 댓글 조작사건' 못지않은 언론자유와 민주주의를 파괴하는 '국기문란 범죄'이다. 헌데 이 사건에 수십년간 민주주의를 위해 투쟁해 왔다는 민주당 측의 인사가, 그것도 문 대통령의 최측근인 김 지사가 연루되었다. 그야말로 경천동지할 사건이다. 민주당은 부인하고 싶겠지만, 정파를 떠나 불편부당한 입장에서 보면, 김 지사가 개입한 혐의가 매우 짙다.

드루킹 일당의 여론조작으로 이득을 얻는 세력은 명백히 문재인 후보와 민주당이었다. 드루킹 김 씨가 아무런 대가를 바라지 않고 배후 없이 오로지 문 후보와 민주당에 대한 충성심에서 단독으로 이처럼 어마어마한 범죄를 벌였을 가능성은 매우 낮다. 이미 김 지사는 잦은 말 바꾸기로 신뢰성을 상실했다.

이런 상황이라면 민주당은 문 대통령이 임명한 특검 수사에 맡기고, 법원의 판결을 조용히 지켜보는 게 민주주의를 추구해온 정당의 합당한 태도다. 민주당이 특검 수사를 부정하고 법원 판결을 공격할수록 일반 국민들은 김 지사를 넘어 혹시 문 대통령도 이 사건에 연루된 것이 아닌가 하는 의구심을 갖게 된다.

진보성향의 김대중 대통령, 노무현 대통령이 만약 이런 사실을 안다면 지하에서 통곡할 일이다. 민주와 정의를 갈망하는 대한민국의 보통 시민들은 문재인 정권의 반민주적 행태와 내로남불 언행에 숨이 막힌다.

3부

최악의 인사정책

쓰레기통에 처박힌 탕평책 약속

"전국적으로 고르게 인사를 등용하겠습니다. 능력과 적재적소를 인사의
대원칙으로 삼겠습니다. 저에 대한 지지 여부와 상관없이 유능한 인재를 삼
고초려해 일을 맡기겠습니다."

문재인 대통령이 2017년 5월 10일 취임사에서 약속한 내용이다. 문 대통
령은 지지 여부와 관계없이 유능한 인재를 전국적으로 고루 쓰겠다고 전 국
민 앞에서 선언했다. 이른바 탕평책이다. 어원은 조선 영정조 때이다. 조선 영
조와 정조 때 동인·서인 등 붕당(朋黨)의 대립을 막기 위해 골고루 인재를 등
용한 정책이다. '탕평'이란 어느 쪽에도 치우치지 않음을 뜻하는 '탕탕평평'에
서 나왔다고 한다.

인재를 널리 고르게 등용하는 인사 탕평은 확장성을 지닌다. 인재 등용의
스펙트럼이 넓어지기 때문이다. 특정 정파, 특정 지역이 아닌 전국을 대상으
로 가능한 모든 능력 있는 인재를 발탁할 가능성이 커진다. 최적의 인재를 발
탁함은 물론 정권의 지지층도 그만큼 넓어진다. 지지층을 넓혀 정권의 안정
화를 가져온다.

취임부터 '유시민·캠코더 인사'

문 대통령의 탕평책 약속을 들었을 때 한 치의 의심도 없었다. 당연히 그러

리라고 믿었다. 전 정부인 박근혜 정권의 탄핵과 몰락을 지켜본 문 대통령이 이를 반면교사로 삼아 정파를 가리지 않고 골고루 인재를 등용할 것이란 생각은 아주 자연스러웠다. 박근혜 정부의 인사는 '수첩인사'란 말을 들을 정도로 인재풀이 협소했다. 박 대통령 자신의 수첩에 적혀 있는 사람만 쓴다는 조롱의 말이었다.

그러나 기대를 너무 많이 한 탓인가. 기대는 점점 실망으로 번져 갔다. 탕평이 아닌 편중 인사는 최초 인사 때부터 이후에도 변하지 않고 오히려 시간이 갈수록 심해졌다. 먼저, 문재인 정부의 1기 내각 인선을 보고 실망감이 이만저만이 아니었다. 공무원 출신의 김동연 기획재정부 장관, 최종구 금융위원장을 빼면 한결같이 문재인 선거 캠프와 참여연대 출신, 더불어민주당, 노무현 정부 때 함께 일했던 사람들 일색이었다. 그래서 '유시민(유명대학, 시민단체, 민주당) 인사', '캠코더 정권'이라는 비판이 나왔다. '캠코더'란 캠프·(좌편향)코드·더불어민주당 출신 정권이란 뜻이다. 보수진영 인사는 눈에 띄지 않았다. 바로 얼마 전 취임식에서 약속한 탕평책은 개나 줘버린 듯했다. 전문가도 없고, 실력도 없고, 능력도 없는 '3무(無) 정부'라는 비판도 나왔다.

특히 대통령 비서실장에 임종석 전 민주당 의원을 임명한 것은 코드인사의 절정이었다. 임 실장은 1980년대 학생운동단체인 전대협(전국대학생대표자협의회) 의장 출신이다. 전대협은 임수경 씨 방북사건을 주도해 주사파 논란을 일으키는 등 친북성향 의혹을 받은 단체였다. 당이 전대협 의장 출신을 대통령 비서실장에 임명하는 것에 많은 국민들이 우려한 것도 사실이다. 굳이 문 정부 초대 대통령 비서실장을 전대협 출신으로 임명할 필요가 있었는지 의문이 들었다. 게다가 청와대 비서진에는 전대협 출신 임 실장 말고도 한병도 정무수석, 신동호 연설비서관, 백원우 민정비서관 등도 포함됐다. 그래서 급진 학생운동권 출신이 청와대를 장악했다는 비판도 나왔다.

취임 이틀째를 맞은 문재인 대통령이 2017년 5월 11일 오후
재킷을 입지 않은 채 신임 수석비서관들과 함께 한 손에 커피를 들고
청와대 경내를 산책하고 있다. /연합뉴스TV 캡처

주변 4강국 대사도 '캠코더 인사'

대외관계의 핵심인 4강 대사도 선거 캠프 출신이거나 문 대통령의 측근이
었다. 전문성과 경험도 부족했다. 노영민 중국 대사와 우윤근 러시아 대사는
외교관 경험이 전혀 없는 민주당 출신 정치인이었다. 이수훈 일본 대사 역시
외교관 경험이나 일본 전문성이 부족한 캠프 출신 사회학자였다. 조윤제 미
국 대사만이 그나마 외교 경험이 있는 경제학자 출신이었다. 조 대사는 노무
현 정부 때 청와대 비서실에서 근무했고 영국 대사를 지낸 바 있다.

물론 4강 대사 자리는 '정무적' 성격을 띠기도 해 과거 역대 정권에서도 비
(非)외교관 출신 인사들이 임용된 경우가 드물지 않았다. 그러나 4강 대사
자리 모두 동시에 직업외교관 출신을 배제하고 '캠코더'로 채운 것은 처음 있
는 일이다. 4강 대사만 보면 100% '캠코더' 인사인 셈이다.

문재인 정부의 첫 4강 대사 인선은 문 정부가 외교를 얼마나 모르고 가볍
게 여기는지를 짐작할 수 있다. 대사의 기본조건은 부임하는 나라의 언어 구
사 능력, 지식, 두터운 인맥 등인데 문 정부의 첫 4강 대사들은 미국 대사를
빼면 이 조건을 충족한 사람이 없었다. 강경화 외교부 장관도 4강 외교에 문

외한인 데다 북핵 위기가 절정으로 치닫던 당시 상황에서 이런 취약한 인물들로 4강 외교 라인업을 짠 것은 정말 어이없는 일이었다.

2017년 10월 25일 문재인 대통령이 미국 중국 일본 러시아 등
4강 대사에 대한 임명장을 수여한 뒤 이들과 다과를 함께 하고 있다. /청와대

아래 베트남 대사의 코드 임명 사례는 문 정부의 외교 무지와 경시, 편협과 오만이 극에 달한 모습을 보여주었다. 문 대통령은 2018년 5월 4일 김도현 베트남 대사에게 임명장을 수여했다. 문 대통령의 김 대사 임명은 큰 논란을 불러일으켰다. 그는 외무고시 출신이지만 임명 당시 삼성전자 글로벌협력실 상무였다. 외교부는 그의 베트남 대사 임명을 문 정부의 신남방정책 핵심 국가인 베트남에 기업인을 발탁했다는 큰 의미가 있다고 강조했다.

그러나 그는 2004년 서기관 시절 노무현 정부 외교부를 발칵 뒤집어 놓았던 대통령 폄하 발언 투서사건(일명 자주파-동맹파 사건)의 핵심 인물이다. 그는 당시 조현동 북미3과장 등 외교부 핵심 부서인 북미국 일부 인사들이 회식 도중 노 대통령과 당시 청와대 외교안보 라인을 노골적으로 비하했다고 청와대에 투서했다.

청와대 민정수석실 조사 결과 당시 회식에서는 "총선에서 한나라당이 이기면 노무현 정권은 다 끝난다. 외교부는 한나라당의 지시를 받아서 일을 하면 된다."는 취지의 발언이 나왔던 것으로 드러났고, 결국 발언 당사자인 조 과장은 보직 해임됐다. 또 조 과장을 두둔했던 윤영관 당시 외교부 장관과 위성락 북미국장도 경질됐다.

그러나 이후 이명박 정부에서 김도현 씨는 '친노 인사'로 분류돼 한직으로 발령났고, 2012년 외교부를 떠나 이듬해 삼성으로 이직했다. 이런 김 씨를 문 정부는 차관급인 베트남 대사로 파격 승진시켜 임명했다. 외교부 기수로 따지면 그는 국장급으로, 직전 베트남 대사에 비해 기수가 10여 기수나 아래였다. 2004년 당시 이 사건을 조사한 민정부수석실의 수석비서관은 문재인 대통령이었다.

이 인사는 누가 봐도 불합리하고 불공정한 제 편 특혜 인사이다. 대통령 폄하 발언은 사석에서 나온 것이다. 사석에서는 임금님도 욕하는 것이 옛날부터의 우리 사회의 관례였고 용인이 되었다. 이런 사석에서의 대화를 청와대에 투서한 것은 보통의 상식으로는 이해가 되지 않는다. 그럼에도 불구하고 이런 인물을 10여기의 외교부 기수를 파괴하면서까지 영전시키는 것은 조폭사회에서나 가능한 일이다. 그런데도 이런 일이 촛불 민심으로 탄생한 문재인 정부에서 버젓이 일어났다.

그러나 김 대사는 베트남 대사로 임명된 지 1년만인 2019년 5월 해임됐다. 청탁금지법(일명 김영란법) 위반 및 대사관 직원에 대한 '갑질' 등의 사유 때문이었다. 외교부에 따르면, 2019년 3월 18~22일 실시한 주베트남 대사관 정기감사에서 김 대사가 대사관 직원들에게 폭언하고, 강압적 태도로 업무를 지시한 사실을 파악했다. 또 베트남 현지 기업으로부터 항공권 등의 지원을 받아 청탁금지법(김영란법)을 위반한 사실도 확인됐다. 탕평은커녕 상식을 벗어난 문 정부 코드인사의 불행한 결말이다.

공기업 사장의 45%도 '캠코더'

탕평이 아닌 코드인사는 비단 청와대나 장차관, 외교 공관장뿐만 아니라 문 정부의 공기업 인사에도 노골적으로 적용됐다. <조선일보>에 따르면, 2018년 8월 현재 문 정권 아래서 공공기업 사장-감사 등에 대한 '캠코더(문재인 캠프, 코드, 더불어민주당 출신) 인사'는 극심한 것으로 나타났다. 공기업 사장의 45%, 감사의 82%가 '캠코더 인사'였다. 국가발전을 위해 최선의 인재가 가야 할 자리에 자기들끼리의 나눠먹기가 극에 달한 것이다.

문 정부의 인사가 탕평과는 거리가 멀다는 지적에 대해 이낙연 국무총리는 "탕평이 좋긴 하지만 지금처럼 국가 비상시국에 출범한 정부로서 일을 효율적으로 해나가는 데는 철학을 공유하는 사람들이 좀 더 많이 포함된 내각이 나을 수 있다."며 문 정부 초대 내각이 탕평이 아님을 인정했다.

그러나 철학을 공유하는 사람들, 즉 코드인사가 더 효율적이라는 이 총리의 언급은 궁색한 변명이다. 물론 코드인사가 국정운영에 효율적인 측면도 있겠지만, 이는 정권의 운신 폭과 기반을 스스로 좁히는 결과를 낳는다. 즉 코드인사는 그만큼 인재풀을 좁혀 능력 있는 최적의 인재를 활용할 수 없게 만든다. 국민화합도 도모하기 어렵다.

지역과 정파를 떠난 탕평책을 실시하지 못하는 이유는 대통령의 리더십과 자신감이 부족하기 때문이다. 유능한 대통령은 철학이 다른 인재들을 널리 모아서 조화롭게 국정철학을 실현하도록 이끈다. 그게 바로 바람직한 리더의 모습이다. 수첩과 코드에 갇힌 인사로는 결코 최선의 결과를 가져오지 못한다. 우리 정치사에서 탕평책을 제대로 실천한 인물은 김대중 대통령으로 꼽힌다. 대표적 진보 정치인이었던 김 대통령은 자신과 철학이 다른 보수 인사도 삼고초려해 과감히 국정을 맡겼다.

다음은 김대중 대통령의 의전비서관을 지낸 김하중 전 중국대사의 저서 '증언'에 나오는 내용이다.

"청와대 비서실의 구성, 특히 비서실장을 누구로 임명하는지는 국정에 매우 중요한 영향을 미친다. 그런데 김대중 대통령은 김중권 전 노태우 대통령 시절의 정무수석을 비서실장으로 임명했다. 그것은 말 그대로 파격이었다. 김 대통령은 아마 비서실장 인사를 통해 '화합과 소통'이라는 메시지를 보내려 했던 것으로 추측되었다. 김 실장은 경상북도 출신이었고 과거 보수정권에서 대통령 정무수석과 국회의원을 지낸 인물이었다.

그는 1997년 대통령 선거 시 김대중 총재의 간곡한 요청으로 대통령 선거 전략 자문위원장을 맡았지만, 대통령 당선 이후에는 일체 당에 나가지 않았다. 김대중 대통령 당선자가 두 번이나 비서실장을 맡아줄 것을 요청했지만 고사했고, 나중에 당선자가 결정 사실을 일방적으로 통지해 어쩔 수 없이 수락했다. 김 실장은 사실 대통령이 간절히 원하는 '동서 화합'을 위한 최고의 적임자였다. 그리고 또한 자민련과의 공동정부를 연결하는 중요한 '소통'의 통로였다. 김 실장은 이후 대통령의 기대에 부응해 자신의 임무를 훌륭하게 수행했다."

호남 출신 대통령으로 대한민국 최초의 정권교체와 진보 정권을 창출한 김대중 대통령이 '화합과 소통', '(영남과 호남간) 동서 화합'을 위해 경북 출신의 보수우파 인물을 초대 비서실장으로 임명했다. 그것도 대통령 당선자가 직접 두 번이나 요청했음에도 고사하다가 일방적으로 통지해 김중권 실장이 어쩔 수 없이 수락했다는 것이다.

김중권 실장의 얘기를 직접 들어보자. 2019년 2월 2일 <조선일보>와의 인터뷰 내용이다.

DJ(김대중 전 대통령)는 노태우 정권 때 법사위원장이었던 김중권 씨를 눈여겨보았다. 날치기가 만연하던 시절에 충분한 대화와 토의, 표결을 거치는 모습이 신선한 감동을 주었다고 한다. 1997년 대선을 한 달여 앞두고 DJ가 연락해 나갔더니 "당에 들어와 도와달라"고 했다.

—귀를 의심했겠군요.

"경상도 사람이 새천년민주당 가면 그날로 죽은 목숨이었으니까요. 지역 감정이 극심했어요(한나라당이면 영남에서 막대기만 꽂아도 당선된다던 시절이다. 실제로 그는 당적을 바꾼 뒤 총선에서 모두 낙선했다). 그런데 마음이 기울었습니다. 울진에 가서 얘기했더니 다들 '김중권이 미쳤다'고 했지요 (웃음)."

—비서실장 제의는 어떻게 받았나요?

"DJ의 당선으로 제 소임은 끝났는데 또 만나자는 겁니다. 다짜고짜 '김 의원, 새 정부에서 비서실장을 맡아 달라'고 했어요. 측근이 숱하게 많았는데 저를 선택한 거예요. 대통령을 꿈꾸는 정치인이라면 교훈으로 삼아야 합니다."

—왜죠?

"DJ가 말했습니다. 동서 화합이 중요한데 영남 출신인 당신이 호남 출신 대통령을 도와달라고. 캠프에 청와대를 경험한 사람이 없다며 설득했지요. 국민화합을 생각한다면 측근이나 자기를 위해 일한 사람 중에서 뽑으면 안 되는 겁니다."

김 대통령의 '화합과 소통'을 위한 강한 인사탕평 의지를 확인할 수 있다. 문재인 대통령이 초대 비서실장으로 전대협 출신의 임종석 실장을 임명한 것과 극명히 대비된다. 김중권 실장은 김대중 대통령 하에서 21개월간 비서실장으로 일했다. 김영삼 대통령 때 김관용 비서실장(22개월)에 이어 역대 두 번째로 긴 대통령 비서실장 재직이다. 그만큼 김 전 대통령이 TK(대구·경북)지역 출신 김 실장을 신뢰했다는 뜻이다.

1998년 당시 김대중 대통령이 김중권 비서실장(왼쪽)과 대화하며 걸어가고 있다.
/시사저널

이런 탕평책이 어떤 효과를 냈는지 김하중 대사의 '증언'이 이어진다.

나는 대통령 취임식 날 청와대에 들어가 3년 8개월을 근무하는 동안 김중권 실장이 청와대를 떠날 때까지 함께 근무했다. 물론 김 실장에 대해 다소 비판적인 인식을 가진 인사들도 있었지만, 김 실장은 그런 여론에 상관하지 않고 아무런 사심없이 오직 대통령과 나라를 위해서 일했다. 당시 의전비서관은 비서실장 직속이라 나는 다른 누구보다도 그의 생각과 행동을 잘 알고 있었다.

그는 '국민의정부' 첫 2년이 성공하는 데 중요한 역할을 했으며, 대통령에게 비서실장으로서 자신의 생각은 물론 시중의 돌아가는 이야기들을 가감 없이 전달했다. 그렇기 때문에 대통령도 김 실장의 이야기는 최대한 경청했으며 그를 다른 누구보다도 신임했다. 김 대통령이 정부를 출범시키면서 김 실장 같은 사람을 비서실장으로 임명한 것은 모진 인생의 경험을 통해 터득한 지도자만이 보여 줄 수 있는 놀라운 선택이었다고 아니할 수 없었다.

과감한 탕평인사를 실천하는 김대중 대통령의 결단력과 의지, 관용, 자신감, 리더십 등을 확인할 수 있다. 자신과 철학이 다른, 코드가 맞지 않는 인물을 중용하는 것은 대단히 어려운 일이다. 코드가 다른 사람이 얼마든지 지시를 어기거나 조직 내에서 분란을 일으켜 조직의 화합을 깰 수도 있기 때문이다. 이처럼 진정한 리더는 코드가 다른 사람의 철학이나 생각을 수용할 수 있는 관용이 필요하고, 조직 내에서 이를 조정할 수 있는 리더십이 있어야 한다. 따라서 이런 능력과 자신감이 부족한 사람은 결코 탕평인사를 할 수 없다. 역대 정권에서 하나같이 탕평책을 약속하고도 못하는 이유가 여기에 있다.

김대중의 과감한 탕평책 인사

아래 사례는 김대중 대통령이 과감한 탕평인사를 할 수 있는 통 큰 정치인임을 보여준다.

김대중 대통령은 천주교 신자로서 하나님을 잘 믿는 분이었다. 그런데 김중권 실장도 하나님을 잘 믿는 신실한 사람이었다. 정부 출범 직후인 어느 일요일 오후였다. 대통령께서 나에게 전화를 해서 비서실장에게 청와대로 들어오라고 전하라고 했다. 급히 김 실장을 찾아보니 그는 자신이 장로로 있는 교회에서 예배를 드리고 있었다. 나는 그에게 대통령이 찾으시니 빨리 청와대로 들어가라고 말했다. 그랬더니 김 실장이 말했다.

"교회에서 예배를 드리고 있어서 금방 들어가기는 어렵습니다. 대통령께 그렇게 말씀드려 주시고, 그럼에도 불구하고 들어오라고 하시면 예배를 중단하고 가겠습니다. 그러지 않아도 된다고 하시면 예배 후 가겠다고 말씀드려 주세요."

대통령이 찾는데 다른 사람도 아닌 비서실장의 대답이 뜻밖이었다. 나는 할 수 없이 대통령께 그대로 말씀을 드렸다. 그랬더니 대통령께서 말했다.

"알겠어요. 그럼 천천히 오라고해요. 예배드리는 것이 나를 만나는 것보다 더 중요하니까."

나는 깜짝 놀랐다. 이전에 군대나 외무부에서 높은 사람들을 많이 모셔 보았지만 이런 일은 처음이었다. 대통령이 찾는데 예배를 드리고 있으니 나중에 가겠다고 하는 비서실장도 그렇지만, 하나님께 드리는 예배가 더 중요하니 천천히 오라고 하는 대통령의 믿음도 대단했다. 비서실장은 그날 저녁에야 관저로 대통령을 찾아뵈었다. 김 실장은 그런 사람이었다.

김중권 실장이 출세와 권력 지향의 '예스맨'이 아님을 보여주는 사례이지만, 한편으로는 김대중 대통령의 리더로서 넓은 관용과 포용력을 보여주는 일화이다. 만약 당신이라면, 자신이 대통령이란 권력자일 때 비서실장의 어쩌면 무례하게 보이는 저런 태도에 김 대통령과 같은 관대한 반응을 보일 수 있을까? 이런 관대함과 포용력이 바로 탕평인사를 할 수 있는 바탕이다. 자신과 철학이 다른 사람을 쓰는 결단력은 이런 자신감과 리더십에서 나온다.

김대중 대통령은 위에서 언급한 김중권 비서실장 외에도 수석비서관을 임명함에 있어서도 출신이나 지역, 전력을 따지지 않고 오직 능력을 위주로 해서 인사를 했다고 평가받는다. 즉, 철저한 탕평책을 실시한 것이다. 수석비서관 임명의 대표적인 탕평인사는 군 출신의 보수우파 임동원 외교안보수석비서관이었다. 아래는 김하중 대사의 '증언' 내용이다.

(출신이나 지역이나 전력을 따지지 않고 오직 능력을 위주로 한 인사)중에서도 가장 뛰어난 인물은 임동원 외교안보수석비서관이었다. 그는 원래 군인이었다. 육군사관학교를 나와 27년간을 군사전략가로 활동하다가 육군 소장으로 예편하면서, 외교관이 되어 주 나이지리아대사와 주 호주대사를 거쳐 외교안보연구원장을 역임한 다음, 통일부 차관을 끝으로 공직에서 은퇴했다. 그러한 그를 김 대통령이 아태재단 이사장 시절 삼고초려를 해서 영입했다.

1998년 2월말 '국민의 정부'가 출범하면서 그는 대통령 외교안보수석비서관, 나는 의전비서관으로서 청와대에서 함께 근무하다보니 업무적으로 자주 만나게 되었다. 그러면서 나는 임 수석이 어떤 마음으로 대통령을 모시는지, 어떤 자세로 자신의 업무를 수행하는지를 유심히 관찰했다. (중략)

그는 말할 수 없이 성실하면서도 또한 정직하고 담대한 사람이었다. 나는 그가 아주 어려운 상황에서도 자신의 의견을 정직하고 담대하게 개진하면서 대통령을 설득하려 하는 것을 많이 보았다. 그는 오직 자신의 출세와 영달을 위해 아부하고 시류에 영합하는 그런 세상적인 사람들과는 전혀 달랐다. 그러나 임 수석은 사심이 없었기 때문에 그런 것에 전혀 신경을 쓰지 않고 오직 나라와 대통령을 위해서만 일했다. 그래서 그런지 김 대통령은 임 장관을 누구보다도 깊이 신임했다.

임 장관은 정부가 바뀐 다음 뜻밖에도 두 번이나 법정에 서는 고통을 당했다. 두 사건 모두 개인적인 비리나 부정부패의 문제가 아니라 국정원장 재직 시기의 업무 수행과 관련된 것이었다. 물론, 나중에 모두 집행유예를 선고받고 곧 사면. 복권되었지만, 임 장관으로서는 억울한 점이 많았을 것이다. 하지만 그는 어떤 불평도 하지 않고 모든 것을 의연하고 담담하게 이겨 나갔다. 그는 내가 사회생활을 하면서 만난 사람 중 진심으로 존경할 수밖에 없는 훌륭한 리더였다.

대부분의 역대 대통령들은 대통령이 되면 측근들에게 '보은 인사'를 했다. 자신이 대통령이 되는데 기여한 측근 혹은 가신(家臣)들에게 보답한다는 차원에서 한자리씩 주는 것이다. 그러다 보니 능력 없는 낙하산 인사들이 많이 나오고 국사(國事)를 그르친다. 심하면 이들 가신들에 의한 국정농단이 발생한다. 역대 정권 중에서 이런 측근, 가신들을 공직에서 배제한 대표적인 사람도 김대중 대통령이었다.

임동원 외교안보수석과 김대중 대통령. /통일부

김대중 대통령에게는 많은 가신들과 동지들이 있었다. 수십 년 동안 민주화운동을 함께 하면서 김 대통령에 충성과 헌신을 한 사람들이었다. 그러나 이들은 대통령 선거 기간 중 임명직 공직에 불참하겠다고 선언했다. 1997년 15대 대선을 앞두고 동교동계 가신으로 통한 권노갑 · 한화갑 · 남궁진 · 최재승 · 김옥두 · 설 훈 · 윤철상 등은 "김대중 후보가 당선된다면 집권기간 내내 청와대와 행정부 임명직에는 들어가지 않겠다."는 선언을 하여 사회적인 반향을 일으켰다. 실제 이들 7명은 이 원칙을 지켜서 청와대, 행정부, 산하 공공기관, 공기업 등 대통령 임명직으로는 가지 않았다. 이들의 임명직 불참 선언에 김 대통령의 의중이 반영되었음은 물론이다.

진영에 포위된 문 대통령 인사

문재인 정부에서도 비슷한 일이 있었다. 2017년 5월 16일 문재인 대통령의 최측근으로 알려진 양정철 전 청와대 비서관이 주변 지인들에게 새 정부에서 어떠한 역할도 맞지 않을 거란 취지의 메시지를 보낸 사실이 알려졌다. 양 전 비서관은 "제 역할은 여기까지입니다.", "잊혀질 권리를 허락해 주십시오."라는 말로 '아름다운 퇴장'을 선언했다. 양 전 비서관, 전해철 민주당 의원과 함께 '삼철'이라 불린 이호철 전 청와대 수석은 문 대통령 당선 직후 미국으로 떠났다. 전해철 의원도 내각에 불참할 가능성이 높았던 것으로 전해졌다. 또 다른 최측근인 최재성 전 국회의원도 '백의종군'을 선언했다. 최 전 의원은 "인재가 넘치니 비켜 있어도 무리가 없다. 문재인 정부의 요직에 앉지 않겠다."고 밝혔다. 문 대통령의 핵심 측근 노영민 전 의원도 임명직 불참 의지가 강했던 것으로 알려졌다. 그래서 그는 당초 청와대 비서실장으로 거론됐으나 주중대사로 임명된 것으로 알려졌다. 주중 대사도 임명직이긴 하지만…

그러나 이들 중 다수는 애초의 선언과는 달리 나중에 문재인 정부에서 중요한 직책을 맡아 활동했다. 임명직 불참 선언의 의미를 크게 퇴색시킨 것이다. 양정철 전 청와대 비서관은 민주당의 싱크탱크인 민주연구원 원장으로 적극 활동하다가 '4.15 총선' 부정선거에 깊숙이 개입했다는 의혹을 받고 있다. '삼철' 중의 다른 한 명인 전해철 민주당 의원도 행정안전부 장관에 임명됐다. 21대 총선에 출마했다가 낙선한 최재성 전 의원은 이후 문 정부 청와대 정무수석으로 임명되었다. 노영민 전 의원도 임종석 실장 후임으로 대통령 비서실장에 임명되었다. 노 전 의원은 외교 전문성 없이 중국 대사에 임명된 데 이어, 최고의 임명직 중 하나인 청와대 비서실장에 임명된 것이다. 말과 실천이 다른 문 정부의 또 다른 사례들이다.

문재인 정부의 인사정책은 골고루 인재를 등용하는 탕평책이 아니라 진영의 울타리에 갇혀 자신들끼리 국정을 운영하려는 모습으로 국민들에게 비쳐졌다. 정치적 편 가르기가 필요할 때도 있겠지만, 일단 집권하면 국민 전체를 아우를 수 있는 큰 리더십이 필요하다. 그러나 문재인 정부의 인사에서는 정치적 진영 논리를 넘어 인재를 널리 고르게 중용하는 탕평의 노력은 찾아보기 어려웠다. 그래서 국회 인사청문회 때는 역대 어느 정권보다도 심한 '내로남불', 도덕성 시비가 일었다. 야당에선 "대탕평은 커녕 주사파와 사노맹 같은 극단적 좌파 이념에 물든 사람들이 정부의 최고 핵심 요직에 속속 기용되고 있다. 극단적 이념의 편향성이 우려되는 인사가 계속되고 있다."며 혹독하게 비판했다.

문 대통령은 자서전 <운명>에서도 인사와 관련해 다음과 같이 소신을 밝혔다.

　　"…대선의 희망을 말하려면 우리 현주소를 살펴봐야 한다… '우리는 최선
　　을 다했는가?'에 대한 통렬한 반성과 깊은 성찰이 있어야 한다. 그래서 정권
　　을 국민으로부터 위임받았을 때, 국정운영 전반에 대한 빈틈없는 계획을 가
　　지고 있어야 한다. 매사 도덕적일 뿐만 아니라, 능력 면에서 최고의 사람들을
　　모아야 한다."

그렇다. 국민으로부터 지지를 받고 국가를 제대로 이끌려면 "매사 도덕적일 뿐만 아니라, 능력 면에서 최고의 사람들을 모아야 했다." 그러나 문 정권은 그러지 않았다. 그저 말만으로 그쳤다. 지지자들을 확보하기 위한 선전, 선동용이었다는 생각이다. 그래서 '입만 진보'란 말이 나왔다.

국민들이 문 대통령에게 정권을 위임한 지 어느새 4년 반이 넘었다. 잔여 임기가 6개월도 채 남지 않았다. 그러나 문 대통령의 멋진 인사탕평 약속은 여전히 장롱 속에 혹은 쓰레기통에 처박혀 있다.

끝없이 돌려 막는 코드 회전문 인사

장하성의 소득주도성장 실패

스스로 '촛불정부'라는 문재인 정부는 탕평은 고사하고 '코드 회전문 인사'로 국민들의 염장을 질렀다. 문 정부 초기 대표적인 회전문 인사는 고려대 경영학과 교수 출신 장하성 씨이다.

장 씨는 문재인 정부의 '소득주도성장'을 설계하고 집행한 사람이다. 소득주도성장이란 가계의 임금과 소득을 늘리면 소비도 늘어나 경제성장이 이루어진다는 이론이다. 소득주도성장의 정책수단은 최저임금 인상, 근로시간 단축, 고용증대정책, 공공투자 등을 활용한다.

어디서 들었는지 문재인 대통령도 후보시절 소득주도성장 정책을 주장했다. 문 대통령은 저서 <사람이 먼저다>에서 "최저임금과 사회보험을 보장하고 강화함으로써 서민들의 가처분소득을 높이고, 이것이 다시 내수 경기를 살려 결국 더 좋은 일자리를 낳는 선순환 경제를 추구"해야 한다고 역설했다.

그러나 최저임금의 급격한 인상으로 인한 자영업자들에 대한 비용부담증가, 이로 인한 일자리 감소 등 부작용이 커지면서 이 정책은 큰 반대에 부닥쳤다. 게다가 고용증대를 위해 수십조원에 달하는 엄청난 재정을 쏟아부었음에도 노인들의 단기 일자리만 늘렸다는 비판을 받았다. 문 정부 초기 거창하게 선전하던 소득주도성장 정책은 2021년 현재 거의 폐기상태이다.

2018년 장하성 당시 청와대 정책실장이 청와대 춘추관에서
소득주도성장에 관해 설명하고 있다. /청와대

소득주도성장은 애초 일시적 분배정책이지 성장정책은 아니다. 소득주도
성장 정책의 이론적 배경은 노벨경제학상을 수상한 밀튼 프리드먼(Milton
Friedman)의 '헬리콥터 통화공급론'에 기초한다. 통화주의의 대가인 그는
정부가 헬리콥터에서 무차별적으로 돈을 뿌려야 국민 모두에게 공평하게 분
배돼 통화정책이 최대의 효과를 나타낼 수 있다고 주장했다.

프리드먼은, 일반적인 통화정책은 특정 계층에게만 혜택이 돌아가기 때문
에 효과가 크지 않아 '헬리콥터 머니'가 필요하다고 역설했다. 여기서 문제는
정부의 헬리콥터 머니, 즉 재정이 한정돼 있다는 사실이다. 재정을 과도하게
뿌리면 재정적자로 정부와 국민이 동시에 파산할 수 있다. 따라서 헬리콥터
머니는 대공황이나 글로벌금융위기 등 일시적 경제위기상황에 대처하는 단
기 방편이지 결코 지속적 성장정책이 될 수 없다.

대부분의 경제학자들도 소득주도성장에 회의적이다. 세계적 경제학자인
로버트 배로(Robert Barro) 미국 하버드대 교수는 "한국 정부가 포퓰리즘
정책으로 과거 성공을 낭비하고(squander) 있다."며 "(그런 정책은) '소득주
도성장(income-led growth)' 이라고 칭하기보다는 '소득주도빈곤(income-

led poverty)' 정책이라고 불러야 할 것"이라고 강력히 비판했다.

그는 2019년 12월 8일 <한국경제신문>에 '소득주도성장에 대한 생각(Thoughts on income-led growth)'이란 제목의 특별기고를 통해 "한국 경제가 취약하고 경기 침체에 빠져들고 있다."며 "최저임금 인상, 근로시간 단축 등 기존의 모든 정책을 되돌리는 것이 최선"이라고 진단했다. 배로 교수는 경제성장론의 대가(大家)로 매년 노벨경제학상 수상 후보로 거론되는 석학이다. 그는 한국을 중국 일본 태국 등 아시아 10개국과 비교하며 투자와 성장이 안 되는 이유로 수출 감소가 아닌 한국 정부의 포퓰리즘(인기영합) 정책을 꼽았다. 포퓰리즘 정책으로 그는 최저임금 인상, 근로시간 단축, 단기 공공 일자리 마련을 위한 재정 지출 확대, 기업 및 고소득층에 대한 세율 인상 등을 모두 지목했다.

노벨경제학상 수상자인 뉴욕대의 토머스 사전트 교수.

세율과 세수의 관계를 설명한 '래퍼곡선'으로 유명한 아서 래퍼(Arthur B. Laffer) 미국 남가주대(USC) 교수도 "소득주도성장, 그런 명청한 이론은 처음 들어볼 정도"라고 힐난했다. 그는 "임금 상승은 성장의 결과"라며 "생산성과 이윤이 증가하고 더 많은 고용이 이뤄질 때 임금이 올라간다."며 그런 점에서 "소득주도성장은 멍청한 이론"이라고 비판했다.

거시경제 분야의 세계적 석학이자 2011년 노벨경제학상 수상자인 토마스 사전트(Thomas Sargent) 미국 뉴욕대 교수도 소득주도성장의 핵심 정책인 최저임금 인상에 대해 "역효과가 우려된다."며 부정적으로 평가했다. 그는 "최저임금을 가파르게 인상하면 교육 수준이 낮은 노동자가 일자리를 얻지 못할 수 있다. 기업이 이들을 훈련시키는 비용 부담을 질 수 없기 때문이다. 정부 정책이 돕고자 하는 계층을 오히려 해치는 결과를 낳을 것이다."고 비판했다.

실제로 소득주도성장을 추구한 문 정부 하에서 한국경제는 이들 경제학자가 지적한 바대로 일자리 감소와 투자위축, 생산성 감소 등 경기 침체를 겪고 있다. 소득주도성장이 실패한 것임은 자명하다. 이제 정부 내에서 소득주도성장을 입에 담는 사람은 거의 없다.

경질된 장하성을 주중대사에

장하성 청와대 정책실장은 소득주도정책의 실패와 김동연 경제부총리와의 알력 등으로 사실상 경질됐다. 그런데 놀라운 일은 그다음에 벌어진다. 정책성과를 내지 못해 경질된 장 실장이 몇 개월 후 주(駐)중국대사로 화려하게 복귀한 것이다. 장 실장은 외교·안보 관련 업무 경험이 전무하다. 언어 능력도 검증되지 않는 등 전문성 논란이 있는데도 문 대통령은 그를 주중대사에 임명했다. 장 씨가 잘못된 정책선택과 집행으로 국민과 국가에 큰 피해를 입혔으면 응당 이에 대한 책임을 지게 해야 함에도 문 대통령은 주중대사로 돌려막기 했다. 국민이 대통령에게 부여한 인사권에 대한 남용이다. 국민의 심복인 대통령이 국가의 주인인 국민 알기를 우습게 아는 것 같다.

문 대통령이 흠 있는 인물을 중용한 또 다른 사례는 탁현민 청와대 의전비서관이다. 탁 전 청와대 의전비서관실 선임행정관은 2020년 5월 31일 승진해 비서관으로 임명됐다. 2019년 1월 여성비하 논란으로 사임한 지 1년 4개월 만에 영전해 돌아온 것이다.

탁 씨는 2017년 5월 문재인 정부 출범 직후 행정관으로 청와대에 입성했다. 그가 행정관을 그만둔 건 2007년 쓴 책에서 여성을 비하하고 여성 혐오적 관점을 노골적으로 드러낸 사실이 밝혀져 시민사회에서 거센 사퇴 요구를 받았기 때문이다.

문제가 된 책의 내용은 "내 성적(性的) 판타지는 임신한 선생님", "고등학교 때 친구들과 여중생 한 명을 섹스로 공유했다. 좋아하는 애가 아니었기에 어떤 짓을 해도 별 상관이 없었다.", "등과 가슴의 차이가 없는 여자가 탱크톱을 입는 것은 남자 입장에선 테러를 당하는 기분", "콘돔 사용은 섹스에 대한 진정성을 의심하게 만들기에 충분하다." 등이다. 이로 인해 그는 여성을 비하하고 여성성을 왜곡했다는 비판을 받았다. 그러나 그는 제대로 사과하지 않았다. 그런 그를 문 대통령은 영전시켜 다시 데려온 것이다.

문 대통령은 그의 행사 기획력을 높이 평가한 것으로 알려졌다. 그는 문정부에서 다수의 문 대통령 참석 행사를 기획했다고 한다. 문제는 그의 여성혐오 전력이 정리되지 않았다는 점이다.

탁 씨가 의전비서관으로 승진 복귀한다는 소식이 알려지자, 각계에서 반발이 일었다. 젠더정치연구소 여세연(여성정치세력민주연대)은 성명서를 내고 "'페미니스트 대통령이 되겠다.'던 여성 시민들과의 약속이 거짓말이 아니라면 '대체 왜 어째서 또 탁현민인가?'라는 질문에 청와대(문 대통령)는 답해야 한다."고 요구했다. 여세연은 "탁현민의 청와대 복귀는 성차별과 성폭력을 끝장내자는 여성들의 외침을 무시한 것"이라며 "텔레그램 n번방 성 착취에 가담한 자들을 강력하게 처벌하라는 문재인 대통령의 말은 무엇이었나?"라고 강하게 항의했다.

녹색당도 "이번 인사로 우리 사회의 성 평등은 또 몇 걸음 퇴보했다. 그들이 말하는 국민에 진정 여성의 자리는 없는지 묻지 않을 수 없다."고 비판 성명을 냈다. 녹색당은 "차마 다시 옮기기가 꺼려지는 그의 발언과 글들은, 여성을 도구화하고 모욕하며 성적 대상으로 보는 삐뚤어지고 추한 성인식을 보여준다."며 "여성 혐오의 이력이 있어도 대통령을 지근거리에서 보좌하는 청와대 비서관까지 되는 데 아무 문제가 없다는 선례가 남는 것이 과연 옳은가?"라고 일갈했다.

여성정치세력민주연대(여세연) 등 '탁현민 퇴출을 촉구하는, 상식을 탑재한 사람들'이 2017년 7월 7일 오전 서울 광화문 세종문화회관 앞에서 탁현민 청와대 의전비서관실 행정관을 경질할 것을 촉구하는 시위를 벌이고 있다. /한겨레신문

탁현민 중용도 인사권 남용

문제가 있음에도 문 대통령이 탁 비서관을 거듭 중용한 것은 국민이 준 인사권의 남용이고, 오만이다. 국민을 염두에 두었다면 결코 행할 수 없는 일이다.

그만큼 국민을 무서워하지 않거나 가볍게 여긴다는 뜻이다. 문 대통령 스스로 강조한 '페미니즘 정부'라는 발언의 진정성도 의심된다. 대한민국에 그렇게 인물이 없어서 여성비하 발언으로 사임한 자를 다시, 그것도 승진시켜 기용하는가? 문 대통령의 이런 안하무인의 태도는 국가의 주인인 국민은 안중에도 없다는 사실을 웅변한다.

이처럼 흠 있는 인물을 주요 직책에 돌려가면서 임명하거나, 코드에 맞는 특정 인물을 다른 직책에 반복해 임명하는 일을 '회전문 인사'라고 한다. '회전문 인사'는 새로운 인물을 찾지 못한 인물난 때문이거나, 국정의 잘못을 은폐하고 보은(報恩)하기 위해, 또는 새로운 인물을 믿지 못해 자신과 코드가 맞는 인사만을 고집할 때 나타난다. 어느 경우든 대통령의 리더십과 국정 자신감 부족에서 비롯된 국정 난맥상의 한 현상이다.

이 같은 문 대통령의 회전문 인사는 장하성 씨를 시작으로 끊임없이 반복됐다. 주중대사에 이어 주일대사도 마찬가지였다. 아베 신조 일본 정부와의 관계가 틀어져 역대 최악의 한일관계를 보이는 상황에서 문 대통령은 주일대사에 남관표 전 청와대 국가안보실 2차장을 임명했다. 비전문가에 '코드인사' 논란을 빚은 전임 이수훈 주일대사에 이어 또 전문가가 아닌 '내 사람'을 앉힌 것이다.

문재인 대통령은 2019년 12월 17일 정세균 전 국회의장을
국무총리로 지명했다. /청와대

더욱 놀라운 것은 민주당 정세균 의원을 국무총리로 데려간 인사조치다.

정 의원은 6선 의원으로 입법부의 수장인 국회의장을 역임한 인물이다. 국회의장은 대통령, 대법원장과 더불어 3권분립이란 민주주의 기둥을 떠받치는 한 축으로, 민주주의를 지키는 중요한 역할을 한다. 정 의원에 대한 회전문 인사는, 행정부의 수장 대통령이 입법부의 전 수장을 자신의 밑으로 데려간 것으로, 3권분립이란 민주주의 정신을 심각하게 훼손하는 조치이다. 민주주의에 대한 제대로 된 신념을 가지고 있는 사람이라면 대통령이 이런 황당한 인사를 단행하지는 않을 것이다.

국회의장 역임한 정세균을 총리에… 국회능멸

과거 어느 정권에서도 전직 국회의장을 대통령 휘하로 데려간 적은 없었다. 과거 박정희 군사정권 시절에 백두진 의원과 정일권 의원이 국회의장과 국무총리를 모두 역임한 바 있다. 그러나 이들은 국무총리를 먼저 한 후 나중에 국회의장의 자리에 올랐다. 민주당이 그토록 비판하는 박정희 군사정권에서도 대통령이 전직 국회의장을 국무총리로 데려가 쓴 경우는 없었다.

촛불혁명 정부라는 문재인 정권에서 왜 이런 비민주적인 일이 아무렇지도 않게 벌어지는가. 물론 이 제안을 받아들인 정세균 의원의 낮은 민주주의 의식과 수준도 문제지만, 이런 사실을 뻔히 알면서도 총리를 제안한 문 대통령의 의식에 심각한 큰 문제가 있다고 할 수 있다.

이런 일은 2019년 1월 8일 개편한 문재인 정부의 청와대 2기 비서실 인사에서도 어김없이 반복됐다. 1기 임종석 비서실 체제에서 2기 노영민 비서실 체제로 바뀐 것이다. 문 대통령은 외교 전문성이 없는 코드인사로 불렸던 최측근 노영민 중국대사를 비서실장으로 데려왔다. 신임 노 비서실장은 이른바 '원조 친문' 인사이다.

혹시나 하는 기대감이 없지 않았으나 역시나 2기 비서진의 '친문(親文)' 색채는 오히려 짙어졌다. 전형적인 '코드인사'에 '회전문 인사'였다. 한병도 정무수석이 나간 자리에는 강기정 전 민주당 의원이 임명됐다. 강 정무수석 역시 문 대통령이 당 대표 시절 정책위 의장으로 임명했을 정도로 신임하는 친문 인사였다. 대선 때는 문재인 캠프의 총괄수석부 본부장을 맡았다. 이런 코드 인사, 회전문 인사에 국민들의 감동이 있을 리 없다.

2016년 6월 9일 정세균 더불어민주당 의원이 20대 국회의 전반기 국회의장으로 선출됐다. 그는 기쁨에 앞서 무거운 책임감을 느낀다고 말했다. /SBSTV 비디오머그 캡처

심지어 노영민 비서실장은 이후 2020년 국회의 청와대 국정감사에서 그 해 8월 광화문집회 주도자들을 고성으로 "살인자"라고 부르는 등 오만한 행태를 보여 큰 원성을 샀다. 아무리 코로나 상황이라고 해도 반정부 집회를 주도했다고 해서 일개 청와대 비서실장이 국민들을 보고 "살인자"라고 부르다니, 국민 알기를 거리의 x개 보다도 우습게 아는 모양이다. 국민이 아닌 충성도만 보고 임명한 코드인사의 웃픈 현실이었다.

사무실 동료를 법제처장, 인사수석에

청와대 2기 비서실 개편 때 초미의 관심은 조국 민정수석의 경질 여부였다. 조국 수석은 그동안 잇따른 인사검증 실패로 국정을 혼란에 빠뜨리고, 문

정부인사의 '원칙과 기준'을 깡그리 무너뜨린 책임의 중심에 서 있었다. 게다가 조 수석이 특별감찰반의 민간인 불법 사찰, 블랙리스트 작성 논란의 핵심적 관리 위치에 있었기에 그의 경질 여부에 언론들은 촉각을 곤두세웠다. 그러나 결과는 조국 민정수석의 유임이었다. 여론을 무시하는 문 대통령의 오만이 묻어나왔다.

문 대통령은 그해 8월 9일 조국 민정수석의 유임을 넘어 그를 법무부 장관에 지명함으로써 한 달이 넘도록 전국을 뒤흔든 '조국 사태'의 불을 지폈다. 측근에 대한 안하무인의 '회전문 인사'로 화를 자초한 것이다. 조국 사태는 변호사 출신 문 대통령의 취약한 도덕성과 법치의식을 노골적으로 보여준 최고의 사례였다. 이 사태를 통해 문 대통령이 국민의 뜻이 아닌, 측근과 일부 지지자의 뜻만 존중하는 친문 대표라는 사실도 여실히 드러났다. 문 대통령이 말한 민주주의와 정의를 그대로 믿은 국민에 대한 명백한 배신행위였다.

문 대통령은 또 청와대 2기 개편에 따라 사임한 임종석 전 대통령 비서실장과 한병도 전 정무수석을 12일 만에 각각 아랍에미리트와 이라크 특임 특별보좌관으로 임명했다. 이후 문 대통령은 2020년 7월 임 씨를 대통령 비서실 외교안보특별보좌관으로 다시 불러들였다. 전형적인 '돌려막기식' 회전문 인사였다. 2019년 6월 문 대통령은 공정거래위원장을 하던 김상조 한성대학교 무역학과 교수를 갑자기 청와대 정책실장으로 발령내는 회전문 인사도 했다.

2019년 5월 28일 이뤄진 정부와 청와대의 차관급 인사도 친문·코드 인사들에 대한 '돌려막기' '회전문 인사'라는 비판이 넘쳤다. 새로운 인사를 발탁한 것이 아니라 문 대통령 측근이나 코드를 맞춘 인사들을 자리만 옮겨 다시 기용되는 일이 반복됐기 때문이다. 청와대 인사수석에 임명된 김외숙 수석은 문 대통령과 노무현 전 대통령이 함께 몸담았던 법무법인 '부산' 소속 변호사였다. 김 수석은 1992년 "노동 변호사가 되고 싶다."며 문 대통령을 직접 찾아가 일하게 된 것으로 알려졌다. 민변 출신으로 문 대통령의 변호사 사무실 동료였던 김 수석은 2010년 과거사위 비상임위원을 지냈고, 문 정부 출범후 차관급인 법제처장으로 발탁됐다. 김 수석은 이후 장차관 인사를 총괄하는 인사수석에 임명됐지만, 인사 분야 경험은 전무했다.

김 수석이 법제처장일 때 법제처는 문재인 정부에 일방적으로 유리하게법 해석을 내렸다는 지적을 수차례 받았다. 일례로 남북정상회담 직후 나온평양 선언에 대해 국회 비준 동의를 받아야 한다는 야당의 요구가 나왔을 때법제처는 "국회 비준 대상이 아니다."라고 유권해석을 내렸다. 기존의 법 해석과는 달라 '코드 해석' 논란이 제기됐다.

사법부 독립 훼손한 김형연 인사

김외숙 법제처장의 후임으로 임명된 김형연 신임 법제처장 역시 청와대의코드인사 '돌려막기'였다. 김 신임 법제처장은 사법부 독립 훼손이라는 또 다른 논란을 일으켰다. 그는 양승태 대법원장 시절 법원 내 진보성향 판사 모임인 국제인권법연구회 간사를 맡으며 '사법부 독립'을 외쳤다. 그러나 그는 판사를 그만두자마자 바로 청와대로 달려갔다. '사법부 독립'을 외치면서 사법부의 독립 훼손을 앞서서 실천한 것이다. 아래는 <중앙일보>의 "법제처장에김형연 임명…판사들은 '코드 출세했다' 헛웃음"이란 기사 내용이다.

"김형연 전 청와대 법무비서관이 (2019년 5월) 28일 신임 법제처장(차관급)으로 임명되자 판사들 사이에서 헛웃음이 터져나왔다. 양승태 대법원 시절 국제인권법 연구회 간사로 '사법부 독립'을 외쳤던 전직 부장판사가 문재인 정부 출범 2년만에 인천지법 부장판사→청와대 법무비서관→법제처장(차관급)으로 초고속 승진을 했기 때문이다. 김 처장은 사법부에서 청와대로, 청와대에서 다시 행정부로 자리를 옮겨가는 동안 단 몇주간의 공백기도 갖지 않았다.

　수도권 지방법원의 한 부장판사는 "김형연 법제처장이 판사의 새로운 출세 모델을 만든 것 같다."고 씁쓸해했다. 재경지법의 한 판사는 "2년 전 김 처장이 청와대로 직행한 이후 그를 판사 선배로 생각하지 않고 있다."고 말했다. 고등법원의 한 판사도 "기가 막혀 말이 나오지 않는다."고 했다.

　관련 사안에 정통한 여권 관계자는 "부장판사에서 곧바로 청와대 법무비서관으로 직행했고, 사임 후 얼마 안 돼 다시 법제처장으로 가는 데 대한 세평이 그리 좋지 않았다."며 "우리 입장에서도 전형적인 회전문 인사란 생각밖에 들지 않는다."고 말했다."

　사법부의 독립 훼손이란 차원에서 비판의 대상은 김형연 법제처장만이 아니다. 그의 표리부동한 이중적 처신은 비판받아 마땅하지만, 이와는 별개로 문 대통령의 인사 철학과 민주주의 의식도 그 못지않은 엄중함으로 비판받아야 한다. 문 대통령이 법을 잘 아는 변호사 출신으로서 현직 판사를 바로 청와대 비서관으로 임명하는 게 사법부의 독립에 누(累)가 된다는 사실을 과연 몰랐을까? 알면서도 이런 인사를 강행했다면 문 대통령에게 심각한 문제가 있다.

　게다가 김 처장의 사법고시 기수는 29기로 당시 동급인 김오수 법무차관(20기)보다 9기수나 아래였다. 사법고시 기수 9기나 아래인 사법부 사람을 행정부에서 초고속 승진시킬 이유가 무엇인가? 문 대통령이 김 전 부장판사를 2년만에 법제처장으로 임명한 것은 사법부 구성원들에게 법복을 벗고 행정부에 진출하면 초고속 승진한다는 아주 잘못된 시그널을 주었다. 사법부의 독립을 앞장서서 추구하지는 못할망정, 적어도 훼손은 하지 말아야 할 촛불 대통령이 이런 일을 예사롭지 않게 행한다는 게 소름 끼친다. 문 대통령은 과연 민주주의자가 맞는가?

문 대통령의 끝없는 인사권 남용

2019년 12월 단행된 고려대 조대엽 교수에 대한 '회전문 인사'도 문 대통령의 인사 철학이 밑바닥 수준임을 보여준 좋은 사례였다. 문 대통령은 고려대 노동대학원 원장인 그를 대통령 직속 정책기획위원회 위원장에 임명했다. 조 신임 위원장은 친문 진영의 정책분야 핵심참모로, 문 대통령의 대선후보 시절 싱크탱크인 '정책공간국민성장'의 주축으로 활동했다. 그러다 정부 출범 후 문 대통령은 그를 고용노동부 장관 후보자로 지명했다. 그러나 이 과정에서 음주운전 사실이 드러났고, 그는 음주운전 적발 사실에 대해 당시 학생들과 함께 위로 차원에서 술을 마셨다고 변명했다. 그러나 학생들은 당시 조 후보자와 함께 술을 마신 적이 없다고 반박해 '거짓 해명' 논란이 일었다.

또 그는 교수의 겸직금지 위반 의혹, 논문표절 및 재산신고 누락 의혹 등 여러 의혹에 휩싸여 결국 자진사퇴했다. 음주운전과 논문표절은 문 정부의 '공직배제 7원칙'에 해당하고, 겸직금지 법규 위반에 거짓말 해명까지… 그의 업무 전문성도 의심받았지만 일단 청와대가 내세운 공직자로서의 자격이 없었다. 그래서 탈락한 사람을 문 대통령은 인사청문회를 거치지 않는 차관급 정책기획위원회 위원장으로 다시 불러 임명한 것이다. 어찌 이런 일이 있을 수 있을까?

어떤 사람이 고위공직자 후보에서 심각한 이유로 낙마했으면 대통령은 그를 다시 쓰면 안된다. 그의 낙마는 국가의 주인인 국민들이 '이 사람은 공직자 자격이 안된다.'고 확정한 것이나 마찬가지다. 따라서 국민에게서 공직임명권을 위임받은 대통령이 국민의 뜻을 거역해 함부로 사용하는 것은 국가의 주인인 국민에 대한 도전이요 배신행위이다. 이를 두고 자유한국당 전희경 대변인은 "대통령 측근이기만 하면 하자가 있어도 재입고가 가능한 문재인 정권의 넓은 취업문이 기가 막히다."며 "얼마나 국민을 우습게 보면 이러는가?"라고 성토했다. 문 대통령은 국민의 뜻을 거스르는 일을 너무도 쉽게 일상적으로 저지르고 있다.

문 대통령은 또 문화체육관광부 2차관에 아시아경기 수영 금메달리스트인 최윤희 한국체육산업개발 대표이사를 임명했다. 최 신임 차관은 1982년 뉴델리 아시아경기 3관왕, 1986년 서울 아시아경기 2관왕을 차지하며 '아시아의 인어'로 불린 스포츠 영웅이다.

최 차관 임명을 두고도 '보은 인사'란 지적이 나왔다. 최 차관은 2017년 한국여성스포츠회 회장 겸 대한체육회 이사로 활동하면서 문 대통령을 지지하는 체육인 명단에 이름을 올리고 직접 지지 기자회견을 했다. 이 덕분에 2018년 그가 한국체육산업개발 대표로 선임됐을 당시에도 낙하산 보은 인사 논란이 일었다. 그런데 이번에는 아예 고위 공직인 문화체육관광부 2차관에 임명한 것이다. 고위 공직이 대통령이 고마움의 표시로 지인에게 나눠주는 선물로 전락한 느낌이다. 체육계를 관장하는 문체부 2차관에 선수 출신을 임명한 것은 역대 정부 가운데 탄핵당한 박근혜 정부 때에 이어 두 번째다.

4·15 총선이 끝난 뒤엔 문 대통령이 낙선한 민주당 출신 정치인들을 청와대로 불러들여 또다시 '보은·회전문 인사' 논란을 일으켰다. 첫 번째 인물은 4선 의원 출신인 최재성 청와대 정무수석이다. 그는 4·15 총선 때 서울 송파을에 출마했다가 배현진 미래통합당 의원에게 패했다.

이후 특별한 역할이 없던 그를 2020년 8월 10일 문 대통령이 정무수석으로 발탁했다. 그는 문 대통령이 새정치민주연합-더불어민주당 대표로 있던 시절에 당 사무총장으로 발탁된 뒤부터 대표적인 '친문' 정치인으로 손꼽힌다. 최 씨는 문재인 정부가 들어선 직후 "인재가 넘치니 비켜 있어도 무리가 없다. 문재인 정부의 요직에 앉지 않겠다."고 백의종군 의사를 밝혔었다. 어찌 말과 행동이 다른지. 그 대통령에 그 비서이다.

4·15 총선 낙선 후 요직에 등용된 인사들

이름	현재 직책	21대 총선 출마 지역
전현희	국민권익위원장	서울 강남을
박지원	국가정보원장	전남 목포
정만호	청와대 국민소통수석	강원 춘천철원화천양구을
최재성	청와대 정무수석	서울 송파을
박경미	청와대 교육비서관	서울 서초을
김비오	청와대 정무수석실 선임행정관	부산 중영도
김영춘	국회 사무총장	부산 부산진갑
복기왕	국회의장 비서실장	충남 아산갑
이재강	경기도 평화부지사	부산 서동

4·15 총선에서 서울 서초을에 출마했다가 실패한 박경미 전 의원은 청와대 교육비서관에 발탁됐고(이후 청와대 대변인), 부산 중영도에서 석패한 김비오 전 지역위원장은 청와대 정무수석실 선임행정관에 임명됐다. 4·15 총선에서 서울 강남을에 출마했다가 박진 통합당 의원에게 패한 전현희 전 의원은 국민권익위원장(장관급)에 임명됐다. 전 위원장은 2017년 대선 당시 문재인 후보 캠프 직능특보단장을 맡아 일했다. 이 같은 총선 낙선자들의 잇따른 청와대 입성과 보은인사에 대해 "정작 중요한 국민들의 일자리 창출에는 실패하는 정권이 낙선자의 일자리 창출은 매우 성공적"이라는 비아냥이 나왔다.

문 대통령이 총선에서 떨어진 최재성 씨와 정만호 씨를 청와대 수석으로 임명한 시기는 그 며칠 전 노영민 대통령 비서실장 등 청와대 고위 참모들이 부동산폭등 사태 등에 대해 종합적 책임을 지겠다며 집단 사의를 표명한 후였다. 문 정부 들어 서울 아파트값 등 부동산 가격 폭등으로 민심이 부글부글 끓던 때였다. 문 대통령은 이때 김종호 민정수석, 윤창렬 사회수석, 김제남 시민사회수석 등도 임명했다. 김종호 민정수석은 감사원 출신으로 감사원→청와대→감사원→청와대를 번갈아 오가 '들락날락' 회전문 인사라는 비판을 받았고, 윤창렬 사회수석은 노무현 정부 때 국무총리비서실에서 정무·민정비서관으로 일했다.

이번 인사를 놓고 '함께 일했던 사람만 쓴다'는 문 대통령의 인사 스타일이 또다시 도마 위에 올랐다. 문 대통령은 전달(7월) 6일 서훈 국가안보실장 임명을 시작으로 한 달여간 네 차례 '쪼개기 인사'를 통해 수석·보좌관급 이상 참모 16명 중 7명을 교체했다. 이들은 대부분 노무현 정부에서 중용된 인사, 문 대통령과 함께 일했거나 인연이 있는 인사들이었다.

과거 박근혜 대통령은 자신이 아는 사람들만 데려다 써 '수첩 인사'라고 비판받았다. 야당이었던 민주당은 이런 박 대통령의 인사스타일을 신랄하게 비난했다. 그러나 문 대통령의 인사스타일도 탄핵당한 박근혜 전 대통령과 크게 다르지 않다. 아니 더 심하면 심했지 결코 덜하지 않다.

예로부터 인사는 만사(萬事)라고 했다. 그러나 문재인 정부에서 인사는 망할 망자 망사(亡事)가 되었다.

한심하기 짝이 없는 청와대 인사검증

조국 교수 "음주운전자 고위공직 불가"

박근혜 정부 때인 2016년 7월 28일 이철성 경찰청 차장이 경찰청장에 내정됐다. 그는 1982년 순경 공채로 경찰에 입문해 경찰 내 최고 계급인 치안 총감(경찰청장)까지 오르게 된 입지전적인 인물이다. 경찰 내 11개의 계급을 모두 거친 경찰 최초의 경찰청장에 내정된 것이다. 그러나 그는 청장 내정 이후 부동산투기 의혹과 음주운전, 논문 표절, 위장전입 등 여러 의혹을 받았다.

더불어민주당 등 야당은 그해 8월 그의 경찰청장 후보 청문보고서 채택을 거부했다. 그러나 당시 박근혜 대통령은 바로 그를 경찰청장으로 임명했다. 그러자 조국 당시 서울대 교수는 아래와 같은 비판 글을 자신의 페이스북에 올렸다.

"음주운전 사고를 냈으나 신분을 숨겨 징계를 피했다는 이철성을 기어코 경찰청장에 임명했다. 다른 부서도 아닌 음주운전 단속의 주무 부처 총책임자가 과거 이런 범죄를 범하고 은폐까지 하였는데도 임명한 것이다. 미국 같으면 애초 청문회 대상 자체가 될 수 없는 사람이다. 경찰, 이제부터 이철성과 유사한 행위를 한 시민을 단속할 자격이 없다."

조국 교수의 이런 문자는 당연히 많은 이들의 지지를 받았다. 이 문자는 조국 교수가 얼마나 법과 원칙을 중시하고 도덕성이 높은지 시사해주기에 충분했다.

　　이후 정권이 바뀌어 조국 교수는 문재인 정부의 초대 민정수석이 되었다. 민정수석의 가장 중요한 업무 중의 하나는 고위 공직자들의 비리 검증이다. 국무총리, 장차관 등의 인사 전에 이들의 범죄 혹은 비리 의혹을 검증해 고위 공직자로서 자격이 있는지 가려내는 일이다.

　　대규모 촛불시위와 박근혜 대통령 탄핵을 거쳐 출범한 문 정부로서는 그 내각이 어느 때보다 도덕적으로 청렴하고 능력있는 인사들로 구성돼야 했다. 박근혜 정부 때 "이게 나라냐?"고 성토했던 국민들의 새 정부에 바라는 기대감도 상당히 컸다. 하지만 별 걱정은 없었다. 왜냐하면 새 정부의 고위 공직자 인사를 검증하는 책임자가 도덕성이 높을 것으로 알려진 조국 민정수석이었기 때문이다.

문재인 정부 공직배제 5대 원칙

　　그러나 막상 뚜껑을 연 문재인 정부의 제1기 내각 후보자들의 면면은 기가 막혔다. 문 대통령은 대선 과정에서 박근혜 정부의 인사를 비판하며 공직 배제 기준으로 '5대 원칙'을 내걸었다. 위장전입, 논문표절, 세금탈루, 병역면탈, 부동산투기 등이다. 문 대통령은 후보자가 이 5개 원칙 중 하나라도 위반할 경우엔 고위 공직자로 등용하지 않겠다고 선언했다. 문 대통령 스스로 "엄격한 검증 절차를 거칠 것이다. 역대 가장 깐깐한 인사검증을 했던 민정수석이 저 문재인"이라고 강조했다.

박근혜 정부보다 못한 인사검증

조 수석은 이 같은 문 정부의 '공직배제 5대 원칙'을 받들어 인사검증을 철저히 할 것으로 기대됐다. 하지만 문 정부의 제1기 내각에 지명된 인사들은 이게 문재인 정부의 공직 후보자들인지, 박근혜 정부의 후보자들인지 구분을 못할 정도였다. 아니, 오히려 박근혜 정부 때보다도 못했다.

이와 관련, <중앙일보>는 문 정부의 1기 내각 인사청문회 대상인 국무총리와 장관(후보자) 및 위원장, 헌법재판소장 등 22명을 전수조사했다. 그 결과 22명 중 15명(68.2%)이 5대 원칙 중 하나 이상에서 논란이 됐다. 문 대통령의 약속대로라면 22명 후보자 가운데 15명은 임명하지 말아야 한다. 그러나 문 대통령이 말한 '공직 배제 5대 원칙' 위반과 관련해 탈락한 사람은 단한 명도 없었다. 문 대통령은 정부 시작부터 스스로 한 국민과의 약속을 저버린 것이다.

이낙연 국무총리, 김상조 공정거래위원장, 강경화 외교부 장관 후보자는 문 대통령이 약속한 '5대 공직 배제 원칙' 중 각각 4개씩이나 의혹이 제기됐다. 공직 배제하기로 약속한 1개를 훨씬 넘어 4개씩이나 위반 의혹이 있었지만, 문 대통령은 스스로의 약속을 헌신짝처럼 버린 후 이들을 모두 임명했다.

먼저, 이낙연 국무총리 후보자의 의혹을 보자. 그는 아들의 군 면제를 비롯해 위장전입, 세금(상속세) 탈루, 아파트(2억4000만원) 시세 차익 등의 의혹이 일었다. 아들의 군 면제에 대해 이 후보자는 "어깨 탈구 등의 증세로 수술을 받고 이 때문에 면제 대상이 됐다. '공익근무라도 할 수 있도록 해달라'는 탄원서까지 썼지만 허용되지 않았다."고 해명했다. 또, 상속세에 대해선

"상속세 대상 자체가 아니어서 사실과 다르다."고 반박했다. 그러나 교사인 아내가 강남지역 학교 배정을 위해 위장전입을 시도한 사실 등 나머지 두 문제에 대해선 인정한 후 사과했다.

고위공직자(후보자) 5대 비리 위반 의혹 현황

※이낙연 국무총리 외 가나다순

	병역기피	부동산투기	세금탈루	위장전입	논문표절
이낙연 국무총리		●	●	●	
강경화 외교부 장관		●	●		●
김동연 경제부총리	●	●			
김부겸 행정자치부 장관				●	●
김상곤 교육부 장관					●
김상조 공정거래위원장		●	●	●	●
김영춘 해양수산부 장관					●
김은경 환경부 장관					
김이수 헌법재판소장 후보자		●			
김현미 국토교통부 장관		●		●	●
도종환 문화체육관광부 장관					
박능후 보건복지부 장관 후보자		●	●	●	●
박상기 법무부 장관 후보자		●			
백운규 산업통상자원부 장관 후보자					
송영무 국방부 장관				●	●
안경환 전 법무부 장관 후보자	●		●		●
유영민 미래창조과학부 장관		●	●	●	
이효성 방송통신위원장 후보자		●	●	●	
정현백 여성가족부 장관					
조대엽 전 고용노동부 장관 후보자			●		●
조명균 통일부 장관					
최종구 금융위원장 후보자					

출처 : 중앙일보

강경화 외교부 장관 후보자는 위장전입, 증여세 탈루, 논문표절, 부동산투기, 장녀의 국적 포기 후 건강보험 혜택 등에 대해 의혹이 일었다. 특히 딸의 이화여고 교장 사택 위장전입을 두곤 거짓 해명 의혹까지 제기됐다. 강 후보자는 위장전입과 증여세 탈루 부분에 대해선 인정하고 유감을 표명했다.

강 후보자 인사청문회에선 장녀의 국적이 미국인 것도 논란이 됐다. 왜냐하면 2005년 국무위원의 국회 인사청문회 제도가 도입된 이래 배우자나 자녀가 외국 국적인 사람이 청문회를 통과한 사례는 거의 없었기 때문이다.

예를 들어 2008년 이명박 정부 당시 초대 통일부 장관으로 지명됐던 남주홍 경기대 교수는 부인과 아들이 미국 영주권을, 딸은 시민권을 가지고 있었다는 점 때문에 장관이 되지 못했다.

결국 강 후보자가 '미국인 장녀의 한국 국적 회복'을 약속하여 유야무야 넘어갔다. 하지만 2017년 10월에 국적 회복에 필요한 기초적인 서류 제출도 하지 않은 것으로 드러나 다시 논란이 되었다. 이후 2018년 7월 27일 장녀의 미국 국적 포기 절차가 완료된 것으로 알려졌다. 그러나 이명박 정부에서도 허용되지 않았던 가족의 외국 국적 관련 장관 임명 기준이 문재인 정부에서 해이해지고 느슨해진 것은 분명했다.

후보자의 대부분이 공직자격 미달

김상조 공정거래위원장 후보자는 서울 대치동 은마아파트로의 위장전입, 목동아파트 다운계약서 작성 및 부인의 소득세 탈루, 논문표절, 아내의 부정 취업, 아들의 인턴십 특혜, 영국 케임브리지대학교 초빙교수 이력 허위표기 등의 의혹이 제기됐다. 김 위원장은 "은마아파트 전입은 교육 목적도 있었지만 아내의 병 치료 때문"이라고 해명했다. 그 외 의혹에 대해서는 '자신의 부주의'라며 유감의 뜻을 밝혔다.

5대 의혹 외에 다른 종류의 의혹도 적지 않았다. 가장 많은 종류의 의혹과 논란이 제기된 후보자는 김상조 공정거래위원장, 안경환 법무부 장관 후보자, 박능후 보건복지부 장관 후보자로 각각 8건이었다. 이낙연 국무총리 후보자와 강경화 외교부 장관 후보자, 박상기 법무부 장관 후보자도 각각 7건이나 되었다.

문재인 정부의 1대 내각 공직 후보자 중 '5대 원칙'이 아닌 걸로 낙마한 사람도 나왔다. 그 중 대표적인 사람은 안경환 법무부 장관 후보자와 조대엽 고용노동부 장관 후보자다. 안 후보자는 병역 비리, 취득세 탈루, 논문표절 등 3

개 항목에서 의혹이 제기됐지만, 아들의 고교 퇴학 무마 논란과 허위 혼인신고 문제로 자진사퇴했다. 허위 혼인신고 문제란 그가 1975년 12월 21일 당시 사귀던 여성의 동의를 받지 않고 도장을 위조해 일방적으로 혼인신고를 한 행위를 말한다. 이는 이듬해인 1976년 2월 26일 법정에서 혼인무효 판결을 받았다. 안 후보자는 조국 수석과 서울대 법대 선후배 사이로, 국가인권위원회와 참여연대에서 함께 활동한 바 있다. 그래서 조 수석이 안 후보자의 여러 의혹을 쉽게 넘긴 건 아닌가 하는 의혹도 제기됐다.

조대엽 후보자는 조국 수석이 교수일 때 비판한 바로 음주운전과 관련해 사퇴했다. 조 후보자의 음주운전 이력이 논란이 될 것을 우려했는지 청와대는 인선을 발표하면서 선제적으로 2007년 음주운전 사실을 공개했다. 이에 대해 조 후보자는 당시 '고려대 교수 감금 사건'으로 출교 조치를 당한 학생들과 함께 술을 마시고 돌아오다 단속되었다고 해명했다. 그러나 같이 술을 마셨다는 학생들이 "함께 술을 마신 적이 없다."고 반박하면서 거짓해명 논란이 불거졌다. 임금체불 의혹과 전문성 부족도 도마 위에 올랐다.

이런 여러 이유로 정의당조차 "조 후보자는 음주운전, 다운계약서 등 문제에 대해 사과했지만 핵심적 의혹을 제대로 해명하지 못했다. 특히 한국여론방송에 2억5000만원을 출자한 문제는 아직도 해명되지 않았고, 인감도장과 인감증명서 10통을 일반인에게 이유와 목적을 확인하지 않고 전달했다는 해명 또한 납득하기 어렵다."며 조 후보자의 사퇴를 촉구했다.

이처럼 문 정부의 초대 내각 인선부터 큰 문제를 노출했다. 인사 검증에 심각한 구멍이 생긴 것이다. 문 대통령과 조국 수석 등 청와대는 철저히 검증해 도덕적으로 깨끗하고 능력있는 인사를 임명하겠다고 약속했지만 허언이 되었다. '내로남불'을 넘어 박근혜 정부보다도 못한 참담한 인사 참사가 초래된 것이다.

조국 수석의 무능에 비난 쏟아져

이와 관련, 우선 실무자인 조국 민정수석이 타깃이 됐다. 그가 민정수석으로서 제대로 자신의 업무를 수행하고 있는지, 심지어 그 자리에 적합한 인물인지 의문이 많이 제기되었다. 후보자들의 행적에 대한 기초적 사실관계만 확인했어도 걸러낼 수 있는 결함들이 내정 후 쏟아져 나왔다. 조 수석이 이를 몰랐다면 직무에 태만했거나 능력이 부족한 것이다. 만약 알고도 대통령에게 추천했다면 그 저의가 의심스럽다.

일례로 조대엽 고용노동부 장관 후보자의 경우를 보자. 조 수석은 박근혜 대통령이 음주운전 경력의 이철성 경찰청장을 임명할 때 "미국 같으면 애초 청문회 대상 자체가 될 수 없는 사람"이라며 분명하게 비판했었다. 그런데 똑같은 음주운전 의혹의 인물을 장관 후보자로 버젓이 올린 것이다. 어찌 이런 일이 있을 수 있나? 상식적으로 아무리 생각해도 이해할 수 없는 행태이다.

청와대가 발표한 고위공직 원천배제 7대 비리 기준	
병역기피	본인 또는 직계비속이 병역법 위반 처벌받거나 병역회피 목적으로 외국 국적 취득 또는 우리 국적을 포기한 경우, 고의 또는 불법적으로 병역면제나 보직 특혜받은 경우
세금탈루	본인 또는 배우자가 조세법 처벌법 위반 처벌받거나 고액·상습 체납자로 명단 공개된 경우
불법적 재산증식	본인 또는 배우자가 부동산·주식·금융거래 미공개 중요 정보를 이용하거나 타인이 이용하게 한 경우
위장전입	부동산 투기 또는 자녀 선호 학교 배정 목적으로 2회 이상 위장전입한 경우(2005년 7월 이후)
연구 부정행위	당시 연구자 소속 기관이 표절·중복게재 또는 연구 부정행위 판정한 경우, 연구 부정행위나 연구비 부정 사용으로 처벌받은 경우(2007년 2월 이후)
음주운전	최근 10년 내 음주운전 2회 이상 혹은 1회라도 신분을 허위진술한 경우
성 관련 범죄	성범죄로 처벌된 사실 있는 등 중대한 성 비위 사실 확인된 경우, 그에 못 미처도 고의성·상습성·중대성 있는 경우(1996년 7월 이후)
불법 정치자금 수수	정치자금의 적정한 제공을 보장하고 그 수입과 지출내역을 공개하여 투명성을 확보하며 정치자금과 관련한 부정을 방지하는 정치자금법에 위반하여 정치자금을 기부하거나 받는 것

그러나 결국 국무총리를 비롯한 장관 등 내각 인사의 최종 책임은 문 대통령에게 있다. 문 대통령이 이런 부정과 비리 의혹투성이의 인물들을 선호하지 않았다면 결코 임명되지 않았을 것이다. 야당의 반대에도 불구하고, 자신의 '공직 배제 5대 원칙'을 어기면서까지 이들을 고위 공직자로 임명한 사람은 바로 문 대통령이다. 국민과의 약속을 저버린 당사자가 문 대통령 자신인 것이다.

안타깝게도 이런 불미한 일은 이후에도 계속됐다. 청와대는 그 해인 2017년 11월 문 대통령의 대선 공약에서 크게 완화된 '7대 인사 배제 기준'을 내놓았다. 1기 내각 인선에서의 잇따른 낙마 사태와 여론의 비판을 의식해 '공직 배제 5대 원칙'을 완화 조정한 기준이었다. 7대 기준은 병역기피, 세금탈루, 불법적 재산증식, 위장전입, 연구 부정행위, 음주운전, 성 관련 범죄 등이다. 청와대는 후보자가 여기에 하나라도 해당한다면 임용을 완전히 배제하겠다고 밝혔다. 또 청와대는 기준에 미달하더라도 고의성, 상습성, 중대성 등이 있는 경우에도 임용하지 않겠다고 덧붙였다.

그러나 이어진 인사에서도 대폭 완화된 이 기준 조차 제대로 지키지 못했다.

2018년 9월 10일부터 시작된 문재인 정부 2기 내각 장관 후보자 7명 중에 7대 기준에 해당하는 의혹이 제기되지 않은 인사는 찾기 어려웠다. 세금탈루나 편법 증여를 벌인 의혹을 받은 후보자만 3명(최정호, 박양우, 박영선)이고, 부동산 투기나 차명거래 논란을 빚은 후보자도 4명(최정호, 진영, 조동호, 김연철)이었다. 자녀 교육이나 부동산 투기를 위해 위장전입을 벌인 의혹을 받는 후보자도 3명(박양우, 문성혁, 조동호)이나 되었다. 하지만 후보자들은 죄송하다는 말만 반복할 뿐 스스로 물러나겠다는 의사를 밝힌 사람은 단한 명도 없었다. 뻔뻔하기가 지명권자나 후보자나 피장파장이다.

이에 대해 제1야당인 한국당은 "범법자 수준의 함량 미달 후보자들로 모두 부적격"이라며 청와대에 모든 후보자의 지명 철회를 요구했다. 다시 말해, 여야가 모든 후보자의 청문보고서 채택에 합의하지 못한 초유의 사태가 벌어진 것이다.

이에 따라 청와대의 부실 인사 검증에 대한 책임론이 거세게 일었다. 인사 검증의 총 책임자인 조국 수석에 대한 비판의 목소리가 커진 것은 당연했다. 심지어 여당에서조차 "후보자들에 대한 방어를 하기 어려울 정도였다. 인사 검증이 총체적으로 부실했던 것으로 보인다."란 지적이 나왔다.

1기 내각의 경우 문재인 정부가 인수위원회 없이 출범해 충분한 검증 시간이 부족했다는 시각도 있었다. 그런 점에서 1기 내각의 부실인사가 이해되는 측면도 없지 않았다. 하지만 2기 인사에선 '정상참작'의 여지가 없었다. 부실 검증에 따른 인사검증 책임자에 대한 문책이 불가피하다는 지적은 당연했다.

게다가 조 수석은 2기 내각의 인선 직전인 2018년 5월 '인사검증 회고와 향후 개선방안' 보도자료를 내고 "향후 지속적으로 제도를 개선하면서 검증업무에 더욱 철저히 임하겠다."고 약속했다. 인사검증 실패를 인정하고, 철저한 검증을 다짐한 것이다. 그러나 반년도 지나지 않아 또다시 낙제점을 받게 됐다.

인사 실패와 함께 박근혜 정부에서 블랙리스트 수사 대상이 됐던 '찍어내기 인사'와 '낙하산 인사'가 문 정부 청와대에서도 곳곳에서 드러났다. 신미숙 청와대 균형인사비서관을 비롯한 인사수석 라인이 검찰의 '환경부 블랙리스트'사건 수사 선상에 올랐다. 이는 청와대 특별감찰반 출신 김태우 전 수사관이 폭로한 것으로, 문 정부의 김은경 전 환경부 장관이 재임 당시 청와대와 공모해 산하 공공기관 임원들에게 강제로 사직을 종용했다는 의혹 사건이다.

이 사건의 실체를 가리기 위한 재판이 2021년 5월 현재 진행되고 있다[1].

---

1) 2020년 8월 21일 진행된 재판에서는 청와대 추천 인사가 환경부 산하기관에 임명되도록 청와대 인사들이 지속적으로 관여해 온 정황이 드러나기도 했다. 2년 가까이 이어진 재판 끝에 1심 법원은 2021년 2월 9일 김 전 장관에게 징역 2년 6개월을 선고하고 법정구속했다. 1심 법원은 김 전 장관이 환경부 산하 공공기관을 친정부 세력으로 물갈이하기 위해, 박근혜 정부가 임명한 인사들을 내쫓았다는 이른바 '환경부 블랙리스트' 의혹 대부분을 유죄로 인정한 것이다. 신미숙 전 비서관은 징역 1년 6개월에 집행유예를 선고받았다.

신 비서관에 이어 직속 상관인 조현옥 인사수석까지 검찰 수사 대상이 될 수 있다는 애기가 흘러나왔다. 그에 따라 청와대가 '찍어내기'와 '낙하산' 인사 의혹의 몸통으로 떠오를 수 있다는 분석도 제기되었다. 실제로 청와대는 처음에는 의혹을 전면 부인하다가 시간이 가면서 '합법적 인사를 한 것'이라는 기조로 말을 바꾸었다. 청와대는 2018년 12월 김태우 전 수사관이 '환경부 블랙리스트' 의혹을 처음 제기했을 때 "문재인 정부 유전자에는 민간인 사찰 DNA가 없다."며 강하게 부인했다. 그러나 검찰수사에서 청와대 개입 정황이 나오자 "환경부 감사는 적법한 감독권 행사이자 체크리스트"라고 말을 바꾸었다.

이 '환경부 블랙리스트' 사건에 연루된 곳이 청와대 인사·민정라인이다. 어찌보면 청와대의 인사·검증 라인이 '총체적 난국'에 빠진 것이다. 그럼에도 당사자인 조현옥 인사수석과 조국 민정수석은 공식 해명이나 사과 한마디 없이 침묵했다.

이처럼 부실 인사, 부실 인사검증, '찍어내기 인사' 등으로 조국 민정수석의 직무 태만과 능력부족, 권력남용 혐의 등이 심각하게 문제가 되었지만 문 대통령은 그를 문책하지 않았다. 오히려 문 대통령은 그를 법무부 장관으로 지명해 전국을 들썩이게 한 '조국사태'를 초래하게 했다. 민주주의를 추구하는 국민의 보통 상식으로는 결코 이해할 수 없는 황당한 행태였다.

조국 이후에도 부실인사 여전

조국 수석 이후에도 문 정부의 고위 공직자 부실 인사문제는 크게 개선되지 않았다. 문 대통령은 2020년 7월 28일 국회 청문회에서 북한과의 이면 합의와 학력위조 논란 등이 제기된 박지원 국정원장을 임명했다. 통합당은 "박 후보자가 2000년 남북정상회담 준비 때 북한과 30억달러 '이면 합의서'를 체결한 의혹을 밝혀야 한다."며 "문 대통령은 진위를 확인할 때까지 임명을 유보하라."고 요구했다. 그러나 민주당은 이날 국회 정보위원회 전체회의를 단독 소집해 박 원장 인사 청문보고서를 통과시켰다. 문 대통령은 이로부터 3시간여 만에 임명안을 재가했다. 문 대통령은 전날인 27일에도 야당이 청문보고서 채택을 거부한 이인영 통일부 장관을 임명했다.

논란 많았던 김현미 국토부 장관과 추미애 법무부 장관의 후임 임명도 가관이었다. 변창흠 신임 국토부 장관은 막말, 갑질, 부정특혜, 인사부정, 특권의식, 세금탈루 등 수많은 의혹을 받던 인물로, 그야말로 막장인사의 끝판 같았다.

2020년 12월 22일 변창흠 국토교통부 장관 후보자가
'구의역 사망사고' 희생자 김군 유가족에게 방문 의사를 밝혔다가 거절당한 뒤
다른 직원들을 찾아가 '우회 사과'하고 있다. /JTBC 캡처

그는 SH(서울주택공사) 사장으로 재직할 때 학교 동문이나 지인을 고위직에 특혜 채용한 의혹, 연평균 4581만원(전임자는 2070만원)의 법인카드 과다사용 의혹, 자신이 속한 특정 학회와 연관된 기관에 무려 36억9700만원의 연구용역을 수의계약으로 몰아줬다는 의혹, 오찬회의 때 2만~3만 원 상당의 도시락이 형편없다거나 강남 과자가 아니라고 짜증을 냈다는 의혹, 종부세·양도세·재산세 등 세금 인상을 주장해왔으면서도 정작 자신은 상습적으로

지방세·주정차위반 과태료 등을 체납하여 자동차를 압류당하기까지 한 사실, 2016년 서울 지하철 2호선 구의역 스크린도어 사망사고에 대해 "업체 직원이 실수로 죽은 것"이라고 막말한 사실 등 온갖 의혹과 구설에 오른 인물이다.

또한 그는 반시장적 부동산 정책관, 수구적 노동관, 내로남불 태도 등으로 지탄을 받았다. 여론은 그의 장관임명에 부정적(62.4%)이었다. 그럼에도 문 대통령은 2020년 12월 28일 그를 국토부 장관에 임명했다. 이 정도면 막가도 한참 막가는, 국민은 안중에도 없는 안면몰수의 막장 인사나 다름없다. 그러나 LH 사장 출신의 그는 곧바로 이어진 LH 직원들의 3기 신도시 투기의혹 사건으로 장관에 임명된 지 3개월여만에 옷을 벗고 말았다. 안면몰수 막장 인사의 희극적 결말이었다.

이어진 막장인사 박범계 법무장관

이런 안면몰수의 막장 인사는 이어진 박범계 신임 법무부 장관 때도 마찬가지였다. 박 장관은 고교시절 '갈매기조나단'이라는 음성 서클에 가입해 일진 짓을 하다가 학교에서 퇴학당할 위기에 처하자 학교를 자퇴한 경력이 있다. 물론 젊은 시절 한때의 일탈로 넘길 수도 있지만, 이후 국회의원 때 고시생 폭행 의혹, 패스트트랙 폭행죄 기소 등 폭행 관련 논란이 이어졌다.

그가 힘 있는 국회의원으로서 사회적 약자인 고시생들을 폭행했다면 이는 사회적 약자 보호를 내세우는 민주당의 원칙과 정면 배치된다. 7~8명의 고시생들은 2016년 11월 23일 당시 박범계 의원이 사법시험 존치를 읍소하는 자신들의 멱살을 잡고 폭행과 폭언을 가했다고 주장한다.

이 주장은 사실일 가능성이 매우 높다. '사법시험 존치를 위한 고시생 모임'의 이종배 대표는 사건이 발생한 직후인 2016년 11월 24일 박 의원에게 다음과 같은 문자를 보냈다고 한다.

"안녕하세요, 의원님.

고시생 모임 대표 이종배입니다.

어제 의원님께서 저희 고시생들의 가방을 채가고,

고시생들의 얼굴과 주민등록증을 사진으로 찍고,

저희들에게 욕설과 고함을 하신 부분에 대해

저희들은 적잖이 실망했습니다.

저희 고시생들은 읍소를 드리려고 무릎 꿇고 앉아 있던 상황이었습니다.

저희들도 이미 30대 중후반이고,

의원님에게 그런 험한 반말을 들을 나이는 아닙니다.

국회의원이 국민에게 그래도 되는 것인지 의문입니다.

의원님의 공식적인 사과를 요청드립니다.

의원님께서 사과를 하시지 않으면

저희도 국민의 한 사람으로서 문제제기를 할 수 밖에 없습니다."

만약 위 주장이 사실이 아니라면 당시 힘 있는 국회의원으로서 결코 가만히 보고 있지 않았을 것이다. 거짓협박 주장으로 이들을 처벌해 달라고 당연히 고발했을 것이다. 더구나 박 의원(현 법무부 장관)은 사건 발생 후 몇 년이 지난 지금에서야, 당시 자신이 폭행당했다고 주장한다. 국회의원이 집단폭행을 당한 후 상대방이 오히려 폭행당했다고 거짓 주장하는데도 박 의원 측은 대응하지 않았다. 대신 박 의원 측은 사건을 무마하고자 보좌관이 이 대표에게 전화를 했다고 한다. 국회의원이 고시생들로부터 집단폭행을 당하고도, 되려 자신들이 폭행당했기 때문에 사과하라는 요구에도, 박 의원은 무마 전화 외에 이들에 대해 어떤 법적 대응이나 조치도 취하지 않았다. 상식적으로 도저히 이해가 되지 않는 대응이요 태도였다.

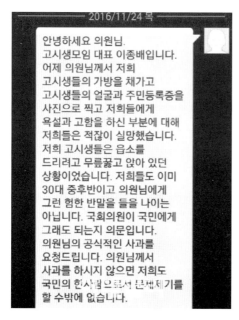

고시생 모임의 이종배 대표가 2016년 11월 24일 박범계 의원에게 보냈다는 문자. /이데일리 캡처.

또한 박범계 의원은 국회 패스트트랙 사건과 관련해 폭행죄로 기소된 형사피고인 신분인데, 이 상태에서 문 대통령은 2021년 1월 27일 그를 법무부 장관에 임명했다. 이로써 그는 문 대통령이 야당을 패싱하고 임명한 27번째 장관이 되었다.

박 법무부 장관은 폭행 혐의 자체도 문제이지만, 재판을 받고 있는 상태에서 검찰을 움직일 수 있는 직위에 임명되어 이해충돌 가능성이 크다. 형사피고인이 법과 정의를 세우는 법무부 장관에 임명된 경우는 헌정사상 전례가 극히 드문 일이다. 게다가 비슷한 시기에 임명된 이용구 법무부 차관도 택시운전기사 폭행 논란에 휩싸였다. 법무부 장관과 차관이 모두 폭행 논란에 휘말린 초유의 상황이 벌어진 것이다. 이 모두 문 대통령이 초래한 상황이다. 법과 정의를 중시하는 대통령이라면 도저히 있을 수 없는 무법 상태가 지속됐다.

사법시험 존치를 위한 고시생 모임 이종배 대표가 2021년 1월 26일 박범계 법무부 장관 후보자를 특수폭행 혐의로 서울중앙지방검찰청에 고발장을 제출하고 있다. /SBS 캡처

박 법무부 장관은 폭행 외에도 수많은 의혹과 논란으로 구설에 올랐다. 그가 민주당 대전시당 위원장으로 있을 때 발생한 거액의 불법 선거자금 묵인·방조 의혹, 불법 특별당비 요구 의혹, 지방선거 경선개입 의혹을 비롯해 3주택 소유자로서 부동산 관련 내로남불 논란, 성추행 의혹으로 자살한 박원순 전 서울시장에 대한 '맑은 분' 칭찬 논란, 판사로서 삼례 나라슈퍼 강도치사 사건 오심 논란 등으로 비난받았다. 이런 수많은 의혹과 논란에 휩싸여 야당을 패싱한 채 임명된 그는 이후 법무부 장관으로서 검찰 장악을 위한 '추미애 시즌2'를 이어갔다.

문재인 대통령은 2021년 6월 1일, 사임한 윤석열 검찰총장의 후임으로 김오수 검찰총장 임명안을 재가했다. 이로써 문 대통령이 야당의 동의없이 임명한 장관급 이상 인사는 33명이 됐다. 이는 노무현 정부의 3명, 박근혜 정부 10명, 이명박 정부의 17명에 비해 압도적으로 많은 숫자이다. 야당 무시, 국민 무시가 역대정부와 비교할 수 없을 정도로 최악이다.

특히 전임 진보 정부인 노무현 대통령보다 11배나 많다. 심지어 탄핵당한 박근혜 대통령 때보다도 3배 이상 많다. 이런 문 정부를 민주 정부, 진보 정부라고 부를 수 있겠는가? 인사에만 한정할 때 문 정부는 역대 최악의 독재 정부로 비친다.

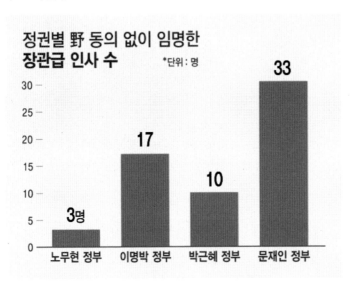

국민에게 "살인자"라고 고함친 대통령 비서실장

한편, 민주당이 4.15 총선에서 압승한 이후 국회 운영과 인사청문회는 더욱 목불인견(目不忍見)이었다. 독재정권도 이런 독재정권이 없었다. 민주당은 7월 27일 국회 국토교통위 등 3개 상임위를 열어 부동산 관련 법안 등 13개 법안을 순식간에 단독 날치기 처리했다. 법안 상정부터 통과까지 반나절밖에 걸리지 않았다. 제1야당 통합당 의원들은 거대 여당의 폭주 앞에 속수무책이었다.

민주당은 법사위에서도 주택임대차보호법 개정안 등 '임대차 3법' 모두를 같은 방식으로 단독 날치기 처리했다. 임대차 3법에는 계약갱신청구권제, 전

월세상한제, 전월세 신고제 등 국민의 주거생활과 밀접한 내용이 들어 있었다. 주거 약자 보호라는 정책 의도와는 달리 재산권 침해와 전셋값 상승 등의 부작용이 불거질 수 있다는 우려도 제기됐다. 그런 중요한 법안을 놓고 상임위에서 협의나 토론도 없었다. 법안 심사를 위한 소위의 검토마저 건너뛰었다. 역대 정권에서 전례를 찾기 어려운 독재적 행태이다.

이해찬 민주당 대표는 "지금 부동산 상황에서는 무엇보다 신속한 입법이 중요하다."며 입법 독주를 독려했다. 참으로 꼴불견이요, 한심한 처사다. 국회는 행정부를 견제하는 삼권분립의 한 축이다. 이해찬 대표 역시 과거 학생운동 경력을 훈장처럼 달고 다니는 사람이다. 민주화운동을 했다는 여당 대표가 민주주의의 기본을 망각한 채 신속 처리만 외쳐대고 있다. 권력의 거수기에 다름 아니다. 국회 운영은 다수결이 원칙이지만 야당과 머리를 맞대고 조정과 협의 절차를 거치는 게 먼저다. 그게 대의 민주주의다. 충분히 대화한 후에도 합의가 도출되지 않으면 그때 가서 표결 처리하면 된다. 이런 절차적 정당성을 외면한다면 의회민주주의를 포기한 것이나 다름없다.

이같은 민주당의 입법 독주 혹은 독재는 청와대와의 교감 없이는 불가능할 것이다. 문 대통령이 취임사에서 약속한 야당과의 상생은 눈을 씻고 봐도 찾을 수 없다. 누가 보아도 그냥 일방 독주, 독재로 비친다.

민주당의 총선 압승 이후 인사청문회나 국정감사 풍경도 아주 낯설게 바뀌었다. 비리 의혹의 청문대상 후보자들이 야당 의원들의 질의에 화를 내거나 호통치는 경우가 다반사였다. 특히 이인영 통일부 장관 후보자와 박지원 국가정보원장 후보자의 인사청문회 태도가 그랬다. 심지어 노영민 대통령 비서실장은 국회 국정감사장에서 '광화문 집회' 주최자 측을 가리켜 "살인자"라고 소리쳤다. 집회 주동자도 국민이니 국민들에게 "살인자"라고 외친 것과 진배없다. 문 정권 하에서 '국민의 종복(從僕)'들의 건방짐과 오만이 하늘을 찌를 듯하다.

공직 후보자 혹은 국무위원, 임명직 공무원 등에 대한 야당 의원들의 질의는 국민을 대신해서 하는 것이다. 그런데 과거 민주화운동을 했다는 인사들이 국민을 향해 윽박지르고 호통친다.

이게 촛불정부 문재인 정권의 실상이다. '국민의 종'들로부터 이런 대접을 받으려고 국민들은 그 추운 날 광화문에 몰려가 촛불을 들었단 말인가?

한마디로 '죽 써서 개 준 꼴이다.'

4부

부활하는 전체주의적 독재

행정부, 입법부에 이어
사법부 장악 기도

"국회는 야당이 없어도 잘 작동한다."

이는 한때 민주주의자라 자칭하던 헝가리의 총리 빅토르 오르반(Viktor Orban)이 한 말이다. 오르반은 '합법적 독재'의 개척자다. 헝가리는 소련 붕괴 후 민주주의 모범국이었으나 오늘날 '유럽의 이단아'가 됐다. 헝가리가 민주국가에서 전체주의적 독재국가로 나아가는 과정은 문재인 정부가 가는 길과 유사해 우리에게 많은 시사점을 준다.

'합법적 독재'의 개척자로 일컬어지는 빅토르 오르반 헝가리 총리.

검찰과 사법부 장악해 독재의 길로

오르반은 민주화 투사 출신이다. 과거 헝가리가 공산국가일 때 그는 자유민주주의를 추구했던 야심찬 젊은이였다. 1988년 오르반은 공산주의 정권에 반대하는 청년민주동맹(피데스, Fidesz)의 창립을 주도했다. 1989년 6월 16일 수도부다페스트의 '영웅광장'에서 자유선거와 소련군 철수를 촉구하는 명연설로 일약 스타가 되었다.

정치에 뛰어든 그는 1998년 총선 승리로 35세의 나이에 최고 권력자인 총리의 자리에 올랐다. 이 때까지만 해도 그는 서구적 자유민주주의를 추구했다. 그러나 2010년 총선 압승으로 재집권한 그는 빠르게 독재자의 길을 간다. 2012년 헌법을 개정해 국민의 기본권을 대폭 축소하고, 자신의 뜻에 어긋나는 언론보도나 각종 시위에 대한 규제를 강화했다. 선거법을 개정해 여당에 유리하게 선거구도 개편했다.

2014년 총선에서 대승한 이후부터는 노골적으로 반(反)민주주의와 반서방 국가로 치달았다. 그는 "헝가리는 서방이 추구하는 가치 대신 러시아나 중국 같은 국가를 모델로 삼아 나아가야 한다."거나 "헝가리가 서방의 민주주의를 좇은 결과 국가 자산을 지키지 못하고 빚더미에 앉게 되었다."고 선동했다.

언론에 대한 탄압도 더욱 노골화됐다. 헝가리 최초의 독립 언론이 폐간되고, 공영방송사의 대표가 경질됐다. 2016년 정부에 비판적인 헝가리 최대 일간지가 돌연 발행 중단됐고, 2018년에는 저명한 보수일간지 머저르 넴제트(Magyar Nemzet)가 폐간됐다. 또 친정부 언론에는 광고예산을 특별 배정하고, 반정부 성향의 언론사에는 정부 광고비를 대폭 삭감했다. <국경없는기자회>는 헝가리의 민주주의가 위기에 빠졌다고 경고했다. <국경없는기자회>가 매기는 헝가리의 언론자유 순위는 2006년 10위에서 2014년에는 64위로 폭락했다.

특히 2020년 3월 코로나 위기가 닥치자 압도적 다수의 여당은 총리에게 초법적 권력을 부여하는 법안을 통과시켰다. '코로나19 방지법'으로 명명된 이 법은 총리인 오르반에게 국가비상사태를 무기한 연장할 수 있는 권한과 입법권 등 초법적 통치 권력을 부여했다. 이 법이 발효되면 국회의 기능은 정지되고 선거도 중단된다. 또 이 법은 정부에 비판적인 가짜뉴스 유포자와 거주지 이탈자에겐 최고 5년의 감옥형에 처할 수 있다. 헝가리의 민주주의가 종언을 고할 위기에 처한 것이다.

이를 본 미국과 유럽연합(EU)은 이 법을 폐기하라고 강하게 압박했다. 오르반 총리가 코로나19 사태를 악용해 장기집권의 기반을 닦으려는 시도로 판단했기 때문이다. 결국, 이 법은 국회통과 후 3개월만에 폐기됐다. 법안이 폐기됐지만, 정부가 공공 보건상의 이유로 또 다른 비상사태를 선포할 경우 다시 도입할 수 있도록 여지를 남겼다.

오르반의 집권 후 헝가리 민주주의는 크게 훼손됐다. 과거 민주주의를 추구한 그와 집권당의 권력기관 장악 수법은 매우 정교하다. 행정과 입법권을 먼저 장악한 뒤 그들이 선제적으로 한 일은 사법부의 통제였다. 이를 통해 민주주의의 근간인 3권분립을 무너뜨렸다. 이어 선거법을 자신들에게 유리하도록 개정하고, 검찰을 권력의 시녀로 만들었다.

물론 이런 과정은 다수당을 활용한 '법에 의한 통치'로 합법의 틀을 갖추었다. 아울러 표를 얻기 위해 '퍼주기 포퓰리즘' 원리를 작동시켰다. 의회민주주의는 퇴보하고 '전체주의적 독재'가 자리잡았다. 재미있는 것은, 이런데도 불구하고 헝가리 국민의 36%는 현재 '헝가리의 민주주의가 잘 정착돼 있다.'고 믿는다는 사실이다. 국민 편가르기 전략의 효과이다.

헝가리와 문 정부 독재화 과정 비슷

헝가리의 전체주의적 독재화 과정은 문 정권의 성격, 그리고 권력장악 과정과 비슷하다. 문 정부는 오르반 총리세력처럼 과거 민주화운동을 했다는 사람들이 주류이다. 그러면서도 언론자유를 제약하고, 3권분립이란 민주주의 기본 원칙을 무너뜨리고 있다. 김명수 대법원장 하의 사법부는 독립성을 의심받고 있고, 여권 측에 유리한 연동형 비례대표제로의 선거법 개정이 이루어졌다. 또 검찰의 시녀화가 노골적으로 진행됐고, 코로나 사태를 빙자한 세금 퍼주기가 일상화됐다. 헝가리의 독재화와 대한민국의 진행 상황이 매우 유사하다.

행정부와 국회를 장악한 문 대통령과 민주당의 사법부 등 통제 상황을 살펴보자. 2020년 9월 8일 이흥구 신임 대법관이 취임했다. 이로써 문재인 정권 들어 김명수 대법원장이 임명 제청한 대법관이 10명이 되었다. 14명의 대법관 중 김 대법원장을 포함해 대법관 11명이 문 정권 들어 새로 임명됐다. 비율로 따지면 78.6%를 차지한다.

법원 내 진보성향 모임인 우리법연구회 출신 김명수 대법원장.

김명수 대법원장은 2017년 9월 문재인 대통령이 임명했다. 김명수 대법원장은 법원 내 진보성향 모임인 우리법연구회 출신이다. 김명수 대법원장 체제에서 임명된 '진보적' 대법관들은 중요한 정치적 재판에서 친정부적 판결을 할 가능성이 높다. 실제로 문 정부 때 추천된 대법관이 절반을 넘은 2018년부터 대법원은 문 정부의 입장과 일치하는 판결들을 많이 했다. 예를 들면 일제 강제징용 사건, 양심적 병역거부 사건, 여순반란 민간인 희생자 사건, 이재명 경기지사에 대한 무죄 취지의 판결, 은수미 성남시장에 면죄부를 준 판결, 7년 만에 전교조의 법외노조 지위를 벗겨준 판결 등이다.

대법원뿐만 아니라 헌법재판소(헌재)의 인적 구성도 유사하다. 유남석 헌재 소장도 법원 내 진보 판사들의 모임인 우리법연구회 창립 멤버다. 그는 2017년 11월 문 대통령에 의해 헌법재판관에 지명됐고, 이듬해 9월 소장으로 임명됐다. 헌재 9명의 구성원 중 6명이 문 대통령과 민주당, 그리고 문 대통령이 임명한 김명수 대법원장의 추천 인사다.

2020년 5월 헌재는 2019년 정국을 뜨겁게 달궜던 민주당을 포함한 범여(汎與)권에 의한 국회 패스트트랙이 정당하다고 판결했다. 헌재는 또 검찰개혁법, 선거법 등을 심의하는 과정에서 제기된 자유한국당의 권한쟁의 심판 청구에 대해서도 모두 각하 혹은 기각 결정을 내렸다. 민감한 정치적 이슈에서 모두 여당인 민주당 쪽의 손을 들어준 것이다.

이에 대해 야당은 사법부의 독립성이 훼손됐다며 우려한다. 주호영 국민의힘(구 미래통합당) 원내대표는 국회 연설에서 문 정부 들어 결정된 여러 친정부적 대법원 판결들을 거론한 후 "김명수 대법원장은 사법부 수장으로서 부끄러운 줄 알라. 사법사에 어떤 대법원장으로 기록될지 두렵지도 않은가?"라고 질타했다.

한규섭 서울대 교수(언론정보학과)는 <중앙일보>와의 인터뷰에서 "삼권분립이라는 민주주의의 기본 원리에 이미 손상이 생겼다는 신호로 받아들일 필요가 있다."고 경고했다. 그는 또 "일각에서는 현 대법원의 구성이 '김경수 경남지사의 무죄 판결을 위한 사전작업'이라는 과잉 해석까지 나온다."고 우려했다.

대법원·헌재에 이어 감사원도 진보로 채워

감사원과 방송통신위원회 등 독립성이 특히 강조되는 다른 합의제 기관들의 상황도 다르지 않다. 감사원의 경우엔 7인의 감사위원을 모두 문 대통령이 임명했다. 방송통신위는 한상혁 위원장을 비롯한 5명의 상임위원으로 구성되는데, 3명은 대통령과 여당, 2명은 야당 추천 몫이다.

감사원에선 2020년 중반 최재형 감사원장과 청와대가 부딪히는 전례 없는 상황이 벌어졌다. 문 정부의 월성원전 1호기 조기 폐쇄에 대한 감사 문제, 최 원장의 감사위원 제청권 등을 두고 양측간 갈등이 빚어졌다. 민주당 일부 의원은 독립성이 보장된 최 원장에게 공개적으로 사퇴를 요구하기도 했다. 일례로 신동근 의원은 "대통령의 국정운영 방향에 대해서 불편하고 맞지 않으면 사퇴하세요."라며 노골적으로 사퇴를 요구했다. 윤석열 검찰총장에 대한 사퇴압력과 비슷한 여권의 부당한 공격이다.

4대 합의기구 구성 현황			
감사원 (원장 4년·한차례 연임 가능, 위원 임기 4년)			
최재형 감사원장	2022. 1	문재인 대통령	
김진국	2021. 7	문재인 대통령	
강민아	2022. 3	문재인 대통령	
손창동	2022. 3	문재인 대통령	
유희상	2023. 11	문재인 대통령	
임찬우	2024. 2	문재인 대통령	
공석 ➡ 청와대와 최재형 원장 간 임명 놓고 갈등			
방송통신위원회 (위원장, 상임위원 임기 3년)			
한상혁 위원장	2022. 9	문재인 대통령	
김 현 부위원장	2023. 8	더불어민주당	
김창룡	2023. 4	문재인 대통령	
안형환	2023. 3	미래통합당	
김효재	2023. 8	미래통합당	

4대 합의기구 구성 현황. /중앙일보

김용철 부산대 교수(행정학)는 "현 정부에서 임명된 감사원장의 사퇴를 여당이 공개적으로 말하는 자체가 헌법에 보장된 감사원의 독립성을 무너뜨리는 것으로 읽힐 수 있다."고 우려했다.

이 같은 문재인 정권의 3권분립 훼손과 전체주의적 독재로의 회귀 조짐에 대해 국내외에서 많은 우려가 나오고 있다. 영국의 저명한 시사주간지 <이코노미스트>는 "한국의 자유주의적 정권이 내면의 (독재적) 권위주의를 드러내고 있다."고 비판했다.

2020년 8월 22일자 <이코노미스트>는 "(탄핵당한) 박근혜 전 대통령의 후임자로 나선 인권변호사 출신 문재인 대통령은 지난 정부보다 평등하고 개방적이며 이견에 관대할 것을 약속했다."며 "(하지만) 이런 좋은 의도가 시들어가고 있다."고 주장했다. 이 잡지는 또 "문 정부는 정부에 반대의견을 낸 사람들에 대해 무관심하거나 건설적 토론을 하기보다는 법적 소송으로 대응한다. 2019년 언론을 상대로 하는 소송의 5분의 1이 정부 고위공직자와 관련돼 있고(정부가 건 소송), 박근혜 정부 때보다 많다."고 우려했다.

Asia
Aug 20th 2020 edition ›

Banyan
South Korea's liberal rulers
unleash their inner authoritarian

영국 시사주간지 이코노미스트가 2020년 8월 22일 칼럼을 통해 문재인 정부가 "남에 대한 비판은 잘하면서 남의 비판은 못 참는다."고 보도했다. [이코노미스트 캡처/중앙일보]

'사회정의를 바라는 전국교수모임(정교모)'은 2020년 8월 13일 문재인 정부의 국정 운영에 관해 시국선언을 발표하고 "유사 전체주의 독재에 맞서겠다."고 선언했다. 정교모는 전·현직 대학교수 약 6200명이 참여하고 있는, 시국선언 관련 역대 최대의 교수단체이다. 2019년 9월에는 조국 전 법무부 장관의 임명을 반대하는 시국선언을 주도하기도 했다.

사회정의를 바라는 전국교수모임(정교모) 대표들이 2020년 8월 13일
국회 앞에서 기자회견을 열고 문재인 정권의 폭정을 고발하는
제3차 시국선언서를 발표했다./뉴데일리TV 캡처

　정교모는 "문재인 정권 아래에서 대한민국은 한 번도 경험하지 못한 거짓과 선동·독재와 무능·부패의 나라, 비정상·반문명의 문(文) 디스토피아(dystopia: 역(逆) 유토피아를 나타내는 말로 '희망이 없는 암울한 세상'을 뜻함)로 전락하고 있다."며 "문 정권은 삼권분립의 법치를 무시하는 '유사 전체주의' 폭정을 행함으로써 대한민국의 입헌주의와 법치주의는 마비되었고, 이로 인해 국민의 자유와 주권은 철저히 유린되었다."고 비판했다.

　정교모는 또 "문재인 정권이 불법적으로 감행한 공수처법의 통과, 사법부와 검찰의 시녀화, 국회의 '통법부화'에 의해 삼권분립에 입각한 입헌주의와 다원적 민주주의가 빈사(瀕死) 상태에 빠졌다."고 통탄했다.

최장집 교수도 "한국 민주주의 위기"

대표적 진보 정치학자인 최장집 고려대 명예교수도 "현재 한국 민주주의는 최대의 위기에 직면했다."고 우려했다. 최 교수는 "집권 386 진보세력이 민주화 이전으로 회귀해 역사와 대결하는 것이 주요 원인이다. 이들 진보세력이 이해하는 직접민주주의는 전체주의와 동일하다."고 신랄하게 비판했다.

또 다른 진보학자인 진중권 전 동양대 교수의 비판은 더욱 신랄했다.

"검찰·감사원·법원·언론 등 감시와 견제의 기관들은 그들의 공격 대상이 됐다. 그 잘난 '개혁'으로 민주주의의 근간인 권력분립이 무너지고 있다. 이게 촛불을 들고 우리가 원했던 나라인가? 민주당은 리버럴하지 않다. '내면의 권위주의'를 거침없이 드러내는 그들은 이미 독재자, 이른바 '연성 독재자들'이다. 촛불은 배반당했다. 시민은 기만당했다."

오늘날 대한민국이 전체주의화 혹은 독재화되고 있다는 주장이 비현실적이라고 반론할지 모른다. 과연 21세기 현대국가에서 가능한 시나리오냐고. 그러나 미국 등 현대국가에서도 민주주의는 얼마든지 파괴될 수 있다. 요즘 자주 인용되는 책 <어떻게 민주주의는 무너지는가(How Democracies Die)>는 이를 밝히는 저서이다. 저자는 하버드대 정치학 교수인 스티븐 레비츠키(Steven Levitsky)와 대니얼 지블랫(Daniel Ziblatt)이다.

이들 저자는 책에서 독재자가 될 가능성이 다분한 포퓰리스트들이 어떤 조건에서 선출되는지, 선출된 독재자들이 어떻게 합법적으로 민주주의를 파괴하는지 세계 여러 나라의 사례를 통해 생생하게 보여준다. 이들은 전 세계 많은 나라에서 민주주의가 매우 유사한 패턴으로 무너졌음을 논증한다. 예를 들면 독일의 히틀러와 이탈리아의 무솔리니, 페루의 후지모리, 베네수엘라의 차베스 등을 거쳐 미국의 트럼프에 이르기까지 다양한 사례들이다. 당시 정당과 정치인, 국민들이 어떻게 잠재적 독재자들을 방조했고, 그것이 어떻게 민주주의의 파괴로 이어졌는지도 자세히 고찰한다.

독재의 시작은 정권이 법원·검찰·국세청·감사원 등 심판 역할을 하는 기관에 대한 장악에서 비롯된다. 일종의 심판을 매수하는 방식이다. 이는 정권의 말을 잘 듣지 않는 관료를 해고하고, 그 자리를 충신으로 채우는 형태로 진행된다.

"정권의 충신들이 이들 기관을 장악하면 권력을 제어하는 수사와 고발을 차단함으로써 잠재적 독재자에게 도움을 준다. 그 경우 대통령은 마음대로 법을 어기고, 시민권을 위협하고, 심지어 수사나 검열의 걱정 없이 헌법을 위반한다. 그리고 정권의 입맛에 맞는 판사로 사법부를 채우고 법 집행기관의 힘을 무력화함으로써 처벌의 두려움 없이 권력을 휘두른다."

지금 그런 일이 대한민국에서 벌어지고 있다. 아직 확실하게 장악되지 않은 검찰총장과 감사원장, 판사들이 정권의 주 타깃이다. 검찰개혁이란 명분하에 윤석열 검찰총장의 손발을 자르고, 주요 검찰조직을 온통 추미애 법무부 장관 라인으로 채웠다.

윤석열 검찰총장 결국 사임

1년 동안이나 진행된 추 장관의 윤석열 찍어내기는 2020년 12월 24일 법원에 의해 일단 제동이 걸렸다. 그러나 2021년 출범한 '검찰 위의 권력' 공수처와 180석 가까운 '공룡 여당' 민주당에 의한 윤 총장 거세 작전은 지속됐다. 민주당 일부와 지지자들은 법원의 판결을 맹비난하며 윤 총장 탄핵을 호시탐탐 노리고 있다. 결국 윤 총장은 2021년 3월 4일 사임했다.

또 권력의 입맛에 맞지 않는 판결을 하는 판사들에겐 민주당과 지지자들이 나서서 맹렬히 조리돌림한다. 재판부 공격을 통한 사법부 장악을 위해서다.

2019년 1월 30일 1심 법원은 '드루킹 댓글 여론조작' 공모 혐의로 기소된 김경수 경남지사에게 징역 2년을 선고했다. 그러자 민주당은 벌떼처럼 일어나 재판장인 성창호 부장판사를 공격했다. 민주당은 유죄선고 당일 곧바로 긴급 최고위원회의를 열고 "사법농단 세력의 사실상 보복성 재판"이라고 성토했다. 이어 박주민 의원을 위원장으로 하는 '사법농단세력 및 적폐청산 대책특별위원회'를 구성해 성 판사에 대한 탄핵도 추진하기로 했다.

민주당은 며칠 뒤 판결문을 조목조목 반박하는 행사까지 열어 김경수 재판부를 공격했다. 집권당 차원의 재판 불복운동이다. 집권 여당이 사법부의 재판 결과에 대해 강력 부정하고 나선 것은 전례가 드문 일이다.

2020년 8월 15일 오후 광화문에서 열린 광복절 반정부시위./MBC뉴스 캡처

'친문' 지지자들은 판결 직후 성 부장판사의 신상정보를 털어 온라인에 공개해 인신공격했다. 청와대 국민청원에는 김 지사의 판결에 관여한 판사 전원의 사퇴를 요구하는 청원 글을 올렸다. 법원 측은 1심 선고 직후 성 판사의 출퇴근길에 법원 방호원을 동행시켜 신변보호를 해야 할 정도였다.

여권과 지지자들에 의한 판사와 법원에 대한 공격은 자신들에게 불리한 판결이 나올 때마다 집요하게 반복됐다. 2019년 10월 자녀 입시비리 등 15가지 혐의로 기소된 정경심 동양대 교수에 대한 구속영장이 발부되자 영장전담 부장판사가 집중공격 대상이 됐다. 2020년 8월에는 법원이 반정부 시위인 '8·15 광화문 집회'를 허가하자 담당 부장판사의 해임을 촉구했다.

2020년 12월 23일 정경심 교수에게 징역 4년형이 선고되었을 때도 민주당 의원들과 지지자들은 앞다투어 법원과 판사 공격에 나섰다. 민주연구원장인 홍익표 의원은 "재판부의 선입견이나 편견이 상당히 작용한 매우 나쁜 판례"라고 공격했고, 조한기 사무부총장은 "법 집행의 공정성을 의심할 수밖에 없고, 검찰과 사법부의 끈끈한 유착에 새삼 분노할 수밖에 없다."며 재판부를 성토했다. '친문' 지지자들도 어김없이 "정경심 1심 재판부의 탄핵을 요구한다."는 국민청원을 올려 수십만명의 동의를 받았다.

다음날인 12월 24일에는 법원이 윤석열 검찰총장에 대한 징계 집행정지 신청을 받아들이자 여권에선 그야말로 난리가 났다. 민주당 내부에선 "판사 카르텔 (해소)", "윤 총장 탄핵" 등 강경 발언이 연일 쏟아져 나왔다. 이낙연 민주당 대표조차 "대한민국이 사법의 과잉지배를 받고 있다는 국민의 우려가 커졌다. 정치의 사법화, 사법의 정치화가 위험수위를 넘었다는 탄식이 들린다."며 법원이 '정치적 결정'을 했다는 식으로 재판부를 공격했다.

민주주의를 떠받치는 삼권분립의 최후 보루인 검찰, 법원, 감사원 등이 집권 세력으로부터 공격받고 있다. 행정부와 입법부를 장악한 문 정부와 민주당은 남은 검찰과 사법부를 장악하기 위해 노골적으로 압박과 공격을 가하고 있다. 그야말로 사생결단이다. 겉으론 민주화를 내세우지만 허울이다. 실제는 정권유지와 연장을 위해서다. '합법적 독재의 길'이다.

검찰과 법원이 무너지면 권력에 대한 견제와 균형은 사라진다. 권력은 강하다. 문 정권은 무소불위의 행정권력(대통령), 입법권력(국회), 준사법권력(공수처)을 모두 손에 쥐고 있다. 여론만 좀 받쳐주면 얼마든지 검찰과 법원을 무력화시킬 수 있다. 그래서 사법부 장악 이후에는 '언론적폐'라며 언론장악을 시도할 것이다. 검찰과 사법부, 언론이 권력에 장악되면 민주주의도 숨을 다한다.

대한민국의 민주주의가 풍전등화의 위기에 섰다. 주범(主犯)은 민주주의를 위해 싸웠다던 문재인 대통령과 과거 386 민주화 세력이다.

"촛불은 배반당했다. 시민은 기만당했다."

국회는 문의(文意)의 전당, 통법부 전락

헌정사 최초 예산안 날치기

2019년 12월 10일 국회에서 전례없는 일이 벌어졌다. 이듬해 예산안이 제1야당과 합의없이 강행 처리된 것이다.

집권 여당인 더불어민주당은 친여 야당들과 함께 제1야당인 자유한국당을 배제한 채 2020년도 예산안 수정안을 통과시켰다. 이른바 '4+1 협의체(더불어민주당·바른미래당·정의당·민주평화당+대안신당)'를 활용한 국회 독주였다. 이는 여당이 예산안을 제1야당과 합의하지 않은 헌정사상 첫 사례라는 오명을 남겼다. 군소 친여 야당들이 민주당과 함께한 주된 이유는 이후 자신들에게 유리하게 선거법을 개정해주겠다는 민주당의 약속 때문이다.

이날 여야 협상은 막판까지 수차례 진행됐다. 그러나 제1야당 자유한국당이 예산 삭감 규모와 세부 내역에 이견을 보여 합의 처리가 불발됐다. 그러자 문희상 국회의장은 이날 오후 8시에 4+1 협의체가 마련한 예산안 수정안을 본회의에 상정했다.

한국당 의원들은 문 의장을 향해 "지금 뭐 하시는 겁니까?", "이게 민주주의냐?" 등 목청을 높였다. 일부 의원들은 "의회 독재 문희상은 사퇴하라."고 외쳤다. 한국당은 격렬한 반대 끝에 표결에 불참했고, 예산안은 재석 162명

중 찬성 156명, 반대 3명, 기권 3명으로 통과됐다. 한국당은 예산안이 통과된 직후 '4+1 불법', '날치기 예산 불법' 등 구호를 쓴 피켓을 들고 본회의장 단상 앞에서 시위한 뒤 의장실을 항의 방문했다.

자유한국당 의원들이 2019년 12월 10일 국회 본회의장에서
자유한국당을 제외한 '4+1 예산안'이 통과되자 의장석 앞으로 모여
항의하고 있다. /SBS뉴스 캡처

그러나 제1야당을 패싱한, 헌정사상 최초라는 4+1 합의체의 '날치기 질주'는 여기서 그치지 않았다. 그보다 더 혹독한 결과를 낳을 선거법과 공수처(고위공직자범죄수사처)법의 일방처리가 기다리고 있었기 때문이다.

선거법도 헌정사 최초 날치기

보름 정도 후인 12월 27일 '준연동형 비례대표제'를 내용으로 한 공직선거법 개정안이 국회 본회의를 통과했다. 그해 4월 신속처리안건(패스트트랙)으로 지정된 지 8개월 만이다. 이번에도 한국당이 강하게 반대하는 가운데 '4+1 협의체' 주도로 일방 강행됐다. 제1야당이 반대하는 선거법이 강행 처리된 것도 헌정사상 전례가 드문 일이었다.

선거법 개정은 민주주의에 중요한 선거의 룰을 정하는 일이다. 이처럼 중요한 법안을 민주당과 친여 야당들은 제1야당을 제쳐둔 채 단독 통과시켰다. 과거 군사독재정권 시절에도 선거법만큼은 여야 합의로 개정하는 전통이 지

커졌다.

한국당은 '의장석 봉쇄'라는 물리적 수단을 동원해 끝까지 저항했다. 그러나 문희상 의장은 질서유지권을 발동했고, 그를 지키려는 국회 방호과 직원들과 한국당 의원들이 거친 몸싸움을 벌였다. 국회 본회의장은 욕설과 고성이 난무하는 아수라장이 됐다. 심재철 한국당 원내대표는 선거법 날치기 통과 직후 기자회견을 열어 "대한민국의 의회 민주주의가 오늘 사망했다."며 "여당과 위성 정파의 날치기는 명백한 불법으로 원천 무효"라고 주장했다. 그러나 4+1 합의체의 '날치기 질주'는 며칠 후에도 이어졌다.

제1야당이 반대하는 공수처 설치법안은 사흘만인 2019년 12월 30일 국회 본회의에서 29분 만에 '속전속결'로 일방 처리됐다. 4+1 협의체에 의한 공수처법안 처리 과정에서 한국당은 선거법 때와 마찬가지로 격렬하게 항의했지만, 처리를 막지는 못했다. 본회의장에 먼저 입장한 한국당 의원들은 '인간 띠'를 만들어 의장석을 둘러싸고 "문희상은 사퇴하라.", "독재 타도" 등의 구호를 외쳤다. 문 의장은 이번에도 본회의장 질서유지권을 발동했다.

한국당은 이날 공수처 법안이 일방 처리된 데 반발해 의원직 총사퇴를 결의했다. 한국당은 공수처 법안처리 직후 국회에서 2시간 넘게 의원총회를 열고 이같이 결정했다. 심재철 원내대표는 "예산안 불법 날치기, 선거법 불법 날치기에 이어 3번째로 날치기가 이뤄진 데 대해 의원들 모두가 분노를 참지 못하고 있다."고 분위기를 전했다. 특정 정당의 의원직 총사퇴 결의는 2009년 7월 당시 야당이던 민주당이 여당인 한나라당(옛 한국당)의 미디어법 강행처리에 반발해 총사퇴 카드를 꺼내든 이후 10년 5개월 만이었다.

제1야당을 뺀 '4+1 협의체'의 선거법·공수처법 단독처리는 이들을 패스트트랙(신속법안처리)에 올릴 때부터 편법과 무리수의 연속이었다. 선거법과 한몸인 공수처법을 패스트트랙에 올리는 데 국회 사법개혁특별위원회 소속 바른미래당 오신환 의원의 반대에 가로막히자 바른미래당 지도부는 오 의원을 강제로 사임시키고 다른 의원을 보임했다.

'임시회기 때는 사·보임이 안된다.'는 국회법 조항에 대해선 국회 사무처가 "문제 없다."고 길을 터줬다. 바른미래당 지도부는 특위위원 교체 신청서를 팩스로 전달했다. 당내 반대 의원들의 저지를 피하기 위해서다. 전날 한국당 의원들의 항의 방문을 받은 뒤 "저혈당 쇼크가 왔다."며 입원했던 문희상 의장은 병상에서 환자복을 입고 결재했다. 권은희 의원도 반대하자 팩스 전달, 병상 결재가 또 반복됐다.

과거에도 날치기 처리는 있었지만, 국회의 기본 기능인 예산안과 게임의 규칙인 선거제도만은 여야 합의로 정한다는 원칙이 지켜져 왔다. 그런데 스스로 '촛불혁명'으로 태어났다는 문 정권이 군사독재정권도 하지 않던 선거법과 공수처법 날치기를 밀어붙였다. "여야 협치는 국민의 명령"이라던 문희상 국회의장과 민주당이 수많은 편법을 쓰면서까지 밀어붙이는 모습에 기가 막혔다.

예산안, 선거법, 공수처법의 의미는 논외로 하고, 집권당이 제1야당을 배제한 채 중요한 법안을 일방 통과시키는 짓은 의회민주주의에 대한 도전이고 모독이다. 과거 민주주의를 위해 싸워왔다는 민주당이 이렇게 많은 무리수를 써가며 날치기를 행한다는 사실이 믿기지 않는다. 박정희, 전두환 군사독재정권의 의회 무시 행태와 무엇이 다른가?

4.15 총선 후 노골적 독재의 길로

해가 바뀌어 4.15 총선에서 민주당이 180석을 얻어 압승했다는 결과가 발표됐다. 이때부터 민주당은 아예 대놓고 일방 독주했다. 한때 야합했던 4+1 협의체도 더이상 필요 없었다. 여론 눈치도 보지 않았다. 180석이 부정선거 결과가 아닌 진짜 민의라 해도 겸손해야 했다. 그러나 민주당은 '180석으로 무슨 짓을 해도 된다' 라고 민의를 해석한 듯했다. 그야말로 오만방자, 기고만

장이었다.

민주당은 2020년 6월 30일 21대 국회 본회의에서 18개 상임위원장 자리를 모두 싹쓸이했다. 6월 15일 법제사법위원장 등 6개 상임위원장을 민주당 소속 의원들로 선출한 데 이어 나머지 상임위원장의 인선도 강행했기 때문이다. 제1야당 미래통합당 의원들은 이에 항의해 불참했다. 이로써 1988년 13대 국회 이후 의석수 비율에 따라 여야가 상임위원장 자리를 나눠 가졌던 전통이 32년 만에 깨졌다.

통합당은 "1987년 체제가 이룬 의회 운영의 원칙을 깡그리 무시한 의회민주주의의 조종(弔鐘)"이라며 "1당 독재의 문이 활짝 열렸다."고 반발했다.

21대 국회가 출발부터 파행하게 된 출발점은 여당인 민주당 탓이 크다. 4.15총선에서 압승한 민주당은, 비록 부정선거 의혹이 강하지만, 전통적으로 야당이 가졌던 법사위원장을 자신들이 갖겠다고 고집했기 때문이다.

법사위원장의 위상은 단순한 상임위원장 한 자리에 그치지 않는다. 법안처리의 길목을 지키는 매우 중요한 자리이기 때문이다. 국회 운영에서 여당의 독주를 견제하기 위해 야당에 부여된 최소한의 안전장치이자 여야 협치의 상징이었다. 그래서 민주당이 야당 시절이던 18, 19대 국회에서도 법사위원장만큼은 야당 몫으로 남겨 놓았다. 그런데 민주당이 21대 총선에서 단지 180석을 차지했다는 이유만으로 민주화 이후 이어온 관례를 짓밟은 것이다.

민주당은 과거 다수당 한나라당이 국회 상임위원장직을 모두 가져가는 내용의 국회법 개정안 발의를 추진하자 강하게 반대했었다. 당시 한나라당과 친박연대, 자유선진당을 포함한 범여권 의석수는 185석에 달했다.

2009년 12월 안상수 한나라당 원내대표는 "책임정치의 이념을 구현하기 위해서는 다수당에서 모든 상임위원장을 맡아 책임을 지는 제도가 필요하다."면서 국회법 개정안 발의를 추진했다. 그는 민주당의 국정 발목잡기가 심하다면서 '정기국회 법안처리 실적 전무(全無)'에 대한 책임을 물어 민주당

소속 이종걸 교과위원장과 추미애 환노위원장의 사퇴를 요구하기도 했다.

그러자 당시 민주당 대변인이었던 노영민 의원은 한나라당을 향해 "99마리 양을 가진 부자 한나라당이 100마리를 채우기 위해 가난한 야당의 한 마리 양마저 빼앗으려 한다."며 거세게 반발했다.

노 의원은 "다수당이 상임위를 독식했던 것은 과거 독재정권 시절인 12대 국회까지였다. 한나라당의 생각은 결국 과거 독재정권 시절로 돌아가겠다는 것"이라며 "모든 상임위를 독점하고 허구한 날 날치기라도 하겠다는 이야기인가. 이러다가는 아예 국회를 없애자고 하지 않을까 모를 일"이라고 극렬히 비난했다.

민주당 정세균 대표도 민주당 최고위원회의에서 "한나라당은 자신들이 과거 10년간 한 일을 잊은 것이냐, 모른 척하는 것이냐?"며 "'여당이 상임위원장을 전부 맡도록 해야 한다.'는 한나라당의 주장은 일고의 가치도 없다."고 잘라 말했다.

이종걸 민주당 의원도 "안상수 원내대표는 한나라당이 상임위원장을 독식하는 법을 조만간 제출하겠다는 만행을 서슴지 않고 있다."며 "국회 전체를 파행으로 몰아넣은 책임을 지고 원내대표직 등을 사퇴하라"고 요구하기까지 했다.

민주당, 18개 국회 상임위장 독식

이랬던 민주당의 입장이 12년 뒤 국회 다수당이 되자 180도 표변했다. "국회 상임위원장은 절대 과반 정당이 모두 갖는 것이 민주주의 원리에 맞는다."고 말을 바꿨다. 윤호중 민주당 사무총장은 "현재 여야 의석은 (민주당의) 단순 과반이 아니라 절대 과반"이라며 "이는 국회를 책임지고 운영해가라는 국민의 뜻"이라고 강변했다. 윤호중 총장은 "때문에 상임위원장 배분 문제를 갖고 야당과 협상을 할 일이 아니다. 상임위원장은 절대 과반 정당인 민주당이 전 석을 갖고 책임 있게 운영하는 것이 민주주의 원리에 맞는 것"이라고 주장했다. 또 그렇기 때문에 "상임위원장 배분 문제를 가지고 야당과 협상할 일이 아니다."고 못박았다.

어찌 공당(公黨)이, 게다가 민주주의와 신뢰 정치를 입에 달고 살았던 정당이 이렇게 철학과 입장을 손바닥 뒤집듯 할 수 있을까? 이철희 전 민주당 의원도 이에 대해 아래와 같이 비판했다.

"자기부정이다. 의석수(민주당 177석, 통합당 103석)를 기준으로 상임위원장을 배분하는 것은 김대중 전 대통령이 야당 총재 시절에 만들었다. 18대 국회 때 통합민주당이 81석이었는데 법사위 상임위원장 가져가지 않았나? 그런데 지금 와서 여소야대가 아니기 때문에 다 독식해야 한다? 그렇게 권력을 조자룡이 헌 칼 쓰듯이 쓰면 얼마 못 버틴다. 관행도 법이다."

안철수 국민의당 대표도 "세상에 착한 독재는 없다."고 비판했다.

"청와대와 여당은 자신들이 독점적으로 통치하는 것이 개혁이고 역사의 진보라고 착각할지 모르겠지만 세상에 착한 독재는 없다. 상임위를 여당이 지배하겠다는 것은 행정부 견제라는 입법부 본연의 역할과 거리가 먼 생각일 뿐만 아니라, 1987년 민주화 체제의 성과로 만들어진 제도와 관행을 부정하는 것이다. 국회가 청와대의 거수기였던 유신시대, 5공 시절로 돌아가자는 것과 무엇이 다른가? (국회 상임위의 독식은) 스스로 촛불정권, 개혁정권이라고 자칭하면서 권위주의 정권의 반민주적 독재행태를 답습하겠다는 것이다."

18개 국회 상임위원장을 독식한 민주당은 법안처리도 일방적으로 밀어붙이기 시작했다. 민주당은 2020년 7월 28일 국회 상임위원회에서 종합부동산세 인상 등을 골자로 하는 부동산 관련 법안 11건을 단독 처리했다.

민주당은 7월 29일에도 국회 법사위원회에서 논란이 많은 임대차 3법(계약갱신청구권제·전월세상한제·전월세신고제)을 같은 방식으로 처리했다. 이날 오후에는 국회 운영위원회에서 공수처(고위공직자범죄수사처) 후속 3법(국회법·인사청문회법 개정안·공수처장후보추천위 운영규칙)도 역시 동일한 방식으로 단독 처리했다.

2020년 7월 26일 포털사이트 네이버 실시간 검색어 상단에 노출된 '나라가 니꺼냐'는 네티즌들의 문 정부 비판 항의 문자./네이버카페 캡처

입법을 위해 준수해야 하는 절차인 소위원회 구성, 소위원회 심사, 축조 심사(법안 조문을 한 개씩 읽어가며 심사하는 것), 상임위 전체회의 찬반 토론을 모두 생략했다. 통합당은 이에 반발하며 전원 퇴장했고, 상임위 표결에 참여하지 않았다.

민주당은 이어 상임위에서 처리한 법안들을 7월 30일과 8월 4일 국회 본회의에서 통합당이 불참한 가운데 모두 통과시켰다. 상임위 심사에서 본회의 통과까지 모든 절차를 며칠 새에 속전속결로 끝내버렸다.

통합당은 민주당의 일방적 법안 단독 처리에 강하게 반발했다. 본회의 산회 직후 통합당 의원들은 "국민이 묻고 있다. 나라가 네 꺼냐?", "거대 여당 일방독주, 국민들이 분노한다."고 성토했다.

야당 인정않는 독재 일상화

4.15 총선에서 민주당이 압승한 후 야당이 필요 없는 국회가 일상화되었다. 민주당은 21대 국회 첫 정기국회의 마지막 날인 2020년 12월 9일에도 밀린 숙제를 해치우듯 수많은 쟁점 법안들을 무더기로 일방 처리했다. 다음날인 10일에는 논란 많던, 야당의 비토권을 제거한 공수처법 개정안을 민주당 다수의 힘으로 밀어붙여 통과시켰다. 과거 군사독재보다도 더한 행태였다. 달라진 게 있다면 무기력한 야당이다. 103석의 제1야당 국민의힘은 민주당의 강행처리를 속수무책으로 지켜보았다. 야당이 할 수 있는 것이라곤 고작 반대 버튼을 누르는 게 전부였다. 과거 민주당이 야당일 때 보여주었던 강력한 투쟁력은 찾아볼 수 없었다.

야당을 인정하지 않는 권력을 독재라고 부른다. 우리 역사는 과거 군사 독재시절 그런 경험이 많다. 민주주의는 내용보다 절차를 중시한다. 민주적 절차를 거쳐야 그 결정의 정당성을 인정받을 수 있다. 절차적 정당성을 인정받지 못하면 민주주의 가치는 훼손된다. 진짜 민주주의가 아닌 '유사(類似) 민주주의'로 전락한다.

국회법은 법안에 관한 대체토론, 소위원회 구성과 심사, 축조 심사, 찬반토론, 졸속처리 금지 '숙려 기간' 등 자세한 입법 절차를 규정하고 있다. 숙려 기간은 해당 위원회 15일, 법사위 5일을 합쳐 20일이다. 이는 절차를 중시하는 민주주의 원리를 반영한 것이다. 그러나 집권 민주당은 이런 절차를 거추장스런 짐이라도 되듯 벗어던져 버렸다. 기억하건대, 이 역시 1987년 민주화 이후에는 전례가 없는 일이다.

김태년 민주당 원내대표는 부동산법과 공수처 후속법안을 민주당 단독으로 처리해야 하는 속사정을 "당리당략적 시간 끌기와 발목잡기에 더이상 부동산 입법을 지체할 수 없기 때문"이라고 주장했다. 또 그는 주호영 통합당 원내대표에게 "부동산 입법은 시간이 촉박하고 급해서 그렇게 (강행) 처리했는데…"라고 말했다고 했다. 즉, 법안의 시급성과 효율성을 위해서였다는 것이다.

충분히 이해된다. 민주적 절차를 거치려면 야당과 토론하고 싸우느라 시간이 많이 지체된다. 당연히 이는 국가 행정에 비효율적이다. 이게 바로 독재자들이 독재의 필요성을 내세우는 명분이다. 민주주의는 비효율적이기 때문에 '효율적 민주주의', 그게 바로 박정희 대통령이 내세운 '한국적 민주주의' 아닌가? 한국적 민주주의, 즉 유신독재를 그토록 반대하고 증오했던 민주당 측 인사들이 추구하는 정치가 바로 이런 '효율적 민주주의'였다니 새삼 놀랍다.

우리 국민들은 민주당의 입법 독주를 어떻게 생각할까? 코로나19가 창궐하고 부동산값이 폭등하는 위급상황이니 이런 '효율적 폭주'가 필요하다고 생각할까? 여론은 이 같은 '입법 독재'는 안 된다는 쪽이다. 엠브레인퍼블릭·케이스탯리서치·코리아리서치·한국리서치 등 4개 여론조사 기관이 2020년 8월 공동으로 실시한 여론조사 결과이다.

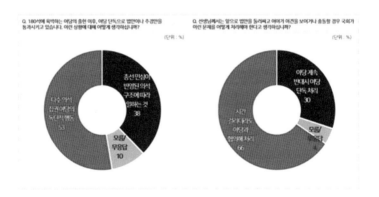

전국 1,005명을 대상으로 한 조사에서, 민주당의 법안처리를 '다수 의석 집권 여당의 독단적 행동'이라고 응답한 비율이 53.0%로 과반수가 넘었다. 반면 '총선 민심이 반영된 의석 구조에 따라 일하는 것'이라는 응답은 38.0%에 그쳤다. 특히 향후 입법 처리 방향에 대해 '시간이 걸리더라도 야당과 협의해야 한다'가 66%로 '야당이 계속 반대 시 여당 단독으로라도 처리해야 한

다'는 의견(30.0%)보다 두 배 이상 많았다. 압도적 다수의 국민들은 민주당이 민주주의 절차를 어기고 있다고 생각한다.

　문재인 대통령 및 민주당은 협치를 강조한다. 그러나 앞에서만 협치를 말할 뿐 뒤에선 늘 뒤통수를 친다. 민의의 대표기관 국회에서나마 최소한의 민주주의 절차를 지켜라. 그게 평범한 대한민국 국민의 바람이다.

　민주당은 또 문 대통령과 청와대의 눈치만 보지 말고 제발 '민주'라는 이름값을 하라. 국민들은 국회가 문 대통령의 뜻을 통과시키는 '통법부(通法部)', 민의 대신 문 대통령의 심기만 살피는 '문의(文意)의 전당'으로 전락했다고 비웃고 있다.

　"이 나라가 니들 꺼냐?"

'文주주의' 균형추 잃은 대법원

'미투운동' 적극 지지한다더니…

박원순 서울시장이 2020년 7월 10일 북악산에서 숨진 채 발견됐다. 극단적 선택을 한 것이다. 그는 자살 직전에 전직 비서로부터 성추행 혐의로 고소당했다. 그럼에도 박 시장의 장례식은 더불어민주당과 서울시의 주도로 서울광장에서 서울특별시장(葬)으로 치러졌다.

청와대 홈페이지에 걸려 있는 '미투운동 적극지지'한다는 슬로건. "젠더폭력은 신분과 지위에 관계없이 가해자에 대한 엄벌이 필요합니다."란 문구가 가소롭기 짝이 없다. 박원순 서울시장, 오거돈 부산시장… 반성도 없이 당론까지 뜯어고쳐 두 지역 보궐선거 후보를 낸 문재인 정권과 민주당. 갈 데까지 간 것이 아닌 다음에야…/청와대

서울광장은 코로나19 사태로 집회가 금지된 곳이다. 게다가 서울특별시장(葬)에 반대하는 청와대 청원인 숫자가 50만명이 넘었는데도 이를 강행했다. 박 시장이 성범죄 혐의자인데도, 서울광장에서의 집회가 금지되었음에도, 50만여 국민의 반대 청원에도, 민주당과 서울시는 이를 무시하고 밀어붙였다. 법과 국민은 안중에도 없는 행태였다.

박 시장을 성추행 혐의로 고소한 전 비서는 장례식이 끝난 직후 처음으로 입을 열었다. 그는 변호인을 통해 피해 사실을 상세히 공개하면서 아래와 같이 심경을 밝혔다.

"손바닥으로 하늘을 가릴 수 있다고 생각했습니다. 미련했습니다. 너무 후회스럽습니다. 맞습니다. 처음 그때 저는 소리 질렀어야 하고, 울부짖었어야 하고, 신고했어야 마땅했습니다. 그랬다면 지금의 제가 자책하지 않을 수 있을까 수없이 후회했습니다.

긴 침묵의 시간, 홀로 많이 힘들고 아팠습니다. 더 좋은 세상에서 살기를 원하는 것이 아닙니다. 그저 인간답게 살 수 있는 세상을 꿈꿉니다.

거대한 권력 앞에서 힘없고 약한 저 스스로를 지키기 위해 공정하고 평등한 법의 보호를 받고 싶었습니다. 안전한 법정에서 그분을 향해 이러지 말라고 소리지르고 싶었습니다.

힘들다고 울부짖고 싶었습니다. 용서하고 싶었습니다. 법치국가, 대한민국에서 법의 심판을 받고, 인간적인 사과를 받고 싶었습니다. 용기를 내어 고소장을 접수시키고 밤새 조사를 받은 날, 저의 존엄성을 해쳤던 분께서 스스로 인간의 존엄을 내려놓았습니다.

죽음, 두 글자는 제가 그토록 괴로웠던 시간에도 입에 담지 못한 단어입니다. 저를 사랑하는 사람들의 마음을 아프게 할 자신이 없었습니다. 그래서 너무나 실망스럽습니다. 아직도 믿고 싶지 않습니다.

고인의 명복을 빕니다. 많은 분에게 상처가 될지도 모른다는 마음에 많이 망설였습니다. 그러나 50만 명이 넘는 국민의 호소에도 바뀌지 않는 현실은 제가 그때 느꼈던 '위력'의 크기를 다시 한번 느끼고 숨이 막히도록 합니다.

진실의 왜곡과 추측이 난무한 세상을 향해 두렵고 무거운 마음으로 펜을 들었습니다. 저는 앞으로 어떻게 살아야 할까요. 하지만 저는 사람입니다. 저는 살아 있는 사람입니다. 저와 제 가족의 보통의 일상과 안전을 온전히 회복할 수 있기를 바랍니다."

젊은 피해자가 느낀 두려움과 좌절감이 절절히 잘 나타나 있다. 특히 '공정한 법'과 법치(法治)에 호소하는 대목이 눈길을 끈다. 20대 여성이 인식하는 거대한 현실적 장벽과 슬픔을 실감케 한다.

"…거대한 권력 앞에서 힘없고 약한 저 스스로를 지키기 위해 공정하고 평등한 법의 보호를 받고 싶었습니다. 안전한 법정에서 그분을 향해 이러지 말라고 소리 지르고 싶었습니다. 힘들다고 울부짖고 싶었습니다. 용서하고 싶었습니다. 법치국가, 대한민국에서 법의 심판을 받고, 인간적인 사과를 받고 싶었습니다… 그러나 50만 명이 넘는 국민의 호소에도 바뀌지 않는 현실은 제가 그때 느꼈던 '위력'의 크기를 다시 한번 느끼고 숨이 막히도록 합니다."

서울시장이라는 막강한 권력자에게서 성추행을 당한 20대 피해자는 "공정하고 평등한 법의 보호를 받고 싶었다." 그래서 홀로 많이 힘들고 아파하다가 긴 망설임 끝에 법의 문을 두드렸다. 그러나 법원은 박 전 시장 통화 내역에 대한 압수수색영장을 기각했다. 이어 서울시청과 박 전 시장 휴대전화 압수수색영장도 기각했다. 피해자가 기대했던 "공정하고 평등한 법의 보호"는 기대하기 어려운 망상이었는가?

권력자였던 박 시장이 세상에 없는데도 법은 권력의 편이었다. 힘없는 피해자의 편이 아니었다. 법은 모두에게 공정하지 않았고 평등하지도 않았다. 권력자에 편향된 법의 높은 성채(城砦) 밑에서 피해자는 다시 좌절해야 했다.

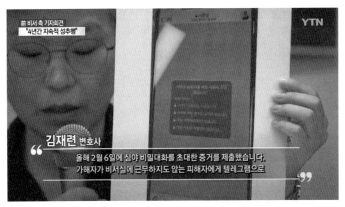

김재련 변호사가 들어 보이고 있는 박원순 시장 고소인의 스마트폰 화면 사진. 박 시장이 피해 여성을 비밀 대화방에 초대한 메시지가 보인다./YTN 캡처

대법원, 이재명 유죄판결 뒤집어

문재인 정권 들어서 법원, 특히 대법원의 편향성에 대한 우려가 커지고 있다. 법원이 노골적으로 친 권력에 서는가 하면, 대법원에서 1·2심 재판 결과를 뒤집는 판결이 잇달아 나오고 있기 때문이다. 문 정부 들어 대법원이 '기울어진 운동장'으로 전락하고 있고, 사법의 균형추가 정부 여당의 권력 쪽으로 쏠렸다는 지적이 높다. 민주당 출신 이재명 경기도지사의 사례를 보자.

2018년 5월 29일 KBS 경기도지사 후보자 토론회 때이다. 바른미래당의 김영환 후보자가 더불어민주당 이재명 후보자에게 물었다.

"형님을 정신병원에 입원시키려고 하셨죠? 보건소장 통해서 입원시키려
고 하셨죠?"

이재명 후보가 대답했다.

"그런 일 없습니다"

같은 해 6월 5일 MBC 경기도지사 후보자 토론회에서도 비슷한 말이 나왔다. 질문이 없었는데도 이재명 후보는 선제적으로 다음과 같이 말했다.

"우리 김영환 후보께서는 저보고 정신병원에 형님을 입원시키려 했다 이런 주장을 하고 싶으신 것 같은데 사실이 아닙니다."

이재명 후보는 이후 이들 TV토론회에서 '친형을 강제입원 시키려고 한 적이 없다'는 취지의 허위발언을 한 혐의(공직선거법상 허위사실공표) 등으로 기소됐다. 이 후보는 경기도지사로 당선됐다.

2018년 6월 5일 MBC의 '6.13 지방선거 경기도지사 후보자 방송 토론회'.
이재명 더불어민주당 후보와 김영환 바른미래당 후보가
열띤 토론을 벌이고 있다. /MBC 캡처

1심 재판부는 이재명 지사의 허위사실공표 혐의를 무죄로 판단했다. 그러나 2심은 유죄로 판단해 벌금 300만원을 선고했다. 선출직 공무원은 정치자금법 위반으로 벌금 100만원 이상의 형이 확정될 경우 자리를 잃게 된다. 이

지사 측은 허위사실공표 혐의를 유죄로 본 2심 판결 내용에 불복해 상고했다.

상고심인 대법원 판결이 논란이 됐다. 대법원은 2020년 7월 16일 '친형 강제입원'과 관련해 허위사실을 공표한 혐의를 받는 이 지사에게 무죄 취지 판결을 내렸다. 이에 따라 그는 경기도 지사직을 유지하게 됐다.

대법 전원합의체(재판장 대법원장 김명수, 주심 대법관 노정희)는 이 지사에게 벌금 300만원을 선고한 원심판결을 파기하고 사건을 수원고등법원으로 돌려보냈다. 재판부는 "피고인 이 지사가 토론회에서 한, 친형에 대한 정신병원 강제입원 관련 발언은 상대 후보자의 질문이나 의혹 제기에 대해 답변하거나 해명하는 과정에서 나온 것"이라며 "그 발언은 토론회의 주제나 맥락과 관련 없이 어떤 사실을 적극적으로 일방적으로 널리 드러내어 알리려는 의도에서 한 공표행위라고 볼 수 없다."고 원심판결 파기 이유를 밝혔다.

이 판결은 그동안 TV 토론회에서의 허위사실 공표를 엄정하게 처벌해왔던 점에서 논란이 됐다. 일례로 2015년 대법원은 2014년 6·4 지방선거를 앞둔 5월 24일과 29일 TV토론회에서 박경철 전북 익산시장 후보자가 상대 후보인 이한수 전 시장을 상대로 "이한수 시장은 취임하자마자 익산 쓰레기소각장 사업자를 다른 사업자로 바꿨다."고 허위 발언한 혐의로 박 시장에게 당선 무효형인 500만원 벌금형을 확정한 바 있다.

이재명 지사는 성남시장 시절 보건소장 등에게 친형을 정신병원에 입원시키는 방안을 검토하라고 지시했다. 1·2심은 물론 대법원도 이 사실을 인정했다. 그런데 이 지사는 토론회에서 "그런 일 없다." "제가 (입원을) 최종적으로 못 하게 했다."고 했다. 자신이 지시한 부분은 빼놓고 말했다. 사실상 자신은 관여한 적 없다는 취지로 허위 발언한 것이라고 볼 수 있다.

그런데 대법원은 "상대 후보자의 질문이나 의혹 제기에 대해 답변하거나 해명하는 과정에서 나온 것"이어서 "해당 발언은 적극적이고 일방적으로 드러내어 알리려는 의도에서 한 공표행위라고 볼 수 없다."고 밝혔다. 많이 황당한 판단이다. '적극적이고 일방적으로 드러내어 알리려는 의도'가 아니라면 허위발언을 해도 된다는 뜻인가? 그 '의도'는 어떻게 판단하는가? 이제 앞으로 각종 선거 TV 토론에선 상대 질문에 거짓말로 답해도 허위발언을 '적극적'으로만 하지 않으면 처벌하지 않는다는 것인가? 선거에서 TV 토론의 비중은 갈수록 커지고 있다. 그런데 그곳에서 거짓말을 해도 된다니, 대법원 판결이라고 믿기지 않는다.

백번 양보해 이 지사가 위 KBS 선거토론회에서 "친형을 강제 입원시킨 적이 있느냐?"는 질문에 "그런 적이 없다."고 대답한 것은, '질문에 대한 대답'으로 적극적인 사실 표명이 아니어서 허위사실 공표가 아니라고 치자. 이런 논리라면 이 지사가 이후 MBC 선거토론회에 나와 누가 묻지도 않았는데 자발적으로 "친형을 강제 입원시킨 적 없다."고 말한 것은 허위사실 공표인가, 아닌가? 이에 대해서도 대법원은 판단을 내렸어야 한다. 그러나 대법원은 비겁하게 이 부분에 대한 판단을 하지 않았다. 정권에 유리한 '코드 판결'인 동시에 부실한 판결이라는 비판이 나오는 이유다.

대법원이 이 지사 재판을 전원합의체로 넘길 때부터 면죄부를 주려는 것이라는 예상이 나왔다. 그대로 됐다. 그래도 대법관 12명 중 5명은 반대 의견을 냈다. 박상옥·이기택·안철상·이동원·노태악 대법관은 이 지사의 발언이 "유권자의 정확한 판단을 방해할 정도로 왜곡됐다."며 유죄 취지의 반대 의견을 냈다. 그만큼 문제가 많은 판결이란 뜻이다.

대법원, 은수미 당선무효형도 뒤집어

대법원의 '이상한' 판단은 민주당 출신의 은수미 성남시장에 대한 판결에서도 반복돼 논란이 됐다. 대법원이 은 시장에 대한 당선무효형도 뒤집었기 때문이다. 대법원이 은 시장의 정치자금법 위반을 유죄로 보면서도 검찰의 항소장 부실 기재라는 '절차적 하자'를 문제 삼아 당선무효형을 취소시켰다.

매우 이례적이었다. 이때도 여당 인사에 면죄부를 주기 위한 판결이라는 비판이 나왔다.

조직폭력배 출신 사업가로부터 차량 편의를 받은 혐의로 기소돼 1심에서
벌금 90만원을 선고받은 은수미 경기 성남시장이 2020년 2월 6일
항소심에선 당선무효형인 벌금 300만원을 선고받았다 /SBS뉴스 캡처

2020년 7월 9일 대법원 2부(주심 안철상 대법관)는 조직폭력배 출신 사업가로부터 불법정치자금(차량과 기사)을 수수한 은 시장에게 시장직 상실형(벌금 300만원)을 선고한 원심을 파기환송했다. 대법원은 그의 불법정치자금 수수는 인정했지만 "검찰이 2심 항소장에 양형 부당이유를 구체적으로 기재하지 않았다."며 "이를 근거로 1심보다 높은 당선무효형을 선고한 2심 판결은 위법하다."고 판결했다. 적법하지 않은 항소장을 근거로 한 판결이 잘못됐다는 취지다.

그러나 이 판결에 대해 법원 내부에서도 "이례적이고 황당하다."는 반응이 나왔다. 한 판사는 "항소할 때 보통 검사나 변호인이 '양형부당'으로 사유를 적고 항소심에서 판단하는 경우가 대부분인데 구체적으로 적지 않았으니 더 높은 형을 선고할 수 없다며 파기환송한 경우는 처음 본다."고 말했다.

은 시장은 성남지역 조직폭력배 출신 사업가 이모 씨가 대표로 있는 코마트레이드로부터 2016년 6월부터 2017년 5월까지 1년 가까이 약 95차례 차량 편의를 받아 교통비 상당의 정치자금을 불법수수한 혐의로 재판에 넘겨졌다. 운전기사 최 씨는 코마트레이드로부터 렌터카와 함께 월 급여 200만원을 받은 것으로 조사됐다.

1심 재판을 한 수원지법 성남지원은 "시장으로서 직무를 수행하는 것이 부적절하다고 볼 정도로 죄책이 중하다고 보기 어렵다."며 당선무효 기준인 100만원에 조금 못 미치는 벌금 90만원을 선고했다. 하지만 항소심 재판을 맡은 수원고법은 검찰 구형의 2배인 벌금 300만원을 선고했다. 재판부는 "은 시장이 제공되는 차량 및 운전 노무가 은 씨에 대한 교통편의를 도모하는 정치자금 제공이라는 사정을 충분히 인식하면서도 이를 기부받았다."며 "이는 민주 정치의 건전한 발전에 기여할 책무 및 정치 활동과 관련된 공정성·청렴성에 대한 국민의 신뢰를 크게 저버린 것"이라고 지적했다. 재판부는 "국민을 섬기는 기본자세를 망각한 것"이라고도 했다.

이런 사유로 2심에서 당선무효형을 받은 판결을 대법원이 뒤집은 것이다. 이 대법원 판결의 주심 안철상 대법관은 김명수 대법원장이 임명한 초대 법원행정처장이다. 사법행정권 남용 수사가 진행 중이던 2018년에 1년간 행정처장 직을 수행하다 대법관으로 복귀했다.

지속되는 대법원의 '사법코드' 판결

정권에 유리한 '사법코드 판결'은 이어졌다. 2020년 9월 3일 대법원 전원합의체(주심 노태악 대법관)는 전국교직원노동조합(전교조)에 대한 법외노조 처분은 위법하다며 서울고등법원으로 돌려보냈다. 전교조는 해직된 교사 9명을 조합에서 탈퇴시키지 않았다가 2013년 10월 박근혜 정부의 고용노동부로부터 법외노조 처분을 받았다.

노동조합법 시행령 제9조 2항은 '노동조합이 설립신고증을 교부받은 후

설립신고서의 반려 사유가 발생한 경우 정부가 시정을 요구하고 노조가 이행하지 않으면 노조로 보지 않음을 통보할 수 있다'고 규정하고 있다. 그러나 대법원은 설립 과정의 노조와 설립된 후의 노조를 구분하고, 이 시행령을 이미 설립된 노조에 적용하는 것은 '헌법이 보장하는 노동3권을 침해하는 것'이라고 판시했다.

전교조 법외노조 소송 항소심 선고를 알리는 MBN 방송. /MBN 캡처

노동조합법은 '근로자가 아닌 자의 가입을 허용하는 경우 노조로 보지 않는다'고 명백히 규정하고 있다. 교원노조법 제2조는 재직 교원만 노조원이 될 수 있다고 규정한다. 전교조는 이 조항이 노동3권에 위반된다며 헌법재판소에 위헌 심판을 청구했으나 헌재는 받아들이지 않았다. 고용부는 이 조항에 근거해 2010년 3월부터 2013년 9월까지 3차례에 걸쳐 충분한 기간을 두고 전교조에 해직 교사도 조합원이 될 수 있도록 한 규약을 시정하라는 명령을 내렸다. 그럼에도 전교조가 시정명령을 따르지 않자 법외노조 통고 처분을 한 것이다. 대법원의 논리대로라면 이미 설립된 노조가 노동조합법에 명백히 반하는 일을 해도 정부는 속수무책일 수밖에 없다.

이 대법원 전원합의체 판결에는 김명수 대법원장과 그가 임명 제청한 4명의 대법관, 그리고 양승태 전 대법원장이 문 대통령 취임 후 임명 제청한 박정화 대법관이 법외노조 처분이 적법하지 않다고 본 8명의 다수의견에 참여했다.

은수미 성남시장, 이재명 경기지사의 선거법 위반 무죄 판결에 이어 다시 한번 기울어진 대법원을 실감케 해주는 판결이다. 부장판사 출신인 한 변호사는 "변호사들 사이에선 '요즘 대법원이 걱정스럽다' '성향 따라 판결이 갈린다'는 비판이 계속 나오고 있다."며 "사법부 신뢰를 위해서라도 이런 현상은 바람직하지 않다."고 강조했다.

소위 '법'을 아는 다수의 전문가들은 이번 판결을 보고 상당히 놀랐다는 반응을 보였다. 아무리 대법원이 친(親)정부 성향 판사들로 채워져 있어도 1·2심은 물론 헌법재판소 결정까지 뒤집는, 상식 밖의 판결은 예상하지 못했다고 했다.

문재인 정부 들어 논란됐던 주요 대법원 판결				
시기	사건명	1심	2심	전합
2018년 11월	양심적병역거부	유죄	유죄	무죄
2019년 6월	백년전쟁 다큐	명예훼손 ○	명예훼손 ○	명예훼손 ×
2020년 7월	이재명 허위사실	무죄	당선무효형	무죄
2020년 7월	은수미 불법 정치자금 수수	벌금 90만원	당선무효형	전합 파기환송
2020년 8월	산재유족 특별채용	무효	무효	유효
2020년 9월	전교조법외노조	적법	적법	위법

이번 판결에서 소수 의견을 낸 대법관 두 명의 말은 이 같은 입장을 대변한다.

"이 사건의 법령 규정은 매우 명확해 다른 해석의 여지가 없다."

"다수 의견은 법을 해석하지 않고 스스로 법을 창조하고 있다."

내편 무죄, 네편 유죄' 대법원 판결 일상화

"법을 해석하지 않고 법을 창조하고 있다."는 대법원, 그 대법원이 1·2심 판결을 모두 뒤집고 문 정권이나 노동계·진보진영 등 친 정권 쪽의 손을 들어준 판결은 이뿐이 아니다. 양심적 병역거부 무죄, 여순반란 민간인희생자 재심개시 인용, 이승만 박정희 '백년전쟁다큐' 제재부당, 산재유족 특별채용 판결 등 진보진영에 유리한 판결들이 문 정부 출범 후 잇따라 나왔다. 이에 따라 '사법 코드' 논란에 불이 붙었다.

친정부적 '사법코드 판결'은 대법원이 논란이 되는 사건을 전원합의체에 회부해 이를 '코드 대법관'들이 다수결로 결정하기 때문에 발생한다. 주심 의견이 중요시되는 대법원 소부(대법관 4명으로 이뤄진 작은 재판부)의 선고와 달리 대법원 전원합의체는 다수결로 판단한다. 통상 법원행정처장을 제외한 13명의 법관이 심리에 참여해 이 중 7명의 다수의견으로 판결한다. '코드 대법관'들은 문재인 정부 들어 교체된 대법관의 면면과 최근 판결 결과가 맞물려 있다.

문 대통령이 취임 이후 임명한 대법관은 전체 14명 가운데 11명이다. 이 중 6명(김명수·김상환·김선수·노정희·박정화·이흥구)이 진보적 법관 모임인 우리법연구회나 국제인권법연구회, 민주사회를 위한 변호사모임(민변) 출신이다. 이들과 함께 중도 혹은 중도진보 성향 대법관(안철상·민유숙·이동원·노태악·조재연) 중에서 1명만 진보 쪽에 가담해도 다수의견이 돼 채택된다. 게다가 박근혜 정부 시절 대법관이 된 사람은 박상옥·이기택·김재형 등 3명인데, 박상옥·이기택 두 대법관은 2021년 문 대통령 임기 중에 교체된다. 향후 대법원의 균형추는 더욱 심하게 기울어질 수 있다는 얘기다.

이에 따라 조국 전 법무장관이나 김경수 경남지사도 대법원에 가면 무죄 판결을 받을 것이라는 전망이 많다. 민주당 출신 고 박원순 시장의 성추행 의혹사건도 뭉갤 가능성도 제기된다. 오죽하면 '내 편 무죄, 네 편 유죄', '친문 무죄, 반문 유죄'라는 유행어까지 등장했을까? '답정판'(답이 정해져 있는 판결)이라는 말도 있다. 대법원이 결론을 이미 정해 놓고 그에 따라 법리를 끼워 맞추기 한다는 지적이다. 엄정한 사리 분별과 균형감을 지켜 정의를 수호해야 할 대법원의 균형추가 심하게 기울어져 있다.

사법부 독립 훼손 김명수 대법원장

특히 누구보다 법원의 독립성을 수호해야 할 김명수 대법원장의 권력 눈치 보기 행태가 심각하다. 2021년 2월 3일 <조선일보>는 김명수 대법원장에 대한 충격적인 기사를 냈다. 김 대법원장이 2020년 4월 임성근 부산고법 부장판사가 건강 악화를 이유로 사표를 내자 "내가 사표를 받으면 (임 부장판사가) 탄핵이 안되지 않느냐."며 반려했다는 것이다. 현직 대법원장이 삼권분립을 내팽개쳐버리는 사건으로 해석될 여지가 충분한 발언이었다.

국회는 현직 법관만 탄핵소추할 수 있다. 김 대법원장이 정치권의 탄핵 움직임에 동조하기 위해 건강악화로 사표를 낸 임 부장판사의 사표를 거부했다는 의미다. 당시 민주당 일각에선 양승태 대법원의 사법행정권 남용 사건으로 기소된 판사들이 무죄선고를 받자 국회 탄핵을 주장했다. 이 기사가 사실이라면 김 대법원장이 이런 민주당의 기류에 보조를 맞추려 했다는 점에서 충격적이다.

이에 대해 김 대법원장은 처음엔 "그런 사실이 없다"고 전면 부인했다. 그는 "작년(2020년) 5월 말 임 부장판사의 요청으로 면담했으나 임 부장판사가 정식으로 사표를 제출한 것은 아니었다."며 "임 부장판사에게 탄핵 문제로 사표를 수리할 수 없다는 취지로 말한 사실도 없다."고 주장했다.

그러자 임 부장판사가 바로 반박했다. 임 판사는 "당시 김 대법원장이 '사표를 수리하면 국회에서 탄핵 논의를 할 수 없게 된다.'고 분명히 말했다."며 사건당시 김 대법원장과 나눈 면담 녹취록과 음성파일을 전격 공개했다. 아래는 녹취록 일부 내용이다.

"이제 사표 수리 제출 그러한 법률적인 것은 차치하고 나로서는 여러 영향 이랄까, 뭐 그걸 생각해야 한다. 그중에는 정치적인 상황도 살펴야 된다. 지난 번에도 얘기했지만 나는 임 부장이 사표 내는 것이 좋다. 내가 많이 고민도 해야 하고 여러 가지 상황도 지켜봐야 된다…

지금 상황을 잘 보고 더 툭 까놓고 얘기하면 지금 뭐 탄핵하자고 저렇게 설치고 있는데 내가 사표 수리했다 하면 국회에서 무슨 얘기를 듣겠냐. 게다가 임 부장 경우는 임기도 얼마 안 남았고 1심에서도 무죄를 받았다. 탄핵이라는 제도 있지. 나도 현실성이 있다고 생각하거나 탄핵이 돼야 한다는 그런 생각을 갖고 있지 않은데 일단은 정치적인 것은 또 다른 문제다…

탄핵이라는 얘기를 꺼내지도 못하게 오늘 그냥 (사표를) 수리해버리면 탄핵 얘기를 못한다. 그런 비난을 받는 것은 굉장히 적절하지 않다."

녹취록이 공개되자 법조계는 충격에 휩싸였다. 삼권분립의 한 축을 맡은 사법부의 독립성이 크게 훼손됐다는 지적이 강하게 일었다. 일부에선 "대법원장이 사실상 행정부의 사법부 장관이나 마찬가지"라며 김 법원장의 사퇴를 촉구했다.

김현 전 대한변호사협회 회장은 "사법부의 독립을 목숨으로 수호해야 하는 대법원장이 정치권의 눈치를 보기 위해 자신의 책무를 다하지 않은 것은 크게 잘못됐다."고 비판했다. 그는 "무죄 판결까지 받은 임성근 부장판사를 희생양으로 자신의 자리 지키기에 여념없는 부적절한 처신에 실망했다. 사법부의 독립을 지키는데 관심 없는 대법원장은 국민 앞에 사과하고 거취를 고민하는 것이 좋을 듯하다."고 말했다.

녹취록 공개로 사건이 일파만파 확산되자 김 대법원장은 입장을 바꿔 사과했다. 그는 기자들에게 보낸 입장문에서 "언론에 공개된 녹음자료를 토대로 기억을 되짚어 보니 지난해 5월경에 있었던 임성근 부장판사와의 면담 과정에서 '정기인사 시점이 아닌 중도에 사직하는 것은 원칙적으로 적절하지 않다'는 판단 하에 녹음자료에서와 같은 내용을 말한 것으로 기억하고 있다… 아울러, 약 9개월 전의 불분명한 기억에 의존했던 기존 답변에서 이와 다르게 답변한 것에 대해 송구하다."고 사과했다.

진실을 생명과도 같이 여기는 법관, 더구나 법관의 최고 수장인 대법원장이 아주 태연하게 국민들에게 거짓말했다. 거짓말 자체만으로도 큰 문제지만, 보다 심각한 것은 법원의 독립성을 훼손하는 그의 노골적인 정치권(여권) 눈치보기 태도다.

대법원 나서는 김명수 대법원장./MBN뉴스 캡처

대법관 경력없는 '코드인사' 대법원장

문재인 대통령은 2017년 8월 21일 김명수 춘천지방법원장을 대법원장으로 지명했다. 그러나 그가 대법원장으로 지명되자 법조계에서는 놀랍다는 반응과 함께 즉각 '사법부의 정치화' '코드인사'라는 비판이 나왔다.

왜냐하면 김명수 지법원장은 대법관 경력이 전혀 없었던 데다 진보성향의 우리법연구회, 국제인권법연구회 출신이었기 때문이다. 게다가 김 법원장은 사법연수원 15기로 직전 양승태 대법원장보다 무려 13기수나 아래였다. 현역 대법관들 중 김명수 법원장보다 기수가 높은 사람이 9명이나 됐다. 어느 모로 봐도 대법관 경력이 없는 사람을 13기수나 파괴하면서까지 대법원장으로 지명할 이유가 전혀 없어 보였다. 그럼에도 불구하고 문 대통령은 그를 대법원장으로 임명했다.

그래서일까. 기수를 무시하고 '코드'에 따라 파격적으로 출세한 탓인지 그의 권력에 대한 눈치보기가 목불인견이다. 법원 안팎에서 사퇴하라는 요구가 빗발쳤다. 그러나 그는 자신의 부주의한(거짓말) 답변에 사과하면서도 끝까지 사퇴하지는 않았다. 소나기만 잠깐 피하면 된다는 인식 같았다. 자리에 대한 집착이 볼썽사납다. 법관 독립을 수호하는 대법원장이 여권과 공모해 사법 독립을 근본부터 훼손시켜 놓고도 부끄러움을 모른다.

김명수 대법원장은 자리를 잠시 유지할지 모르나 신뢰와 권위는 이미 크게 훼손됐다. 대법원장이 존경과 자부심이 아닌 멸시와 부끄러움의 자리가 됐다. 그가 자리를 지키고 있는 한 법원에 대한 권위와 신뢰도 회복하기 어려울 것이다. 문재인 정권 하에서, 적어도 대법원은 확실하게 정권의 시녀로 전락한 것으로 비친다. 슬픈 일이다.

우리나라 대법원 앞에는 그리스의 여신을 한국적으로 형상화한, 손에는 법전과 저울을 들고 있는 한복 입은 '정의의 여신'이 서 있다. 그리스 신화 속의 정의의 여신 디케(Dike) 혹은 아스트라이아(Astraea)를 한국식으로 재현한 것이다.

한 손에 법전을 들고 있는 것은 법을 엄격하게 집행하겠다는 뜻이고, 다른 한 손에 들고 있는 저울은 옳고 그름을 가르는 데 있어 편견을 버리고 공평하고 정의롭게 판결하겠다는 의미이다. 또한 헝겊으로 눈을 가리고 있는데, 이는 인간 세상에서 재판할 때 주관성을 버리고 공평무사하게 하겠다는 뜻이다.

서울 서초동 대법원 대법정 문 위의 '정의의 여신상'.
한 손에는 저울을, 다른 한 손에는 법전을 들고 있다. /오마이뉴스

대법관들은 이 '정의의 여신'을 보며 문 정부 들어 눈에 띄게 기울어진 법
의 균형추를 반성하며 바로잡아야 할 것이다.

5부

실패한 경제, 무너진 외교

코로나에 감춰진
최악의 경제성적표

문 대통령의 경제성장 자화자찬

문재인 대통령은 2019년 5월 9일 KBS 특집 대담에 출연해 "(한국경제 성장률이) '30-50클럽' 가운데는 이례적으로 경기가 좋았던 미국 다음으로 높았고, 지금도 그런 추세가 계속되고 있다."고 말했다.

문 대통령의 이 발언은 두 달 전 청와대 공식 페이스북 내용을 바탕으로 한 것이다. 청와대는 그해 3월 페이스북에 "지난해(2018년) 한국 경제성장률이 '30-50클럽' 중 미국 다음인 2위였다. 올해는 미국과 함께 공동 1위가 될 것"이라고 적었다. 30-50클럽은 인구 5,000만 명 이상이고 1인당 국민소득(GNI)이 3만달러 이상인 나라로 미국 일본 독일 영국 프랑스 이탈리아 한국 등 7개국이다.

비교 대상을 수십년간 저성장에 시달리고 있는 선진국 일본과 유럽 몇몇 국가에 한정해 "경제성장률이 미국에 이어 2위"라고 자화자찬한 것이다.

그러나 이 해(2019년) 우리나라 경제성장률은 2%로 근래 최악이었다. 문 정부가 비교하기 좋아하는 선진국 모임 OECD(경제협력개발기구) 36개 국가 가운데서도 15위였다. 전세계 192개 국가 중에서는 118위로 맨 하위권이었다.

이처럼 경제성장 뻥튀기 혹은 과대포장하기 좋아하는 문 대통령의 자화자찬은 2020년에 들어서도 계속됐다. 문 대통령은 2020년 7월 27일 "세계 경제의 대침체 속에서 OECD 국가들의 성장이 매우 큰 폭으로 후퇴하는 것에 비하면 우리 경제는 기적같이 선방했다."고 말했다. 8월 11일에는 국무회의에서 "확장재정에 의한 신속한 경기대책과 한국판 뉴딜의 강력한 추진으로 OECD 소속 37개국 가운데 올해 (한국이) 경제성장률 1위로 예상될 만큼 선방하는 나라로 평가받고 있다."고 역설했다.

문 대통령은 이어 10월 5일에도 "지난 2분기 경제성장률이 OECD 국가 중 1위를 기록했다."며 "우리의 방역이 세계의 모범으로 평가받는 이유는 경제에서도 이처럼 선방하고 있기 때문"이라고 자평했다. 문 대통령은 10월 28일 2021년 예산안 시정연설에서도 "우리 경제는 기적같은 선방으로 세계의 주목을 받고 있다."고 거듭 목소리를 높였다.

문 대통령은 그해(2020년) 시간이 날 때마다 "기적같은 선방", "경제성장률 OECD 1위"라고 강조했다. 청와대도 같은 자랑을 반복했다. 청와대뿐만이 아니다. 정부 여당도 '성장률 1위' 홍보에 안달이었다. 기획재정부는 2020년 9월 이에 대한 상세한 보도자료를 냈다. 그러고도 모자랐는지 기재부는 '부총리 직강'이라는 이름의 영상까지 만들어 SNS에 올렸다.

<그림 5.1.1> 한국경제 성장률 (단위: %, 연도별)

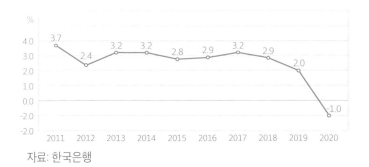

자료: 한국은행

이들의 말만 들으면 마치 한국경제가 대단히 높은 성장률을 기록한 것으로 오해할 수 있다. 그러나 2020년 2분기 우리 경제성장률은 전분기 대비 -3.2%였다. 앞으로 플러스 성장한 것이 아니라 뒤로 마이너스 성장했다. 2020년 한국경제의 연간 성장률도 -1.0%였다. 경제가 거꾸로 간 것이다. 그런데도 문 대통령과 정부는 기회 있을 때마다 "기적같은 선방", "OECD 성장률 1위"라고 자랑했다.

사실 2020년 2분기 우리 경제가 전 세계적 코로나19 팬데믹(pandemic: 대유행) 와중에서 크게 선방한 것은 맞다. OECD 국가뿐 아니라 대부분의 개발도상국 경제도 코로나19 사태로 2분기에 추락했다. 이런 점에서 2020년 2분기 우리 경제의 선방은 분명히 평가받을만하다. 그러나 -3.2% 역(逆)성장한 것을 두고 "OECD 성장률 1위"라고 자랑하는 것은 후안무치하다는 생각이다. 또 '점점 커진다'라는 성장(成長)의 의미를 모르는 것은 아닌지 의구심이 든다. 우리 경제가 커진 게 아니라 줄어들었는데도 말이다.

게다가 "OECD 성장률 1위"는 2020년 2분기에 단 한 번으로 그쳤다. 이전 분기인 2020년 1분기 한국경제 성장률은 전분기 대비 -1.3%로 37개 OECD 회원국 중 미국과 함께 공동 17위였다. 역대 최하위 수준이었다.

2020년 한국경제성장 낙제점

2020년 3분기에는 우리 경제가 전 분기 대비 2.1% 플러스 성장으로 전환했다. 하지만 이는 2020년 3분기 OECD 20개 국가 중 19위로 사실상 꼴찌였다(<그림 5.1.3> 참조). 우리보다 성장률이 낮은 국가는 1.8% 성장한 사우디아라비아 밖에 없었다. 3분기에 인도는 21.9%, 프랑스 18.5%, 영국 16.1%, 이탈리아 16.0%, 터키 15.6% 등 2분기에 추락했던 나라들의 경제가 급속히 회복됐기 때문이다.

<그림 5.1.2> 한국경제 성장률 (단위: %, 분기별)

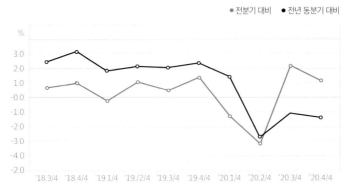

자료: 한국은행

OECD 20개 국가 중 19위, 순위를 논할 수 없는, 부끄러운 최악의 결과였다. 이런 부끄러운 결과는 2020년 4분기에도 이어졌다. 우리 경제는 4분기 1.1%성장해 OECD 37개국 중 26위에 머물렀다(<그림 5.1.4> 참조).

그런데도 문 대통령과 정부 여당의 "기적같은 선방", "OECD 성장률 1위" 자랑질은 그치지 않았다. 가짜뉴스와 허위사실 유포로 처벌감이다.

<그림 5.1.3> 2020년 3분기 OECD 20개 국가 성장률 (단위 : %)

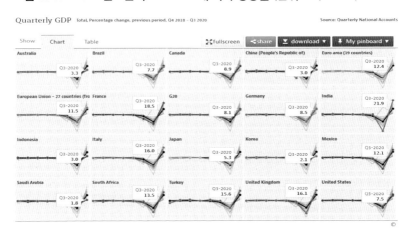

자료 : OECD

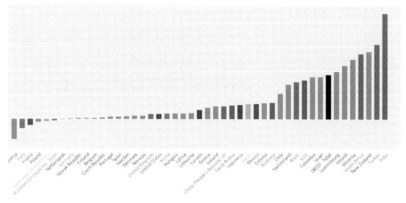

<그림 5.1.4> OECD 국가 2020년 4분기 경제성장률 순위(%)

자료: OECD

한국경제 코로나19 이전부터 위기

사실 한국경제는 코로나19 사태가 터지기 전부터 이미 위기였다. 2019년 경제성장률은 글로벌금융위기 이후 10년 만에 최저인 2.0%로 추락했다(<그림 5.1.1>). 2019년에는 GDP와 GNI(Gross National Income 국민총소득)가 모두 감소했다. GNI는 한 나라의 GDP에다 그 나라가 외국과 거래하는 수출입 상품간의 상대가격 변화에 따른 구매력의 변동분(거래손익)을 가감하고, 여기에 그 나라 국민이 국내는 물론 국외에서 벌어들인 소득을 포함한 지표다. 즉, GNI는 국민의 호주머니 사정이나 체감경기를 나타낸다.

2019년에 이어 2020년에도 GDP(-1.0%)와 GNI(-0.3%)가 모두 감소했다. GDP와 GNI 두 수치가 2년에 걸쳐 감소한 경우는 1997년 외환위기와 2008년 글로벌금융위기 때밖에 없었다. 그만큼 코로나19 이전 우리 경제는 근래 최악의 위기에 처했다. 코로나19 위기로 인해 문 정부의 경제 실정(失政)이 감춰졌을 뿐이다.

2019년 생산·소비·투자는 모두 마이너스를 기록했다. 내수가 쪼그라들고 수출까지 감소하면서 자영업 서민 경제가 무너지고 기업들이 멍들었다. 2019

년 코스피 상장 기업의 21%가 영업이익으로 은행 이자도 내지 못하는 한계 기업으로 전락했다. 또 전체 상장 기업의 악성 재고도 1년 새 10%나 증가해 역대 최고로 올라갔다. 한국경제의 주동력인 제조업 공장 가동률이 글로벌금융위기 이후 가장 낮은 70%대로 떨어졌다. 일부 산업 단지는 가동률이 50%대로 낮아져 사실상 개점휴업 상태가 됐다.

이 모든 일이 코로나19 사태 이전에 벌어졌다. 온갖 반(反)시장적 자해(自害)정책으로 100만명 가까운 자영업자들이 줄도산하고 일자리가 사라지는 고용 참사가 벌어진 것도 코로나19 이전의 일이다. 그 위를 코로나19 충격이 덮친 것이다. 성태윤 연세대 경제학과 교수는 이를 '존망지추(存亡之秋, 존속이냐 멸망이냐의 갈림길에 놓여 있는 상황)의 위기'라고 진단했다.

한국경제의 체질 약화는 비단 문재인 정권의 탓만은 아니다. 문 정권 이전부터 한국경제의 체질 약화에 대한 우려와 문제 제기가 많았다. 그러나 문 정권 들어와 우리 경제의 체질이 훨씬 더 약화된 것만은 분명하다. 그 주된 이유는 시장 친화적이지 않은 정책을 남발했기 때문이다. 시장과 어울리지 않는 소득주도성장 정책, 주 52시간제, 급속한 최저임금인상, 탈원전 정책, 다양한 기업규제 정책 등 아주 많다.

문재인 정부의 간판 경제정책인 '소득주도 성장'을 보자. 문 정부는 소득주도 성장이라는, 경제학 이론에도 없는 실험을 강행했다. 대부분 경제학자들이 그토록 반대했는데도 아랑곳하지 않았다.

소득주도성장의 논리는 노동자들의 임금을 올려 '가계소득 증가→소비 증가→내수 활성화'의 선순환을 이룬다는 생각이다. 이를 통해 경제성장률을 높이고 소득양극화를 완화하겠다는 것이다. 그러나 결과는 정반대로 성장률 둔화와 자영업자들의 몰락, 기업경영 악화, 고용감소, 소득감소, 양극화 확대, 한국의 국제경쟁력 하락 등을 가져왔다.

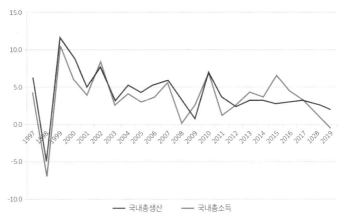

<그림 5.1.5> GDP, GDI 성장률 추이(단위 : %)

국내총생산 　 국내총소득

자료 : 한국은행

이 정책이 실시된 2018년~2019년 2년간 국민의 소득은 늘기는커녕 오히려 줄었다. 한국은행에 따르면, 2019년 1인당 국민총소득(GNI)은 3만2047달러로 전년의 3만3433달러보다 4.1% 줄었다. 2017년 3만달러의 벽을 넘은 지불과 2년 만에 감소한 것이다.

2019년 우리나라의 실질 GDP 성장률도 2%에 불과했다. 2018년 2.7%보다 크게 낮아졌다. 외환위기 직후인 1998년(-5.1%)과 글로벌금융위기 당시인 2009년(0.8%) 이후 최저치이다. 2% 성장률 중 정부가 세금을 투입해 기여한 부분이 1.5%포인트였고, 민간이 기여한 부분은 0.5%포인트에 그쳤다. 민간의 활력이 크게 떨어진 가운데 정부가 나서서 성장률을 겨우 2%에서 턱걸이하도록 만든 것이다.

2019년 한국 성장률 세계 118위

2018년 한국경제는, 문 대통령이 시간만 나면 자랑하는 성장률 측면에서, 세계 191개국 가운데 113위를 기록했다. 2019년에는 성장률 순위가 세계 118

위로 2018년보다 더 낮아졌다. 한때 높은 경제 성장으로 세계의 찬사를 받던 대한민국이 이제 세계 하위권에서 허덕이는 초라한 신세로 전락했다.

전반적인 주력산업의 경쟁력 약화 등이 한국경제 성장률 감소에 큰 영향을 미쳤다. 2019년 경제활동별 연간 성장률을 보면 건설업은 -3.2%로 2018년(-4.0%)에 이어 2년 연속 마이너스 성장했다. 제조업도 2019년 1.4% 성장에 그쳐, 성장률이 2018년(3.4%)에 비해 반토막났다. 서비스업도 2018년(3.2%)에 비해 둔화된 2.6% 성장에 그쳤다. 성장률이 상승한 것은 부가가치가 낮은 농림어업(1.5%→2.6%), 전기가스 및 수도업(3.0%→4.5%) 정도였다.

정부소비 증가율은 2017년 3.9%, 2018년 5.6%에 이어 2019년 6.5%까지 높아졌다. 정부가 해가 갈수록 그만큼 세금을 더 많이 풀었다는 얘기이다. 하지만 가계와 기업의 씀씀이를 보여주는 민간소비 증가율은 2017년, 2018년 2.8%에서 2019년 1.9%로 둔화됐다. 건설투자와 설비투자는 2019년 각각 -3.3%, -8.1%로 2년 연속 마이너스를 기록했다.

정부 주도의 임금소득 증가, 복지지출 확대가 유효 수요를 늘려 투자 확대에 도움이 될 것이라는 소득주도성장의 논리와는 정반대 현상이 나타난 것이다.

성태윤 연세대 교수는 "GNI가 마이너스라는 것은 국민들의 실질 구매력이 감소했다는 것으로, 민간의 소득 활동이 위축되고 있다는 걸 보여 준다."면서 "정부가 노동시장에 개입해서 임금소득을 늘려 가계의 소득기반을 확충하겠다는 현 정부의 (소득주도성장) 정책이 실패했다는 의미"라고 말했다.

조준모 성균관대 경제학부 교수도 "중장기적으로 한국경제의 성장 여력이 저하되고 있는 상황에서 일시적인 현금 살포 위주의 재정지출 확대로 정부 정책의 방향이 맞춰지는 것은 바람직하지 않다. 정치가 경제에 개입하기보다 민간의 자생적인 성장에 도움이 되는 인프라 투자를 확대하는 등 민간의 역동성을 강화하는 정책 추진이 시급하다."고 강조했다.

문재인 정부는 소득주도성장을 한다는 명분하에 최저임금을 2년 동안 30% 가까이 끌어올리고 복지예산 중심의 국고보조금을 3년간 26조원 이상 증액했다. 그러나 가계와 기업 등 경제 주체의 소득기반은 오히려 역성장했다. 급속한 최저임금 인상이나 정부의 복지지출을 늘린다고 해도, 생산과 투자 등 민간 경제활동이 살아나지 않으면 국민소득이 증가할 수 없다는 게 증명됐다. 소득주도의 '성장론'은 가짜다. 성장정책이 아니라 분배정책일 뿐이다. 그것도 그다지 효과없는 분배정책이다.

문재인 대통령은 2020년 9월 10일 "정부는 긴급대책으로 7조8000억원 규모의 4차 추경을 편성하기로 했다."고 밝혔다. 문 대통령은 "(코로나19) 피해가 가장 큰 업종과 직종에 집중하여 최대한 두텁게 지원하는 피해맞춤형 재난지원 성격의 추경"이라고 덧붙였다. 아울러 12세 미만 아동에 대해서는 양육비 개념의 지원을 하고, 13세 이상부터는 통신비를 지원해 사실상 전 국민에게 현금을 지급하기로 했다.

문 대통령은 "GDP의 14%에 이르는 277조원의 막대한 자금을 투입해 일자리를 지키고 기업을 살리며 내수와 경제 활력을 뒷받침했다."며 "그 효과에 의해 한국은 OECD 국가 중 가장 빠른 경제회복과 가장 높은 성장률을 기록할 것으로 전망된다."고 밝혔다.

문 대통령이 직접 밝혔듯이, 문 정부는 일자리 창출 등 명목으로 자그마치 GDP의 14%에 이르는 277조원의 막대한 자금을 투입했다. 이는 이명박 대통령이 4대강 사업을 위해 투자한 22조원의 10배가 넘는 어마어마한 돈이다. 문 대통령은 야당 시절 "이 돈(22조원)이면 연봉 2,200만원짜리 일자리 100만개를 창출할 수 있다."고 이명박 정부를 비판한 바 있다. 문 대통령의 말대로라면, 277조원은 연봉 2700만원 짜리 일자리 1,000만개 이상을 만들 수 있어야 한다. 그런데 실상은 어떠할까?

실업자수 외환위기 이후 가장 많아

2021년 2월 10일 통계청의 발표에 따르면, 2021년 1월 실업자 수는 전년 동월 대비 41만7000명(36.2%)이나 증가한 157만명이었다. 이는 통계청이 관련 통계 작성을 시작한 1999년 6월 이후 최대치다. 실업률은 5.7%로 전년 동월대비 1.6%P 상승했다. 월간 실업자 수가 150만명을 넘어선 것도 역대 처음이다.

실업자는 모든 연령대에서 급증했다. 실업자수는 30대는 7만2000명(44.0%), 20대는 5만3000명(17.3%), 40대는 5만1000명(38.7%), 50대 4만4000명(23.4%), 60대 19만9000명(58.1%)이 증가했다. 15~29세 청년층 실업자는 전년 동월 대비 5만2000명이 늘어난 38만명이었다.

<그림 5.1.6> 2020년 1월 취업자 증감 및 실업자수 (단위: %, 명)

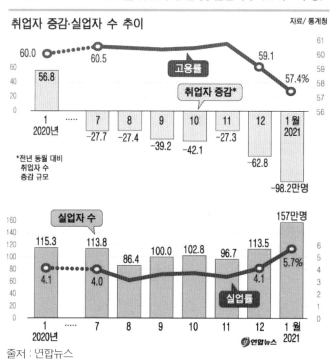

줄저 : 연합뉴스

1월 취업자 수도 2020년 같은 달보다 98만2000명 감소했다. 외환위기의 직격탄을 맞은 시기인 1998년 12월 128만3000명이 감소한 이후 최대 감소 폭이다. 취업자 수는 2020년 3월(-19만5000명)부터 11개월 연속 감소세를 이어갔다. 단기 일자리(주당 1~17시간 근무) 취업자는 7만1000명 늘었고, 반면 상용직(주당 53시간 이상 근무)은 87만4000명 줄었다.

1월 청년층(15~29세)의 취업자수도 31만4000명 줄면서 2020년 7월 이후 최대를 기록했다. 청년실업률은 9.5%로 1.8%포인트 상승했다. 특히 고학력 스펙을 갖고도 일자리를 찾지 못한 실업자가 1월 12만3000명에 달했다. '대학 졸업이상' 실업자 수가 10만명대를 기록한 것 역시 매우 드문 일이다.

1월 비경제활동인구는 86만7000명 늘어난 1,758만명이었다. 1999년 통계 작성 이래 역대 최고폭으로 늘었다. 뿐만 아니라 절대치도 역대 최대를 기록했다. 이 중 '쉬었음' 인구도 37만9000명 늘어 271만5000명을 기록, 2003년 통계 작성 이래 최대치를 경신했다. 구직단념자는 77만5000명으로 23만3000명 늘었다. 2015년 1월(25만3000명 증가) 이후 최대폭이다.

고용시장 상황이 좋지 않다 보니 구직에 나서지 않은 사람도 급증했다. 비경제활동인구 중 '구직단념자'는 1월 77만5000명으로 전년 동월 대비 23만3000명이나 증가했다. 구직단념자는 취업을 희망하고 취업이 가능했지만 노동시장의 사유로 일자리를 구하지 않은 사람 중 지난 1년 내 구직경험이 있는 사람이다. 구직활동 계획 없이 그냥 쉰 '쉬었음' 인구도 1월 271만5000명으로 37만9000명이나 늘었다. 통계를 작성한 2003년 1월 이래 최다 기록이다.

한편, 우리나라 고용상황이 1998년 외환위기 이후 최악이라는 연구결과가 2021년 2월 16일 발표됐다. 전국경제인연합회 산하 한국경제연구원은 통계청 경제활동인구조사의 연간 데이터를 분석해 2020년 주요 고용지표를 과거 경제위기와 비교한 결과를 내놓았다. 이에 따르면, 취업자와 경제활동인구 감소, 실업자수 증가가 외환위기 이후 가장 컸던 것으로 나타났다.

'비정규직 제로'를 핵심 공약 중 하나로 내세운 문재인 정부 출범 이후 4년 간 비정규직 근로자는 되려 95만명이나 늘었다. 역대 정부 중 최대 증가다. 문 대통령이 취임 직후 일자리 상황판을 만들며 고용지표를 끌어올리기 위해 노력했지만 오히려 일자리 상황이 더 나빠졌다. 또한 문 대통령이 직접 나서서 비정규직의 제로화를 적극 추진했으나 이 역시 결과는 역대 정부 중 최악이다.

각종 고용지표가 문재인 정부 출범 이전보다 못한 수준으로 회귀하면서 '일자리정부'라는 표어는 무색해졌다. 코로나19 이전부터 이미 악화돼온 한국경제의 기초체력을 끌어올리지 않는 한 정부의 일회성 일자리 창출은 '밑 빠진 독에 물 붓기'일 뿐이다.

277조원, 문재인 정부는 역대 어느 정부보다도 많은 천문학적인 세금을 일자리 창출 등에 퍼부었다. 그런데도 성과는 역대 최악의 실업대란 수준이다. 이렇다면 문 대통령은 과거 "22조원이면 연봉 2,200만원짜리 일자리 100만 개를 창출할 수 있다."고 호언장담한 발언에 대해 사과해야 한다. 국민들에게는 물론 이명박 전 대통령에게도 사과해야 한다. 이게 부끄러움을 아는 사람의 최소한 예의이다.

반(反)기업 정책이 경제실패 주원인

문재인 정부는 몇백조원 규모의 천문학적인 돈을 투입하고도 왜 일자리 창출은 역대 최악일까?

그 주된 이유는 문 정부의 반(反)시장, 반(反)기업, 친(親)노조적 규제 정책과 세금 투입을 통한 알바성 단기 일자리 처방에 매달리고 있기 때문이다. 정부 정책이 단기 처방에 그치고 근본적인 해법과 거리가 멀기 때문이다. 좋은 일자리는 기업이 만든다. 그러나 문 정부는 급격한 최저임금 인상, 주 52시간 제, 비정규직의 무리한 정규직화, 법인세 인상, 신사업에 대한 규제 등 온통

기업을 옥죄는 법을 제정해 기업 활동을 억압했다.

기업은 국부(國富)를 창출하는 주체이다. 기업을 규제하니 국부가 늘어나기 어렵다. 청년들을 위한 좋은 일자리가 만들어지지 않는다. 정부가 세금을 동원해 단기간에 성과를 내려하니 알바성 '관제 일자리'만 늘어날 뿐이다. 50~60대를 위한 노노(老老)케어, 복지시설 봉사, 학교 또는 건물 전기소등, 학교급식 지원, 쓰레기 줍기, 학교 앞 교통지원, 숲 생태 해설, 시니어 컨설턴트 등이다. 이런 분야는 공동체의 봉사 영역인데, 정부가 세금을 주며 일자리 창출했다고 생색을 낸다. 이런 행태로는 결코 국부를 늘릴 수 없고, 좋은 일자리를 창출할 수 없다.

좋은 일자리를 늘리려면 정부가 세금을 낮추고 규제를 없애 기업인의 사기를 북돋아 투자를 촉진하는 정공법 외에는 없다. 나랏돈을 퍼붓는 재정지출 대신 수요가 있는 곳에 민간투자를 유도하는 방식으로 해야 한다.

OECD도 한국 정부에 다음과 같이 권고했다.

> "단기 근로 프로그램과 임금 보조금 정책은 기존 일자리를 보존하는 데
> 효과가 있지만, 코로나위기 이후의 바람직한 구조조정을 방해할 것이다. 점
> 진적으로 단기성에서 장기성 일자리로 조정해야 한다."

그러나 문 정부는 세금으로 인건비를 주는 '직접 일자리' 등을 대폭 확대하고 있어 OECD의 지적과 배치된다.

조동근 명지대 경제학과 교수는 "일자리를 만드는 플랫폼(기업)에 돈을 써야 하는데, 엉뚱하게 사용하고 있다."며 "일자리는 결국 기업이 만드는데 정작 정부는 규제를 만들고 법인세를 올리고 노조에 힘을 실어주니 일자리가 더 만들어지기 어렵다."고 진단했다.

한국경제는 2020년 마이너스 1% 역성장했다. 이제 관심은 2021년 우리

경제가 어느 정도 회복하느냐이다. 만약 2021년부터 코로나19가 수그러든다면 세계 경제는 이때부터 가파른 회복세를 보일 것이다. 세계 경제가 회복될 때 한국경제가 어느 정도의 회복력을 보이는가가 요체다. 그게 진짜 우리 경제의 실력이다. 코로나19로 인한 세계 경제 침체의 와중에 한국경제는 선진국 경제에 비해 상대적으로 적게 침체해 선방한 편이다. 그걸로는 충분하지 않다. 회복할 시기에 빠르고 강하게 회복하는 것이 중요하다. 그게 우리 경제의 잠재력과 내공이기 때문이다.

그런데 안타깝게도 국제경제기관들의 한국경제 회복력 전망치는 그리 높지 않다. OECD에 따르면, 한국경제는 2021년 3.1% 성장할 것으로 전망됐다. 이는 미국 4.0%, 중국 8.0%, 독일 4.6%, 영국 7.6%, 인도 10.7%에 비해 낮은 전망치이다. 세계 평균 5.0%, G20 국가 5.7%에 비해서도 낮다. IMF의 2021년 한국경제 성장률 전망은 OECD보다 낮은 2.9%다. 반면 IMF의 세계경제 성장률 전망치는 OECD(5%)보다 높은 5.2%다. 우리나라와의 격차가 더 커진다.

<표 5.1.1> IMF의 세계 경제성장률 전망

IMF 세계 경제성장률 전망   (2020년 10월 13일 IMF 세계경제전망 보고서 기준)

구분	2019년	2020년		2021년	
		6월 전망	10월 전망	6월 전망	10월 전망
세계	2.8%	-5.2%	-4.4%	5.4%	5.2%
선진국	1.7%	-8.1%	-5.8%	4.8%	3.9%
미국	2.2%	-8.0%	-4.3%	4.5%	3.1%
유로존	1.3%	-10.2%	-8.3%	6.0%	5.2%
일본	0.7%	-5.8%	-5.3%	2.4%	2.3%
한국	2.0%	-2.1%	-1.9%	3.0%	2.9%
신흥개도국	3.7%	-3.1%	-3.3%	5.8%	6.0%
중국	6.1%	1.0%	1.9%	8.2%	8.2%
인도	4.2%	-4.5%	-10.3%	6.0%	8.8%
러시아	1.3%	-6.6%	-4.1%	4.1%	2.8%
브라질	1.1%	-9.1%	-5.8%	3.6%	2.8%

자료 : 국제통화기금(IMF)

아시아개발은행(ADB)은 2020년 9월 한국경제의 2021년 성장률 전망치를 3.5%에서 3.3%로 낮췄다. 반면 45개 회원국의 전망치는 평균 6.2%에서 6.8%로 높였다. 회원국 평균의 절반에 불과한 한국경제 성장률 전망치를 더 낮춘 것이다. 이는 한국경제의 반등할 힘이 그만큼 약하다는 뜻이다. 우리 경제의 체질이 허약해진 것이다. 게다가 2020년 한 해 동안 천문학적인 재정을 퍼부어 우리 경제의 체질은 더욱 허약해졌다.

문재인 정부는 경제발전과 일자리 창출을 위해 기업을 옥죄는 규제를 풀어 성장률을 높이고 고용을 유도해야 한다. 또한 청년 실업을 해소하기 위해 노동시장을 유연화하는 노동개혁도 시급하다. 경영이 힘든데도 해고가 어렵고, 이익을 내지 못해도 매년 임금을 생산성 향상분보다 더 올려줘야 하는 현실에선 기업하기 어렵다. 또 시대변화에 발맞춘 신사업에 사사건건 발목을 잡는 정부의 규제는 기업인과 기업활동을 위축시킨다. 정부가 이처럼 반기업·친노조 규제를 쏟아내면서 어찌 경제가 위기를 이겨내고 많은 일자리를 창출하길 기대하는가?

게다가 문재인 정부·여당은 기업을 더욱 옥죄는 상법·공정거래법 개정을 추진했다. 2차 코로나19 팬데믹 와중인 2020년 8월 국무회의에서 상법·공정거래법 개정안과 금융그룹감독법 제정안 등 기업의 숨통을 조이는 법안의 의결을 강행했다. 이들 법안의 주요 내용은 △일감 몰아주기 규제 대상 기업 수를 186개사에서 519개사로 늘리고 △지주회사가 가져야 하는 자회사 지분율을 높여 지분 매입 비용을 대폭 상승시키며 △이사회 밖에서 감사위원을 선출하게 해 주주권을 제한하고 △이로 인해 누구라도 마음만 먹으면 기업 비밀을 들여다볼 수 있게 했다.

이에 대해 재계는 '생존 문제'라며 결사반대했다. 전국경제인연합회·한국경영자총협회 등은 물론 친정부적 대한상공회의소까지 나서서 "기업의 투자와 일자리 창출을 저해한다."며 공식적으로 반대했다. 그럼에도 불구하고 국회의 압도적 다수를 점한 민주당이 '공정'을 내세우며 이를 통과시켰다. 이러고서 기업이 국부를 창출하고 일자리를 늘리며 경제위기를 극복하기를 원하는 게 과연 진심인지 의심스럽다. 거위의 황금알을 원한다면 먹이를 잘 주며 보살펴야 한다. 당장의 욕심에 거위의 배를 가르면 더이상 황금알은 없을 것이다.

<표 5.1.2> TMF 사업하기 어려운 나라 순위

TEN MOST COMPLEX JURISDICTIONS			
1	Indonesia	14	Croatia
2	Brazil	15	Panama
3	Argentina	16	Taiwan
4	Bolivia	17	Korea
5	Greece	18	India
6	Mainland China	19	Belgium
7	Nicaragua	20	Serbia
8	Colombia	21	Slovakia
9	Malaysia	22	Russia
10	Ecuador	23	Peru
11	Turkey	24	Vietnam
12	France	25	Kazakhstan
13	Mexico		

자료: TMF

한국, 기업하기 어려운 나라

최근 글로벌컨설팅회사 TMF그룹에 따르면, 한국은 전 세계에서 '사업하기 어려운 나라' 17위에 올랐다. 복잡한 규제와 유연하지 못한 사업환경 등 때문이다. 2019년 61위에서 2020년 17위로 1년 만에 44계단이나 껑충 뛰어올랐다.

TMF그룹이 전 세계 77개국의 각종 규제 법령과 회계제도, 법인세, 임금수준, 노동유연성, 디지털화 등을 분석해 2020년 8월 24일 발표한 결과이다. 실적이 나쁜 종업원도 해고하기가 어려워 해외자본이 투자를 꺼린다는 점 등이 사업하기 어려운 이유 등으로 꼽혔다. 베트남(24위), 일본(46위), 필리핀(57위), 호주(58위), 싱가포르(60위), 홍콩(66위) 등은 모두 우리나라보다 사업하기 좋은 나라로 분류됐다. 아시아 주요국 가운데 우리보다 사업하기 어려운 국가는 중국(6위)과 대만(16위)뿐이었다. 부끄러운 일이다.

좋은 일자리와 산업발전은 정부가 아닌 민간과 기업의 활력을 높여서 만드는 것이다. 혁신과 규제 개혁에 눈감고 국민 세금으로 단기 일자리를 만드는 것은 서서히 망하는 지름길이다.

문재인 대통령이 나서서 "기적같은 선방", "성장률 OECD 1위"를 아무리 외쳐도 경제성장이 절로 되지는 않는다. 문 정부는 경제정책을 기업의 기를 살리고 경제 체질을 개선하는 근본 처방으로 바꿔야 한다. 경쟁국들은 앞다퉈 신산업을 키우는데 우리는 그나마 있는 주력기업들의 뒷다리를 잡고 있다. 앞으로는 앞다리도 잡을 태세다. 국부의 주체인 기업을 죽이는 짓이다.

한국 기업, 한국경제가 기로에 섰다.

'대한빚국' 세금 퍼주기로 거덜난 곳간

　문재인 대통령은 코로나19가 덮치기 전인 2019년 5월 16일 국가채무와 관련, 충격적인 발언을 했다. 문 대통령은 "기획재정부는 국가채무비율을 국내총생산(GDP) 대비 40%대 초반에서 관리하겠다는데 국제기구는 60% 정도를 권고하고 있다. 우리는 적극 재정을 펼 여력이 있다."고 말했다.

　이는 당일 열린 국가재정전략회의에서 홍남기 경제부총리가 "GDP 대비 국가채무비율을 40%대 초반에서 관리하겠다."고 하자 문 대통령이 이에 대한 근거를 따져 물으며 발언한 것이다. 문 대통령의 말은 '국가채무 방어선'을 뒤로 물리는 한이 있어도 정부 곳간을 더 열겠다는 뜻으로 받아들여졌다.

문재인 대표 "국가채무비율 마지노선은 40%"

　그러나 이는 문 대통령이 야당대표 시절 발언한 내용과 정면으로 배치된다. 문 대통령은 새정치민주연합 대표였던 2015년 9월 9일 박근혜 정부의 재정 상황을 비판하면서 "국가채무비율이 마지노선인 40% 선을 넘었다."며 "새누리당 정권 8년, 박근혜 정부 3년 만에 나라 곳간이 바닥났다."고 비난했었다. 문 대통령은 이어 "재정건전성 회복방안이 없는 이 예산안을 결코 받아들일 수 없다."고 강경하게 말했다.

　그런데 2015년 문재인 대표가 비판했던 상황이 문 정부 들어 똑같이 재연됐다. 2019년에 추가경정예산 편성을 위한 국채발행까지 반영한 GDP 대비 국가채무비율이 39.5%에 달했다. 문 정부의 '확장적 재정정책'으로 인해 2020년 예산안이 500조원을 돌파할 가능성이 커졌다. 그럴 경우 국가채무가 780조원을 넘고, 국가채무비율은 40.3%까지 올라간다. 이러자 문 대통령이 입장을 바꾼 것이다.

문재인 새정치민주연합 대표가 2015년 9월 9일 "국가채무비율이 마지노선인 40% 선을 넘었다."며 박근혜 정부의 재정상황을 비판하고 있다. /채널A 캡처

입장을 바꿔도 아주 통 크게 바꾸었다. 국가채무비율의 마지노선이 GDP 대비 40%라던 사람이 60%로 절반이나 올려버렸다. 문 대통령이 말을 바꾸거나 식언한 사례가 헤아릴 수 없이 많지만, 국가채무 관련 발언은 국가의 운명이 달린 것으로 손바닥 뒤집듯 쉽게 바꾸어선 안되었다. 이후 우리나라 국가채무비율은 엘리베이터가 123층의 롯데타워를 오르듯 거침없이 올라갔다.

문 대통령은 국가채무비율의 '국제기구 기준'을 언급했다. 문 대통령이 '국제기구'로 언급한 것은 유럽연합(EU)의 '안정 및 성장에 관한 협약'으로 알려졌다. '협약'은 일반정부 채무[D2; D1(중앙정부+지방정부 채무)+비영리공공기관 채무] 기준 채무비율을 GDP 대비 60% 이내로 관리하도록 하고 있다. 이 기준대로면 한국은 2017년 기준 42.5%로 60%까지는 여유가 있었다.

그러나 공기업 채무를 포함한 D3를 기준으로 하면 상황이 달라진다. EU 회원국들은 대규모 공기업채무를 가진 나라가 흔치 않다. 그래서 EU는 공기업채무를 포함하지 않는 국가채무비율을 기준으로 한다. 하지만 우리나라는 사정이 다르다. 공기업채무를 많이 지고 있는 우리나라는 국가채무비율에 이를 포함해야 한다. 비금융공기업 채무까지 포함한 한국의 국가채무비율(D3)은 2019년 60%를 넘었다. 당시에도 이미 EU가 권고한 국제기준치를 추월한 것이다.

문 정부서 국가채무비율 44%로 급등

게다가 한국은 달러, 유로화 등을 발행하는 기축통화 국가가 아니다. EU는 유로화를 쓰는 기축통화 지역이다. 한국을 유로화를 사용하는 EU 회원국들과 비교하는 것은 어불성설이다. 기축통화국은 비상시 돈을 찍어 재정을 확충할 수 있다. 하지만 한국은 그렇지 못하다. 쉽게 위기에 직면할 수 있다. 과거 외환위기를 겪어보아 잘 알지 않는가?

이 정도의 내용을 문 대통령이나 청와대 인사들이 파악하지 못했을 리 없다. 그렇다면 정상적인 정부라면 향후 재정·외환위기를 막기 위해 긴축재정에 들어가야 한다. 그게 2015년 문 대통령이 민주당 대표일 때 했던 말과 부합한다. 그러나 '포퓰리즘(인기영합) 정부'로 비판받는 문재인 정부는 재정확대로 내달렸다. 특히 이듬해 2020년 신종 코로나19 바이러스 사태가 터지면서 문 정부는 국민의 세금인 재정을 제 돈인 듯 마음껏 사용했다.

코로나19의 재확산 와중인 2020년 9월 22일 제4차 추가경정(추경)예산안이 국회를 통과했다. 7조 8천억원 규모였다. 그해 3월 17일 1차 추경(11조7천억원), 4월 30일 2차 추경(12조2천억원), 7월 3일 3차 추경(35조1천억원)에 이은 네 번째 추경 처리였다. 추경 규모로 볼 때 역대 최대였다. 한해 네 차례 추경을 편성한 것도 1961년 이후 59년 만이었다.

기획재정부에 따르면, 4차 추경 편성 후 2020년 국가채무는 역대 최대인 846조9천억원, GDP 대비 국가채무비율(이하 D1으로 산정)도 역대 최대인 44%로 늘어났다. 2020년 본예산 기준 국가채무비율은 39.8%였는데, 네 번의 추경을 거치며 4.2%P가 높아져 44%가 됐다. 마지노선인 40%를 훌쩍 뛰어넘은 것이다.

문 정부의 방탕한 세금퍼주기 지속

국민 세금을 마음껏 사용하는 문 정부의 기조는 2021년에도 계속됐다. 2021년 7월 5일 문 정부는 33조원에 이르는 그해 2차 추경안을 내놓았다. 역대 최대 규모이다. 제1차 추경안(14.9조원)의 2배가 훨씬 넘는다. 문 대통령 취임 이후로는 9번째 추경이다. 취임 이후 문 정부가 추경을 통해 더 지출한 세금은 132조원을 넘는다.

단연 역대 최고 기록이다. 횟수 기준으로는 IMF를 겪은 김대중 정부(8회)를, 총액 기준으로는 박근혜 정부(39조9000억원)를 제쳤다. 문 대통령이 정부 씀씀이가 헤프다고 비판했던 박근혜 정부보다 3.3배가 많고, 금액으로는 자그마치 92조원이나 많다. 문 정부는 씀씀이가 헤픈 정도가 아니라 세금을 그냥 막무가내로 퍼주고 탕진하고 있다는 느낌이다.

이에 따라 2021년 국가채무는 963조9,000억원으로, 국가채무비율 역시 47.2%로 오른다. 대한민국 역사상 한 번도 가보지 않은 고(高)국가채무의 길로 들어섰다.

2020년 국가채무비율의 상승폭도 역대 최대였다. 2019년(38.1%)보다 5.9%포인트 오르며 상승폭이 외환위기 때인 1998년(3.9%P)이나 글로벌금융위기시인 2009년(3.0%P)보다도 훨씬 컸다.

2020년 4월 국제통화기금(IMF)은 한국의 GDP 대비 국가채무비율이 2020년부터 6년간 약 21%포인트 올라 2026년에는 70% 수준으로 치솟을 것이라고 경고했다. 분석 대상 35개국 중 국가채무 증가 폭이 가장 크고 증가 속도는 선진국 평균보다 20배나 빠르다. 한국의 국가채무가 심각한 상황인 것이다. 결국 오늘의 세대가 돈을 펑펑 써 미래세대, 청년세대에게 나랏빚을 모두 떠넘기는 셈이다.

이런데도 문 대통령과 경제부총리, 청와대 참모들은 다른 OECD 국가와 비교해 정부재정의 '상대적 건전성'만 강조했다. 재정건전성 악화라는 지적엔 "우려도 유념하겠다."는 정도의 무책임한 답변이 돌아왔다.

문 대통령은 2020년 5월 국가재정전략회의에서 "지금의 위기 국면에선 충분한 재정투입을 통해 빠르게 위기를 극복하고 경제성장률을 높여 재정건전성을 회복해야 한다."며 "그것이 길게 볼 때 오히려 국가채무비율 악화를 막는 길."이라고 말했다.

홍남기 경제부총리도 그해 8월 자신의 페이스북에 "(우리나라의) 국가채무비율은 40.4%로, OECD 회원국 평균 비중 110%에 비하면 약 3분의 1로 낮은 수준"이라며 "재정 여력이 다른 나라에 비해 상대적으로 양호하다."고 썼다.

성남시장 시절부터 현금을 풀어 나눠준 이재명 경기도지사는 확장재정에 대해 보다 강경한 찬성 입장을 보였다. 그는 그해 9월초 페이스북에 "국가채무가 증가하니 재정지출을 늘리지 말아야 한다는 논리는 모두를 곤경에 빠트리는 매우 악의적이고 무책임한 주장"이라고 공격했다. 이 지사는 "우리나라 국가채무비율은 안정적 수준"이라며 "국가 재정건전성은 총액이 아닌 GDP 대비 국채비율로 판단하는데 2020년(예측치) OECD 채무비율은 우리나라가 인구 134만인 에스토니아 다음인 43.5%로 평균 126.6%에 비해 매우 낮다."고 주장했다.

이재명 경기도지사가 2021년 1월 20일 제2차 경기도 재난기본소득
지급 계획을 밝히고 있다. /경기사진공동취재단

"문 대통령, 재정지출 중독증 걸려"

그러나 이후 재정분야 전문가들은 문 정부의 방만한 재정확대정책에 쓴소리를 쏟아냈다. 이창용 국제통화기금(IMF) 아시아·태평양 담당 국장은 "국가채무비율이 40% 수준으로 낮아 여력이 있으니 팍팍 써도 된다는 것은 무책임한 얘기"라고 비판했다. 이 IMF 국장은 "신종 코로나바이러스 감염증(코로나19) 대응을 위해 늘린 재정을 어떻게 사용할지가 매우 중요하다."며 "현 상황에서 단기 재정지출 증가는 불가피하지만 공적 영역의 일자리확대 같은 구조적인 지출을 늘리는 것은 중장기적으로 재정에 큰 부담이 될 것."이라고 경고했다.

성명재 한국재정학회장(홍익대 경제학부 교수)은 "내상이 깊어지지만 지금은 증상이 나타나지 않고 있을 뿐"이라며 "한국의 국가채무 수준이 선진국에 비해 나쁘지 않다고 정부가 말하는 것은 난센스"라고 비판했다. 그는 "일본은 1990년대까지만 해도 GDP 대비 국가채무비율이 60%대 중반 수준이었는데 2020년을 기준으로 250%가 넘는다. 경제를 살리겠다고 돈을 마구 뿌리는 확장재정을 계속해 나랏빚을 급속히 늘린 탓이다. 우리의 고령화 속도는 일본보다 빠르다. 채무 증가속도를 조절하지 않으면 국가재정이 파탄 나고 일본처럼 '잃어버린 30년'을 겪을 수도 있다."고 경고했다.

국내 재정학 분야 석학인 구정모 대만 CTBC 비즈니스스쿨 석좌교수도 국가채무의 급증을 깊이 우려했다. 한국경제학회장을 지낸 구 교수는 "들어오는 세금이 모자라니 빚을 내 이를 메우는 게 습관처럼 반복되고 있다."며 "브레이크 풀린 나랏빚 증가 속도와 전례 없는 채무규모로 인해 대한민국이 '대한빚국'이 될 수 있다."고 경고했다.

구 교수가 기재부의 '중기재정전망'에 따라 추산한 결과, 한국의 GDP 대비 국가채무비율(D3)은 2024년 81.5%(총 채무 1,855조원), 군인·공무원연금의 충당채무까지 포함한 국가채무비율(D4)은 2024년 130%(총 채무 2,961조원)를 웃돌았다. OECD국가 평균(109%)보다도 높은 매우 심각한 상황인 것이다. 구 교수는 "지금 같은 속도의 재정적자 확대와 국가채무 누적은 과거 어느 때보다 막대한 기회비용과 희생을 치러야 한다."며 "우리 경제가 '그리스+일본'식 복합형 불황에 허덕이다 결국 나라 곳간이 거덜날 것"이라고 우려했다.

한국 국가채무비율(D4) 103% 넘어

실제로 2020년 우리나라의 국가채무(재무제표상 채무)는 2019년 대비 241조6,000억원이 늘어난 1,985조3,000억원이었다. 2020년 총 GDP 1,924조5,000억원보다 60조원이 더 많다. GDP 대비 국가채무비율(D4)이 103.2%로 이미 100%를 넘은 것이다. 한 해 국가채무(D4)가 241.6조원이 급증한 것은 1948년 건국 후 처음이다.

재정전문가인 조경엽 한국경제연구원 경제연구실장은 보다 강도 높은 목소리로 문 정부를 성토했다. 조 실장은 "문재인 대통령은 재정지출 중독증에 걸려 있다. 역대 대통령 중에서 가장 재정 낭비가 심하다."며 강하게 비판했다. 조 실장의 지적은 매우 예리하고 신랄하다. 2020년 9월 22일자 <조선일보>에 실린 그의 인터뷰는 한국의 위기적 재정상황에 대해 심각하게 경고한다.

- 코로나19 사태로 GDP 대비 국가채무비율이 빠르게 상승하고 있다. 채무비율 상승이 문제인가, 상승속도가 빠른 게 문제인가?

"둘 다 문제다. OECD의 통계를 보면 한국 정부의 채무비율은 2000년에서 2018년까지 연평균 4.4% 증가했다. 그런데 우리 정부(기획재정부)의 발표를 보면 2016년 627조원이던 국가채무가 2022년 1,070조원으로 늘어날 전망이다. 6년간 연평균 9.3%씩 늘어난다. 증가율이 예전의 2배 이상이다. 현 정부 들어 3년간 220조가 늘었고 앞으로 남은 기간동안 220조원이 더 늘어난다는 것이다. 이 말은 문 대통령이 임기 내내 슈퍼 예산을 짜고 추경을 계속하겠다는 뜻이다."

- 정부는 OECD 34개 회원국의 평균 국가채무비율이 109%인 반면, 한국은 40% 정도여서 재정을 더 풀 여력이 있다고 한다.

"비교 기준과 대상 국가를 잘 봐야 한다. IMF에서는 국가채무 기준을 파악할 때 대략 4가지 기준을 쓴다. D(Debt: 채무)1은 중앙정부와 지방정부의 채무를 합한 것이다. 한국이 대략 43.5% 정도 된다. 여기에 비영리 공공기관의 채무를 합하면 D2가 된다. 여기에 다시 공기업 채무를 합하면 D3가되고, 정부가 지급을 보증한 군인연금과 공무원연금을 합하면 D4가 된다.

IMF는 국가채무 기준을 이야기할 때 정부가 실질적으로 부담할 의무가 있는 D4를 기준으로 삼는다.

그런데 D3와 D4 채무가 있는 국가가 그렇게 많지 않다. 한국 일본 호주 캐나다 등 8개국 정도이다. 그런데 우리나라는 D3와 D4 채무가 많다. 정부가 재정부담이 되는 사업을 직접 하지 않고 공기업에 떠넘기거나, 군인과 공무원의 연금 지급을 보증해주고 있기 때문이다. 그러니 실제로 정부채무인 이런 것까지 포함해 비교해야 한다. 이것을 모두 포함하면 2018년 말 현재 한국의 국가채무는 43.5%가 아니라 106% 정도가 된다. 숨은 빚까지 고려하면 이미 OECD 평균 수준과 비슷해지는 것이다."

—비교 대상 국가도 잘 살펴야 한다는 뜻은 무슨 말인가?

"미국과 EU 회원국, 일본 등은 달러, 유로, 엔 같은 기축통화 국가이다. 반면 우리나라는 기축통화 국가가 아니다. 경제위기가 오면 기축통화 국가들은 인쇄기를 돌려 돈을 찍어내 수입 대금을 지불하면 된다. 그래서 재정위기가 외환위기로 연결되지 않는다. 하지만 한국 원화는 글로벌 금융시장에서 기축통화가 아니기 때문에 돈을 아무리 찍어내도 경제위기가 오면 해외에서 한국 돈을 받지 않는다. 그래서 외환위기가 온다. 그러니 이런 나라들의 국가채무비율과 한국을 직접 비교하면 안 된다.

—문 대통령은 국가채무비율이 60%를 넘어도 괜찮다고 하는데.

"너무 근시안적이고, 포퓰리즘이다. 박근혜 정부 시절, 본인이 야당 생활을 할 때에는 국가채무비율이 40%를 넘으면 미래세대에 빚을 떠넘긴다며 반대하다가 정권을 잡으니 막 쓰고 있는 것이다."

─위기 때에는 재정을 쓰더라도 이후에 경제가 좋아지면 세금을 더 거둬서 국가채무비율을 낮추면 되는 것 아닌가?

<표 5.2.1> 경제위기시 국가채무비율 변화 비교 (단위: %, %p, 조원)

	외환위기		글로벌 금융위기		코로나19	
	97년	98년	08년	09년	19년	20년(전망)
국가채무비율	11.4%	15.3%	26.8%	29.8%	38.1%	43.8%
상승 폭	+3.9%p		+3.0%p		+5.8%p	
국가채무 증가액	+20.1조원		+50.6조원		+119.2조원	

※ 자료 : 한국경제연구원

"예전에는 대통령들이 취임 초기에 사업을 벌이면서 재정지출을 늘렸다. 그리고 임기 중반 이후에는 긴축을 하면서 국가채무의 증가 속도를 낮췄다. 국가채무비율이 40%가 넘지 않도록 하려고 애를 많이 썼다. 그래서 재정을 견실히 해 다음 대통령에게 물려줬다. 하지만 이번 정권은 임기 초부터 일자리 추경이니 뭐니 해서 계속 본예산 외에 추경을 편성해 썼다. 올해도 벌써 4번째 아닌가? 현 정부의 중장기 재정계획은 임기 말까지 갈수록 돈을 더 많이 쓰는 걸로 잡혀 있다.

─문 대통령의 경제운용 능력에 문제가 있다는 것인가?

"정부 재정을 관리할 때에는 대통령의 의지와 능력이 중요하다. 문 대통령은 재정지출 중독증에 걸린 것 같다. 대통령이 정책 능력이 있으면 돈 안들이고 커버할 수 있는 많은 영역들이 능력이 부족하니 그 부작용을 국민 세금으로 틀어막고 있다는 생각이 든다." (중략)

─한국은 외환위기를 겪은 경험이 있으나 재정위기는 겪은 적이 없다. 재정위기는 어떤 형태로 오나?

"베네수엘라 등 외국의 사례를 보면 경제 체력이 약화되면 가계 기업 정부 등 모든 경제 주체의 채무가 증가한다. 민간 부문이 약해지면서 세입 기반도 약화돼 정부가 해외에서 국채를 발행해 돈을 마련해야 한다. 만약 국가 재정 상황이 좋지 않으면 해외투자자들이 신규 국채를 사기는커녕 기존 국채도 팔아버린다. 해외에서 국채를 팔지 못하면 중앙은행은 발권력을 동원해 국채를 발행한다. 이때 시중의 유통 자금이 늘어나 초인플레이션이 발생한다. 해외투자자들은 빠져나가고 국가부도 상태에 이른다.

<표 5.2.2> 국가채무(D1) 규모와 증가추이

년도	국가채무총계 (조원)	국가채무 GDP 대비 (%)	전년대비 상승 폭 (%p)
1997	60.3	11.4	
1998	80.4	15.3	3.9
1999	98.6	17.1	1.8
2000	111.2	17.1	0
2001	121.8	17.2	0.1
2002	133.8	17	-0.2
2003	165.8	19.8	2.8
2004	203.7	22.4	2.6
2005	247.9	25.9	3.5
2006	282.7	28.1	2.2
2007	299.2	27.5	-0.6
2008	309	26.8	-0.7
2009	359.6	29.8	3
2010	392.2	29.7	-0.1
2011	420.5	30.3	0.6
2012	443.1	30.8	0.5
2013	489.8	32.6	1.8
2014	533.2	34.1	1.5
2015	591.5	35.7	1.6
2016	626.9	36	0.3
2017	660.2	36	0
2018	680.5	35.9	-0.1
2019	728.8	38.1	2.2
2020	846.9	44.0	5.9

※ 자료 : 기획재정부

포퓰리즘에 8번 국가부도 선언한 아르헨

재정건전성을 따지지 않고 돈을 펑펑 쓰다가 재정위기, 외환위기, 국가부도 사태를 겪거나 위기에 처한 나라들은 많다. 대표적인 국가는 아르헨티나, 베네수엘라, 이탈리아, 그리스, 일본 등이다. 이중 아르헨티나의 사례만 살펴보자. 아르헨티나는 '페론주의(Peronism)'라는 포퓰리즘의 대명사다. 많이 알려졌지만 중요한 사례이기에 간단히 일별한다.

페론주의는 아르헨티나의 대중(大衆) 영합적 정치운동이다. 1946-1955년, 1973-1974년 두 차례 집권한 후안 페론(Juan Peron) 전 대통령과 영부인 에바 페론(Eva Peron)의 정치 활동이 그 출발점이다. 페론주의는 현대 포퓰리즘의 원조로 알려져 있다. 정책으로는 외국자본 배제, 산업국유화, 보호무역주의, 복지확대와 임금 인상을 통한 노동자의 소득증대 등으로 요약된다.

후안 페론 대통령은 국가 주도로 산업화를 추진하면서 민간 부문의 역할을 줄였다. 철도·항만 등을 국유화했고 산업은행을 설치했다. 자유무역 대신 보호무역주의를 주장하며 교역을 통제했다. 시장의 '공정한 경쟁'을 핑계로 정부가 과도하게 개입하고, 노동자의 임금을 크게 올렸으며, 복지확대를 위한다는 명분하에 재정지출을 급속도로 늘렸다. 이는 심각한 비효율을 낳았고, 결국 '정부 실패'로 이어졌다.

'정부 실패'의 주된 요인으로는 국유화와 보호주의에 따른 비효율, 산업경쟁력 약화, 페론 대통령의 정치적 실정 등이 거론된다. 그러나 가장 중요한 원인이 재정지출 확대를 기조로 하는 포퓰리즘이 핵심이라는 데는 이론의 여지가 없다. 그래서 페론이즘=포퓰리즘이란 등식이 일반화됐다.

1946년 페론 정권이 들어선 후 공공지출은 폭발적으로 증가했다. 1946년 GDP의 25%였던 정부지출은 1948년에는 40%를 넘어섰다. 시중에 막대한 돈이 풀리자 물가상승이 뒤따랐다. 1946년 19%였던 물가상승률은 5년 만에 50%를 넘어섰다. 재정이 파탄나면서 1955년 페론 정권은 실각했다.

그러나 페론주의의 불꽃은 꺼지지 않은 채 오늘날에도 지속되고 있다. 정부가 지급하는 연금과 월급은 두 배로 올랐고, 정부에서 연금이나 월급을 받는 국민은 40%에 달한다. 저소득층에는 매월 일정액이 지급된다. 모든 학생들에게 최신 모델의 넷북이 무상으로 지급되기도 했다. 정부 지원에 익숙해진 국민들에게 다른 대안은 큰 호응을 얻지 못했다. 엄청난 국가채무와 물가, 무기력에 빠진 아르헨티나 경제는 갈수록 더 피폐해졌다. 페론 이후 아르헨티나는 여덟 번이나 국가부도(디폴트)를 선언해야 했다.

재정적자, 외환위기초래 수준 5% 넘어

돈을 펑펑 써도 재정이 튼튼하면 큰 문제가 없다. 문제는 나라의 곳간이 넉넉한가 여부다. 즉, 재정건전성이 중요하다. 그런데 재정건전성을 평가하는 지표인 GDP 대비 국가채무비율이 어느 정도면 위험한가는 의견이 분분하다. 과거 사례를 분석하여 60%~90%를 기준으로 제시한 연구들이 있지만, 국가마다 시기마다 기준이 다르다. 채무비율이 높은 경제도 명목 GDP가 빠른 속도로 증가하면 재정건전성에 큰 문제가 없다. 그러나 우리 경제는 문 정부 들어 지속적으로 성장률이 둔화됐다. 향후 전망도 밝지 못하다. 그런 상황에서 재정적자가 급속히 악화되고 있다.

문재인 정부의 지속적인 확장재정 기조에다 2020년에만 네 차례 추가경정예산안이 편성됐다. 이에 따라 GDP 대비 관리재정수지적자 비율은 2020년 사상 처음으로 6%를 넘어 6.1%를 기록하기도 했다(2020년말 최종 5.8%). 관리재정수지는 정부의 모든 수입과 지출의 차이인 통합재정수지에서 국민연금 등 사회보장성 기금의 수지를 제외한 것으로 정부의 실질적인 재정 상태를 보여주는 지표다.

코로나19라는 특수 상황을 고려해도 재정적자 악화 속도가 지나치게 빠르다. 경제학에서는 재정적자가 GDP의 5%를 넘을 경우 위기로 본다. 외환위기 등을 불러올 수 있기 때문이다. 물론 재정적자만이 아닌 국가채무상황, 경상수지적자, 물가, 이자율 등 국가 경제의 전반적인 지표를 갖고 판단해야 한다. 그러나 5%가 넘는 재정적자는 불길한 조짐임에 분명하다.

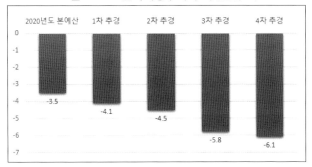

<그림 5.2.1> 관리재정수지 추이 (단위:%)

※ 자료 : 기획재정부

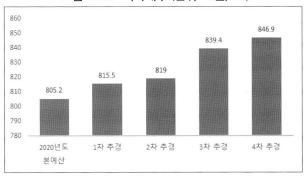

<그림 5.2.2> 국가채무 (단위: 조원, D1)

※ 자료 : 기획재정부

홍남기 경제부총리도 이 같은 점을 의식했는지 "재정수지 적자가 6%를 넘어서며 여러 가지 지적이 있을 수 있다고 생각되지만 코로나19 위기로 인한 어쩔 수 없는 일시적 조치였다는 점을 이해해 달라."며 양해를 구했다. 그러나 이런 고(高) 재정적자 상황이 과연 일시적인 걸로 끝날 수 있을까?

2019년까지만 해도 재정수지 적자 비율 3%는 역대 정부, 그리고 재정당국에서 일종의 심리적 마지노선으로 여겼다. 예를 들어 지난 2016년 정부가 발의한 재정건전화 법안에는 관리재정수지 적자를 GDP의 3% 이하로 유지한다고 했다. EU 또한 관리재정수지 적자 비율을 3% 이내에서 운용할 것을 재정준칙으로 삼고 있다.

2019년 513조5,000억원의 슈퍼예산을 편성해 크게 논란이 됐다. 이에 따라 관리재정수지 적자 비율이 3.6%를 기록했기 때문이다. 이 비율이 3%를 초과한 것은 글로벌금융위기 이듬해인 2009년 이후 11년 만에 처음이었다. 그런데 불과 1년 만인 2020년에 약 2배인 5.8%를 기록했다.

강삼모 동국대 경제학과 교수는 "코로나19, 그리고 저성장으로 재정의 역할이 필요하다는 건 모두가 인정하지만, 우리 경제의 자랑이던 재정건전성이 너무 빠르게 무너지고 있다는 게 문제"라며 "2000년대 초반 미국에서 쌍둥이 적자 현상이 발생했을 때만 해도 우리가 (미국의) 재정수지 적자가 5%가 넘으면 문제가 된다고 지적했는데 이번에 우리가 6%를 넘겼다는 건 우리나라로서는 경험해보지 못한 어마어마한 숫자."라고 우려했다.

문 정부, 나라 곳간을 천문학적 빚으로 채워

신종 코로나19 사태로 나랏빚이 느는 것은 불가피한 측면이 있다. 위기 시 시중의 유동성을 늘리는 정책은 경제학에서 필수적이다. 국민들도 그쯤은 이해한다. 그러나 문제는 나랏빚이 불어나는 속도, 재정운용의 방만함이다. 위 전문가들도 지적하듯이, 역사상 이렇게 빨리 빚을 늘린 정부는 없었다. 재정관리가 부실해지면 나라 경제가 망가지는 것은 시간문제다.

문 대통령은 2015년 9월 민주당 대표시절 "1997년 외환위기 속에서 출범한 김대중 정부는 2002년에는 관리재정수지를 흑자로 전환시켜 노무현 정부에 넘겨줬다."며 박근혜 정부의 재정 상태와 비교해 비판했다. 문 대통령은

"노무현 정부도 흑자 재정을 만들어 이명박 정부에 넘겼다. 이때만 해도 나라 곳간에는 쓰고 남은 세금이 16조5000억원이 있었다."고도 했다.

상황을 이렇게 잘 파악하고 있는 문 대통령이, 박근혜 정부의 재정적자를 걱정하며 재정관리를 잘하라고 질책했던 문재인 대표가 어찌 자신이 대통령이 된 후에는 180도 다른 행보를 보이는 걸까?

앞선 진보적인 김대중, 노무현 대통령은 물론 보수 이명박, 박근혜 대통령도 나라 곳간을 쓰고도 남은 돈으로 넉넉히 채웠다. 그런데 왜 야당 시절 그렇게 바닥난 재정을 성토했던 문 대통령은 대한민국 곳간을 여윳돈 대신 천문학적인 빚으로 채우려 하는가? 역대 모든 대통령이 지키고자 했던 국가채무비율 40%를 왜 한방에 허물어버렸는가?

과거 "국가채무비율 마지노선인 40% 선을 넘었다."며 박근혜 정부를 신랄하게 비판하던 그 추상같은 신념과 호통은 어디에 내팽개쳤는가? 이런 문재인 대통령과 더불어민주당의 표변(豹變)에 국민들은 절망하며 땅을 친다.

광해가 울고 갈 對중국 事大외교

영화 '광해' 본 후 눈물 흘린 문 대통령

2012년 12월 12일 문재인 민주통합당 대통령 후보는 이병헌이 주연한 영화 '광해, 왕이 된 남자'를 관람하고 난 뒤 눈물을 흘렸다. 빈 객석에 혼자 앉아 10분간이나 소리없이 눈물을 훔쳤다. 소감을 묻는 취재진 질문에 문 후보는 "다음에…"라며 손사래를 쳤다. 문 후보는 이튿날 눈물을 보인 이유를 설명했다.

"영화가 노무현 대통령 생각을 많이 나게 했습니다. 다른 사람들 앞에서 그렇게 많이 운 적은 없었는데, 어제는 도저히 억제가 안 됐습니다. (광해가 신하들을 향해) '부끄러운 줄 알아야지' 하는 대사나, 참여정부 때 균형외교를 천명했다가 보수언론과 수구세력으로부터 공격을 받았던 거라든지, 곳곳에 그런 기억을 상기시켜주는 장면이 많아서 그런 감정이 들었습니다."

영화에는 광해군이 주재하는 회의에서 각 조 판서들이 명(明)나라에 보낼 조공(朝貢)을 진언하는 장면이 나온다. 호조판서는 황실에 은자 4만5000냥과 공녀(貢女) 40명을 보내자고 하고, 예조판서는 사신에게 금 한 관을 선물하자고 했다. 병조판서는 전쟁 중인 명에 기마 500마리, 궁수 3000명, 기병 1000명 등 2만명 파병을 제안했다. 이를 보다 못한 한 정승이 나서서 "2만명이나 보내면 북방 경비가 소홀해질 수 있다."고 반대했다. 그러자 다른 정승이 "이 나라가 있는 것이 누구 덕이냐? 오랑캐와 싸우다 짓밟히는 한이 있더라도 사대(事大)의 예를 다해야 한다."고 반박했다.

그러자 광해군은 정승, 판서들의 사대 굴종을 참지 못하고 이렇게 고함쳤다.

"적당히들 하시오, 적당히. 도대체 이 나라가 누구의 나라요? 명이 그리도 좋으시면 나라를 통째 갖다 바치시든지. 부끄러운 줄 아시오."

당시 문 후보의 눈물은 진실이었을 것이다. 정승들의 사대 굴종에 분노한 광해군의 모습에서 강직한 노무현 대통령을 떠올리고 공감했기 때문이리라. 문 후보의 눈물 소식을 접한 국민들도 중국에 대한 사대 굴종을 배격하는 문 후보의 우국충정을 읽었다.

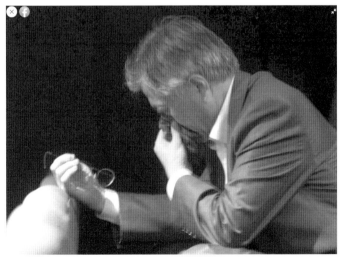

2012년 10월 12일 당시 문재인 민주통합당 대선 후보가 서울 신촌 아트레온에서 영화 `광해, 왕이 된 남자'를 관람한 뒤 눈물을 닦고 있다. /문 대통령 페이스북 캡처

대통령이 된 후 親中사대의 길로

　그러나 대통령이 되고 난 후의 문재인 대통령은 전혀 다른 모습을 보였다. 문 대통령 본인과 문 정부는 광해군, 노무현과는 전혀 다른 친중(親中) 사대의 굴종적인 길을 갔다.

　2017년 12월 15일 취임 후 7개월만에 중국을 국빈방문한 문재인 대통령은 베이징대에서 연설했다. 문 대통령은 이 연설에서 논란이 될 여러 말들을 했다.

　　"(한국과 중국) 양국의 오랜 역사에서 보듯이, 또한 수교 25년의 역사가

　　다시 한번 증명하듯이, 양국은 일방의 번영이 서로에게 도움이 되는 운명공

　　동체의 관계라고, 저는 믿습니다."

　　"중국은 단지 중국이 아니라, 주변국들과 어울려 있을 때 그 존재가 빛나

　　는 국가입니다. 높은 산봉우리가 주변의 많은 산봉우리와 어울리면서 더 높

　　아지는 것과 같습니다. 그런 면에서 중국몽(中國夢)이 중국만의 꿈이 아니라

　　아시아 모두, 나아가서는 전 인류와 함께 꾸는 꿈이 되길 바랍니다… 한국도

　　작은 나라지만 책임 있는 중견 국가로서 그 꿈에 함께 할 것입니다."

　문 대통령은 중국을 '높은 산봉우리'라고 지칭하면서 한국을 '작은 나라'라고 스스로 깎아내렸다. 특히 문 대통령은 "양국은 일방의 번영이 서로에게 도움이 되는 운명공동체의 관계"라며 시진핑 주석이 내놓은 '중국몽(夢)'에 동참하겠다고 밝혔다.

　바로 전날(14일) 열린 한중정상회담에서도 문 대통령은 "(양국은) 공동 번영의 길을 함께 걸어가면서 한반도와 동북아, 나아가 세계의 평화와 번영을 위해 함께 협력해 나가야 할 운명적 동반자"라고 말했다. 문 대통령

은 2019년 12월 23일 베이징 인민대회당에서 열린 시진핑 주석과의 정상
회담 및 오찬을 함께한 자리에서도 "한국과 중국은 오랫동안 교류하고 문
화적 유대를 쌓아왔으며 양국은 운명공동체"라고 말했다고 중국 언론들
은 전했다.

문재인 대통령이 2017년 12월 15일 오전 중국 베이징대에서 '한중 청년의 힘찬 악수,
함께 만드는 번영의 미래'를 주제로 연설하고 있다. /청와대

한국과 중국이 '운명공동체'라니, 이게 무슨 말인가? '중국이 망하면 한
국도 망하고, 중국이 흥하면 한국도 흥한다'는 뜻인가? 그러기 위해선 두
국가가 추구하는 가치와 체제도 같아야 하는 것 아닌가? 중국은 공산주의
일당 독재국가이고 한국은 자유 민주주의 국가이다. 어찌 양국이 가치를
공유하고 운명을 함께한다는 것인가? 어떤 국민이 한국-중국의 운명공동
체에 동의했나? 문 대통령은 이에 대해 국민에게 한 번이라도 물어본 적이
있는가?

시진핑의 중국몽에 함께 하겠다는 말은 또 뭔가? 시진핑의 중국몽은 '중화
민족의 위대한 부흥'이다. 중국은 아시아 태평양 질서를 21세기판 조공·책봉

체제로 만들려 하고 있으며 이에 삼동심원(三同心圓)[1] 전략을 추구해왔다. 이것이 중국몽의 핵심으로 중국몽의 완성은 21세기 중화제국의 부활이다. 기존에 추진된 동북공정(東北工程)[2]도 이러한 전략의 일부이다. 동북공정은 이미 부여, 고구려를 넘어 백제까지 자국 역사로 포함시킨다.

심지어 시진핑은 공개적으로 "과거 한국은 수천년동안 중국 영토의 일부였다."라고까지 발언했다. 다시 말해 중국몽은 우리나라까지 포함한 주변국들을 조공·책봉체제로 만들려 하는 의도를 지닌 중화제국의 건설이다. 그렇다면 중국몽에 동참하겠다는 문 대통령의 말은 대한민국을 중국의 속국화하겠다는 고백인가? 이 발언은 사대주의적 '망언'으로 많은 비판을 받았다.

문 대통령은 2020년 3월 중국 우한(武漢)에서 코로나19가 한창 창궐할 때 청와대 수석보좌관 회의와 시진핑 주석과의 통화에서도 "중국의 어려움이 우리의 어려움"이라고 강조했다. 문 대통령의 친중국적 인식은 단순한 립서비스가 아니라 사대주의적 신념이 아닐까 미루어 짐작한다.

중국 첫 국빈방문 때부터 홀대 논란

문 대통령은 2017년 12월 13일 중국 첫 국빈방문 공항 입국시부터 홀대 논란에 직면했다. 공항에서 문 대통령을 맞은 사람은 차관보급인 쿵쉬안유(孔鉉佑) 중국 외교부 부장조리였다. 1년 전인 두테르테 필리핀 대통령 방문 때

---

[1] 1. 대만, 홍콩, 마카오, 동투르키스탄, 티베트의 완전 통합 영토 정책. 2. 인접국인 북한, 파키스탄, 미얀마의 종속. 3. 일대일로를 통해 중국을 중심으로 한 60여 개 주변국과 경제권을 구축한다는 중국 정부의 전략이다.

[2] 중국 국경 안에서 전개된 모든 역사를 중국 역사로 만들기 위해 2002년부터 중국이 추진한 동북쪽 변경지역의 역사와 현상에 관한 연구 프로젝트이다. 간단히 말해 중국의 국경 안에서 전개된 모든 역사를 중국의 역사로 편입하려는 연구 프로젝트이다. 중국은 2001년 6월에 동북공정에 대한 연구를 추진하기로 하고, 8개월간의 준비 기간을 거쳐 2002년 2월 정부의 승인을 받아 공식적으로 동북공정을 추진하기 시작하였다.<두산백과>

는 왕이(王毅) 외교부장(장관)이, 2017년 10월 트럼프 미국 대통령이 방문했을 때는 양제츠 국무위원(부총리급)이 영접했다. 중국이 보는 한국의 국격이 필리핀보다도 훨씬 못하다는 것인가?

게다가 문 대통령은 중국 체류 3박4일 동안 10번의 식사 중 무려 8번을 '혼밥(홀로 식사)'했다고 알려져 있다. 주인이 손님을 불러놓고 손님 혼자 밥을 먹게 한 것이다. 심지어 리커창 총리는 당초 잡아놓은 문 대통령과의 오찬 약속도 지방 출장을 이유로 취소했다. 그러나 리커창 총리는 베이징에 있으면서도 문 대통령을 만나지 않은 것으로 확인됐다. 그가 의식적으로 문 대통령을 피했다는 얘기이다.

특히 문 대통령의 국빈방문 동안 이를 취재하던 우리 사진기자 두 명이 중국 공안에게 폭행당하고 구둣발로 짓밟히는 수모를 당했다. 세계 국빈방문 역사에 없던 일이다. 대통령 국빈방문 동행 취재진을 폭행했다는 것은 대통령을 폭행한 것만큼이나 중대한 일이다. 그럼에도 문 정부는 중국에 공개 항의하지 않았다.

문재인 대통령이 2017년 12월 14일 방중 이틀째를 맞아 부인 김정숙 여사와 베이징 조어대 인근의 서민식당을 찾아 중국 현지식으로 아침식사를 하고 있다. /청와대

시진핑의 문 대통령 특사들 하대 논란

시진핑 주석이 문 대통령의 특사들을 하대(下待)한 것도 논란이 됐다. 시진핑 주석은 2018년 3월 12일 방중한 정의용 청와대 국가안보실장을 면담할 때 자신은 중앙 상석(上席)에 앉고, 정 실장은 하석에 앉혔다. 외견상 마치 정 실장이 시 주석 주재의 어전회의(御前會議)에 참석한 모양새였다. 이런 자리 배치는 2017년 5월 이해찬 전 국무총리가 특사 자격으로 방중했을 때도 똑같았다.

시 주석과 정의용 실장·이해찬 총리의 면담 모양새는, 시 주석이 2017년 5월 아베 신조 일본 총리의 친서를 갖고 방중한 니카이 도시히로 일본 자민당 간사장 일행과 면담할 때와는 확연히 달랐다. 당시 시 주석은 니카이 간사장과 서로 대등한 위치에서 마주 앉은 채 면담했다. 중국은 외교적 관례를 무시하고 한국을 속국 다루듯 하대했다. 이런 굴욕적인 외교적 일이 계속 일어나는데도 문 정권의 누구 하나 중국에 항의조차 하지 않았다.

항의는커녕 문 정부 인사들의 노골적 사대주의 언행이 이어졌다. 노영민 대통령 비서실장은 2017년 12월 5일 주중대사 부임을 받고 시진핑 주석을 만난 후 방명록에 '만절필동(萬折必東)'이라는 문구를 적었다. 문희상 국회의장도 2019년 2월 12일 미국 방문 때 낸시 펠로시 미 하원의장에게 '만절필동'이 적힌 친필 휘호를 선물했다.

이 '만절필동'은 '황하의 물줄기가 수없이 꺾여도 결국은 동쪽으로 흘러간다.'는 뜻이다. 주로 '천자(天子)'를 향한 제후(諸侯)들의 충성'이란 의미로 널리 쓰인 말이다. 조선시대에는 선조(宣祖)가 경기도 가평에 있는 조종암이라는 바위에 임진왜란 때 원군을 보내준 명나라에 감사하는 뜻으로 이 '만절필동'을 친필 휘호로 남겼다. 또 이는 명나라 만력제(萬曆帝)를 기리는 사당의 이름으로 사용되는 등 중국을 향한 충성을 의미하는 사대주의의 대표적인 사자성어로 알려져 있다.

그런데도 중국에서 대한민국을 대표하는 주중대사와 국민의 의사를 대표하는 국회의장이 스스럼없이 이 용어를 사용했다. 이는 스스로 중국이나 미국의 '속국'임을 고백하는 것이 아닌가? 대단히 수치스럽고 통탄할 일이다.

2017년 5월 12일 문재인 대통령의 특사로 방중한 이해찬 의원(왼쪽 위)이
시진핑 중국 국가주석과 면담하고 있다.
이날 좌석 배치를 놓고 하대 논란이 일었다. /베이징공동취재단

코로나19 때 노골적 친중사대

코로나19 사태는 이런 문 정부의 친중 사대 경향을 속속들이 보여준 좋은 사례였다. 코로나19는 2019년 12월 중국 우한에서 처음 발생한 이후 2020년 중국 전역과 전 세계로 확산되었다. 우리나라에서는 2020년 2월부터 국내에서 코로나19 확진자가 나오기 시작해 2021년 4월 21일 현재 확진자 11만5926명, 사망자 1806명이 발생했다. 2015년 5월 국내에서 발생한 메르스(중동호흡기증후군)의 국내 확진자는 총 186명. 사망자는 38명이었다.

문 대통령은, 2015년 6월 22일 당시 새정치민주연합 대표로서 '메르스 확산 관련 박근혜 정부를 비난하는 대국민성명'을 발표했다. 아래는 그중 일부 내용이다.

"존경하는 국민 여러분! 메르스 사태가 벌어진 지 한 달이 넘었습니다. 세계 10위권의 경제 강국임을 자부했던 대한민국이 이것밖에 안 되는 나라였나 하는 상실감만 남았습니다. 지난 세월호 참사에 이어 정부의 무능이 낳은 참사입니다. 국민의 생명과 안전을 보호해야 할 정부가 그 존재 이유조차 국민들로부터 의심받는 실정입니다. 국가 리더십과 위기관리 능력이 지금처럼 허술했던 적은 없습니다.

대한민국은 과거 '사스' 위기를 단 한 명의 사망자 없이 철통 방어했고, 세계보건기구(WHO)로부터 '모범 방역국'으로 평가받았던 나라입니다. 그때의 공무원이나 지금의 공무원이나 바뀌지는 않았습니다. 변한 것은 정부를 지휘해야 할 사령탑뿐입니다.

'메르스 슈퍼전파자'는 다름 아닌 정부 자신이었습니다. 정부의 불통, 무능, 무책임이 국민의 생명과 안전을 위태롭게 했으며, 민생경제를 추락시켰습니다. 박근혜 대통령의 진심 어린 사과가 필요합니다…"

아주 신랄하다. 문 대표는 "전염병 슈퍼전파자가 박근혜 정부 자신"이라고 공격했다. 그는 "정부의 불통, 무능, 무책임이 국민의 생명과 안전을 위태롭게 했다."며 박근혜 대통령의 진심어린 사과를 요구했다.

그 후 5년이 지나 코로나19 사태가 발생했다. 2021년 4월 21일 현재 국내 코로나 확진자수(11만 5926명)가 메르스 감염자수(186명)의 623배에 달하고, 사망자수(1806명 대 38명)는 47배가 넘는다. 박근혜 정부의 메르스 방역실패에 대해 그렇게 신랄하게 비판하며 박 대통령의 진심어린 사과를 요구했던 문 대통령이다. 그러나 코로나 발생 1년이 넘은 지금까지도 문 대통령은 아직 이에 대해 대국민담화 등을 통해 정식으로 사과한 적이 없다.

아니, 문 정부는 사과는커녕 조만간 사태가 끝날 것이라고 자신하며 자화자찬하기에 바빴다. 문 대통령은 2020년 2월 13일 "국내 방역 관리는 안정적인 단계로 들어섰다."며 "코로나19는 머지않아 종식될 것"이라고 전망했다. 그러나 이 발언 이후 코로나19는 급속도로 확산됐다. 특히 문 정부의 코로나 백신 확보 정책과 노력은 거의 백지 수준이었다고 할 수 있다.

방역과 관련, 박능후 보건복지부 장관은 "한국에 환자 수가 많은 것은 월 등한 진단 검사 역량과 철저한 역학조사 등 방역 역량의 우수성을 증명한 다."며 "힘든 시기를 잘 극복한다면 우리나라의 대응이 다른 나라의 모범 사 례이자 세계적인 표준이 될 수 있을 것"이라고 말했다.

백신이 아닌 방역에만 한정해서 말하면, 사실 문 정부의 방역은 세계 다 른 나라들에 비해 비교적 성공했다고 평가할 만하다. 2021년 4월 21일 현재 전 세계 주요국 확진자수는 미국 3135만6328명, 인도 1532만1089명, 브라질 1404만3076명이고, 서유럽국가는 각각 수십~수백만명에 달했다. 아시아권 인 인도네시아는 161만4849명, 필리핀 95만3106명, 일본 54만2467명(사망 자 9682명)이었다. 이렇게 볼 때 확진자수 11만5926명, 사망자수 1806명 수 준인 한국은 상대적으로 선방했다고 할 수 있다.

친중사대 성향이 성공적 방역 방해

그러나 코로나19 초기 발생국인 중국(확진자 9만541명)을 위시해 중국 인 근 국가들과 비교하면 한국이 방역성공 국가라는 자화자찬은 무색해진다. 몽골 2만5364명(사망 56명), 캄보디아 7444명(사망 49명), 베트남 확진자수 2800명(사망 35명), 뉴질랜드 2599명(사망 26명), 대만 1078명(사망 11명), 라 오스 60명(사망 0명) 등이다. 이들 방역성공 국가의 공통점은 코로나19 발생 초기에 중국인들의 입국을 신속히 통제했다는 점이다.

그렇다면 문재인 정부는 왜 초창기 선제적으로 중국발 감염원 전면차단 조치를 취하지 않았는가? 문 정부는 경제 때문에 중국인의 입국금지 조치를 취하지 못했다고 변명했지만, 구차하다. 베트남을 비롯해 성공적 방역을 한

위 국가들의 대부분은 우리처럼 중국이 최대 교역국이다. 그런데도 초기부터 선제적이고 강력한 중국인 입국 금지조치를 취했다. 우리는 이들처럼 코로나19의 발원지인 중국으로부터의 감염원 유입을 제대로 차단하지 못했다. 도대체 문 정부는 소중한 국민의 생명과 안전을 심각하게 위협하는 중국발 감염원 유입을 왜 차단 않고 방치한 걸까?

그 이유는 문 대통령과 정권 핵심세력들의 중국에 대한 사대주의적 성향, 공산주의 체제에 대한 이념적 친화성, 시진핑 주석의 방한을 정치적으로 활용하려는 계산 등이 복합적으로 작용한 결과로 보인다.

문 정권 핵심세력들은 과거 학생운동 시절부터 사회주의 사상에 경도(傾倒)되었고, 오늘날까지도 이 시대착오적 이념을 버리지 못하고 있다. 그 단적인 예가 조국 법무부장관이 국회 인사청문회에서 자신을 '사회주의자'라고 당당히 대답한 것이다. 이인영 통일부 장관도 인사청문회에서 주사파에서 전향했느냐고 묻자 버럭 화를 내며 질문한 청문위원을 공격했다. 이들은 여전히 사회주의 정치체제를 유지하는 중국과 북한에 대한 강한 이념적 친화성을 갖고 있는 것으로 보인다.

이들의 사회주의에 대한 이념적 편향성은 중국에 대한 사대주의적 성향과 맞물려 더욱 강화되었다. 이들에게 중국은 '넘을 수 없는 큰 산'이면서도 자신들의 마지막 남은 '신념의 보루'로서 인식되는듯하다. 그래서 절대로 무너져서는 안 되고, 그런 의미에서 자신들과 운명을 함께 하는 '운명공동체'인 것이다.

코로나19가 국내에서 본격 발병하기 시작한 2020년 2월초 우리 국민들은 '마스크 대란'을 겪었다. 코로나는 확산되는데 마스크가 없어 공포와 불안이 극에 달했다. 국민들은 겨우 마스크 몇 장을 구하기 위해 이른 새벽부터 몇 시간 동안 줄을 섰다. 그런데도 불과 5분도 안 돼서 마스크는 동이 났다. 수많은 국민들이 몇 날 며칠 마스크를 구하려다 구하지 못한 채 분노와 울분을 안고 발걸음을 돌려야 했다.

코로나 마스크 구입을 위해 끝없이 길게 늘어선 행렬. /국민일보영상 캡처

마스크 중국 수출 '현대판 조공외교'?

그런데 알고 보니, 국내에서 생산된 엄청난 양의 마스크가 중국으로 빠져나갔기 때문에 이런 대란이 발생했다. 그해 1월 자그마치 대략 3억5천여만 장(가격 6,135만 달러)의 마스크가 중국으로 수출됐다. 국내 1일 마스크 최대 생산량이 약 천만장 정도임을 감안하면 무려 35일치 국내생산 마스크가 통째로 중국으로 건너간 것이다.

2월에는 더욱 심각했다. 2월 20일까지 20일간 전체 마스크 수출액의 90%(1억 1,845만 달러) 이상이 중국에 수출됐다. 국민들은 발을 동동 구르면서 애타게 찾고 있던 마스크가 대부분 이미 중국으로 보내졌다. 코로나 위기에 직면해 자국민들을 먼저 챙겨야 할 정부가 중국과 중국 인민들부터 살뜰하게 챙긴 것이다. 이게 한국 국민을 위한 정부인지, 중국 인민을 위한 정부인지 헷갈릴 정도였다.

이뿐만이 아니다. 김대중 대통령비서실 국정상황실장을 지낸 장성민 세계와동북아평화포럼 이사장에 따르면, 문 정부는 300만 개의 마스크를 포함해 500만 달러 규모의 구호 물품과 현금을 중국에 보냈다. 또 국내 확진자가 505명이나 늘어나서 하루 증가로 최고치를 기록한 3월 27일에도 우리 정부는 랴오닝성(遼寧省), 지린성(吉林省)에 라텍스 장갑 1만8000장을 지원했다.

장 이사장은 "마스크 등 의료용품을 구하느라 전국에 초비상이 걸렸고, 정부가 공적 유통망을 통해 마스크와 일회용 장갑 등을 공급하겠다던 약속을 지키지 않아 국민들의 불신과 분노가 하늘을 찌르고 있는 상황인데도, 어떻게 중국에는 어김없이 꼬박꼬박 그 귀중한 물품들을 보낼 수 있는가?"라며 분노했다. 그는 또 "우리 국민들은 코로나19로 인한 생명위협에도 최소한의 방어기구인 마스크 1장을 구할 수 없어 애간장을 태우고 있고, 경제 폭망으로 인한 생계위협에 피눈물을 흘리고 있는 상황인데, 문재인 정부는 중국으로부터의 문은 휑하니 열어놓고, '조공' 바치는 데에만 여념이 없는 기가 막힌 현실이 지금 우리 눈앞에서 펼쳐지고 있다."고 우려했다.

이밖에도 문 정부의 현대판 '조공외교' 혹은 중국 지원사례는 헤아릴 수 없을 정도로 많다. 그렇다면 이런 눈물겨운 문 정부의 '조공 바치기'에 중국은 감사하고 고마워했을까? 천만의 말씀이다.

중국, 한국에 감사는커녕 조롱

감사는커녕 오히려 코로나19 확산의 주 감염원이 한국인 것처럼 한국을 조롱하고 비난했다. 중국의 웨이하이(威海), 난징(南京), 선양(瀋陽) 등에서는 한국인을 강제로 격리시키는 조치가 잇따라 취해졌다. 교민들이 집 대문을 열지 못하도록 빨간 딱지를 문에 붙여놓거나, 집 밖으로 나가지 못하게 CCTV를 달아 감시를 하고 있다는 제보도 속속 들어왔다.

중국의 환구시보는 사설에서 "중국의 방역 체제만큼 엄격하고 신속하게 취하는 국가는 없다… 한국 등에선 전염성이 강한 코로나19 대응조치가 강력하지 않기 때문에 바이러스의 기승을 막을 수 없고, 급속도로 확산할 것"

이라고 조롱 섞인 전망을 했다. 심지어 중국 매체 지에룽지에(JRJ)는 "확진자가 급증하고 있는 한국과 일본은 중국의 방역체계를 배워야 한다."고 훈계까지 했다.

이런 수모와 조롱을 당하면서도 문 정부는 '중국으로부터의 입국 전면 중단' 은커녕 중국에 제대로 된 항의조차 하지 않았다. 이러니 중국이 '속국 정부'를 마구 무시하고 능멸하는 것도 전혀 이상하지 않다.

이런 상황에서도 문 정권 인사들의 '대국(大國)' 중국을 향한 노골적인 구애(求愛)는 더 심해졌다. 주무부처인 박능후 보건복지부 장관은 국회에서 "(우한 코로나19 사태의) 가장 큰 원인은 중국에서 들어 온 한국인이었다. 애초부터 (문제는) 우리 한국인이라는 뜻"이라고 말해서 큰 논란을 불러일으켰다.

코로나19의 전국적 확산 사태의 원인을 대구와 신천지로 돌리더니, 이제 아예 국민에게 '네 탓'이라고 손가락질 한 것이다. 여기에 민주당 소속의 고 박원순 서울시장은 직접 중국어로 "우한짜요!"(武漢加油·우한 힘내라), "중궈짜요!"(中國加油·중국 힘내라)라고 외치는 응원 동영상과 중국 응원 메시지를 제작해서 서울의 주요 지하철역 전광판 등을 통해 전파했다. 기가 막힐 일이다.

고 박원순 서울시장이 서울시 예산으로 제작한 영상에서
"우한짜요!(武漢加油·우한 힘내라)", "중궈짜요!(中國加油·중국 힘내라)"라고
중국어로 응원하고 있다. /중국CCTV 캡처

코로나19 위기 속에서 중국을 향한 노골적인 구애(求愛)는 문 대통령도 예외가 아니었다. 코로나 확진자가 100명을 돌파하고 첫 사망자가 나온 2월 20일 문 대통령은 시진핑 주석에게 일부러 전화를 걸어 "중국의 어려움이 우리의 어려움"이라며 "가장 가까운 이웃인 중국 측의 노력에 조금이나마 힘을 보태고자 한다."고 말했다.

우리도 코로나 위기로 발등에 불이 떨어진 상황에서 이웃 국가를 생각하는 문 대통령의 마음은 참 여유롭고 갸륵하기까지 했다. 그 의도가 궁금했다. 청와대는 "시 주석의 방한 문제와 관련, 두 정상은 금년 상반기 방한을 변함없이 추진하기로 하고 구체적 시기는 외교 당국 간에 조율하기로 했다."는 서면 브리핑을 냈다.

시 주석과의 정상회담! 아하, 이것이었구나. 시 주석에게 일부러 전화를 건 의도가… 이를 통해 또 문 정권이 그동안 기를 쓰고 중국발 여행객의 전면 입국 금지조치를 취하지 않은 이유를 짐작케 했다. '시진핑 주석의 방한'을 성사시키고 싶었던 것이다. 하지만 중국 정부의 발표문에는 '시 주석의 방한'이나 '상반기 방한'에 대한 언급은 전혀 없었다. 문재인 정부의 21세기 친중 사대주의적 정책은 계속 이어지고 있다.

'광해' 영화 얘기로 돌아가 보자. 영화 속 광해군은 백성 2만명이 오랑캐에게 짓밟혀도 좋다는 말에 발끈한다.

"백성이 지아비라 부르는 왕이라면 빼앗고 훔치고 빌어먹을지언정 내 그들을 살려야겠소. 그대들이 죽고 못 사는 사대의 예(禮)보다 내 나라 내 백성이 열 곱절 백 곱절은 더 소중하오… 부끄러운 줄 알아야지."

영화 '광해, 왕이 된 남자' 포스터

문 대통령은 영화를 보고 눈물이 난 이유가 "노무현 전 대통령의 모습이 자꾸 떠올라서…"라고 했다. "미국이 큰 나라라고 굽실거리지 않겠다."던 노전 대통령의 발언이 생각났다는 얘기다.

시진핑 주석의 방한 성사를 위해 국민을 '큰 나라'인 중국에 코로나 제물로 바친 2020년, 문 대통령의 생각은 어떤 것일까? 영화 '광해'를 다시 본다면 또 눈물을 흘릴까? 하늘에 있는 광해군과 노무현 대통령의 분노한 목소리가 들려온다.

"부끄러운 줄 알아야지."

한국인 자존심 구기는
對일본 '죽창외교'

"다시는 일본에게 지지 않을 것이다."

문재인 대통령이 2019년 8월 2일 청와대 긴급 국무회의에서 다짐한 말이다. 일본 정부가 한국을 수출관리 우대 대상국인 '화이트리스트'에서 제외키로 한 것과 관련해서다.

문 대통령은 "비록 일본이 경제 강국이지만 우리 경제에 피해를 입히려 든다면, 우리 역시 맞대응할 수 있는 방안들을 가지고 있다."면서 "가해자인 일본이 적반하장으로 오히려 큰소리치는 상황을 결코 좌시하지 않겠다… 우리는 다시는 일본에 지지 않을 것이다."고 강조했다.

이에 앞서 같은 날 일본정부는 한국을 화이트리스트(백색국가: 수출관리 우대조치 대상국) 명단에서 제외하는 결정을 내렸다. 일본정부는 그동안 한국을 비롯해 미국·영국·프랑스 등 자국과 우호·동맹관계에 있는 27개 나라를 화이트국가로 지정해 자국 기업들이 이들 나라에 무기 개발 등에 쓰일 수 있는 전략물자를 수출할 때 그 허가절차를 간소화하는 혜택을 부여해왔다. 한국은 지난 2004년 아시아권에선 유일하게 일본정부의 화이트국가 명단에 올랐다. 그러나 이날 배제 결정으로 한국은 일본정부의 화이트국가 명단에 포함됐다가 제외된 최초의 국가가 됐다.

2019년 8월 2일 문재인 대통령의 임시 국무회의에서의 발언./청와대

일본정부는 한 달 전인 7월 1일 '한일간 신뢰관계 훼손', '한국의 수출통제 제도 미흡' 등을 이유로 한국을 화이트국가 명단에서 제외하는 내용의 수출무역관리령 개정안을 고시했다. 이어 7월 4일부터는 반도체·디스플레이 제조 관련 핵심소재 3종(플루오린 폴리이미드·포토레지스트·에칭가스)을 대상으로 대(對)한국 수출규제를 강화하는 조치를 취했다. 이로써 한국과 일본간 물러설 수 없는 경제전쟁에 돌입했다.

일본정부의 한국에 대한 화이트국가 배제 조치는 일본제철·미쓰비시중공업 등 자국 기업들을 대상으로 한 한국 대법원의 일제 강점기 강제징용 피해배상 판결에 따른 보복이란 게 국내외 전문가들의 대체적인 시각이다.

문 정부 한일관계 역대 최악

문재인 정부의 한일관계는 1965년 양국 국교정상화 이래 최악으로 평가받는다. 왜 양국 관계가 이런 지경이 되었을까? 물론 '손바닥도 마주쳐야 소리가 난다'고 어느 한쪽 편만의 잘못은 아니다. 아베 신조 전 정권의 잘못도 문 정권 못지않은, 아니 그보다 더한 책임이 있을 수도 있다. 그러나 일본정부의 대화·협상 요청에 문 정부의 무대응·무협상·반일선동 등이 양국 관계를 파탄 상황까지 몰고 온 측면을 부인할 수 없다. 여기선 한일관계가 경제전쟁 등 최악의 지경으로 치달은 상황을 드러난 대로 적어보고자 한다.

최악의 한일관계는 문재인-아베 양국 국가 지도자의 정면충돌 때문이었다. 문 대통령과 아베 총리의 첫 대면은 2017년 9월 유엔총회에서 한·미·일 정상회담을 하는 자리였다. 문 대통령이 취임한 지 겨우 4개월만이었다.

한·미·일 정상회담 자리에서 트럼프 대통령이 "한미는 동맹인데 한일 간 사이는 무엇이냐?"고 물었다. 문 대통령은 단호하게 "한미는 동맹이지만 한일은 동맹이 아니다."고 아베 총리의 면전에서 말했다. 상대가 들으면 상당히 불쾌할 수 있는 발언이다.

한·미·일 정상이 함께 한 외교적 자리에서 굳이 이렇게 단정적으로 말할 필요가 있었을까? "한일은 동맹이 아니다."라고 말하는 대신 "한일은 가장 이웃한 나라로 우호적 관계" 정도로 말하는 것이 외교적으로 자연스러운 게 아니었을까?

출처: 연합뉴스TV 캡처

만약 반대로 아베 총리가 "일미는 동맹이지만 일한은 동맹이 아니다."라고 말했다면 이를 듣는 문 대통령의 기분은 얼마나 상했을까? 또 이 말을 접하는 우리 국민들의 심정은 얼마나 치욕적이고 화가 났을까? 옆에서 이 말을 듣는 트럼프 대통령의 입장에서도 결코 유쾌한 발언은 아니었을 것이다. 함께 친해지라고 데려온 친구에게 "이 친구는 너랑 친할지 몰라도 나랑 친구는 아냐."라고 대답한다면 기분 좋을 리 있겠는가?

문재인 대통령은 그해 12월 13일부터 중국을 국빈 방문해 일본을 겨냥한 발언을 했다. 문 대통령은 난징대학살 80주년 추모 행사가 열린 13일 일본을 향해 '역사를 직시하는 자세', '과거사 성찰 노력'이 필요하다고 역설했다. 일본의 과거사 문제를 공통분모로 중국과의 주파수 맞추기를 시도한 것이란 분석이 나왔다. 일본으로선 환영할 수 없는 발언이었다.

'한일 위안부합의' 불이행 선언

문 정부는 한 달 후인 2018년 1월 9일 또 일본을 자극하는 조치를 발표했다. 2015년 12월 맺은 한일 위안부합의가 "일본군 위안부 피해자 문제의 진정한 문제해결이 될 수 없다."며 이를 이행하지 않겠다고 밝혔다. 정부는 또 일본 정부가 피해자 지원을 위한 '화해·치유재단'에 출연한 10억 엔(약 110억 원)도 우리 정부 예산으로 충당하기로 했다.

이에 대해 일본정부는 "한국정부의 한일 위안부합의 불이행은 수용할 수 없다."며 공식 항의했다. 고노 다로 외무상은 "한일 합의는 국가와 국가 간 약속"이라며 "정권이 바뀌었다고 합의가 지켜지지 않으면 안 된다는 것은 국제적, 보편적 원칙"이라고 주장했다.

그 후 한 달여가 지난 2018년 2월 9일 아베 총리가 방한해 평창 동계올림픽에 참석했다. 그전 아베 총리는 평창올림픽 참석에 부정적이었다. 표면적으로는 정기국회 일정을 이유로 내세웠다. 하지만 아베 총리가 한일 위안부합의에 대한 우리 정부의 대응 방침에 불만이 있기 때문이라는 평가가 많았다. 아베의 입장에서 보면, 방한에 불만이 많았지만 이웃나라 잔치에 고민 끝에 막판 참석을 결정한 것이다.

　문 대통령은 어렵게 찾아온 아베 총리와 약식 정상회담을 했다. 이 자리에서 아베 총리는 문 대통령에게 "북한이 비핵화를 진전시키지 않으면 한미군사훈련을 연기하지 않았으면 좋겠다."고 요청했다. 이에 대해 문 대통령은 "한미군사훈련을 연기하지 말라는 것은 우리의 주권 문제이고 내정에 관한 문제"라고 잘라 말했다. 문 대통령은 이어 "총리께서 이 문제를 직접 거론하는 것은 곤란하다."며 불쾌함을 감추지 않았다고 언론은 전했다.

　문 대통령의 언급대로 남의 나라 정상이 "한미군사훈련을 연기하라, 말라."하는 것은 명백히 주권 문제이고 내정간섭일 수 있다. 일본이 한미군사훈련과 아무런 관련이 없다면 이런 내정간섭적 발언을 한 아베의 전적인 잘못이다. 그러나 북한의 인근 국가인 일본의 입장에서 북한의 비핵화는 매우 중요한 관심사항이다. 게다가 한미일은 공동으로 북한 핵에 대해 가장 긴밀하게 대처하는 관계가 아닌가? 이런 사항을 공개적으로는 발언하지 못한다 하더라도 정상간 만남에서는 요청할 수 있는 것 아닐까?

2018년 2월 9일 평창 동계올림픽 때 만난
문재인 대통령과 아베 신조 일본 총리. /청와대

이에 대해 문 대통령은 "예, 말씀 잘 들었습니다."라는 식으로 상대방의 기분이 언짢지 않게 자연스럽게 거부할 수 있지 않았을까? 그런데도 문 대통령은 "우리의 주권 문제이고 내정에 관한 문제"라며 상당히 공격적이고 과격한 (?) 언사를 사용해 거부했다. 게다가 청와대는 이런 정상간의 내밀한 발언을 공개해 비판했다. 어떤 저의가 있지 않다면, 상대와 향후 우호적 관계를 유지할 마음이 없는 것이 아니라면, 굳이 이렇게까지 할 필요가 있었을까?

이 역시 입장을 바꿔놓고 생각해보자. 만약 아베 총리와 내각이 이런 행위를 했다면 문 대통령의 기분은 어떠할까? 이런 상대와 앞으로 계속 대화할 마음이 생길까? 평창올림픽을 맞아 성사된 양국 정상회담에선 서로간 감정의 골만 악화시켰다. 우리의 잔치에 어렵게 찾아온 아베로서는 기분이 많이 상했을 것이다.

문 정부, 위안부 화해·치유재단 해산

이 일이 있은 후 몇 개월 후 문 대통령은 아베 총리가 공들였던 위안부 화해치유재단 해체를 공식화했다. 2018년 8월 25일(현지시간) 문 대통령은 뉴욕에서 아베 총리와 한일정상회담을 가졌다. 이 자리에서 아베는 문 대통령에게 박근혜 정부가 체결한 한일 위안부합의를 유지해줄 것을 요청했다. 이에 문 대통령은 "화해치유재단이 정상적 기능을 못하고 있다."며 "지혜롭게 매듭지을 필요가 있다."고 말했다. 이는 문 대통령이 사실상 재단을 해산해야 한다는 입장을 일본 측에 전달한 것이다. 이후 그해 11월 21일 정부는 화해·치유재단을 해산한다고 공식 발표했다.

화해·치유재단은 박근혜 정부 시절인 2015년 12월 한일위안부 합의에 따라 2016년 7월 출범했다. "한국정부가 전(前) 위안부 분들의 지원을 목적으로 하는 재단을 설립하고, 이에 일본정부 예산으로 자금을 일괄 거출한다."는 합의에 따라 일본이 10억엔을 출연했다. 그러나 위안부 합의에 반발하는 피해자들과 국민의 반대여론에 따라 사실상 기능이 중단됐다. 정부가 재단을 공식 해산함에 따라 2015년 한일 위안부합의는 사실상 파기됐다.

한일 위안부합의는 양국의 노력에 의해 어렵게 만든 합의였다. 이를 깨는 것은 쉽지만, 보다 나은 합의를 도출한다는 것은 현재 최악의 한일관계에서는 거의 불가능에 가깝다. 이 합의안을 만드는데 일정한 기여를 한 공로명 전 외교부 장관의 말이다.

> "이런 상황에서 누가 나쁘다고 얘기하기가 마음이 아픈 얘긴데, 솔직하게 얘기하면 자업자득입니다. 일본이 갑자기 이렇게 나오는 게 아니거든요. 우선 아베 총리로서는 대단히 어려운 정치적 결심을 해 이뤄낸 한일 위안부합의를 문재인 정부가 들어서자마자 파기해 버린 거죠…
>
> 2015년 12월 위안부합의는 대단히 어렵게 만들어 낸 것입니다. 일본과 한국을 오가며 현인 회의를 하고, 모리 요시로 전 총리를 끌어내고, 고노 요헤이 전 자민당 총재 등의 도움을 받아 아베 정부를 설득한 것이거든요. 고노 다로 외상 아버지죠. 모리 전 총리와 이홍구 전 총리를 중심으로 한일 관계에 관여한 많은 분이 합심해서 아베 총리와 박근혜 대통령을 설득했습니다. 그렇게 어렵게 만든 것을 하루아침에 뭉개버리니까 응어리가 남은 거죠."

이런 상황에서 한국 대법원의 일제 강제징용 피해배상 판결이 내려졌다. 판도라의 상자가 열린 것이다. 대법원은 2018년 10월 30일 일제 강제징용 피해자들에 대한 일본 전범기업의 손해배상 책임을 인정해 원고승소 판결을 확정하고, 피해자들에게 1인당 1억 원씩을 지급하라고 판결했다.

대법원 전원합의체는 일본기업의 불법행위를 전제로 한 강제동원 위자료 청구권은 1965년 한일 청구권협정 대상에 포함된다고 볼 수 없어 피해자들이 일본기업을 상대로 위자료를 청구할 권리가 있다고 판단했다. 일본은 그

동안 1965년 체결된 한일 청구권협정으로 강제징용 피해에 대해 개인에게 배상할 의무가 없다고 주장해 왔다.

일본은 즉각적이고 강경한 반응을 보이면서 대법원 판결을 수용할 수 없다는 입장을 분명히 했다. 아베 총리는 판결 당일 "(한국의 대법원 판결은) 국제법에 비춰볼 때 있을 수 없는 판단"이라며 "일본 정부는 의연하게 대응해 나갈 것"이라고 말했다.

고노 다로 외무상은 이날 담화를 통해 한국 대법원 판결은 "1965년 국교 정상화 이후부터 쌓아온 한일 우호협력관계의 법적 기반을 근본적으로 뒤집는 것"이라며 "한국정부가 적절한 조치를 강구할 수 없는 경우에는 국제재판을 포함해 모든 선택사항을 시야에 넣어 대응할 것"이라고도 밝혔다.

그 후 약 두 달여가 지난 2019년 1월 8일, 우리 법원(대구지방법원 포항지원)은 일제강점기 강제동원 피해자들이 신일철주금(옛 신일본제철)에 대해 신청한 한국 자산 압류신청을 승인했다. 이에 따라 이미 격화된 한일관계가 파국에 이를 수도 있다는 전망이 나왔다.

아나나 다를까. 일본은 바로 다음날인 1월9일 1965년 한일청구권협정 '3조'에 따른 '외교적 협의'를 요청했다. 일본 정부는 이날 이수훈 주일대사를 불러 한국 법원의 자산압류 승인에 항의하고, 외교적 협의를 요청했다. 한일 청구권협정 3조 1항에는 '협정의 해석 및 실시에 관한 양 체약국간 분쟁은 우선 외교상의 경로를 통해 해결한다'고 돼 있다.

일본정부는 협의 요청에 대한 '답변 시한'으로 30일간을 제시했다. 이후 일본은 1월 23일 스위스에서 열린 한일 외교장관 회담에서, 그리고 2월 1일 일본에서 열린 국장급 회의에서 한국 측에 협의에 응할 것을 거듭 요구했다.

문 정부, 일본의 협의·중재위 요청 거부

그러나 한국정부는 '답변시한' 30일을 넘기고 몇 달이 지나도록 일본정부의 협의 요청에 응하지 않았다. 그러자 일본정부는 2019년 5월 20일 한국정부에 제3국이 참여하는 중재위원회의 설치를 요청했다. 한일 청구권협정은 중재위 설치 요청에 대해 상대국이 30일 이내에 중재위원을 임명하도록 규정하고 있어, 답변 시한은 2019년 6월 18일이었다. 그러나 한국 외교부 대변인은 중재위 설치에 대한 답변 기한인 6월 18일 정례브리핑에서 "신중히 처리하고 있는 상황"이라며 일본의 요청을 사실상 거절했다.

그러자 일본정부는 다음날인 6월 19일 강제징용 배상 판결과 관련해 제3국에 의한 중재위원회 설치를 한국정부에 요청했다. 중재위 설치도 거부당하자 '제3국 중재'로 방침을 전환한 것이다. 이 역시 한일청구권협정에 기반한 것이다. 그러나 제3국에 의한 중재위 개최도 한국이 동의하지 않으면 열 수 없다.

이와 관련 <산케이신문>은 한국정부의 중재위 설치 답변 거부에 아베 총리가 그달 말 오사카에서 열리는 G20(주요 20개국) 정상회의에서 한일 정상회담을 열지 않기로 확정했다고 보도했다. 이 신문은 "일본정부는 한국 측이 관계개선을 위한 구체적인 움직임을 보이지 않는 상황에서 문재인 대통령과 성과 있는 회담을 할 수 없다고 판단했기 때문"이라고 전했다.

결국 6월 28~29일 오사카 G20정상회의에서 한일 정상은 약식 정상회담조차 갖지 못했다. 문 대통령과 아베 총리는 10초도 안 되는 짧은 시간 동안두 차례 악수만 했을 뿐이다. 그런데 G20정상회의 직전, 한국 측이 일본 측과 사전 교감도 없이 '한일기업 공동기금 조성안'을 덜컥 내놓아 논란이 됐다. 일본은 곧바로 거부했다.

이와 관련, 한국정부가 G20정상회의에서 한일정상회담이 무산된 책임을 일본에 지우기 위해 일본이 수용하기 어렵다는 걸 알면서도 공동기금 조성안을 제안한 것이란 비판이 일본 내에서 나왔다. 이처럼 한일 간 감정의 골은 갈수록 깊어져 갔다. 한일간 시한폭탄은 폭발을 향해 째깍째깍 돌아가고 있었다.

한일간 경제전쟁 불붙어

시한폭탄은 G20정상회담이 끝난 지 며칠 되지 않아 터지고 말았다. 일본 정부는 7월 1일 '한일간 신뢰관계 훼손' 등을 이유로 한국을 화이트국가 명단에서 제외하는 수출무역관리령 개정안을 고시했다. 이어 7월 4일부터는 반도체·디스플레이 제조 관련 핵심소재 3종의 대(對)한국 수출규제 강화조치를 발표했다. 이로써 한국과 일본간 경제전쟁이 불붙었다.

문재인 대통령이 2019년 7월 12일 전남도청에서 열린
전남 블루이코노미 경제비전 선포식에서 사전 원고에 없던
이순신 장군과 거북선 열두 척을 언급하고 있다. /KTV 캡처

이에 대해 문 대통령은 7월 12일 전남 무안을 찾아 '블루 이코노미 비전 선포식' 연설을 하면서 사전 원고에 없던 "전남의 주민들이 이순신 장군과 함께 불과 열두 척의 배로 나라를 지켜냈다."고 말했다. 문 대통령의 이 발언은 강제징용 배상판결 등으로 한일 양국이 정면충돌하고 있는 상황에서 나온 것이어서 주목받았다. 임진왜란의 영웅 이순신 장군을 언급해 이번 국면에서 일본과 적당히 타협하지 않겠다는 의지를 드러낸 것 아니냐는 해석이 나왔다.

한일 갈등이 고조되는 가운데 조국 청와대 민정수석은 7월 13일 밤 자신의 페이스북에 동학농민혁명을 소재로 한 노래인 '죽창가'를 올렸다. 죽창가는 민중시인 고(故) 김남주 시인이 작사한 것이다.

문 대통령은 7월 24일에도 부산의 '거북선 횟집'을 찾아가 오찬을 하면서 "일본 수출규제 대응과 관련해 당당하게 해나가겠다."는 뜻을 밝혔다. 그러다가 8월 2일 문 대통령은 청와대 긴급 국무회의에서 대(對)일본 결사항전 의지를 다진 것이다. 문 대통령은 "우리 역시 (일본에) 맞대응할 수 있는 방안들을 가지고 있다."면서 "가해자인 일본이 적반하장으로 오히려 큰소리치는 상황을 결코 좌시하지 않겠다."고 밝혔다. 문 대통령은 "우리는 다시는 일본에 지지 않을 것"이란 말도 덧붙였다.

8월 12일 한국정부는 일본의 '화이트국가 명단에서 한국 배제' 결정에 따른 맞대응 조치 중 하나로 일본을 국내 화이트국가 목록에서 제외하기로 했다. 산업통상자원부는 수출심사우대 대상국에서 일본을 제외하는 내용을 담은 '전략물자 수출입고시' 개정안을 이날 발표했다. 이 고시안은 일본에서 운용하는 '화이트리스트'처럼 수출 심사 과정에서 절차를 간소화해주는 제도를 뜻한다.

갑자기 일본에 유화적 제스처

그런데 사흘 후인 8월 15일 문 대통령은 뜻밖에 일본에 유화적 메시지를 내놓았다. 문 대통령은 이날 광복절 연설을 통해 "일본이 대화와 협력의 길로 나온다면 우리는 기꺼이 손을 잡을 것"이라고 밝혔다. 한일관계가 사상 최악으로 치닫고 있는 상황에서 문 대통령은 '위안부' '강제징용' 등의 표현을 일절 삼간 채 뜬금없이 일본에 미래지향적 역할을 당부했다.

의외였다. 바로 보름 전까지 문 대통령은 "가해자인 일본이 적반하장으로 오히려 큰소리치는 상황을 결코 좌시하지 않겠다."며 결사항전 의지를 밝혔었다. 이순신 장군의 거북선 12척을 거론하는가 하면, '거북선횟집'을 찾아 당당히 맞설 것임을 천명했다. 조국 수석도 죽창가를 소환하며 투쟁의지를 불태웠다. 그런 문 대통령과 청와대가 한 달도 채 안돼 강경대응 태도를 바꾼듯한 모습을 보인 것이다.

아마도 문 대통령은 1주일 후인 8월 21일 열리는 한일외교장관 회담에서 모종의 타협책을 기대한듯했다. 그러나 이 한일외교장관 회담은 실질적 소득 없이 끝났다. 그러자 다음날인 8월 22일 결국 한국정부는 무리하게 한일 지소미아(GSOMIA: 군사정보보호협정) 연장 거부라는 칼을 빼 들었다. 그러나 이는 일본보다 미국의 뺨을 때린 격이었다. 미국이 적극적으로 나서서 한국 정부에 지소미아 연장을 강하게 압박했다.

한국정부의 지소미아 연장거부 결정은 그만큼 한국이 취할 카드가 마땅치 않다는 고백이나 다름없었다. 한일간 역사·경제문제에 덜컥 안보문제를 들고 나왔기 때문이다. 일본의 수출규제에 우리 정부도 맞대응했지만, 세계 3위 경제력을 가진 일본의 압박에 세계 11위의 한국경제가 응수하기란 쉽지 않다는 게 다수 전문가들의 견해였다.

그해 10월 24일 이낙연 국무총리가 문 대통령의 친서를 들고 아베 총리를 방문했다. 이 총리가 일왕 즉위식에 참석차 방일한 김에 친분이 있는 아베 총리를 만난 것이다. 친서에는 한일정상회담을 원한다는 문 대통령의 메시지가 담겨있다고 보도되었다. 그러나 아베는 문 대통령의 친서에는 눈길도 주지 않았다고 한다.

아베, 문 대통령 친서에 눈길도 안줘

대신 아베는 굳은 어조로 강제징용피해배상 판결을 거론하며 "(한국이) 국교 정상화의 기초가 된 국제조약을 일방적으로 깼다."며 "한국 정부가 먼저 해결책을 강구하라."고 목소리를 높였다고 일본언론들은 보도했다. <마이니치신문>은 "아베 총리가 친서를 뜯지도 않은 상태에서 한국 정부에 해결책부터 촉구했다."고 일본 정부의 강경한 분위기를 전했다.

문 대통령의 친서에 눈길조차 주지 않았다는 아베의 태도에 화가 난다. 대한민국이 일본에 모욕당한 것 같은 분노가 치민다. 그런데 상황을 이렇게 만든 것은 누구인가? 문재인 정부는 약 1년전 한국 대법원의 일제 강제징용 피해배상 판결이 난 이후 일본의 지속적인 협상요청에 무시하는 태도로 일관했다. 외교적 협의도, 중재위원회 설치 요청도 못들은 척했다.

한국정부가 이처럼 일본정부의 요청을 무시한 이유는 무엇인가? 이에 대한 대책을 갖고 모른 채 한 것인가? 1년 동안이나 무시하다가 일본정부가 보복조치에 나서자 "더 이상 일본에 지지 않겠다."거나 죽창가를 올려 반일감정을 불러일으켰다. 그렇다면 일본의 보복조치에 지지 않겠다는 각오로 당당히 맞서 싸워야 하지 않겠는가? 그런데 왜 갑자기 아베에게 친서를 보내 정상회담을 구걸하는 등 약한 모습을 보이는가? 반일선동만 있고 맞설 대응책은 없었는가? 도대체 외교를 어떻게 하고 있는가?

2019년 11월 22일 한국정부는 종료키로 했던 한일 지소미아를 연장하기로 했다. 단칼에 일본을 벨 듯이 꺼내든 칼을 다시 칼집에 집어넣은 것이다. 이와 함께 일본 측의 3개 품목 수출규제에 대한 세계무역기구(WTO) 제소도 일시 중지하기로 결정했다. 그러자 일본정부는 수출규제 해소를 위해 한국정부와 협상하기로 했다. 한일 양국 정부는 11월 28일, 29일 과장급 회의, 국장급 회의를 각각 개최했다. 그 결과 12월 20일 일본정부는 한국에 대한 수출규제를 일부 완화했다.

이런 분위기를 반영, 12월 24일 중국 청두에서 열린 '제8차 한중일정상회의' 도중에 한일정상회담이 진행되었다. 한일 정상은 양국 갈등의 원인인 대법원의 강제징용 판결에 대해서는 여전한 이견을 확인했지만, 대화를 통해 문제를 해결해야 한다는 필요성에는 공감을 이뤘다. 한일 정상은 "이 문제가 조속히 해결되고 정상간 만남이 더 자주 이뤄지기를 바란다."고 뜻을 모았다.

문 대통령, 일본에 지속적 유화제스처

2020년 3월 1일, 문 대통령은 삼일절 연설에서 코로나19 위기 극복을 위한 전국민의 관심과 배려를 강조했다. 3.1독립운동 기념일인 이날 일본을 향한 메시지가 주를 이룰 것이라는 예상과 많이 다른 모습이었다. 일본과 관련해선 "함께 (코로나19 등) 위기 극복하고 미래지향적 관계를 위해 노력하자."며 그간의 입장과는 상당히 다른 톤으로 말했다. 화해 제스처인 것이다.

이처럼 일본에 화해 제스처를 보내고 대화를 요청하는 기조는 이듬해인 2021년 3.1절 연설에서는 그 강도와 비중이 훨씬 강화됐다. 문 대통령의 일본 관련 2021년 3.1절 연설을 요약한다.

> "…100년이 지난 지금 한일 양국은 경제, 문화, 인적교류 등 모든 분야에서 서로에게 매우 중요한 이웃이 되었습니다. 지난 수십 년간 한일 양국은 일종의 분업구조를 토대로 함께 경쟁력을 높여왔고, 한국의 성장은 일본의 발전에 도움이 되고 일본의 성장은 한국의 발전에 도움이 되었습니다. 앞으로도 그럴 것입니다…
>
> 과거에 발목 잡혀 있을 수는 없습니다. 과거의 문제는 과거의 문제대로 해결해 나가면서 미래지향적인 발전에 더욱 힘을 쏟아야 합니다…
>
> 한일 양국의 협력과 미래발전을 위한 노력도 멈추지 않을 것입니다. 양국 협력은 두 나라 모두에게 도움이 되고, 동북아의 안정과 공동번영에 도움이 되며, 한·미·일 3국 협력에도 도움이 될 것입니다. 더구나 지금은 코로나 위기를 함께 극복하고, 포스트 코로나 시대를 함께 준비해 나가야 할 때입니다. 이웃 나라 간의 협력이 지금처럼 중요한 때가 없었다는 것을 강조하고 싶습니다…
>
> 우리 정부는 언제든 일본 정부와 마주 앉아 대화를 나눌 준비가 되어 있습니다. 역지사지의 자세로 머리를 맞대면 과거의 문제도 얼마든지 현명하게 해결할 수 있을 것이라 확신합니다.

한일 양국은 과거와 미래를 동시에 바라보며 함께 걷고 있습니다. 올해 열
리게 될 도쿄 올림픽은 한·일 간, 남·북 간, 북·일 간 그리고 북·미 간의 대화
의 기회가 될 수도 있습니다…"

1년 6개월 전 "일본의 부당한 경제보복 조치에 대해 상응하는 조치를 단
호하게 취해 나가겠다.", "가해자인 일본이 적반하장으로 오히려 큰소리치는
상황을 결코 좌시하지 않겠다.", "다시는 일본에 지지 않을 것."이라던 단호한
분위기와는 완전히 달라진 연설 톤(tone)이었다. 특히 1년여간의 일본의 대화
요청을 무시하거나 거부하던 정책 흐름과도 완전히 딴판이었다.

2020년 8월 24일 한일지소미아는 한국정부의 특별한 입장 발표 없이 연
장됐다. 이로써 그 1년 전 극심한 한일 갈등 속 종료 위기를 맞았던 한일 지소
미아의 효력은 일단 계속 유지됐다. 한국정부는 '특정 시기와 관계없이 지소
미아는 언제든 종료할 수 있다'는 입장이다.

문재인 정부 출범 후 대일본 관계는 얼마든지 우호적으로 나아갈 수 있었
다. 그런데도 문 정부 들어 한일관계는 1965년 한일국교정상화 이후 최악의
상황으로 치달았다. 왜 이처럼 양국 관계가 악화되었나? 물론 한국 대법원의
일제 강제징용 배상판결에 대한 아베 정권의 대응도 위기의 고조와 확대에
크게 일조했다. 양국간 역사 갈등을 통상·경제보복으로 응수함으로써 전선
을 크게 확대했다. 지탄받아 마땅하다.

그러나 위에서 살펴본 것처럼 한국정부에 더 큰 책임이 있다. 문 정부는 대
법원의 강제징용 피해배상 판결이 일본의 경제보복으로 일파만파 확대되기
전에 해결의 실마리를 풀 기회가 많았다. 일본정부는 거의 1년 동안 한국 측
에 외교적 협의 혹은 중재위원회 설치를 요청했다. 그럼에도 불구하고 한국
정부는 이를 의도적으로 무시하거나 외면했다. 그런 면에서 현 한일관계 위
기는 문 정부가 자초한 측면이 크다.

청와대, 전문가들 의견 묵살

강제징용 대법원 확정판결이 있기 전인 2017년 8월, 외교부는 이 판결이 한일관계의 근간을 위협할 수 있다는 보고서를 문 정부의 청와대에 올렸다. 그해 12월에는 범정부적 대책 마련의 필요성도 보고했다. 그러나 청와대는 꿈쩍도 하지 않았다고 한다. 대법원판결 직후인 2018년 11월, 일본통인 이낙연 총리는 공로명 전 외교부 장관 등 20~30명의 전문가를 모아 한국정부와 기업이 돈을 내고 일본기업들의 참여도 유도하는 안을 만들어 청와대에 올렸으나 이 역시 무시되었다.

대법원 판결 직후인 2018년 11월 이낙연 총리가 청와대에 20~30명의 전문가 의견을 전달할 때 주된 참여자였던 공로명 전 외교부 장관의 얘기를 들어보자. 그는 한일국교정상화회담이 벌어진 1964년부터 외무부 동북아과와 주일대사관에서 근무했고, 동북아 과장과 아주국장, 주 일본대사, 외무부 장관을 역임한 일본 및 외교 전문가다. 그의 한일관계에 대한 통찰력은 음미해 볼 만하다. 아래는 <중앙일보>와 인터뷰한 내용 중 일부이다.

- 대법원의 일제 강제징용 배상 판결은 어떻게 생각하시는지요?

"1965년 한일국교정상화가 이루어졌을 때 청구권 자금 면에서 모든 게 해결됐다고 그랬단 말이에요. 정치적인 결정이죠. 그에 따라 한국정부가 1970년대부터 증명이 된 분들에게는 보상해줬습니다. 노무현 정부까지 (보상을) 계속 이어왔어요.

그런데 2018년 말 대법원이 개인청구권은 살아있다는 취지에서 판결했으니까, 해결됐다고 하는 일본 쪽과 충돌한 거죠. 이런 모든 점이 쌓이고 쌓여서 이렇게 된 겁니다."

- 우리 정부는 삼권분립이라 사법부 판단을 존중해야 한다는 입장인데요.

"이게 자업자득인 게, 왜냐하면 대법원의 판결이 나왔을 때 이런 상황이 예견된 것 아닙니까? 2018년 11월인가 이낙연 총리가 20~30명의 전문가를 모아 의견을 들었어요. 저도 갔어요. 결국 우리가 금전적인 보상을 해줘야 한다는 의견들이었지요. 한국에 있는 일본기업 재산으로 내게 할 경우 양국 간에 큰 문제가 생기니까 그러지 말고 기금을 만들자. 한국정부와 한일 국교정상화로 혜택을 본 한국기업들 대상으로…, 내겠다면 일본기업도 권유해 제 3자가 만들자는 거죠."

공로명 전 외교부 장관

- 어떻게 됐는지요?

"이낙연 총리가 청와대에 그런 안을 올렸는데 거부당했다는 겁니다. 우리 헌법에서 외국과의 관계는 대통령에게 권한이 있는 것 아닙니까? 외교권을 활용해 충돌을 막지 못하고 지금 상황까지 온 건 자업자득이라고 봐요. 뒤늦게 한국과 일본기업들이 기금을 만들어 보상하자는 안을 한국정부가 최근 덜컥 일본 측에 내던졌단 말이에요. 일본은 일본기업이 참여하는 건 반대한다는 입장이니까, 제안하기 전에 정지작업을 해야죠. 아무 기초도 없이 내던지면 일본 측이 '아이고 고맙습니다' 하고 나오겠어요? 너무나 아마추어 같아요."

- 이제 어떻게 풀어야 할까요?

"일본은 자기들이 제의한 중재안에 대한 해답을 바라는 것 아닙니까? 그래서 한일국교정상화 협정에 의한 절차를 밟아 오는 것이거든요. 우리도 청구권 협정으로 돌아가서 중재를 왜 못해요? 중재위원회라는 것은 양측이 지명하는 위원이 합의하는 제3의 중재위원회를 두고 중재하는 거 아닙니까? 타협할 수 있는 것이 중재위원회예요. 무엇이 무서워서 못하는지 모르겠어요.

사태를 풀기 위해서는 냉정하게 생각해야 해요. 중재를 받고, 중재하는 동안 제재도 동결하는 상황을 만들어야 해요. 그것도 어렵습니다. 그러나 외교교섭을 병행하면서 점차 길을 찾아 나가야죠. (기자에게) 물어볼 게 있는데 그 동안에 누가 일본에 가서 이면(裏面)공작을 했습니까? 못 들어봤어요. 이런 중대한 일을 하면서 어떻게 이면공작을 안 합니까? 일본에 우리가 (활용할) 여러 인맥이 있단 말이에요."

- "일본하고 적대 관계로 살아갈 수 없다"고 말씀하셨죠?

"한일국교정상화 자금 5억 달러+a를 종자돈으로 해서 우리 경제가 여기까지 온 것 아닙니까? 제가 1966년부터 3년간 주일대사관에 근무했는데, 30대기업 총수들이 차관을 얻기 위해 문턱이 닳게 (일본을) 드나들었어요. (한국경제가) 세계 제10위 경제로 발전하는 큰 받침돌 역할을 한 게 일본입니다. 그것을 조금이라도 인정하자고 하면 (매국노니 토착왜구니 하는) 무슨 이상한 말을 만들어서…"

국가 이익보다 정권의 이익, 냉철한 이성이 아닌 국민감정을 앞세우는 외교는 외교가 아니다. 문재인 정부의 대일(對日)외교는 반일감정, 관제 민족주의를 활용한 소탐대실의 포퓰리즘으로 비친다.

문 대통령과 갈등을 빚던 아베 총리는 2020년 8월 28일 사임했다. 건강 악화가 이유였다. 역대 일본 총리 중 재임기간이 통산 8년 9개월로 가장 길었던 아베의 퇴장이었다. 후임으로 스가 요시히데 관방장관이 선출됐다. 문 정부는 스가 새 정부와 관계개선을 희망했다.

일본, 한일공동선언 제안 묵살

2020년 11월 10일 박지원 국가정보원장이 일본을 방문해 스가 총리를 만나 한일공동선언을 제안했다. 과거 '김대중-오부치 선언'같은 새로운 한일 협력선언이라고 했다.

언론보도에 따르면, 박 원장이 스가 총리에게 한일 양국 정상이 만나 이 선언을 발표하자고 제안했다는 것이다. 박 원장도 "문재인 대통령의 간곡한 안부와 한일관계 정상화에 대한 의지를 전했다."고 밝혔다. 이에 대해 일본 정부는 즉각 부정적인 반응을 보였다고 언론들은 전했다. 이낙연 전 총리에 이어 박지원 국정원장이 일본 총리를 만나 정상회담을 구걸하는 모습에 영 기분이 안좋다.

하자고 하는 대화와 협의는 무시한 채 반일감정을 선동해 사태를 악화시키더니, 결국엔 일본에 대화하자고 꼬리를 내리는 모습에 대한민국 국민의 한 사람으로서 화가 많이 나고 자존심이 크게 상한다. 명백히 실패한 외교이다.

박 원장이 언급한 '김대중-오부치 선언'이란 1998년 김대중 대통령과 오부치 게이조 총리가 발표한 '21세기 새로운 한일 파트너십 공동선언'을 말한다. 이 선언에서 당시 오부치 총리는 일제의 식민지배로 인해 한국 국민에게 막대한 손해와 고통을 준 것에 대해 '통절한 반성과 마음으로부터 사죄'했다.

김대중-오부치 공동선언/ 매일경제DB

또 선언에는 양국의 우호협력 결의, 각료 간담회 설치, 대북 햇볕정책 지지,
다자간 경제협력 촉진, 한국 내 일본 대중문화 개방, 청소년 교류확대 등 미
래지향적 한일관계 발전을 모색하자는 내용도 담겨 있다. 이 선언으로 한일
양국간 깊어진 갈등이 봉합됐고 새로운 한일관계가 시작됐다. 당시 박지원
원장은 김대중 대통령 비서실의 공보수석비서관이었다.

"난들 왜 그런 생각을 안했겠나"

'김대중-오부치 선언'은 여야를 막론하고 지지하는 대일외교 정책이다. 그
러나 김대중 대통령 정부의 정신을 이어받았다는 문 정부에서 한일관계는
최악이다. 문 대통령은 아래 이정민 <중앙일보> 논설위원의 칼럼 "'난들 왜
그런 생각을 안했겠나'…DJ의 일침'의 교훈을 가슴속 깊이 새겨들어야 할 것
이다.

'김대중-오부치 선언'을 다시 읽어봤다. 툭 건드리면 폭발할 듯 위태롭던
상황을 해결한 지도자에게서 지혜라도 빌리고 싶은 심정에서다. 1998년. 역
사 교과서 왜곡과 독도 망언을 쏟아낸 일본 정치권과 "일본의 버르장머리를

고쳐놓겠다"는 YS(김영삼 대통령)의 대치로 긴장이 팽팽하던 때였다. 설상가상, 도쿄 납치사건의 피해자인 DJ가 대통령에 당선되자 일본 조야엔 냉기류가 돌았다. 이 와중에 열린 정상회담. 한 배석 인사의 회상이다.

▶ DJ(김대중 대통령)="나는 과거사를 얘기하려고 온 게 아니다. 미래를 논의하기 위해 온 것이다. 한·일의 젊은이들이 희망찬 미래를 만들어갈 수 있도록 지혜를 모으자고 온 것이다. 25년 전 납치사건으로 인해 고통을 받았지만, 나의 불행했던 과거는 내가 대통령이 됨으로써 모두 보상받았다고 생각한다. 일본의 책임을 묻지 않을 것이다."

긴장이 풀리고 화색이 돌았다. 오부치 총리는 "형님으로 모시겠다."며 찬사를 보냈다고 한다. 이날 채택된 공동 선언 2항은 "오부치 총리는 일본이 과거 한때 식민지 지배로 인해 한국 국민에게 다대한 손해와 고통을 안겨줬다는 역사적 사실을 겸허히 받아들이면서 이에 대해 통절한 반성과 마음으로부터의 사죄를 했다."고 돼 있다.

일본 총리가 식민통치에 대해 직접 사죄하고 이를 외교문서에 담은, 획기적인 회담이었지만 DJ는 국내 여론의 반발에 시달렸다. 금기시돼온 '천황' 용어를 사용하고 굳게 닫혀있던 일본 대중문화의 빗장을 풀었기 때문이다. 문화예술계의 반대 집회에 이어 여당에서도 "일본의 문화 식민지가 될 것"이란 반대가 거셌다. "탈당하겠다."고 배수진을 친 중진 의원도 있었다. 당시 청와대 공보수석이던 박지원 의원은 "참모들 대부분이 '국민들의 반일 감정도 생각하셔야 한다.'고 만류했지만 DJ는 뜻을 굽히지 않았다."고 회고했다. 오히려 반대하는 참모들을 이렇게 설득했다고 한다.

"난들 왜 그런 생각을 안 했겠나. 그러나 외교란 상대국 국민들의 마음을 사야 하는 것이다. 나를 '대통령'으로 부르니까 외국에서도 '대통령'이라고 부르듯이 일본 국민들이 모두 '천황'이라고 부르는데 굳이 우리만 '일왕'으로 불러야 할 이유가 없지 않은가. 2000년동안 중국 문화권에 있으면서도 동화되지 않고 독창적인 문화를 재창조해낸 우리가 문화 식민지가 될 것이란 주장이야말로 식민사관이다."

DJ의 예측대로 일본문화 개방은 한류가 전 세계로 확산되는 토대가 됐다. 양국 내왕객이 한해 1,000만명에 이를 만큼 '절친 국가'가 됐다. 당시 국정상황실장이던 장성민 전 의원은 "지도자의 미래를 보는 통찰력과 확고한 역사관이 없었다면 불가능했을 일"이라고 했다. (중략)

"그 나라 국민의 마음을 사는 게 외교"라고 했던 DJ가 지금 이 (최악의 한일관계) 모습을 봤다면 뭐라고 했을까. 그가 남긴 마지막 말이 있기에 소개한다. "뒤에 오는 이들은 내가 왜 4대국 정상외교에 심혈을 기울였는지 제발 살펴봤으면 좋겠다. 우리에게 외교는 명줄이나 다름없다. 정치는 실수하더라도 고치면 되지만 외교의 실패는 돌이킬 수 없다. (중략) 나라를 책임진 사람들이나 외교관은 어느 누구보다 깨어 있어야 한다."(『김대중자서전 2』)

짧은 칼럼이지만 김대중 대통령의 대일관계, 외교정책에 대한 통찰력과 지혜, 철학, 비전 등이 녹아있는 글이다. 국가 지도자로서 과거가 아닌 미래를, 대결보다 화합을, 감정보다 이성을, 비난보다 비전을, 인기영합(포퓰리즘)보다는 원칙을 지향했던 김 대통령의 리더십과 포용력, 대범함을 확인한다. 김대중 정부의 정신을 계승했다는 문재인 대통령과 극단적으로 비교된다.

문재인 정부는 내치(內治)는 물론이고 외치(外治)도 실패했다. 그렇기에 외교에 관한 김대중 대통령의 다음 말이 더욱 가슴을 찌른다.

"우리에게 외교는 명줄이나 다름없다. 정치는 실수하더라도 고치면 되지만 외교의 실패는 돌이킬 수 없다."

현실성 부족한 굴욕적인 대북정책

남북대화 상징 연락사무소 폭파

2020년 6월 16일 오후 북한이 개성공단에 있는 남북공동연락사무소를 폭파했다. 폭발 굉음과 자욱한 연기가 접경지역에서도 목격됐다. 김정은의 동생 김여정 노동당 제1부부장이 "북남(남북)공동연락사무소가 형체도 없이 무너지는 비참한 광경을 보게 될 것"이라고 밝힌 지 사흘 만이었다.

남북공동연락사무소는 2018년 4월 27일 남북 정상이 처음으로 만나 합의한 '판문점선언'에 따라 그해 9월 개성에 문을 열었다. 2년 넘게 이어진 남북화해 무드의 상징인 연락사무소가 무너져 내리는 데 걸린 시간은 단 3초. 남북화해의 상징인 연락사무소가 폭파되면서 '4·27 판문점선언'도 사실상 파기됐다.

2020년 6월 16일 폭파되는 남북공동연락사무소. /평양 조선중앙통신/MBN 캡처

'판문점선언'이란 문재인 대통령과 김정은 북한 국무위원장이 2018년 4월 27일 판문점 평화의 집에서 발표한 남북정상회담 합의문이다. 양 정상은 이 선언을 통해 핵 없는 한반도 실현, 연내 종전(終戰)선언, 남북공동연락사무소 설치, 이산가족 상봉 등을 천명하였다.

대북문제는 문 정부가 출범직후부터 가장 역점을 둔 정책이었다. 문 정부가 출범 후 이룬 다른 분야 실적이 사실상 거의 전무한 상황에서 연락사무소의 폭파는 대북정책 또한 실패했음을 극명히 드러낸 상징적 사건이었다.

이번 사태로 인해 개성공단 정상화, 북미 불가침조약 체결 등 문 정부의 남북협력 청사진들은 심각한 위기를 맞았다. 그 후 석 달이 지난 2020년 9월 22일, 실종된 해양수산부 공무원이 북한군에 의해 무참하게 사살돼 불에 태워지는 잔인무도한 사건이 발생했다.

문 대통령, '신 베를린선언' 발표

문재인 대통령은 2017년 7월 6일(현지시간) 이른바 '신(新)베를린선언'을 발표했다. 2000년 3월 김대중 대통령이 그곳에서 발표한 대북정책 '베를린선언'에 이은 것이다. 문 대통령은 이날 독일 베를린에서 쾨르버 재단이 마련한 '한반도 평화통일' 주제의 초청연설에서 ▲평화로운 한반도 ▲북한체제의 안전을 보장하는 비핵화 ▲항구적 평화체제 구축 ▲새로운 한반도 경제지도 ▲비정치적 교류협력 지속 등 5가지 문 정부의 대북정책 기조를 제시했다.

문 대통령이 천명한 5대 원칙은 김대중 대통령의 '베를린선언' 3대 원칙을 구체화한 것이다. 김 전 대통령은 △북한의 무력도발 절대 반대 △흡수통일 지양 △남북 간 화해·협력을 강조했다. 평화협정 제안, 이산가족 상봉행사 개최, 남북 당국 간 대화, 특사교환 등 문 대통령이 북한에 한 구체적인 주요 제안도 베를린 선언에 담긴 내용이다.

문재인 대통령이 2017년 7월 6일 오후 구 베를린 시청 베어홀에서 열린
쾨르버재단 초청연설에서 한반도 평화구축과 남북관계, 통일 등을
주제로 연설하고 있다. /KTV 캡처

김정일 전 국방위원장은 김 전 대통령이 '베를린선언'을 한 후 2000년 6
월15일 남북정상회담에 응했다. 3개월 만이었다. 문 대통령이 김정은 위원장
과 만난 것은 '신 베를린선언'후 9개월이 지난 2018년 4월 27일이었다. 김 대
통령 때보다 6개월이 늦다. 그러나 이는 2007년 노무현 대통령과 김정일 위
원장의 만남 후 11년만에 남북 정상이 만났다는 의미가 있다. 그리고 이전 두
차례의 남북정상회담이 평양에서 열렸던 것과 달리 이번에는 판문점 남측
'평화의집'에서 열렸다.

문 대통령과 김 위원장은 4월 27일 남북정상회담을 마친 뒤 '판문점선언'
을 공동 발표했다. 이후 양 정상은 그 해 5월 26일과 9월 18~20일 두 번 더
만나 정상회담을 했다. 9월 정상회담 후에는 한반도의 전쟁위험 제거, 비핵
화 등 군사적 긴장완화 조치, 철도·도로구축 등 남북경제협력과 관련된 내용
이 포함된 '9월 평양공동선언'을 발표했다.

문 대통령이 김 위원장과 세 번의 남북정상회담을 가진 이 때만해도 국민
들의 한반도 평화와 화해에의 기대는 아주 높았다. 그도 그럴 것이, 긴장 관
계를 유지하던 남북한 정상들이 11년만에 만났다는 사실 자체가 일대 사건이

었다. 게다가 김대중 대통령과 노무현 대통령은 임기 중 각각 단 한 번의 남북정상회담을 했다. 그런데 문 대통령은 6개월도 안되는 사이에 세 번이나 정상회담을 가져 남북 화해와 평화의 길이 바로 열릴 것처럼 보였다. 그래서 문 대통령이 김대중 대통령에 이어 노벨평화상를 타는 것 아니냐는 성급한 전망도 나왔다.

그러나 이어진 그 해 10월 문 대통령이 유럽순방에서 현실과 동떨어진 대북제재 완화 주장을 하고, 이듬해인 2019년 2월 하노이 북미정상회담이 북한 비핵화 결론 도출에 실패하면서 이런 화해분위기는 빠르게 식었다. 이어 4개월 후 일본을 방문한 트럼프 대통령의 돌발 제안으로 성사된 사상 첫 남북미 정상회담도 결실 없이 끝나 남북관계는 얼어붙기 시작했다.

2020년 3월 30일에는 북한 측이 "미국과 대화 의욕을 접었다."라며 파국을 선언함으로써 남북관계는 급속도로 악화됐다. 이후 2020년 6월 16일 북한은 남북공동연락사무소를 파괴했고, 9월 22일 해양수산부 공무원을 잔인하게 살해했다.

돌아볼 때 문재인 정권의 대북정책 실패는 첫째, 북한의 실체에 대한 정확한 인식 없이 그저 친북적이고 유화적 태도로만 접근했고 둘째, 대북제재에 대한 국제적 분위기를 무시한 현실성 없는 굴욕적인 대북정책 때문이었다고 할 수 있다.

유럽순방서 잇따른 외교 참사

2018년 세 차례의 남북정상회담 후 자신감을 얻은 문 대통령은 그 해 10월 유럽순방에 나섰다. 문 대통령은 눈에 띄는 북한의 비핵화 조치가 없음에도 유럽국가들에게 대북제재를 완화하는데 협조해달라고 요청했다. 당연하지만, 이들 국가는 모두 거부했다. 현실을 모르는 외교참사라는 비판이 쏟아졌다.

2018년 10월 16일 문 대통령은 마크롱 프랑스 대통령과 정상회담을 가졌다. 이 자리에서 문 대통령은 "북한의 비핵화가 되돌릴 수 없는 단계에 왔다는 판단이 선다면 유엔(UN) 제재의 완화를 통해 북한의 비핵화를 더욱 촉진해야 하며, 마크롱 대통령께서 안보리 상임이사국으로서 이 같은 역할을 해달라."고 요청했다. 이에 대해 마크롱 대통령은 "북한이 유엔 안보리의 대북 제재를 철저하게 준수해야 원하는 대화가 가능하며, 완전한 비핵화가 이뤄질 때까진 대북제재가 계속되어야 한다."고 밝혔다. 즉, 완곡하지만 단칼에 거절한 것이다.

이어 다음날인 10월 17일 마크롱 대통령은 아베 신조 일본 총리와 정상회담을 갖고 "유엔 대북제재 조치의 완벽한 이행이 필요하고, 북한의 제재 우회 방지에 전력을 다하겠다."며 문 대통령의 제재완화 주장에 대놓고 쐐기를 박았다. 문 대통령은 10월 19일 열린 제12차 아시아유럽(ASEM)정상회의에서도 대북제재 완화를 주장했다. 그러나 테레사 메이 영국 총리, 앙겔라 메르켈 독일 총리 등도 모두 이를 거절했다.

이와 관련, 프랑스 언론 <르푸앵>은 "유럽에서 문 대통령이 김정은의 대변인 역할을 하고 있다."면서 "전 인권변호사가 38선 북쪽에 여전히 존재하는 전체주의적 억압에 대한 비판을 약화시키고 있다."고 문 대통령의 친북적 행보를 비판했다.

독일의 국영방송 <도이체 벨레>도 '남한 대통령, 평양을 위한 로비를 유럽에서 시도했으나 실패하다'라는 제목의 기사에서 "문재인 대통령은 유럽 지도자들을 설득해 대북제재를 완화할 수 있을 것이라고 생각한 듯 하지만 어느 나라에서도 지지를 얻지 못했다."고 지적했다.

알렉산더 버시바우 전 주한 미국대사는 "한국은 비핵화에 대한 구체적 조치 없이 제재가 완화될 수 있다는 잘못된 신호를 북한에 보내기 전에 다시 한 번 생각해봐야 한다."면서 "솔직히 문 대통령의 실수라고 생각한다."고 비판했다.

결국 폼페이오 미국 국무장관이 나서서 "남북관계가 비핵화보다 앞서가면 안 된다."며 "단독행동하지 말라."고 공개적으로 문 정부에 경고했다. 문 정부의 대북정책 전반에 대해 미국이 처음으로 공개 경고한 것이다.

결론적으로 문 대통령은 유럽순방 동안 성급한 대북제재 완화 주장으로 북한의 로비스트이자 대변인으로 전락한 모양새가 됐다. 이는 국제사회의 문 정부에 대한 신뢰저하와 코리아 패싱(Passing)을 자초한 외교참사가 되었다.

조명균 통일부 장관도 2019년 1월 국제사회의 대북제재완화 반대 분위기를 인정했다. 그는 "미국이 대북제재에 강경한 입장을 갖는 것으로 소개되지만 실제로 접하면 EU(유럽연합)나 아세안 다른 나라들도 대북제재에 강경한 분위기"라고 밝혔다.

문 대통령은 이처럼 대북제재를 원하는 국제 분위기와 현실을 제대로 파악하지 못한 채, 혹은 무시한 채 제재완화를 주장해 국제적 망신을 자초했다. 게다가 문 정부는 북한에 대해선 지독할 정도로 굴욕적인 저자세로 일관했다.

김정은 "오지랖 넓다"며 문 대통령 비난

제3차 남북정상회담(2018년 9월 18일~20일)을 끝낸 지 불과 3개월 후인 12월 21일, 북한은 대남선전매체인 <우리민족끼리>를 통해 문 대통령을 맹비난했다. 이 매체는 "자주외교를 운운하는 것과 같은 가소로운 추태도 부렸다."며 "'한반도 운전자론'을 떠들기 전에 미국 등의 제재·압박 책동에 편승해 남북관계를 침체시킨 자신들의 책임을 통감해야 한다."고 비판했다.

2019년 2월 27일부터 28일까지 이틀간 일정으로 베트남 하노이에서 트럼프 대통령과 김정은 국무위원장 간 북미정상회담이 열렸다. 그런데 이튿날 예정됐던 업무 오찬이 돌연 취소된 데 이어 회담결렬이 선언됐다. 최종 합의에서 북한은 영변지역 비핵화를 조건으로 한 대북제재 완전해제를 제안했으나, 미국은 영변 외 지역의 다른 핵시설까지도 완전히 비핵화할 것을 조건으로 제시해 합의가 무산됐다. 양 정상은 빈손으로 자국에 돌아갔다.

문재인 대통령과 김정은 국방위원장이 2018년 4월 27일 오전 판문점 평화의집에서 남북정상회담에 앞서 만나 악수하고 있다. /한국 공동사진기자단

하노이 북미정상회담이 결렬된 후 약 한 달여가 지난 2019년 4월 12일 김 위원장이 첫 공개 메시지를 냈다. 그것은 문 대통령의 '중재자론'에 대한 원색적인 비난이었다. 김 위원장은 "'(문 대통령이) 오지랖 넓은 '중재자' '촉진자' 행세를 할 것이 아니라 민족의 이익을 옹호하는 당사자가 돼야 한다."고 지적했다. 김 위원장이 직접 문 대통령을 이렇게 강도 높게 비난한 것은 이례적이었다. 세 번이나 정상회담을 함께 한 국가의 정상에게, 특히 한참 손 위의 연장자에게 보낸 메시지치곤 매우 무례하다.

2019년 5월 7일 청와대는 문 대통령이 독일 일간신문 <프랑크푸르터 알게마이네 자이퉁(FAZ)>에 보낸 기고문을 공개했다. 문 대통령은 이 기고문에서 "한반도에서 총성은 사라졌다."며 취임 후 남북 간에 평화무드가 조성됐다고 적었다. 2018년 평양정상회담 때 체결한 9·19 남북군사합의와 관련, 문 대통령은 "한반도의 하늘과 바다, 땅에서 총성은 사라졌다. 한반도의 봄이 성큼 다가왔다."고 기술했다.

그러나 북한은 그 사흘 전인 5월 4일 강원도 원산시 인근 옛 영흥군의 호도반도에서 동해상으로 단거리 미사일을 포함한 사거리 70~240km 가량의 발사체 수십 발을 발사했다. 이는 2017년 11월 29일 이후 1년 5개월 만의 미사일 도발이었다.

북한, 무수한 미사일 도발

그 이후 북한은 셀 수 없이 많은 미사일 도발을 했다. 그 해(2019년) 5월 9일, 7월 25일, 7월 31일, 8월 2일, 8월 6일, 8월 10일, 8월 16일, 8월 24일, 9월 10일, 10월 2일, 10월 31일, 11월 23일, 11월 28일, 그 다음해인 2020년 3월 2일, 3월 9일, 3월 21일, 3월 29일, 4월 14일, 7월 5일 등 지속적으로 엄청난 굉음의 탄도미사일을 쏘아댔다.

문 대통령은 "한반도의 하늘과 바다, 땅에서 총성은 사라졌다."고 했지만, 한반도의 하늘과 바다, 땅 위에는 여전히 총성과는 비교가 안 되는 엄청난 미사일 포성이 지축을 흔들었다.

북한의 탄도미사일 발사는 명백한 유엔결의 위반이다. 유엔결의에 탄도미사일 관련 언급은 1695호와 1718호에 나와 있다. 1695호는 북한이 탄도미사일 프로그램과 관련한 모든 행동을 중단하길 '요구한다(demand)'는 내용이다. 이후 채택된 1718호는 북한이 탄도미사일 프로그램과 관련한 모든 행동을 중단하게 하도록 '결정했다(decided)'로 좀 더 강하게 금지하고 있다. '모든'이라는 단서가 들어가 있으므로 단거리라고 예외사항이 될 수는 없다. 이 결의안은 2017년 9월 체결된 2375호에서도 다시 한번 언급되었다.

실제로 미국 및 유엔은 이미 수 차례 "유엔결의에는 비핵화뿐만 아니라 탄도미사일 폐기도 포함된다."고 경고했다. 문 대통령 역시 2019년 5월 9일 취임 2주년 인터뷰에서 "비록 단거리라도 탄도미사일이라면 유엔 안보리결의 위반 소지가 없지 않다고 생각한다."고 말한 바 있다.

그런데도 국방부, 국정원을 포함한 문 정부는 '미사일' 대신 '발사체'라는 모호한 표현을 고집했다. 대북 유화책을 추진하는 문 정부 입장에서 바로 '미사일'로 단정짓기에는 곤란한 측면이 있을 것이다. 그러나 동맹인 미국과의 대응이 엇갈릴 정도로 북한의 눈치를 보는 것은 큰 문제이다. 미사일을 미사일로 부르지 못하는 문 정권의 현실, 지나친 저자세다. 문 정부는 동맹국인 미국한테는 당당해야 한다고 목소리를 높이면서, 또 비판적인 국민들에게도 온갖 못된 말로 공격하면서 왜 북한의 앞에만 서면 그렇게 작아지는가?

볼턴 "문 대통령 생각은 조현병적" 비난

문 대통령은 그 해 6월 26일 연합뉴스 및 세계 6대 통신사 서면 인터뷰에서 "영변은 북한 핵 시설의 근간"이라며 "영변의 핵 시설 전부를 검증하여 전면적으로 완전히 폐기한다면, 북한 비핵화는 되돌릴 수 없는 단계로 접어든다."고 역설했다. 영변이 북한 핵 시설의 핵심이며, 이를 폐기하면 북한이 '불가역적인 비핵화' 단계로 접어들었다고 판단할 수 있다는 말이다.

그러나 이는 미국을 비롯한 국제사회의 판단과 다른 것이다. 국제사회는 북한이 영변 이외에도 다수의 비밀 핵 시설을 보유하고 있으며, 영변 시설을 해체하더라도 다른 지역에서 수소폭탄을 포함한 핵무기를 생산할 수 있다고 보고 있다. 이 때문에 문 대통령이 미국 등 국제사회의 인식과 달리 북한의 입장과 같은 생각을 갖고 있는 게 아니냐는 지적이 나온다. 북한은 '단계적 비핵화' 구상을 주장하고 있다.

하노이 북미정상회담에서 북한은 미국에 '영변 핵 시설폐기'와 '민간분야 대북제재 해제'를 맞교환하자고 제안했다. 이에 대해 미국은 영변 외 우라늄 시설의 존재를 언급하며 '영변만으론 부족하다'는 입장을 밝혔다. 결국 북미 양측은 이런 간극을 좁히지 못했고, 하노이 회담은 결렬됐다.

국제 핵·군축 전문가들도 '영변은 북한의 핵 능력 중 일부에 불과하다'는 입장을 견지하고 있다. 로버트 아인혼 전 미 국무부 비확산·군축 담당 특보는 "영변 핵시설은 핵 협상의 매우 작은 조각"이라면서 "북한이 영변 폐기 약속을 지킨다 해도 북한의 핵 물질 프로그램이 없어지는 건 아니다."고 강조했다. 올리 하이노넨 전 국제원자력기구(IAEA) 사무차장도 "북한의 우라늄 매장량과 우라늄 농축시설의 특성을 고려하면 북한은 영변이 아닌 다른 곳에서도 얼마든지 (핵무기 제조에 필요한) 고농축 우라늄을 생산할 수 있다."고 말했다.

이와 관련, 존 볼턴 전 미국 백악관 국가안보보좌관은 문 대통령을 신랄하게 비판했다. 그는 이듬해인 2020년 6월 출간된 회고록 '그 일이 일어난 방'에서 문 대통령의 북한 비핵화 접근법을 '조현병적 아이디어(schizophrenic idea)'라고 말했다. 볼턴은 2019년 하노이 북미정상회담이 결렬된 후에도 문 대통령이 영변 핵 시설 폐기를 '불가역적 비핵화의 첫 단계'로 주장했다면서, 이는 '조현병(정신분열증)같은 생각'이라고 비난했다.

문 대통령 "종전선언" 주장 반복

문 대통령은 2020년 9월 23일 새벽 유엔에서 온라인으로 국제사회에 한반도 종전선언을 요청하는 온라인 연설을 했다. 해양수산부 공무원이 잔인하게 살해된 다음 날이었다. 물론 사전에 녹화한 연설이었기에 취소하기 어려운 불가피한 측면이 있었다.

그러나 문 대통령은 이후 보름 정도가 지난 10월 8일 또다시 종전선언 필요성을 역설했다. 문 대통령은 이날 한 한미친선단체의 화상 연례만찬 기조연설에서 "한반도 종전선언을 통해 (한미) 양국이 협력하고 국제사회의 적극적인 동참을 이끌게 되길 희망한다."며 "종전선언이야 말로 한반도 평화의 시작"이라고 말했다.

북한군에 의해 피살된 해양수산부 공무원 A씨의 형 이래진 씨가
2020년 10월 14일 오후 인천 연수구 해양경찰청 앞에서
기자회견을 하고 있다. /SBS뉴스 캡처

자국민이 잔인하게 살해돼 진상조차 밝혀지지 않은 상황인데도 진상규명이나 북한의 비핵화와는 별개로 종전선언을 밀어붙이겠다는 의도로 풀이됐다. 그러나 정작 종전선언 당사자가 될 미국과 북한은 팔짱을 끼고 있다. 북한은 별다른 관심을 보이지 않았고, 미국도 실질적인 비핵화 진전이 없이는 나서지 않겠다는 입장이 확고했다.

문 대통령의 종전선언 제안에는 '북한 비핵화'란 전제조건이 빠져 있다. 문 대통령의 주장은 종전선언으로 비핵화의 계기를 마련하자는 것으로 선후 관계가 바뀌었다. 특히 북한군은 우리 국민을 사살하고 시신을 불태우는 만행을 저질렀다. 그러는 동안 청와대와 정부, 군은 아무런 조치 없이 지켜만 보았다. 만행 이후 진상도 밝혀지지 않았다.

그런데도 국민의 생명을 무엇보다 가장 중시해야 할 대통령이 피살사건

대응에는 미온적이었다. 문 대통령은 이에 관한 청와대 국가안전보장회의 (NSC) 전체회의도 주재하지 않았다. 김정은 위원장의 "미안하다."는 말 한마디에 모든 문제가 해결됐다는 듯 남북관계 반전의 계기로 삼으려 했다.

청와대와 민주당을 비롯한 여권도 김 위원장에 대해 "통큰 결단" "계몽군주"라며 온갖 찬사를 아끼지 않았다. 잔혹한 만행을 저지른 지 사흘이 지나서야 보내온 북한의 한 통 사과문에 감동하면서 사실상 면죄부를 준 것이다. 이를 보는 일반 국민의 입장에서는 복장이 터질 일이다.

북한, 문 대통령 원색비난

문 대통령은 이처럼 시종일관 북한의 입장을 대변하는 듯한 발언과 태도로 국제사회로부터 비판받는 한편, 북한에게선 더욱 심한 모욕과 조롱을 당했다.

북한의 조국통일연구원은 2019년 6월 28일 강도 높은 어조로 문 대통령을 비판했다. 북한의 대외선전매체 <메아리>는 '주제넘은 헛소리에 도를 넘은 생색내기'라는 제목의 글에서 "얼마 전 북유럽 나라들을 행각한 남조선 당국자(문 대통령)가 회담과 연설, 기자회견 등을 벌려놓고 저들의 '한반도 평화 프로세스'정책이 북의 '핵 미사일 도발'을 중지시키고 북남사이의 군사적 긴장을 완화시켰다는 등 체면도 없이 사실을 전도하며 자화자찬하였다."고 목소리를 높였다.

북한은 6월 29일에도 연이어 문 대통령을 비난했다. <메아리>는 문 대통령을 '남조선 당국자'로 부르며 "남조선 당국자의 현실감각 상실, 판별능력 마비"라고 비난했다. 이 매체는 "(문 대통령이) 실로 어이없고 괴이한 주장을 했다. 너무도 현실과 동떨어진 사고를 하고 있는 데다가 정세판별능력도 상상 외"라고 비난했다.

문 대통령은 2019년 8월 5일 남북협력을 통한 '평화경제' 실현을 앞세워 일본을 넘어서는 경제강국으로 도약하자는 청사진을 제시했다. '평화경제'란 남북 간 관계개선 및 경제협력을 기반으로 동북아의 공동번영을 이끌어내겠다는 구상이다. 문 대통령은 그 해 3·1절 100주년 기념사에서 "한반도에서 평화경제의 시대를 열어 나가겠다."고 언급한 바 있다.

그러나 북한은 이에 다음날인 8월 6일 미사일 발사로 응답했다. 문 대통령의 남북협력과 평화경제 발언은 머쓱하게 됐다. 북한 외무성 대변인은 이날 "남조선이 그렇게도 '안보위협'에 시달리고 있다면 차라리 맞을 짓을 하지 않는 것이 더 현명한 처사로 될 것"이라며 막말성 발언을 했다.

8월 11일 북한 외무성 권정근 국장은 '후반기 한미연합 지휘소 훈련'을 두고 청와대를 '개'와 '바보'로, 한국군의 훈련을 '똥'으로 표현하며 원색적으로 비난했다. 그는 "청와대의 이러한 작태가 남조선 국민들의 눈에는 안보를 제대로 챙기려는 주인으로 비쳐질지는 몰라도 우리 눈에는 겁먹은 개가 더 요란스럽게 짖어대는 것 이상으로 보이지 않는다."며 "바보는 클수록 더 큰 바보가 된다."고 막말을 했다.

청와대는 북한이 문 정부를 향해 "겁먹은 개"라고 원색적으로 비난한 것에 대해 "결국 이 (한미연합)훈련이 끝나면 (북미 간)실무협상을 하겠다는 의지를 표명한 것"이라고 '색다르게' 해석했다.

"삶은 소 대가리가 앙천대소할 것"

그 며칠 후인 2019년 8월 15일 광복절 경축사에서 문재인 대통령은 비현실적 평화경제를 또다시 거론했다. 문 대통령은 "북한이 미사일을 쏘는데 무슨 평화경제냐'고 말하는 사람들이 있다."며 "이념에 사로잡힌 외톨이로 남지 않길 바란다."고 오히려 평화경제를 비판하는 사람들을 공격했다.

그러자 북한은 다음 날인 8월 16일 문 대통령의 경축사를 원색적인 막말과 욕설로 맹비난했다. 문 정부는 그동안 "오지랖 넓다" "겁먹은 개" 등 무수한 북한의 원색적 비난에도 침묵하거나 "(우리와) 쓰는 언어가 다르다."며 두둔해왔다. 그러나 이날 북한의 대남기구인 조국평화통일위원회(조평통)는 '이래도 참을 것이냐'는 듯 문 대통령의 광복절 경축사에 대한 조롱을 넘어 인신모독에 가까운 표현을 쏟아냈다.

조평통은 "허무한 경축사" "정신구호의 나열"이라는 야당의 비판을 그대로 인용하며 문 대통령 경축사를 "태산명동서일필(泰山鳴動鼠一匹)"이라고 비난했다. 이는 '태산이 떠나갈 듯이 떠들썩하게 하더니 뛰어나온 것은 쥐 한 마리뿐'이었다는 뜻으로, 요란하게 시작했지만 결과는 매우 보잘것없다는 말이다.

특히 문 대통령의 평화경제 추진에 대해서는 "사고가 과연 건전한가 의문", "삶은 소 대가리도 앙천대소(仰天大笑: 비웃을)할 노릇"이라며 "정말 보기 드물게 뻔뻔스러운 사람", "겁에 잔뜩 질린 것이 력력(역력)하다."고 비난했다.

이어 조평통은 문 대통령에 대해 "아랫사람들이 써준 것을 그대로 졸졸 내리읽는다." "웃겨도 세게 웃기는 사람인 것만은 분명하다."고 인신모독성 조롱을 했다. 그러면서 "판문점선언 이행이 교착상태에 빠지고 북남대화의 동력이 상실된 것은 전적으로 남조선 당국자 자행의 산물이며 '자업자득'일 뿐"이라며 남북관계 교착 상황을 문 대통령의 책임으로 돌렸다.

이에 대해 국회 국방위원장을 지낸 자유한국당 김영우 의원은 "북한이 연일 미사일을 쏴 대도 오로지 대북 경협과 평화경제를 주장하는 대통령, 맞을 짓 하지 말고 바른 자세를 가지라는 꾸지람을 받고도 단 한마디도 없는 굴욕적으로 과묵한 대통령"이라고 비난했다.

정병국 바른미래당 의원은 "김정은이 가장 두려워할 대통령이 되겠다던 문재인 대통령은 어디에 있느냐?"며 "국민을 대표하는 대통령과 정부는 북한의 치욕적 조롱, 능멸 앞에서 눈과 귀와 입을 가리고 있다."고 비판했다.

문 대통령은 2017년 4월 대선후보 시절 소셜미디어에 "북한에 경고한다."

며 "북한은 도발 즉시 국가적 존립을 보장받기 어려울 것이다."고 경고했다. 그러면서 "문재인은 김정은이 가장 두려워하는 대통령이 될 것"이라고 밝힌 바 있다.

출처 : 채널A 캡처

문 대통령은 또 새정치민주연합 대표였던 2015년 7월 26일 당시 박근혜 대통령에게 막말을 퍼붓은 북한에 대해 "수치심을 들게 할 정도의 모욕이다."라고 말했다. 문 대통령은 자신의 페이스북에 "북한이 대통령에게 또 다시 막말을 했다."며 "차마 입에 담지 못할 저급한 표현에 수치심이 든다. 상대방 국가원수를 막말로 모욕하는 것은 국민 전체를 모욕하는 것과 같다."고 비판했다.

맞다. 상대방 국가원수를 막말로 모욕하는 것은 국민전체를 모욕하는 것과 마찬가지다. 국민들은 문 대통령과 문 정권에 대한 북한의 막말과 조롱을 들으며 참을 수 없는 모욕감을 느낀다. 그리고 분노한다. 왜 대한민국 국민이 북조선인민공화국으로부터 지속적인 꾸지람과 조롱, 멸시를 당해야 하는가?

문재인 정부의 대북정책은 김대중 정부의 대북포용정책, 즉 햇볕정책을 발전적으로 계승하는 것으로 알려져 있다. 그러나 햇볕정책은 북한에 대한 단순한 유화정책이나 일방적인 시혜정책, 굴욕정책이 아니다. 햇볕정책은 "평화, 화해, 협력"을 통한 남북관계 개선이라는 목표 아래 '대북 포용 3대 원칙'을 견지하는 적극적인 개입정책이다. 3대 원칙은 첫째, 평화를 파괴하는 일체의 도발 불용의 원칙, 둘째, 흡수통일 배제의 원칙, 셋째, 화해·협력 적극 추진의 원칙 등이다.

햇볕정책은 북한의 모멸과 조롱에도 그저 참거나 우리 국민이 북한군에 처참하게 사살돼도 항의조차 제대로 못하는 저자세, 굴욕정책이 아니다. 햇볕정책의 첫째 원칙은 평화를 파괴하는 일체의 도발을 용납하지 않는다는 원칙이다. 과거 연평해전에서 보았듯이 북한의 도발에는 그보다 더한 응징으로 되갚아주는 것이 햇볕정책의 가장 중요한 원칙이다. 약자가 아닌 강자의 입장에서 북을 포용하는 정책인 것이다.

문 정권은 섣불리 햇볕정책의 계승자라고 주장하지 말라. 문 정권의 굴욕적 유화 대북정책은 김대중 대통령이 추구했던 햇볕정책에 대한 모욕이다. 문재인 정권 아래 대한민국 국민으로 사는게 참으로 부끄럽다.

6부

넘치는 4.15 총선
부정선거 증거

넘치는 4.15 총선 부정선거 증거들

앞(1부 8장)에서는 4.15 총선 부정선거에 대한 통계학적 의혹에 대해 살펴보았다. 4.15 총선 결과는 통계학적으로 거의 불가능하다는 점을 고찰했다.

지금부터는 실제 드러난 부정선거 증거들에 대해 살펴볼 것이다. 확신하건대, 4.15 총선 부정선거 기획세력은 먼저 컴퓨터에 의한 디지털 조작을 했다. 사전투표에서 더불어민주당이 압승을 거두도록 사전에 프로그램을 짜 놓은 것이다. 그런데 선거 후 예상치 않게 민경욱 미래통합당 의원을 비롯해 수십 명의 낙선자와 총 130여곳의 지역구에서 법원에 증거보전신청을 했다. 그러자 중앙선거관리위원회(선관위)는 증거보전신청된 투표소의 투표함을 뜯어 득표수를 맞추어 놓을 필요가 있었다. 즉, 사전에 디지털 조작한 득표수와 실제 얻은 득표수를 동일하게 해야만 했다.

증거보전신청이 들어온 선거구들은 급해졌다. 증거보전신청 집행 전까지 짧은 시간에 서둘러 남의 눈에 띄지 않게 득표숫자를 맞추어 놓아야 했기 때문이다. 그러다 보니 무수한 사전투표 부정선거 증거들이 쏟아져 나왔다.

예를 들면 ▲투표지를 공식 선관위 박스가 아닌 불법적 '삼립빵' 박스에 보관하거나 ▲투표함 봉인을 훼손하고 ▲몰래 봉인지에 서명을 하고 ▲구멍이 송송 뚫려 있는 등 투표용지 보관박스가 훼손되고 ▲많은 투표소에서는 아예 투표용지 보관박스를 폐기하고 ▲봉인을 확인하는 도장을 엉망진창으로 찍었으며 ▲기표된 투표용지를 파쇄한 곳도 많고 ▲무수한 투표지가 접혀 있지 않은 채 빳빳한 신권 같은 모습이며 ▲여백이 잘린 규격에 맞지 않는 불법 투표용지들 ▲민주당을 찍은 표만 700여장이 연속 나오는 불가능한 장면 ▲무효표 혹은 2번(통합당)찍은 표가 1번(민주당)으로 분류되는 투표지분류기 ▲개표사무원이 대놓고 부정행위 하는 영상 ▲물류창고 쓰레기 더미에서 발견된 무더기 사전투표용지와 기표도장 및 인주들 ▲1백만 건이 넘는 우편투표 조작 의혹 등 조작증거들이 넘치고 넘쳐났다. 위 증거들의 다수는 판사와 변호사 입회 하에 진행된 증거보전 집행 때 확인된 것이다.

이런 증거들이 한두 가지만 법정에서 증명되어도 4.15 총선은 최소 해당 지역구 투표는 무효이다. 물론 드러난 무수한 증거들은 4.15 총선 전반에 걸쳐 대대적으로 부정선거가 저질러졌음을 시사한다. 당연히 4.15 총선은 무효이고, 관련자들은 엄벌을 받아야 한다. 부정선거 심판은 정파나 진영에 상관없다. 그 누구든 선거부정을 저질렀으면 상응하는 엄한 벌을 받아야 한다. 그게 대한민국을 지키는 최소한의 정의이고 민주주의이다. 정의와 민주주의에 관심있는 대한민국 국민이라면 4.15 부정선거 고발과 심판에 적극 나서야 한다.

부정선거 추적 박주현 변호사 인터뷰

4.15총선 부정선거의 세부 증거들을 살펴보기 전에 현장에서 '선거부정설'을 추적하는 박주현 변호사(전 청와대 특별감찰관)의 인터뷰를 먼저 보자. 그가 직간접적으로 확보한 수많은 증거들에 대해 간략히 언급하고 있기 때문이다. 그는 <4.15부정선거진상규명변호사연대>의 변호사로 적극 활동하고 있다. 판사와 변호사 입회 하에 진행된 법원의 부정선거 증거보전신청의 집행에도 대부분 참여하였다. 아래는 그가 2020년 5월 25일 <조선일보>의 최보식 기자와 인터뷰한 내용이다. 최 기자의 도전적 질문에 대한 박 변호사의 답변이다.

"경기도 구리시 선거구의 사전투표 상자를 여니 1번을 찍은 투표지가 신권(新券) 뭉치처럼 나왔다. 어떤 선거구에서는 인쇄가 한쪽으로 쏠린 투표지, 아래 여백이 긴 사전투표지도 나왔다. 서울 성북구 개표 동영상에는 사전투표지가 두 장씩 전표처럼 붙어 있었다. 사전투표지는 선거인이 올 때마다 발급기로 출력해주는데 이게 어떻게 가능할까."

박주현(41) 전 청와대 특별감찰담당관은 선거구 6곳의 무효소송을 위해 투표함 증거 보전 집행에 참여했다. 투표지 보관 현장을 직접 발로 뛴 변호사다. '사전투표 조작설'을 놓고 말로써 공방이 벌어지는 동안 그는 마치 취재기자처럼 팩트를 수집해온 셈이다.

- 투표상자 속에 빳빳한 신권처럼 100장 단위로 묶인 사전투표지 다발 사진은 직접 찍었다고 들었다. 전·현직 선관위 고위 관계자도 이 빳빳한 투표지 사진과 정식 규격이 아닌 투표지 사진을 보고는 "도저히 설명이 안 된다."고 반응했다.

"분당을(乙) 투표지 상자들은 텅 빈 주택전시관 안에 있었다. CCTV는 없고 출입문은 번호키였다. 마음만 먹으면 조작한 투표지를 집어넣고도 남을 만큼 허술했다. 남양주 선거구의 투표지 보관상자에는 지역선관위원장 직인이 찍혀야 할 봉인지에 사무국장 직인도 찍혀 있었다. '법 위반 아니냐?'고 따지니 '도장이 많으면 좋은 것'이라고 답했다. 열려 있는 투표상자도 있었다."

- 남양주 물류창고의 소각장에서 뜯긴 봉인지, 기표 도장, 인주, 투표함 뚜껑 핀, 기표소막(幕) 등이 발견된 적 있는데?

"증거보전 집행을 위해 가본 곳이다. 주위가 논밭이고 인적이 드물었는데, 시민들이 근처 소각장에서 이런 물품들을 찾아냈다."

- 투표상자를 보관하는 과정에서 이런 선거 비품 잡동사니를 한꺼번에 버린다고 들었다. 선관위는 왜 이게 의혹의 대상이냐고 하는데?

"비닐 포장도 안 벗긴 새 기표 도장도 있었다. 기표 도장은 만년필처럼 잉크가 들어 있어 인주(印朱)가 필요 없다. 그런데 인주가 나왔다. 사전투표가 끝난 날인 4월 11일 저녁 한 직원이 투표함 보관 장소에 들어와 봉인지를 뗐다 붙였다 하는 장면이 찍혀 있다. 당초 사전투표함에 붙어 있던 봉인지와 개표 날의 봉인지가 다른 경우가 여러 곳에서 보고됐다."

박주현 변호사

- 실수로 잘못 붙인 봉인지를 제대로 붙이려고 했던 게 아닐까?

"개표할 때는 사전투표함 뚜껑 둘레의 봉인지를 뜯어내는데, 인천 연수을에 증거보전 집행을 가니 뚜껑 중앙의 구멍에 붙여놓은 봉인지가 뜯겨 있었다. 투표함을 열 수 있게 핀도 뽑혀 있었다. 이를 문제 제기하자, 그 다음 대전 유성을의 증거보전 집행부터는 모든 투표함 봉인지를 다 뜯어놓았다."

- 이미 개표된 투표함이니 신경을 덜 쓴 게 아닐까?

"훼손된 봉인지나 투표상자가 너무 많이 있었다. 개표 동영상에서 다른 투표지들과 확연히 구별되는 빳빳한 사전투표지들이 한꺼번에 나오는 장면을 볼 수 있다. 화성병 선거구였다가 3월 초 선거구 획정으로 화성갑으로 넘어간 봉담읍(화성 제1·2 투표소)에서도 정말 이상한 일이 벌어졌다. 선관위 데이터에서 봉담읍의 관내(管內) 사전투표 전체 집계가 통째로 누락된 것이다."

- 컴퓨터 전산 프로그램에 조정된 선거구를 입력 못한 업무상 착오였나?

"화성시 전체(제1~18 투표소) 관내 사전비례대표 투표수는 8,665명으로 선관위에 집계돼 있다. 화성시에서 이 숫자가 사전투표에 참여했다는 뜻이다. 그런데 봉담읍이 빠진 제3~18 투표소로 이뤄진 화성병의 관내 사전비례 투표수도 똑같이 8,665명으로 나온다. 봉담읍의 사전투표 결과가 아예 사라진 것이다."

- 업무상 중대한 과실인데, 화성 선관위는 어떻게 해명했나?

"그쪽에서는 '관내 사전투표를 관외에 포함시켜 집계했다'고 주장만 할 뿐 입증을 못 하고 있다. 사전투표의 경우 몇 명이 찍었는지 해당 투표소에서 집계가 안 된다. 중앙선관위의 전산에서 집계해 '그 투표소에서 몇 명 투표했다'고 알려주는 식이다. 중앙 전산프로그램에서 투표 숫자를 세팅해 놓을 수 있다는 것이다."

- 조작과 연결 짓는 것은 너무 논리 비약인데?

"총선 전에 선관위는 500만명에 대해 경력·학력·납세·전과·병력 등 개인정보를 수집했다. 이를 활용해 '유령 투표'가 이뤄졌을 가능성이 있다."

- '유령 투표'라면 당사자는 투표를 안 해도 투표한 것으로 집계됐다는 것인데, 지금이 어떤 세상인가?

"어떤 노인이 본투표(당일투표)를 하러 가니 '이미 사전투표를 하지 않았느냐?'는 말을 들었다. 이런 사례가 꽤 보고됐다. 이번 사전투표율은 26.6%로 역대 최고로 높았다. 유권자가 이렇게 많이 사전투표를 했을까?"

- 의심에 빠지면 모든 일상이 의심스러워 보인다. 코로나 사태로 분산 투표가 이뤄졌고, 문재인 대통령이 직접 사전투표를 하면서 지지자들을 독려한 결과가 아닐까?

"부천 신중동의 경우 사전투표 인원이 1만8,210명이었다. 투표소가 딱 한 곳이었다. 사전투표는 이틀간 했지만 실제 주어진 투표 시간은 24시간이었다. 계산상 쉬지 않고 1분당 12.6명이 해야 한다. 부천을 상동은 1만2,921명, 1분당 9명이었다. 이게 현실적으로 가능할까? 판사와 함께 법원 결정문을 들고 증거보전 집행에 나서도 사전선거인명부를 안 내놓고 있다."

- 어떤 계기로 이런 조사에 빠져들게 됐나?

"서울·경기·인천에서 똑같이 사전투표 득표율이 63:36으로 나오고, 서울의 424개 동(洞) 단위에서도 한 곳 예외 없이 민주당의 사전투표 득표율이 당일 득표율보다 높았다는 분석 자료를 보면서이다."

- 통계적으로 이상하게 보일 수는 있지만 수도권 표심이 비슷해 그렇게 나올 수 있다. 현실에서 이미 나온 걸 '통계가 이상해 못 믿겠다'고 부정하는 격인데?

"내가 한 인터넷 커뮤니티에서 여야 63:36 사전득표율 분석 데이터를 확인한 시각은 4월 16일 오후 4시 55분이었다. 모든 개표는 이날 오전 11시쯤 끝났다. 그 짧은 기간에 아무리 천재라 해도 선거구와 사전투표소마다 득표수 자료를 모두 다운받고 집계하고 심지어 관내·관외 사전득표수까지 분석할 수는 없다."

- 무슨 뜻인가?

"이 자료는 그전에 만들어져 있었다는 뜻이다. 여기에 투표수를 맞췄다고 보는 것이다. 내부자에 의해 이 자료가 유출됐을 수 있다."

- 입증이 안 된 주장을 떠들 자리는 아니다. 분석 데이터의 출처를 확인해 보지 않았나?

"IP 주소를 추적해보니 태국이었다. 나는 그전에 국세청 교육원 전임교수로 3년간 근무해 통계 숫자에 익숙해 있다. 조작 값이 있었다고 본다. 내가 '사전투표 결과가 조작이 아님을 증명할 수 있으면 1,000만원 주겠다'고 인터넷 카페에 올렸지만, 아직 아무도 안 나타났다."

- 여당의 사전투표 압승은 전략 투표 결과라는 분석이 있다. '유권자는 하

나의 모(母)집단이 아니라 사전투표와 본투표 집단은 완전히 별개의 집단'이라는 주장까지 나왔는데?

"여당 지지자들이 사전투표일에 대거 몰려나와 전략 투표했다는 주장은 허구다. 전국의 1,537개 동별 사전투표율과 정당투표율을 비교한 분석 데이터가 있다. 민주당 득표율이 높은 선거구일수록 사전투표율이 낮았고, 통합당 득표율이 높은 선거구에서 오히려 사전투표율이 높았다. 사전투표가 결코 여권 성향 표가 아니었다는 뜻이다."

- 이 분석 데이터는 검증된 것인가?

"최근에 검증된 것이다. 당연하게 받아들인 선거결과 분석에서 맞지 않은 것이 또 있다. 본투표에 보수 성향인 60대 이상이 많이 나온 걸로 알지만, 실제로는 여권 성향인 30·40대가 압도적으로 많이 나왔다. 하지만 결과는 민주당보다 통합당 표가 오히려 약간 더 나왔다. 사전투표에서는 50·60대 이상이 많이 나왔는데도 여당이 22%나 이긴 걸로 됐다. 정상적으로는 설명이 안 된다."

- 개표장에는 선관위 직원, 개표사무원, 정당 참관인들이 모두 지켜보고 있다. 투표 분류기와 계수기를 거쳐 나온 100장 묶음의 표를 수작업으로 확인한다. 개표상황표를 벽에 붙이고, 실시간으로 정당과 언론사에 공유된다. 상급 선관위에 이를 팩스와 전산망으로 보고한다. 어떻게 조작이 가능하겠나?

"100장 단위로 묶은 투표지를 대략 볼 뿐, 투표수를 일일이 세는 작업은 하지 않는다. 투표지분류기에서 기호 2번이나 기표가 안 된 무효표가 1번으로 넘어가는 장면의 동영상이 있다. 부여 선거구에서 투표지분류기로는 여당 후보 표가 더 많았으나, 수작업을 해보니 오히려 100표 이상 뒤집혔다. 서울 성북 개표장에서도 전자개표기가 1,810표를 1,680표로 인식한 적이 있었다."

- 이런 사례는 오히려 전자개표기에서 오류가 발생했을 때 잡아낼 수 있는 시스템이 있다는 증거 아닌가?

"참관인들이 꼼꼼히 체크할 수 있는 현장이 아니다. 이렇게 못 잡아내고 지나간 게 더 많았을 것이다."

그가 의혹을 사실로 맹신하고, 자기 위주로만 잘못 해석하고 있을 수 있다. 그럼에도 언론인 입장에서는 이런 의혹들은 충분히 제기할 만하다고 본다. 외면하거나 조롱·비난의 대상으로 삼을 일은 아니다. 지금처럼 세간에 선거부정설이 광범위하게 확산하고 있으면 오히려 적극적으로 검증하려는 자세가 옳다.

그러나 불행하게도 2021년 4월 현재 4.15 총선 부정선거 의혹에 대한 믿을 만한 검증도, 제대로 된 언론의 추적보도도, 수십 건의 고소고발에 대한 검찰 수사도, 130여건에 달하는 재검표요구 소송과 선거무효소송에 대한 대법원의 심리도 제대로 이루어지지 않았다. 선거법에 따르면 대법원은 선거소송이 제기된 후 180일(6개월) 이내에 판결해야 한다. 대법원은 법정시한인 6개월이 훨씬 넘은 2021년 6월 28일(만14개월)에서야 첫 선거무효소송을 진행했다. 부정선거 의혹을 해소해야 할 대법원이 부정선거 의혹을 더욱 키운 것이다.

지금부터 부정선거 주요 증거들을 하나씩 살펴보기로 한다.

6-1. 불법임을 뻔히 알면서도 불법 QR코드 사용

중앙선관위는 선거법에 나와 있는 바코드를 사용하지 않고 사전투표용지에 디지털 조작이 용이한 QR(Quick Response)코드를 사용했다. 이는 명백한 불법이다.

<공직선거법> 제151조 제6항은 사전투표용지에 인쇄하는 일련번호는 바코드(컴퓨터가 인식할 수 있도록 표시한 막대모양의 기호)의 형태로 표시하

고 바코드에는 선거명, 선거구명 및 관할 선거관리위원회명을 담을 수 있도록 규정하고 있다.

<사진 6.1.1> 바코드와 QR코드

중앙선관위는 불법인 QR코드를 사용한 이유에 대해 "QR코드는 2차원 바코드의 한 종류에 해당"하기 때문에 불법이 아니라고 주장한다. 그러나 정사각형과 암호 형태의 QR코드는 <공직선거법>에서 규정한 "막대모양의 기호"라는 바코드의 정의에 명백히 부합하지 않는다. 선거법 제179조 제1항은 정규투표용지에 어긋난 것은 "무효표"라고 규정되어 있다. 따라서 QR코드를 사용한 4.15 총선 사전투표는 무효이다. 이에 따라 4.15 총선도 무효임은 당연하다.

중앙선관위 관계자는 4.15 총선에서 QR코드를 사용한 것이 국회 탓이라는 취지의 해괴한 주장도 했다. 4.15 총선에서 QR코드를 사용할 수 있도록 입법제안을 했지만 국회가 이를 통과시켜주지 않았기 때문에 국회 잘못이라는 것이다. 어이가 없는 주장이다. 국회에서 통과되지 못했다면 사용하지 말아야 하는 것 아닌가? 입법되지 않았는데도 사용했다면 그게 바로 불법이다. 명백히 불법을 저지르고도 국회 탓을 하는 선관위의 행태가 가관이다.

선관위가 불법을 저지르면서까지 사전투표지에 QR코드를 사용한 이유는 무엇일까? 사전투표에서 디지털 선거조작을 하기 위한 것이라고 판단하는 게 합리적 의심이다. QR코드는 사전투표에만 사용했다. 당일투표(본투표)에선 사용하지 않았다. 선관위는 왜 사전투표에만 QR코드를 사용했을까?

선관위는 QR코드를 사용한 이유가 사용이 편리하고 많은 정보를 담을 수 있기 때문이라고 했다. 실제로 기존의 1차원 바코드는 20자 내외의 숫자 정보만 저장할 수 있다. 반면, QR코드는 숫자 최대 7,089자, 문자(ASCII) 최대 4,296자, 이진(8비트) 최대 2,953바이트, 한자 최대 1,817자를 저장할 수 있다. 또한 QR코드는 일반 바코드보다 인식속도와 인식률, 복원력이 뛰어나다고 한다.

선관위가 사전투표에 QR코드를 사용한 이유는 편리하다는 점 외에, 바코드보다 훨씬 많은 데이터를 담을 수 있어 의도한 대로 모종의 '작업'을 하기 위한 의도가 아니냐는 것이다. QR코드를 사용하면 해킹이 아주 쉽다고 한다. QR코드에 해킹코드를 심기만 하면 얼마든지 해킹이 가능하다는 것이다.

사전투표의 QR코드에 암호가 심어져 있어 이를 통해 '작업'이 가능하다는 언론보도도 나왔다. <오마이뉴스>는 2018년 11월 22일 인터넷 매체 <스카이데일리>를 인용해 "중앙선관위가 부여한 QR코드 각 자릿수의 아라비아 숫자 또는 알파벳에 부여된 숫자에서 5를 빼면 또 다른 형태의 숫자(암호)가 나타난다."고 보도했다.

사전투표용지 QR코드를 QR코드 리더기로 스캔하면 아라비아 숫자와 알파벳이 뒤섞인 여러 기호가 나온다. <오마이뉴스>에 따르면, 2017년 대선 때 사용한 사전투표용지의 QR코드는 총 34자리의 숫자와 알파벳이 들어있다고 한다. 여기서 1~13 자리는 선거명, 14~20 자리는 선거구명, 21~24 자리는 관할위원회명, 25~31자리는 투표용지 매수 확인을 위한 일련번호, 마지막 3자리는 투표용지 길이다. <스카이데일리>는 제보를 토대로 이중 "투표용지 매수 확인을 위한 일련번호 구간인 25~31자리에 특정인만 아는 치환 암호가 숨겨져 있다."고 주장했다.

이 매체는 2017년 대선 당시 사전투표지 암호 558658E, 5586ACC, 558BA76의 경우 자릿수에서 5를 빼고 알파벳 역시 16진수로 기존에 부여된 숫자(A=10, B=11, C=12, D=13, E=14, F=15)에서 각각 5를 뺀 결과인 0031039, 0031577, 0036521이 암호라고 제보자의 말을 인용해 보도했다. 그런데 일반 선거인은 QR코드 리더기로 투표지를 스캔하더라도 이 암호를 판독하기 힘들기에 이는 "특정인만 알 수 있는 암호"라는 것이다.

<사진 6.1.2> 재외투표 QR코드와 국내 사전투표 QR코드의 차이

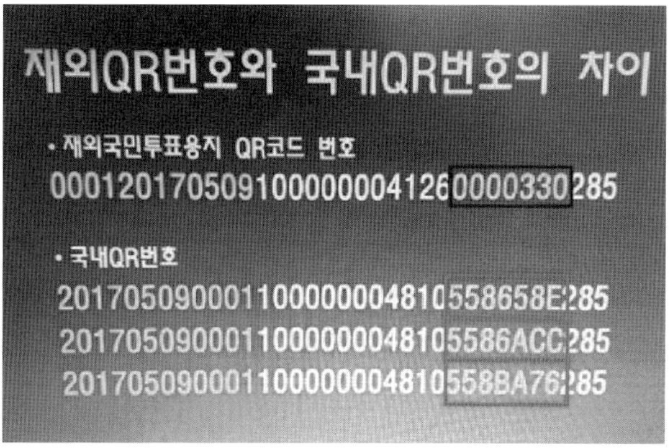

19대 대선 재외투표용지 QR코드와 국내 사전투표용지 QR코드를
QR코드 리더기로 스캔해 나타난 숫자(스카이데일리)./오마이뉴스

이럴 경우 전국의 각 개표장에서 개표 참관인이 한 투표구에서 교부한 투표용지보다 더 많은 투표용지가 들어와 이의 제기를 해도 개표 현장에서는 그것을 검증할 방법이 마땅치 않다. 정확한 교부 매수를 알려면 치환 암호를 풀어 일련번호를 확인할 필요가 있는데 각 지역 선관위에서는 그 암호를 판독할 사람이 없기 때문이다.

국회 안전행정위원회의 보고서[1]도 사전투표에 QR코드의 사용이 현행법에 부합하지 않다는 의견을 밝혔다. 보고서는 "현행 공직선거법 제151조는 사전투표지의 일련번호를 막대모양의 기호로 표시하도록 규정하고 있으나,

---

1) '2017 회계연도 행정안전위원회 소관 중앙선거관리위원회 결산 예비심사 보고서'(2018. 8).

선관위는 QR코드를 인쇄하여 표시하고 있는데 이는 현행법에 부합하지 않는 측면이 있다."고 지적했다.

또한 QR코드를 사용하면 이를 통해 개인정보를 확인할 수 있어 헌법에서 정한 비밀투표에 정면 위반된다는 주장도 강하다. 이미 선관위가 QR코드를 이용해 확인할 수 있는 개인정보가 500만명이 넘는다는 민경욱 전 국회의원의 의혹제기도 있다. 헌법 제41조 제1항은 비밀투표를 규정하고 있는데, QR코드를 이용한 개인정보 침해가 이루어지면 이는 헌법위반에 해당한다. 4.15 총선에 대한 또 다른 선거무효 사유이다.

그럼에도 불구하고 선관위는 과거 QR코드의 문제점을 지적하는 네티즌들을 고발하는 방식으로 과잉 대응했다. 2018년 6.13 지방선거 당시 한 네티즌이 사전투표지 QR코드 사용에 대한 의문점을 제기한 글을 게시하자 선관위는 그 글이 "선거자유방해죄에 해당한다."며 게시자를 고발하고 게시글을 삭제했다. 또 인천시 선관위는 그 해 6월 6일 "사전투표용지에 인쇄된 QR코드에 개인정보가 담겨있어 비밀투표가 아니다. 이번 지방선거에서 사전투표하지 말자."는 내용을 담은 웹툰을 그린 작가와 인터넷 밴드에 게시해 유포한 네티즌을 고발했다.

불법인 QR코드를 사용해 조작 의혹을 일으킨 주체는 다름아닌 선관위다. 범죄 혐의자가 의혹을 제기한 주권자 국민들에게 적반하장의 행태를 보이고 있는 것이다. QR코드의 사용으로 조작선거가 가능한지, 실제로 조작선거를 했는지 등을 알려면 중앙선관위의 컴퓨터 서버를 확인하면 된다고 한다. 그러나 선관위는 한사코 컴퓨터 서버 공개를 거부하며 의심을 키우고 있다.

QR코드를 사용한 사전투표 조작 의혹은 선관위가 불법 QR코드를 사용해 자초한 것이다. 조작이 아니라고 말로만 주장할 것이 아니라 중앙선관위 컴퓨터 서버를 공개해 공개 검증해야 한다. 그것이 주권자인 국민들의 'QR코드를 활용한 부정선거'에 대한 합리적 의심을 푸는 바른 해법이다.

6-2. 불법 삼립빵 박스에 보관된 사전투표용지

2020년 5월 6일 서울 도봉을 선거관리위원회에서 판사와 변호사 입회 하에 4.15총선 증거보전신청이 집행되었다. 그런데 이 선거구의 사전투표용지가 빵을 보관하는 삼립빵 박스에 부실하게 보관되어 있어 큰 충격을 주었다.

유튜버 가로세로연구소(가세연)의 생방송에 따르면, 도봉을 지역의 관내 사전투표함 중에서 쌍문4동 등의 투표지가 선관위의 공식 보관함이 아닌 시중에서 파는 제과회사 삼립빵 박스에 담겨있었다. 사전투표용지는 아무런 잠금 장치도 없이 삼립빵 박스에 일반 접착테이프로 부실하게 봉해져 보관돼 있었다. 이런 상황은 도봉갑 선거구에서도 똑같았다고 가세연은 전했다. 이렇게 보관된 투표용지는 한결같이 디지털조작 의혹을 받고 있는 사전투표지였다. 이에 비해 당일 투표용지는 모두 공식 투표함에 보관돼 있었다.

이에 대해 도봉을 선관위는 직원이 간식으로 빵을 먹었는데, 마침 박스가 모자라 이들 빵 박스에 투표지를 보관했다고 해명했다. 말인지 방구인지… '민주주의의 꽃'인 총선 민의를 담은 투표지가 저렇게 엉터리로 관리되고 보관된다는 게 있을 수 있는 일인가? 21세기 선진 대한민국에서 말이다. 이승만 때 자유당 시절보다도 못한 행태이다.

증거보전을 신청한 참관인들이 미심쩍어 주변 CCTV 녹화 내용을 요구했으나 도봉을 선관위는 "없다."고 했다. 그래서 한 참관인이 천장에 설치되어 있는 카메라를 가리키며 "저건 뭐냐?"고 묻자 선관위 직원은 "나도 모르겠다."라고 답했다고 한다.

이상한 점은 이것만이 아니다. 위 <사진 6.2.1>에서 보듯이, 이들 빵 박스에만 공식 선관위 봉인 테이프가 아닌 흰색의 밀봉 테이프가 지저분하게 두세 겹씩 둘러져 있었다. 원래는 공식 봉인 테이프만 두르고 그 위에 투표 참관인들이 서명을 한다.

<사진 6.2.1> 삼립빵 박스에 보관돼 있는 도봉을 지역구 사전투표용지

출처: 제21대 4.15총선 부정선거 백서

　사진의 박스 위를 보면, 매직으로 까맣게 지운 글씨가 보인다. '비례대표'라고 적혀 있다. 그런데 이를 매직으로 지우고 그 옆에 매직으로 '지역구'라고 적어 놓았다. 즉, 사전투표용지를 공식 사전투표 보관함이 아닌 빵 박스 혹은 비례대표투표 보관함에 '지역구'라고 수기로 적은 후 보관한 것이다.

　증거보전신청 참관인들의 확인 결과, 도봉갑과 도봉을 선거구에선 공식 사전투표함이 모두 폐기됐다. 도봉을 선관위 직원은 "중앙선관위에서 투표함을 폐기하고 투표용지만 보관하라고 지시했다."고 말했다고 가세연은 전했다. 참관 변호사가 "중앙선관위에서 투표함을 폐기하라고 지시한 서류를 보여 달라."고 하자 해당 선관위 직원은 "후에 법정에서 제출하겠다."고 응답했다고 한다.

　이에 앞서 인천 연수을에서 증거보전 집행 때 있던 일이다. 당시 사전투표함 뚜껑 중앙의 구멍에 붙여놓은 봉인지가 뜯겨 있었다. 투표함을 열 수 있게 핀도 뽑혀 있었다. 증거보전 집행 참관 변호사들은 왜 사전투표함의 봉인지가 뜯겨 있는지 문제를 제기했다. 그러자 선관위는 다음 증거보전 집행부터는 모든 투표함 봉인지를 다 뜯어놓았다고 한다.

서울 영등포을에서는 보존의무가 있는 사전투표 보관함을 모두 폐기한 것이 드러났다. 증거보전신청 집행일에 판사와 변호사 등이 입회한 상황에서 영등포 선관위의 백승훈 사무국장은 "선거법상 투표함은 보존의무가 없다."며 "모두 폐기했다."고 주장했다. 이에 대해 변호사 측에서 보존의무가 있다고 항의했으나 백 사무총장은 "보존의무가 없다."고 수차례 강조했다. 이에 따라 법원에서는 사전투표함을 제외한 투표용지만을 가져갔다. 그러나 이후 선거법을 찾아본 결과, 공직선거법 186조에 '투표함은 당선자의 임기 동안 보존해야 한다.'고 명백히 명시돼 있었다. 선거법을 아주 잘 알고 있을 백 사무총장이 의도적으로 거짓말을 한 것으로 보인다. 이후 서울 도봉을 증거보전 집행과정에서 중앙선관위가 투표함을 폐기하라고 지시했다는 증언이 나온 것이다.

이것이 사실이면 투표함을 보관해야 할 의무가 있는 중앙선관위는 그 자체로 중대한 부정행위를 저지른 것이다. 투표함을 폐기했다는 것은 그 투표함이 실제 투표함이 맞는지 조작투표함인지 확인할 수 없게 만드는 선거부정행위요, 중대한 범죄이다.

그래서 의혹이 생긴다. 증거보전신청이 들어간 곳들을 대상으로 선관위가 개표 일에 발표한 사전투표 결과에 맞게 득표숫자 맞추기에 들어간 것 아닌가 하는. 즉, 증거보전신청에 따라 법원이 투표함을 법원으로 가져가기 전에 미리 사전투표함을 뜯어 표의 개수를 맞춰놓았다는 의심이다.

사전투표함 박스를 열어 득표수를 맞추어 놓았지만, 투표지가 담겼던 본래 선관위 공식 투표함 박스는 봉인이 뜯겨 증거인멸 혐의를 받게 되기에 주변에 있는 삼립빵 박스에다 투표지를 대신 담은 것으로 추정된다. 그런데 당일투표함은 공식 선관위 투표함 박스에 그대로 담겨 있어 아무런 이상도 없었다. 오직 부정선거 의심을 받는 사전투표함만이 곳곳에서 비정상적 상태로 보관되고 있었다.

즉, 이는 사전투표 디지털 개표부정을 저지른 후 증거보전 집행과 재개표소송이 시작되자 실제 투표함 득표 숫자가 발표한 숫자와 다를 것이기에 사전투표함만을 열어 득표수를 조작해 맞추려는 시도였던 것으로 추정된다.

6-3. 봉인 찢기고 구멍 뚫리고… 조작 흔적의 투표함들

2020년 5월 15일 판사와 변호사 입회 하에 남양주 선거구 증거보전신청이 집행됐다. 이 때 사전투표함이 훼손되는 등 부정선거 의혹을 뒷받침하는 많은 증거들이 발견됐다. 이번에도 훼손 대상은 모두 디지털조작 의혹을 받고 있는 사전 투표함이었다.

<사진 6.3.1> 남양주 사전투표함의 봉인스티커가 칼로 절단되어 있는 모습

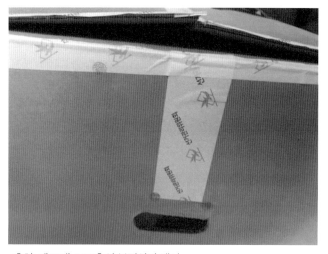

출처: 제21대 4.15총선 부정선거 백서

사전투표지를 보관하는 박스의 봉인지가 날카로운 칼로 잘라져 있거나, 열어본 흔적인 박스 종이가 찢겨 있는 모습, 아예 보관함 자체의 옆면에 구멍이 뚫려 있는 등 투표지의 보안이 전혀 되고 있지 않았다. 뚫린 구멍으로 얼마든지 투표지를 넣거나 꺼낼 수 있었다.

네티즌들은 "조작 투표지를 넣고 뺄 수 있도록 보관함에 큰 구멍이 뚫려 있는데 봉인 테이프를 붙이는 게 무슨 의미가 있느냐? 또한 봉인테이프를 붙인 후에 칼로 개봉을 한 흔적도 있는데, 이게 무슨 봉인함이냐? 정말 선거를 장난으로 치른 거냐?"고 선관위를 성토했다.

<사진 6.3.2> 남양주 사전투표함이 훼손된 흔적, 도장이 엉뚱하게 찍힌 모습

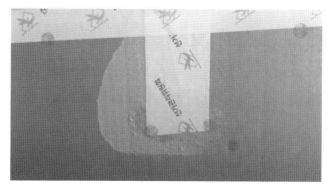

출처: 제21대 4.15총선 부정선거 백서

<사진 6.3.3> 옆면에 큰 구멍이 뚫려 있는 남양주 사전투표함

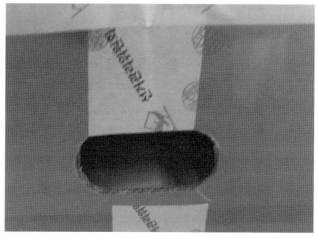

출처: 제21대 4.15총선 부정선거 백서

증거보전신청 집행이 진행된 부산 사하갑과 안산 단월을 지역구에서도 비

숫한 문제점들이 수두룩 목격됐다. 부산 사하을에서는 봉인되지 않은 번호
잠금 열쇠로 채워진 창고에 투표함을 보관했다. 또 사하을 각 선거구에 분리
보관해야 할 부산의 여러 지역구 투표함을 해운대 특정 지역으로 모아서 보
관하기도 했다. 봉인되지 않은 번호잠금자물쇠는 번호만 알면 누구나 열어
그 속의 투표용지를 바꿔치기 할 수 있다.

또 분리 보관해야 마땅한 부산 사하갑과 사하을 사전 투표용지를 함께 모
아서 보관했다. 이는 사하갑과 사하을 투표지를 한 데 모아서 모종의 '작업'
을 한 것이 아닌가 하는 의심을 자아냈다. 이 밖에도 부산 사하갑과 사하을
지역에서는 부정행위 의문점이 많았으나, 다른 지역에서는 일부 허용한 증거
사진촬영을 담당 판사가 일체 못하게 했다. 담당 판사의 공정하지 못한 이런
태도도 지탄받아 마땅하다.

<사진 6.3.4> 안산 단원구 사전투표 보관함에 서명 도장이 절반만 찍힌 모습

출처: 제21대 4.15총선 부정선거 백서

반면 안산 단원을에선 다양한 사전투표함 훼손 증거촬영이 허용됐다. 먼
저, 이곳 단원을 선거구에서도 도봉을과 마찬가지로 일부 사전투표용지를 삼
립빵 박스에 담아 보관했다. 공식 사전투표함을 뜯고 득표수를 맞춘 후, 훼손

된 공식 사전투표함을 소각하고, 대신 갖고 있던 삼립빵 박스에 담아놓은 것으로 추정된다. 이처럼 여러 선거구에서 사전투표지를 삼립빵 박스에 보관한 것이 알려지자 네티즌들은 선관위와 삼립빵 회사가 부정선거에 함께 연루된 것 아니냐는 의심을 하기도 했다.

다음 사진들은 사전 투표함이 훼손된 모습들이다. 먼저, 경기도 안산 단원구에서 발견된 서명 도장이 절반만 찍힌 사전투표함 박스(사진 6.3.4)이다. 원래 있던 봉인지를 뜯고 투표함을 개봉해 손을 댄 후 새 봉인지를 붙인 다음 도장을 다시 찍은 모습으로 추정된다.

<사진 6.3.5>는 도장을 두 번 찍은, 겹쳐 찍은 사전투표함 사진이다. 원래 사전투표함을 열어 손을 댄 후 새 봉인지를 붙이고 도장을 찍었는데, 절반 도장의 흔적을 가리기 위해 남은 절반 도장 자리 위에 새로 도장을 찍은 모습으로 보인다.

<사진 6.3.5> 도장을 겹쳐 찍은 모습. 원래 도장이 찍힌 자리에 다시 찍은 흔적

출처: 제21대 4.15총선 부정선거 백서

또한 봉인 도장을 같은 자리에 여러 차례 찍어 뜯긴 봉인지 모습을 감추려한 사례들도 다수 발견됐다. 반복되는 얘기지만, 이런 비정상적 투표함 훼손

행위는 당일투표가 아닌, 디지털조작이 의심되는 사전투표함에서만 발생했다.

봉인지 위에 찍힌 도장의 주인공은 경기도 안산시 선관위원장인 박범석 수원지법 안산지원장(부장판사)이다. 박범석 판사는 어떻게 해서 저런 일이 발생했는지 명백히 해명해야 할 것이다. 그렇지 않으면 부정선거의 주동자로 엄한 처벌을 받아야 한다. 물론 그 윗선과 이를 기획한자, 지시한자, 알면서 묵인한자 등도 엄중하게 처벌해야 할 것이다. 법조계에 따르면 투표함을 훼손하면 최하 1년 이상 최대 10년 이하의 실형에 처해진다.

대전 유성을에서도 봉인지가 모두 훼손된 사전투표함이 발견됐다. 이에 대해 유성 선관위 담당공무원은 "개표를 마친 이후에 접착제 제거가 힘들어 인부들을 동원해 봉인을 모두 제거했다."고 시인했다. 증거보전신청과 선거무효소송이 제기된 상황에서 증거보전 집행 전에 서둘러 봉인지를 모두 제거한 행위는 공직선거법(투표함 훼손행위)위반과 공용물 손상행위(형법 141조)에 해당한다. 봉인지 삭제와 함께 참관인들의 서명도 사라져 투표함을 바꿔치기했다는 의심이 강하게 든다.

대전 동구 선거구에서는 아예 잠금 장치가 없는 투표 봉인함이 담긴 영상이 공개되어 충격을 주었다. 봉인지가 완전히 훼손된 데다 잠금 장치도 없는 투표지 보관함이 한 여성 참관인에 의해 발각됐다. 누군가 손을 댄 것이 분명함에도 불구하고 선관위 직원들은 투표함을 쉽게 열수 없다고 강변하고, 이런 부실한 투표함 내 투표지를 정상적으로 개표하겠다고 우겼다.

그래서 참관인들이 투표함을 쉽게 열수 있는지 없는지 한번 열어보자고 강력히 주장하자 선관위가 투표함을 열어보았다. 그런데 너무 쉽게 열리는 투표함. 누군가 불법적으로 봉인지를 뜯고 잠금 장치도 떼어낸 후 투표함 안의 투표용지에 손을 댄 것이 명백해 보였다.

대전 선관위 측은 보관상의 실수라고 해명했다. 그러나 투표함은 봉인하도록 의무화되어 있다. 이를 어기면 선거법 위반이고, 해당 선거구의 선거는 무효이다. 그런데도 대전 동구 선관위 직원들은 봉인지가 훼손되고 잠금 장치도 없는 투표지 보관함을 정상적으로 개표해야 한다고 우겼다. 그리고 결국 개표됐다. 부정선거 증거들이 넘치고 넘치는데도 4.15총선에서 선거무효는 단 한 곳도 없었다.

<사진 6.3.6> 대전 동구 선거구의 잠금장치 없는 사전투표함

출처: 공병호TV 캡처

훼손된 봉인함에 담긴 투표지는 원천적으로 무효이다. 훼손된 봉인함이 발견된 선거구는 너무도 많다. 이 때문에 4.15총선 모든 선거구의 사전투표 봉인함을 전수조사 해야 한다는 주장이 나왔다. 그러나 전수조사는커녕 선관위는 드러난 증거들조차 깔아뭉갰다.

이처럼 부정선거를 의심하게 하는 강력한 증거들이 쏟아졌음에도 기존 언론들은 이런 증거들을 외면했다. 이에 관해 거의 보도하지 않거나, 보도하더라도 선관위의 편에서 오히려 부정선거 의혹 제기자들을 공격하며 선관위를 적극 옹호했다. 그런 면에선 과거 군사독재정권 시절의 언론과 별반 다를 게 없었다.

6-4. 민주당 표만 740여장이 연속해서 나오는 기적

부산 해운대갑구와 강원도 춘천에서 민주당 혹은 통합당 표만 연속으로 최대 700여 표가 나오는 충격적인 동영상(https://www.youtube.com/watch?v=pRAlwxAhkzg)이 발견됐다.

<사진 6.4.1> 해운대갑 선거구에서 민주당 후보 표만 연속 700여장이 나오는 장면

출처 : 김수정방송 캡처

투표소에서 개표소에 도착한 투표용지들은 투표함 박스를 열어 꺼낸 후 바로 투표지분류기(전자개표기)를 통과해 후보자별 득표수가 집계된다. 따라서 투표지분류기를 통과하기 이전 각 후보자들의 득표 용지는 마구 뒤섞여 있게 마련이다. 그러므로 투표지분류기에서 만약 특정 후보의 득표지만 연속해서 10장만 나와도 이는 매우 희귀한 경우이다.

그런데 부산해운대갑구 사전투표지 개표 때 민주당 유명민 후보의 득표지만 연속해서 740여장이 나오는 현상이 발생했다. 다음에는 통합당 하태경 후보의 표가 400여장 연속으로 나왔다. 이는 민주당 혹은 통합당 후보를 찍은 표를 부정하게 뭉텅이로 투표함에 넣어 놓지 않는 한 불가능한 일이다. 결코 정상적 투표에서는 있을 수 없는 일이다. 이 역시 디지털조작 의혹을 받고 있는 사전투표지 개표에서였다. 누군가 사전투표함을 바꿔치기했거나, 함에 들어 있던 일정한 수의 표를 꺼낸 후 그만큼의 조작 투표지를 넣어 놓았을 것이다.

이런 현상은 강원도 춘천에서도 발견됐다. 춘천지역 사전투표지 개표 때 민주당 허영 후보의 득표지만 연속적으로 나오는 장면이 포착된 것이다.

이들 영상은 참관인 일부가 그저 개표현장을 무심코 찍은 것 중에서 후에 이 영상들을 슬로우 비디오로 자세히 살펴서 찾아낸 것들이다. 춘천 동영상에서도 확인할 수 있지만, 참관인은 민주당 후보만 득표하는 영상을 찍다 이내 다른 곳으로 카메라 앵글을 돌린다. 이 개표 영상이 얼마나 중요한 증거인지 당시로선 몰랐기 때문이다. 만약 이것이 중요하다는 사실을 알았다면 계속 이 장면을 찍었을 것이다. 따라서 이런 일들이 사전투표지 개표 때 전국적으로 발생했을 개연성이 있다. 지난 총선은 특정세력이 의도적으로 기획한 원천적 부정선거일 가능성이 대단히 높다.

6-5. 2번표와 무효표를 1번(민주당)표로 합산

'더플랜(The Plan)'이란 다큐멘터리 영화가 있다. 2017년에 좌파 방송인 김어준 씨가 제작한 영화로, 18대 대선에서 개표조작이 자행되었다는 줄거리를 담고 있다. 아래 사례는 이 다큐멘터리 영화에 나오는 매우 중요한 장면이다.

박근혜 후보와 문재인 후보의 모의 개표가 시작됐다. 개표기는 중앙선거관리위원회가 사용한 것과 똑같은 투표지분류기(전자개표기)를 사용했다. 선관위는 시종일관 투표지분류기는 전자개표기가 아니라고 주장해왔다. 컴퓨터나 인터넷에도 연결이 불가능한, 은행의 현금계수기와 같이 숫자만 세는 단순한 기계장치라고 했다. 따라서 당연히 외부로부터 전혀 영향을 받을 수 없다는 것이다.

준비한 표는 총 1만장으로 박근혜 4,950표, 문재인 4,950표로 동일했다. 무효와 기타 표는 100표였다. 이 모의개표의 목적은, 과연 투표지분류기가 선관위 말대로 외부의 개입에 영향을 받지 않는지를 실험하는 것이다. 그래서 외부에서 해커가 동원됐다. 해커는 개표장이 아닌 외부에 자리 잡았다. 10명 가까운 개표 참관인이 신경을 곤두세우고 투표지분류기의 개표상황을 지켜보았다. 개표 결과는 어떻게 나왔을까?

<사진 6.5.1> 영화 더플랜에 나오는 개표소 장면

출처: 영화 더플랜

　선관위 말대로라면 박근혜 대 문재인의 득표율은 4,950표 대 4,950표로 동일하게 나와야 한다. 우리 모두도 그렇게 예상한다. 그러나 결과는 박근혜 5,167표, 문재인 4,738표가 나왔다. 아니, 어떻게 이런 결과가 나올 수 있을까? 참관했던 모든 사람들이 놀라워했다. 외부 해커의 조작으로 투표지분류기가 이런 결과를 도출한 것이다. 10명 가까운 참관인들이 눈을 부릅뜨고 지켜보았지만, 전혀 알아채지 못했다.

　이번에는 각 후보의 표를 달리했다. 박근혜 4,700표, 문재인 5,200표로 문재인 후보의 표가 500표 더 많았다. 어떤 결과가 나올까? 첫번째 실험에서 오류를 알아채지 못한 참관인들은 이번에는 더욱 바짝 긴장한 채 개표상황을 지켜보았다. 그런데 결과는 첫번째와 똑같이 박근혜가 이기는 것으로 나왔다. 박근혜 5,142표, 문재인 4,761표. 실제 표수는 박근혜 후보가 문재인 후보보다 500표나 적은데도 개표 결과는 오히려 429표가 더 많게 나왔다. 참관했던 사람들 모두가 경악했다.

선관위의 투표지분류기는 숫자만 세는 단순 기계장치가 아니다. 전자개표기이다. 전자개표기 사용은 불법이다. 그래서 선관위는 투표지분류기가 전자개표기가 아니라고 줄곧 우기는 것이다. 투표지분류기에는 노트북 컴퓨터가 내장돼 있고, 외부와도 긴밀하게 연결되어 있다. 투표지분류기는 내장된 프린터를 통해 개표상황표까지 출력하는 능력도 갖췄다. 선관위 주장대로 '단순히 숫자만 세는 기계'라고 할 수 없다. 이에 대해선 뒷장에서 보다 자세히 다룰 것이다.

디지털 개표조작은 이런 식으로 이루어진다. 외부의 해커에 의해서이거나, 중앙서버장치에 인위적으로 명령어를 심어 개표조작을 한다. 게다가 투표지분류기는 1초에 6~7장을 분류할 정도로 처리 속도가 매우 빠르다. 따라서 참관인이 현장에서 눈으로 오류나 부정을 확인하기는 거의 불가능하다고 한다. 앞 절에서 살펴본 부정선거의 증거들은 대개 영상으로 찍은 후 나중에 슬로비디오로 돌려보아 발견한 것들이다.

사람들은 이게 21세기 대한민국 현실에서 가능하냐고 의문을 제기한다. 대답은 "매우 가능하다."이다. 오늘날 대한민국의 정보기술(IT) 산업은 세계적으로 앞서 나가고 있다. 그렇기에 이런 디지털조작이 가능한 것이다. 실제 사례도 많다. 최근 터키, 이란, 이라크, 러시아, 케냐, 콩고, 볼리비아, 온두라스 등에서 전자개표기에 의한 부정선거가 발생했다. 이라크, 콩고 등에선 한국산 전자개표기가 사용되었다. 영화 '더플랜'에서 다루었듯이, 우리의 과거 선거에서도 디지털조작 의혹이 일었다. 그러나 지난 4.15 총선만큼 과감하고 노골적이고 대규모의 선거조작 의혹은 없었다. 이제는 부정선거 의혹을 명백히 밝혀 다시는 이런 불필요한 논란이 일어나지 않도록 해야 할 것이다.

아래는 디지털조작 의혹을 낳은 충남 부여시 개표 상황에 대한 <중앙일보>의 보도내용이다. 메이저 언론의 4.15총선 부정선거에 관한 극히 드문 기사 가운데 하나이다.

"투표지가 분류기를 통과하면서 이상한 장면을 여러 번 봤습니다. 1번 후보 표가 지나치게 많이 나와 재검표를 하면 역전되기도 했어요. 또 2번 후보 표는 유독 많이 재확인용(미분류표)으로 분류됐습니다. 주로 사전투표용지에서 그런 현상이 발생했습니다."

4.15총선 당일 충남 부여군 개표소에서 일했던 개표 참관인들이 <중앙일보>와 인터뷰에서 증언한 내용이다. (5월) 13일 충남 부여군 선거관리위원회와 개표 참관인들에 따르면 A씨는 지난 4월 15일 부여군 부여읍 유스호스텔에서 진행된 개표 작업에 미래통합당 정진석(기호 2번) 후보측 참관인으로 참여했다.

이곳에서는 부여군 16개 읍·면 지역 투표용지를 집계했다. 그는 개표소 제2개함부(전체 3곳)에 자리해 개표 상황을 살폈다. 개표는 오후 6시 이후 옥산면 관내 사전선거 투표지(415장)부터 시작됐다. 자동분류기를 이용한 개표는 3~4분 만에 끝났다.

A씨에 따르면 후보별 득표수는 제2개함부에 있던 개표사무원 (사회복무요원)의 노트북 컴퓨터 화면에 나타났다. 이를 본 A씨는 이상하다고 생각했다. 1번 후보가 2번 후보보다 지나치게 많은 표를 얻었기 때문이었다. 그는 "노트북 화면에 뜬 득표수는 더불어민주당 박수현 후보(1번)가 180여표 정도를 얻어 미래통합당 정진석 후보를 100표 가까이 앞섰던 것으로 기억한다."고 말했다.

이어 그는 "노트북 컴퓨터를 다루는 개표사무원을 포함한 선관위 측에 집계한 투표지를 보여 달라고 요구했다."고 했다. A씨는 "개표 용지를 보니 1번 투표용지 묶음에 2번 투표용지가 섞여 있는 것도 발견했다."고 말했다.

A씨는 "개표를 다시 해야 한다."고 했고, 부여군 선관위는 A씨의 주장을 수용했다고 한다. 결국 투표용지 415장을 다시 모아 분류기로 재검표했다. A씨는 "이 과정에서 개표사무원이 노트북 컴퓨터를 껐다가 켠(재부팅) 다음

분류기를 작동하는 것 같았다."고 했다.

2020년 4월 15일 충남 부여군 부여읍 유스호스텔에서
개표가 진행되는 동안 미래통합당의 참관인 A씨가 "개표가 이상하다"며
항의하자 개표사무원들이 몰려든 장면. /사진 독자제공/중앙일보

재검표 결과 더불어민주당 박수현 후보 159표, 미래통합당 정진석 후보
170표였다. 정 후보가 11표 차이로 앞서는 결과가 나온 것이다.

이에 대해 부여군 선관위 관계자는 "재검표를 한 것은 맞다."고 인정했다.
하지만 선관위는 "A씨의 주장처럼 1·2위 표차가 많이 나서 재검표를 한 게
아니고 다른 선거사무원이 재확인용 투표용지함(59표)과 바로 옆에 있던 무
소속 정연상 후보(3표 득표)의 투표지를 섞어 놓은 것을 발견하고 투표용지
전체를 모아 재검표한 것이다."라고 해명했다. 선관위는 또 "재검표를 하기
위해 노트북 컴퓨터에 있던 옥산면 개표 데이터만 지운 것일 뿐 컴퓨터를 재
부팅한 것은 아니다."라고 설명했다.

투표지 분류기와 노트북 컴퓨터를 담당했던 개표사무원은 "A씨가 화를
냈고, 재검표가 이루어진 것은 맞지만, A씨가 왜 화를 냈는지는 기억나지 않
는다."고 말했다.

반면 다른 개표사무원 C씨는 "기계(분류기) 가 이상해서 재검표 한 것으
로 알고 있다."고 했다.

이날 미래통합당측 또 다른 참관인 D씨도 A씨와 유사한 주장을 했다. 그는 "관내 사전선거와 관외 사전선거 투표지를 읍·면 단위로 개표했는데 1번 후보의 득표함에 2번 표가 쌓이는 장면을 여러 차례 목격했다."며 "게 다가 2번 후보는 유독 재확인용(미분류)으로 처리되는 경우가 많았다."고 증언했다.

D씨는 "그때마다 항의해서 분류기를 재가동해 2번 후보의 표를 읍·면 단 위별로 많게는 30~60장씩 되찾아 왔다."며 "이런 현상은 사전투표지를 개 표할 때 자주 발생했다."고 했다. 그는 "개표기가 워낙 빨리 작동해 유심히 관찰하지 않으면 개표가 어떻게 진행되는 지조차 알기 어렵다."라고도 했다.

이에 부여군 선관위는 "분류기를 다시 돌려 재검표하는 일은 전국적으로 많이 있다. 예를 들어 유권자에 교부된 용지와 실제 투표한 용지 숫자가 맞 지 않을 때나 재확인 투표지가 많이 쌓일 경우 분류기를 다시 돌리기도 한 다."라고 설명했다. 이 관계자는 "부여 읍·면 단위 선거구는 유권자 수가 많 지 않기 때문에 웬만하면 분류기를 재가동해 점검하는 게 빠르다."고 했다.

이어 선관위 관계자는 "투표지분류기를 작동했을 때 1번 후보 득표함에 2 번 후보 투표용지가 섞이는 일은 절대 일어날 수가 없으며, 기표가 불분명한 용지는 재확인용으로 분류된다."고 덧붙였다. 이어 선관위는 "분류기를 연 습 사용할 때는 투표용지가 깨끗하고 정확하게 기표가 돼 있기 때문에 재확 인용으로 분류되는 경우가 1%도 안 된다."며 "그런데 실제 투표용지는 기표 행태가 천차만별이어서 재확인용으로 분류될 확률이 20% 이상 높아지기도 하며 기계에는 이상이 없을 것."이라고도 했다.

위 기사에는 두 명의 참관인 증언이 나온다. 이들의 주장은 거의 동일하다. 첫째, 개표를 했는데 1번(민주당) 후보의 득표함에 2번(통합당) 후보의 표가 섞여 있고 둘째, 2번 후보의 표는 유독 재확인용(미분류표)으로 많이 분류됐으며 셋째, 사전투표용지에서 그런 현상이 발생했다는 것이다.

이것이 4.15총선 디지털 개표조작 의혹의 핵심이다. 첫째, 해커에 의해 혹은 선관위 중앙서버에 심은 명령어에 따라 투표지분류기가 2번 후보 표를 일정한 비율로 1번 후보 표에 가게 한다. 둘째, 2번 후보 표의 일부는 재확인용(미분류표)로 보내 나중에 친여당(1번 후보) 개표사무원들이 다수의 표를 1번으로 분류한다. 4.15총선에선 개표사무원으로 친여 성향의 조직과 중국계 인력을 써서 논란이 됐다. 셋째, 불법인 QR코드를 사용한 사전투표지에서만 주로 이런 일이 발생했다. 바코드에 비해 많은 정보를 담을 수 있는 QR코드와 투표지분류기가 상호 어떤 역할을 했다는 의혹이다.

위 부여군 개표 때 해당 투표지분류기는 오류 후 재부팅한 다음부터는 정상적으로 작동했다. 즉 이는 이 투표지분류기가 '부정 작동'과 '정상 작동' 두 가지로 세팅돼 있을 가능성을 시사한다. 일반적으로는 부정 작동케 해 개표를 조작하고, 혹시라도 참관인이 지적하는 등 잘못이 드러나면 재부팅해 정상 작동케 하는 식이다.[2]

앞서도 언급했지만, 투표지분류기는 1초에 6매 정도의 투표지를 분류한다. 따라서 참관인들이 육안으로 이를 파악한다는 것은 거의 불가능하다. 게

---

[2] 이와 관련, 통합당 소속 김소연 변호사는 충남 부여군 선거관리위원회 관계자 3명을 공용서류무효죄와 공직선거법위반(선거사무관련서류훼손) 등 혐의로 2020년 12월 24일 대전지검에 고발했다. 김 변호사는 "이 과정에서 참관인이 문제를 제기할 당시 이미 출력된 개표상황표가 존재했는데, 재분류하고 난 뒤 부여군 선관위측 직원이 성명불상자(선거사무원으로 추정)에게 손짓하며 해당 서류를 찢으라고 지시했다. 이에 선거사무원으로 보이는 사람은 그 자리에서 해당 서류를 찢었다."고 주장했다. 김 변호사는 "이런 고발 내용은 중앙일보 보도 이후 부여군 선관위측에 정보공개 청구를 해서 얻은 개표 상황 폐쇄회로TV(CCTV)에 나온다. 이 영상에는 투표지 분류기로 투표용지를 재분류하는 장면도 담겨있다."고 말했다.
공직선거법에 따르면 투표용지·투표지·투표보조용구·전산조직 등 선거관리 및 단속사무와 관련한 시설·설비·장비·서류를 손괴 또는 훼손한 자에게는 1년 이상 10년 이하의 징역 또는 500만원 이상 3000만원 이하의 벌금을 물릴 수 있다.

다가 일부 선관위에서는 법으로 규정돼 있다며 참관인들이 투표지분류기로부터 1m 이내로 접근하지 못하게 했다. 특히 투표지분류기에 대한 사진(혹은 동영상) 촬영을 못하게 하는 지침을 내리기도 했다. 모든 유권자가 당연히 알아야 할 투표지분류기를 사진도 못찍게 하는 이유가 무엇인가? 숨겨야 할 무언가 있지 않다면 선관위는 왜 그런 짓을 하는가?

위 부여시 개표소의 참관인들도 투표지분류기의 부정 작동을 직접 본 것이 아니다. 평소 이 지역의 투표성향을 잘 아는 참관인이 사전투표 개표가 그 투표성향과는 정반대의 결과가 나오는 것을 보고 이상하게 생각해 득표함을 유심히 관찰하다가 오류를 발견한 것이다. 따라서 전국적으로 대부분의 사전투표 개표에서는 당초 세팅해 놓은 대로 투표지분류기가 부정 작동했을 가능성이 상당히 높다. 다시 말해 국민들의 실제 투표결과와는 달리 1번(민주당) 후보에게 표를 몰아주었을 개연성이 높다는 말이다.

이것이 바로 다큐멘터리 영화 '더플랜'에 나오는 개표조작과 유사한 현상이다. 4.15총선의 디지털조작을 주장하는 사람들의 합리적 의혹이기도 하다. 위 부여시 사례에서 만약 개표 참관인의 이의 제기가 없었다면 통합당 정진석 의원은 패배했을 것이다. 참관인의 이의 제기로 투표지분류기를 재부팅해 정상 작동시켰기에 승리가 가능했다.

위 기사에서 선관위는 "투표지 분류기를 작동했을 때 1번 후보 득표함에 2번 후보 투표용지가 섞이는 일은 절대 일어날 수가 없다."며 투표지분류기의 오류 작동 가능성을 극구 부인한다. 당연하다. 이를 인정하면 개표조작을 인정하는 결과가 되기 때문이다.

그러나 법무법인 필로스가 발간한 <4.15부정선거백서>에 따르면, 위 부여의 사례 외에도 서울 종로, 성북, 양천, 종로, 인천 연수, 경기 고양 등을 비롯해 전국 다수의 사전투표 개표장에서 분류기가 2번 표를 1번으로 보내거나 기표하지 않은 무기표 용지를 1번으로 분류하는 동영상이 확인되었다. 하지만 불행하게도 전국 대부분의 경우는 참관인들이 개표 당시 이를 잡아내지 못했고, 결국 디지털조작이 그대로 방치된 선거였다고 합리적 의심을 할 수 있다.

위 <중앙일보> 기사를 본 네티즌들은 분노했다. 한 네티즌은 "참관인의 항의로 인해 재검표를 했던 부여 개표소를 제외한 나머지 지역에서는 애초의 조작 시나리오대로 민주당의 후보가 이겼다."면서 "전국적으로 같은 분류기를 썼으니 모든 개표소에서 조작이 조직적으로 이루어졌을 것"이라고 의심했다.

부정선거는 국민의 민심을 왜곡, 조작하여 민주주의를 파괴한다. 가짜 민의를 바탕으로 권력을 장악해 처벌받아야 할 권력자들이 멋대로, 잘못된 방향으로 나라를 끌고 가는 것이다. 부정선거 의혹을 철저히 규명해 관련자들을 법에 나온 최고형의 벌로 다스려야 할 것이다.

6-6. 유령이 투표하고 갔다!
총 인구수 보다 많은 투표수

4.15 총선 때 유령들이 출몰해 투표를 하고 간 지역이 다수 나타나 충격을 주고 있다. 경기도 파주시에 진동면이란 곳이 있다. 이 곳은 임진강을 건너 북한에 접경한 마을로 전통적으로 보수성향이 매우 강한 지역이다.

통계청 자료에 따르면 2020년 4월 기준 인구수는 158명, 5월 기준 인구수는 157명이다. 그런데 4.15 총선 때 집계된 선거인수는 201명이고, 실제 투표한 총 투표수는 181명이었다. (이 가운데 관내사전투표는 114표였다.) 총 인구수보다 투표한 사람들의 숫자가 무려 24명이 더 많았다. 최소 24마리의 유령이 출몰해 투표한 것이다. 유령이 아닌 사람이 사는 현실에서는 불가능한 일이다.

놀라운 일은 유령 출몰만이 아니다. 이 곳에서도 여지없이 민주당의 사전투표 기적이 일어났다. 당일투표에서는 통합당 후보가 43표, 민주당 후보가

21표를 얻었다. 보수성향의 텃밭답게 통합당이 민주당을 두 배 이상 압도적으로 이겼다. 그런데 사전투표에서는 민주당 후보가 72표, 미래통합당 후보가 40표로 민주당 후보가 압승했다. 보수의 텃밭에서 민주당이 통합당을 압승하는 기적이 이곳에서는 더욱 극적으로 발생한 것이다.

이에 대해 통합당의 박용호 후보는 "너무 황당한 상황이다. 진동면은 민간통제선(민통선) 위쪽 지역으로 임진강을 건너 북한에 가까운 마을이다. 이곳은 평소 북한방송도 들리고 삐라 등이 자주 발견되는 등 안보에 아주 민감하다. 전통적으로 보수적인 성향이 우세한 지역이다."라며 "당일투표와 사전투표 성향이 갑자기 바뀐 것, 총 투표수가 인구수보다 더 많이 나온 것은 이해할 수 없다."고 밝혔다. 그는 선거결과에 불복해 선거무효소송과 사전투표 증거보전신청을 했다.

<그림 6.6.1> 유령표가 출몰한 경기도 파주시 진동면

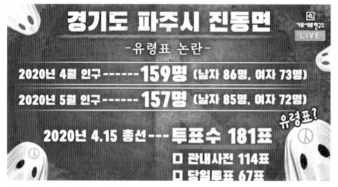

자료: 가로세로연구소 영상 캡처

이보다 더 심각한 지역이 있다. 강원도 철원군 근북면의 경우이다. 2020년 4월 기준 이 지역의 인구수는 112명이었다. 그런데 4.15 총선에서 투표를 한 사람은 209명이었다. 총 투표자수(209명)가 총 인구수(112명)보다 97명이나 많다. 유령이 97마리라는 뜻이다. 그런데 실제 투표자수는 총 인구수에서 미

성년자와 심신병약자 등 당일 투표를 하지 못한 사람을 빼야 한다. 그렇다면 실제 투표수는 총 인구수(112명) 보다 훨씬 적어진다. 따라서 실제 유령 숫자는 97마리보다 크게 늘어난다.

<표 6.6.1> 파주시 진동면 인구수

■ 2020년도 4월 통계 · 2020년도 4월

구분	합계(한국인+외국인) 인구			세대	한국인 인구			외국인 인구		
	계	남	여		계	남	여	계	남	여
총계	466,786	239,496	227,290	192,716	455,262	231,142	224,120	11,524	8,354	3,170
문산읍	49,354	25,213	24,141	21,163	48,510	24,723	23,787	844	490	354
조리읍	31,480	16,332	15,148	12,810	30,243	15,374	14,869	1,237	958	279
법원읍	11,699	6,388	5,311	5,592	10,999	5,839	5,160	700	549	151
파주읍	14,003	7,726	6,277	7,139	13,154	7,013	6,141	849	713	136
광탄면	13,415	7,833	5,582	5,959	11,569	6,275	5,294	1,846	1,558	288
탄현면	14,581	8,196	6,385	7,096	13,526	7,323	6,203	1,055	873	182
월롱면	10,091	6,613	3,478	6,828	9,311	5,917	3,394	780	696	84
적성면	7,864	4,284	3,580	3,651	7,579	4,061	3,518	285	223	62
파평면	4,152	2,241	1,911	2,048	3,927	2,046	1,881	225	195	30
군내면	579	297	282	221	578	297	281	1	0	1
진동면	159	86	73	74	159	86	73	0	0	0
교하동	42,063	21,646	20,417	15,826	41,057	20,877	20,180	1,006	769	237
운정1동	45,688	22,467	23,221	16,714	45,277	22,238	23,039	411	229	182

자료: 가로세로연구소 영상 캡처

특히 이 지역 관내사전투표자가 142명이었다. 관내사전투표 숫자가 이미 인구수(112명)보다 훨씬 많다. 조작이 아니라면 어떻게 이런 일이 벌어질 수 있을까? 그것도 모두 디지털조작 의혹이 강하게 일고 있는 사전투표에서 말이다.

이에 대해 선관위는 파주시 진동면(혹은 철원군 근북면) 밖 수십 명의 파주시을 지역구 사람들이 진동면에 가서 사전투표했기 때문에 진동면 투표자 숫자가 선거인수(혹은 총 인구수)보다 많은 게 전혀 이상하지 않다고 해명했다. 그러나 이는 완전히 사실을 왜곡, 호도하는 거짓 주장이다.

<그림 6.6.2> 유령표가 출몰한 강원도 철원군 근북면

출처: 가로세로연구소 영상 캡처

파주시 진동면이나 철원군 근북면은 민통선 북쪽의 마을이기 때문에 출입이 제한되어 있다. 이곳에 출입하려면 최소 3일 전에 주민번호와 주소, 연락처 등을 담당 군부대에 등록해야 한다. 그런 다음 방문 당일 민통선 출입통제 초소에서 엄격한 신분확인을 거쳐야 한다. 따라서 사전투표를 한다면 자기 집 주변에서 하지 굳이 일부러 절차가 복잡하고 출입이 어려운 민통선 북쪽으로 들어갈 이유가 없다.

위 두 민통선 북방 마을의 선거결과가 왜 조작인지 파주시 진동면의 20대 총선과 21대 총선을 비교해 살펴보자. 20대 총선에서 민주당은 새누리당에 사전선거(16표 : 39표)와 당일선거(28표 : 40표)에서 상대가 되지 않게 패배했다. 21대 총선 당일선거에선 그 격차가 더 벌어졌다. 민주당은 28표에서 21표로 많이 줄고, 통합당은 40표에서 43표로 더 늘어났다.

그런데 21대 총선 사전선거에서 해괴한 일이 발생했다. 통합당은 39표에서 40표로 20대 총선과 큰 변동이 없었는데, 민주당은 16표에서 72표로 대폭 증가했다. 자그마치 450%가 늘어났다. 이게 조작이 아니라면 현실적으로 가능한 일일까?

위에서 설명한 것처럼, 민통선 밖의 민주당만을 적극 지지하는 50~60명의 사람들이 민통선을 넘어 초소를 지나 일부러 그 외딴 곳까지 찾아가서 사전투표하지 않는 한 불가능한 것이다. 조작이 아니라면 유령이 투표한 게 맞다.

이외에도 전국적으로 많은 곳에서 선거가능 인구수 보다 선거인수가 더 많이 집계됐다. 충남 보령시 대천2동, 창원시 마산합포구 가포동, 대전 중앙동, 경기도 연천군 중면, 인천 옹진군 북도면 등을 포함한다. 전주시 완산구 선거구에서는 비례대표 관내사전투표 선거인수가 4,674명인데 실제 투표수는 4,684으로 10표가 더 많이 나와 문제가 됐다. 또한 전국적으로 선거인수 보다 실제 투표수가 1표씩 많이 나온 곳도 수두룩했다.

이에 대해 일각에서는 "1표 정도야 당선에 영향을 끼치지 않는 사소한 것이기에 문제가 없다."고 주장한다. 그러나 지금 부정선거 의혹을 제기하는 사람들은 특정인의 당선 여부를 따지는 게 주 목적이 아니다. 민주국가에서 국민들의 소중한 주권이 제대로 반영이 됐는지 근본적 질문을 하는 것이다.

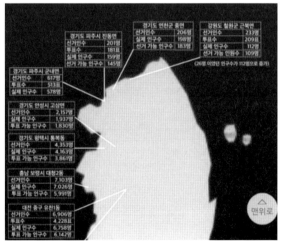

<그림 6.6.3> 유령표가 다수 출몰한 지역
(선거인수를 뛰어넘는 총투표수 나온 지역)

자료: 디시우한갤러리 캡처

게다가 다수의 지역에서 투표인 숫자가 선거인 숫자보다 1표가 많게 나온 것은 디지털 조작에 따른 결과라는 강한 의심을 받고 있다. 왜냐하면 디지털로 조작하다 보니 0.5를 넘는 숫자들이 나오고 컴퓨터는 이를 반올림해 1표로 계산해 투표자 숫자가 선거인 숫자보다 1명이 더 많게 나온 것이란 얘기다. 1명이니 별것 아닌 게 아니라 디지털 조작 가능성을 확인해주는 매우 의미 있는 숫자이다. '1표가 당선에 영향을 주지 못하니 별것 아니다'란 주장은 무식하고 한심하다.

선관위가 주장하는 것처럼, 설사 1표가 더 나온 게 "실무적 착오"라고 하더라도 선거인 숫자와 투표자 숫자가 같은 지역이 최소 수십 군데에 이르는데 이게 정상인가? 투표 대상자 100%가 투표하는 곳이 수십 군데나 되는 게 북한같은 독재국가 외에 민주사회에서 가능한 일인가?

6-7. 은밀한 곳에서 투표함 봉인지에 몰래 불법 서명

4.15총선이 끝나자마자 부정선거논란이 증폭되었다. 그러자 유튜버 '하면되겠지'는 총선 사흘 후인 4월 18일 경기도 남양주 등 세 곳 선관위에 설치된 CCTV에 대한 정보공개청구를 했다. 정보공개청구는 누구나 30만~50만원을 내면 할 수 있다고 한다. 유튜버 '하면되겠지'는 이 돈을 내고 남양주 선관위 CCTV 녹음파일을 받았다. 그런데 며칠 간의 CCTV 영상을 분석하던 그는 놀라운 광경을 목격했다. (관련 동영상 https://youtu.be/IVaA3auqaDA).

창고로 보이는 사전투표함 보관장소에서 선관위 직원들의 수상한 행동이 포착되었기 때문이다. 선관위 직원들이 봉인지를 뭉텅이로 들고 다니는가 하면, 한 여성이 들어와 사전투표함의 봉인지에 서명을 하기도 했다. 이는 명백한 불법이다. 4월 11~12일 투표가 끝난 사전투표함은 투표장소에서 밀봉되고 참관인들이 서명한 후 이동 및 보관되어야 한다.

만약 밀봉이 안되고 훼손되어 있거나 봉인지 위에 서명이 안되어 있다면

이 투표함은 적법한 투표함이 아니다. 무효 처리되어야 한다. 그런데도 선관위 직원들은 은밀한 장소에서 사전투표함에 봉인지를 붙이거나 봉인지에 서명을 했다. 아마도 사전투표함을 불법으로 뜯은 후 득표 숫자를 개표 때 발표한 대로 맞춰 놓은 다음 봉인지를 붙인 후 서명하는 장면이 아닌가 추정된다.

<사진 6.7.1> 사전투표함 봉인지에 몰래 서명(가운데 앉아있는 사람)하는 장면

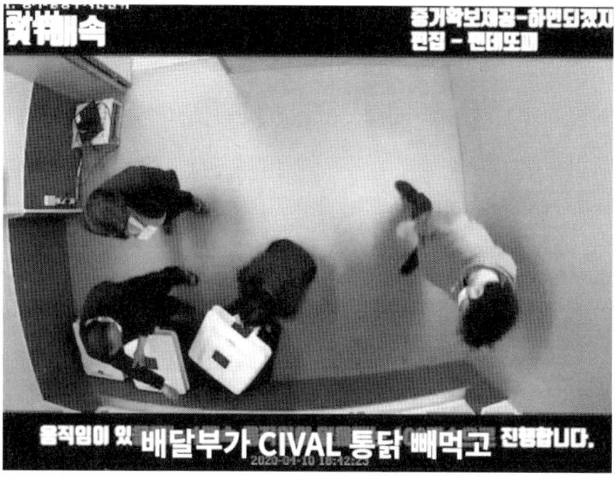

출처: 유튜버 '하면되겠지' 캡처

봉인지는 투표가 끝난 후 참관인들의 입회하에 봉인한 다음 참관인들이 서명해 함부로 뜯어보지 못하도록 하고 있다. 그런데도 남양주 선관위 직원들은 투표함 보관창고에서 봉인지를 갖고 다니며 참관인이 없는 상황에서 불법 서명을 한 것이다.

유튜버 '공병호TV'에 따르면, 논란이 되자 선관위는 서명한 사람이 정의당 참관인이라고 밝혔다. 당시 현장에는 4명이 있었는데, 다른 세 명은 선관위 계장, 미래통합당 추천위원, 아르바이트 학생 등이었다고 했다. 선관위는 사전투표함을 분류하는 과정에서 서명이 안된 투표함을 발견한 뒤 정의당 참관인 등을 불러 서명케 했다고 해명했다.

그러나 이 해명은 첫째, 거짓일 가능성이 높다. 선관위의 해명이 사실임을 증명하려면, 서명을 한 정의당 참관인은 물론 서명 현장에 참관했던 통합당 참관인 등을 공개해야 한다. 그리고 참관인을 부르려면 여당인 민주당을 비롯한 다른 참관인도 불러 참관하게 해야 한다. 그래야 최소한의 공정성을 갖출 수 있다. 선관위 해명에 따르면, 서명 현장에 민주당 참관인은 없었다.

둘째, 투표현장이 아닌 은밀한 곳에서 나중에 서명한 그 자체가 불법이다. 위에서 언급한 것처럼 봉인지에 서명이 안된 투표함은 불법이다. 이 안에 든 투표지는 당연히 무효표로 처리해야 한다. 그렇지 않고 선관위가 참관인들을 몰래 불러 서명케 했다는 사실은 더욱 심각한 범죄행위이다.

이런 행위가 불법임을 선관위가 모를 리 없다. 그럼에도 버젓이 불법을 저지른 것이다. 선관위는 거짓 해명 대신 불법행위 관련자들에게 상응하는 문책이나 처벌을 해야 마땅했다. 그럼에도 불구하고 선관위는 불법 행위자들에 대한 처벌은커녕 불법 서명한 투표함을 개봉해 개표했다. 선관위 자체가 불법행위를 방조하고 자행한 꼴이 됐다.

또한 앞 장에서 살펴보았듯이, 남양주 선관위에선 증거보전 집행 시 투표지 보관함이 재봉인되거나, 박스 상단이 열려 있는 사전투표함들이 발견되었다. 또 남양주 선거구의 투표지 보관함에는 지역선관위원장 직인이 찍혀야 할 봉인지에 지역 선관위 사무국장 직인도 찍혀 있었다. "법 위반이 아니냐?"고 따져 물으니 해당 선관위에서는 "(찍힌) 도장이 많으면 좋은 것"이라고 답했다고 한다. 찍어선 안되는 불법도장을 찍어놓고도 "도장이 많으면 좋은 것"이라니, 참으로 뻔뻔하고 어이없는 대답이다. 이런 증거들로 볼 때 적어도 해당 선거구인 남양주 선거구의 선거는 명백히 무효이다.

그런데 이후 5월 16일 남양주 지역의 한 물류창고에서 사전투표 후 참관인들이 서명한 봉인지가 대거 발견됐다 (영상: https://youtu.be/uxU3Kgvsv8Y). 봉인지 뿐만 아니라 사전투표함에 붙이는 명찰(예를 들어 '남양주 1투표소' 라고 적힌 투표함 이름표), 사전투표소 안내표지, 투표할 때 사용하는 기표 도장, 인주, 투표함 뚜껑 핀 등이 무더기로 쏟아져 나왔다. 그 옆에는 소각로가 있고, 소각로에는 불태운 재가 수북이 쌓여 있었다. 주위가 논밭이고 인적이 드물었는데 시민들이 근처 소각장에서 이런 물품들을 찾아낸 것이다. 사전투표 봉인지, 사전투표함 명찰, 사전투표 안내표지 등 모두 조작 의혹을 받고 있는 사전투표 관련 용품들이었다.

<사진 6.7.2> 남양주 물류창고 밖에서 발견된 기표도장, 인주 등 사전투표용품

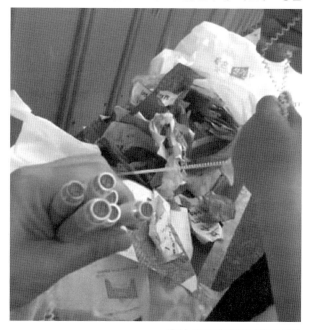

출처: 유튜버 '하면되겠지' 캡처

이들 물품은 다음과 같은 합리적 추정을 가능케 한다. 누군가 실제 사전투표함을 통째로 남들의 눈에 뜨지 않는 외진 곳에 갖고 와 봉인지를 뜯고, 그 투표함에 든 실제 투표지를 모두 꺼내 불태운 후, 개표 때 발표된 득표수에 맞춰 기표 도장을 찍은 조작 사전투표지를 투표함에 넣어 선관위에 되가져간 것이 아닌가 하는 의심이다. 이들 물품은 이를 확인해주는 유력한 증거들로 보인다.

이제야 선관위 직원들이 왜 사전투표함 봉인지에 몰래 서명했는지 전후 사정을 잘 이해할 것 같다. 선관위에서는 개표 때 발표한 득표 숫자와 똑같이 맞춰 놓아야 할 필요성이 있었다. 그래서 실제의 사전투표함을 열어 그 속에 든 실제 투표지들을 모두 소각하거나 쓰레기 처리했을 것이다. 이로 인해 사전투표함이 훼손된 것이다. 따라서 훼손된 투표함을 정상으로 만들기 위해선 새로 봉인지를 붙이고 서명을 해야 했다. 그래서 그것이 불법임을 잘 알고 있으면서도 선관위 직원들은 불법 서명을 할 수밖에 없었을 것이다.

　남양주 선관위은 이에 대해 다음과 같이 해명했다. "물품보관 창고에서 선거에 사용한 투표함을 정리하면서 투표함 투입구 등에 일부 남아 있던 특수 봉인지를 제거하였고, 제거된 특수 봉인지와 선거일 투표마감 후 투표관리관으로부터 인계받은 기표용구, 스탬프(인주), 안면 보호구, 방습제 등 1회용 물품을 종량제 봉투에 함께 담아 물류센터 내 폐기물 처리 장소에 내놓은 것이다."

　그러나 이런 해명은 거짓일 가능성이 매우 높다. 첫째, 개표 후 개표소 근처에서 소각처리해야 할 선거 관련 쓰레기를 왜 멀리 떨어진 물류창고까지 갖고 와 처리했는가? 남양주 사전 투표용품들은 선관위 사무실이 아닌 주위가 논밭이고 인적이 드문 물류창고 바깥에 허술한 보안상태로 버려져 있었다.

　둘째, 사전 투표일(4월10, 11일)에 발생하는 쓰레기인 사전투표소 안내표지들이 왜 개표일(4월15일)에 뜯는 사전투표 봉인지들과 함께 있는가? 두 용품들이 함께 보관되거나 버려질 가능성은 거의 없다.

　셋째, 개표 후 처리할 쓰레기라면 사전투표 용품과 당일투표 용품이 함께 뒤섞여 있어야 한다. 그런데 버려진 투표관련 용품들은 당일투표 용품은 없고 모두 사전투표 때 사용한 용품들이었다.

　넷째, 사전투표함에 붙이는 투표소 명찰들은 쓰레기로 처리하면 안된다. 이는 개표후에도 투표함에 그대로 붙어 있어 최소 1개월 이상 보관돼야 한다. 선관위법에 따르면, 투표함은 당선자의 임기(4년)동안 보관돼야 하지만, 특별한 사유가 있을 때에 한해 예외적으로 선거 후 최소 1개월 이상 보관해야 한다.

다섯째, 버려진 기표 도장 중엔 비닐 포장도 안 벗긴 새 기표 도장도 있었다. 쓰지도 않은 새 기표 도장들을 왜 버렸는가? 여섯째, 기표 도장엔 만년필처럼 잉크가 들어 있어 실제 투표장에서 인주(스탬프)는 필요 없다. 그런데도 인주가 나왔다. 이는 몰래 준비한 많은 투표용지에 개표 때 발표한 숫자에 맞추어 도장을 찍기 위해 기표 도장을 준비했고, 혹시 기표 도장의 잉크가 말라버릴 때를 대비해 인주를 준비한 것으로 보인다.

이상에서 볼 때 선관위의 해명은 납득이 안된다. 오히려 누군가 몰래 사전투표함을 조작하려 했다는 것으로 해석해야 앞뒤가 맞고 이해가 쉽다.

이처럼 4.15총선 개표조작 의혹이 확산되는 가운데, 한 개표사무원이 자연스럽게 불법행위를 저지르는 영상이 공개되어 충격을 주었다. 6월 23일 온라인 커뮤니티 디시인사이드에는 경기도 광주의 체육관 개표소 상황이 담긴 한 영상(https://www.youtube.com/watch?v=Qhs_2fXvBbM)이 올라왔다. 이 영상에서 개표사무원은 너무나 자연스럽게 기존의 투표함 봉인지를 새로운 봉인지로 바꿔 붙이면서, 주변 개표 참관인들에게 서명을 하라고 권유했다.

한 개표사무원이 기존 봉인지를 떼어내고 새로 봉인지를 붙이면서
주변 참관인에게 서명할 것을 주문하고 있다.
가슴에 '개표사무원'이라는 명찰을 달고 있다./파이낸스투데이 이들 참관인은 당초 투표함 봉인할 때 참관했던 참관인들이 아니었다. 이들 새 참관인들은 이 투표함이 정당한 것인지, 조작된 것인지에 대해 아무 것도 모르는 사람들이다. 그런데도 개표사무원은 봉인지가 떨어져 나간 기존 투표함에 새 봉인지를 붙이면서 새 참관인들에게 서명하라고 권유한 것이다.

이에 대해 한 참관인이 "기존의 봉인지를 함부로 바꾸면 안된다. 이러면 안되는데…"라며 항의했다. 그러자 개표사무원은 "새로운 참관인들도 모두 참관인들이기 때문에 어떤 참관인이 서명하든 아무 상관이 없다."고 매우 자연스럽게 말한다. 불법을 아주 태연하게 저지르는 모습에 어이가 없었다.

그럼에도 불구하고 당시 서명하는 참관인들은, 서명에 참여하지 않는 한 명의 참관인 외에는, 아무도 항의하지 않고 모두 기꺼이 새 봉인지에 서명했다. 원래 투표함의 봉인지는 한번 붙이면 개표 전까지는 투표함에서 뗄 수 없게 되어 있다. 봉인지가 훼손된 투표함에 들어있는 투표지는 원천적으로 무효이다. 그 투표함을 새로 바꿔치기 했는지, 투표함 속의 투표용지를 바꾸어 놓았는지 알 수 없기 때문이다. 게다가 이렇게 기존 봉인지가 아닌 새 봉인지에 서명한 것 같은 투표함이 영상에서 엄청 많이 눈에 띄었다.

이 영상을 본 누리꾼들은 기가 막혀 했다. "개표사무원이 너무 자연스럽게 행동해서 깜빡 속을 뻔했다.", "개표하기 전에 봉인지가 붙어 있는 것을 확인시켜야 하기 때문에 개표장 입구에서 봉인지를 다시 붙였을 것", "봉인지를 저렇게 떼고 새로 붙이는 상황은 도대체 어떤 상황이냐? 안에 있는 투표지를 바꿔치기 한 후 봉인지가 훼손되니까 새로 봉인지를 붙이는 장면임에 틀림없다.", "투표함 내부의 표를 바꿔치지 않고는 봉인지를 급하게 새 걸로 교체할 이유가 없다.", "한 참관인이 항의하는데도 불구하고, 기존의 봉인지를 떼고 새로운 봉인지를 다시 붙이고 게다가 근처 개표참관인 아무에게나 서명을 시키는 것으로 볼 때 부정행위가 틀림없다."라는 등의 부정선거 주장이 빗발쳤다.

이런 가운데, 그해 7월 초순 4·15 총선 당시 충남 공주-부여-청양 지역구의 사전투표용지 1장이 경기 시흥시의 한 폐지 야적장에서 발견됐다. 이 사전투표용지의 'QR코드'에는 투표지 일련번호가 담긴 것으로 확인됐다. 이를 발견한 시민들은 이 투표용지가 "중앙선관위에서 버린 것"이라고 주장했지만, 중앙선관위는 "투표용지를 제작한 적이 없다."고 반박해 투표용지 유출 경위를 놓고 논란이 일었다.

사전투표용지는 투표일에 해당 투표소에서 프린터로 출력된다. 따라서 중앙선관위에서 사전투표용지가 나올 이유가 없다. 시민들은 중앙선관위가 사전투표용지를 대규모로 만든(인쇄한) 것이고, 이를 조작에 사용한 후 남은 용지를 소각 등으로 처리했으나, 1장이 우연찮게 중앙선관위 폐기물에서 발견된 것으로 의심한다. 아래는 <중앙일보>의 관련 기사이다.

서울·경기 지역 주민 100여명으로 구성된 공명선거감시단(선거감시단)에서 활동 중인 A씨는 (7월) 20일 중앙일보와 인터뷰에서 "지난 7월 4일 오후 2시쯤 중앙선관위에서 빠져나온 5톤 트럭이 경기 시흥시에 있는 한 고물상으로 향했다."며 "이 트럭에서 내려놓은 폐지 등을 확인한 결과 다량의 파쇄된 투표용지와 중앙선거관리위원회에서 작성한 것으로 추정되는 각종 문서가 발견됐다."고 주장했다.

A씨는 "트럭에 있던 폐지는 선거감시단원들이 5만원에 사들여 확인했다."고 덧붙였다. 선거감시단은 지난 4월 말부터 지금까지 중앙선관위 정문 근처에 텐트를 치고 농성중이다.

이들이 발견한 투표용지에는 충남 공주-부여-청양 지역구의 사전투표용지 1장과 모형 투표용지 몇 장이 있었다. 공주-부여-청양 지역구 사전투표용지는 가운데 부분이 찢긴 상태였다. 이 투표용지에는 더불어민주당 박수현, 미래통합당 정진석, 민생당 전홍기, 국가혁명배당금당 이홍식, 무소속 김근태·정연상 등 후보 6명의 이름이 적혀 있다. 이들은 지난 4·15 총선에서 실제 입후보했다. 투표용지 후보자에 기표는 안된 상태다.

이 투표용지 하단 오른쪽에는 QR코드가 인쇄돼 있다. QR코드를 스캔한 결과 31개의 숫자(202004150002 02440202 4414 0005642)가 나타났다. 중앙선관위가 지난 5월 3일 배포한 보도자료에 따르면 이 숫자 가운데 앞의 12자리는 선거 명(국회의원 선거 등)이고 다음 8자리는 선거구명, 이어 주소지 관할 구·시·군선관위명(4자리), 마지막 7자리는 일련번호이다.

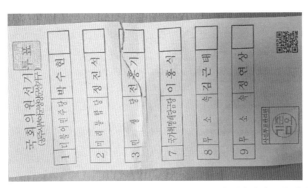

경기 시흥의 한 고물상에서 발견된 충남 공주·부여·청양지역구의 사전 투표용지. QR코드에는 일련번호(5642)가 등장한다. /공명선거감시단

하단 왼쪽에는 사전투표 관리관 도장이 찍혀 있다. 도장 속 인물은 '김준오'이며, 중앙선관위 직원으로 추정된다는 게 선거감시단의 주장이다. 나머지 모형 투표용지 2~3개는 QR코드 일련번호가 공통으로 '0000001'로 끝났다.

이와 함께 이들이 수거한 폐지에서는 '선거법 위반행위 조사결과 보고서'라는 제목의 문건도 나왔다. 5페이지에 달하는 이 문건의 수신인은 조사1과장, 발신인은 서울시 지도과장이다. 사건 개요와 확인 내용, 위법 여부 검토 등의 순으로 서류가 작성됐다. 서류작성일은 지난 5월 7일이다.

사전투표는 전국의 사전투표소를 통신망으로 연결해 선거인 명부를 하나로 통합 운영한다. 투표용지 발급기를 이용해 사전투표소가 설치된 곳 전국 어디에서나 선거인에게 해당 선거구의 투표용지를 현장에서 발급·교부한다. 투표가 끝나면 모든 투표지는 개표소로 보낸다. 공직선거법 186조에 따르면 개표가 끝난 투표용지는 해당 지역 선관위에서 보관한다. 이후 후보자 등이 이의를 제기하지 않으면 일정 기간이 지난 다음에는 폐기할 수 있다.

이 투표용지에 대해 A씨는 "충남 부여 지역구 사전선거 투표용지가 중앙 선관위가 버린 폐기물에서 나온 게 이해되지 않는다."며 "과거 선거와 달리 이번 총선의 개표 과정에 석연치 않은 장면이 너무 많다."고 주장했다. 4·15 부정선거 진상규명변호사연대 유승수 변호사는 "부여 지역구 사전투표용지 가 전혀 엉뚱한 곳에서 발견된 것을 볼 때 투표용지가 위조된 게 아닌가 하 는 의심이 든다."며 "만약 위조 투표지를 실제 투표에 사용했다면 범죄 행위 (투표증감죄)에 해당한다."고 말했다.

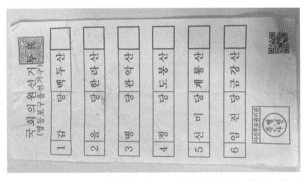

경기 시흥의 한 고물상에서 발견된 모형 투표용지.
모형 투표용지에는 '백두산'등 가명이 적혀있다. /공명선거감시단

이에 대해 중앙선관위 관계자는 "중앙선관위에서는 실제 사용하는 투표 용지를 만들지 않기 때문에 투표용지가 외부로 유출될 가능성은 없다."며 "투표 전에 투표지분류기 시연 등을 위해 모의 투표용지는 만든다."고 했다.

이 관계자는 "모의투표용지에는 입후보자 이름을 '백두산' '홍길동'처럼

가명을 적거나 투표용지에 '모형' '시험운영' 등의 문구를 적어 놓는다."며 "투표용지 도장 속에 등장하는 '김준오'씨가 중앙선관위에 근무하는지는 확인해봐야 한다."고 설명했다.

이 관계자는 "투표소에서 투표용지를 투표함에 넣지 않고 들고 가서 페이스북 등에 올렸다가 처벌받거나 지역구 투표지를 비례대표 투표함에 넣는 등 엉뚱한 투표함에 넣는 사람도 있다."고 덧붙였다. 부여군 선관위 관계자는 "그런 건 전혀 알지 못하며 노 코멘트"라며 "중앙선관위에 문의해 보라."고 했다.

이에 대해 제21대 총선에서 인천 연수을에 통합당 후보로 출마해 낙선한 뒤 선거 부정의혹에 대한 진상규명을 촉구하고 있는 민경욱 전 의원은 "정진석(통합당 후보) 투표지가 왜 고물상에서 나오나? 거기서 나온 쓰레기차 쫓아가 발견한 건데 선관위는 뭘 모르나?"고 지적했다. 민 전 의원은 또 "(선관위가) 선관위 상임위원 김준오를 왜 모르나?"라고 의문을 표했다. 그는 "내가 누군지 가르쳐주겠다."며 김준오 중앙선관위 사무관이 한 방송과 인터뷰 한 영상의 캡처본을 함께 올리기도 했다.

이 지역에서 사전투표의 재개표로 우여곡절 끝에 당선된 정진석 통합당 의원은 "충격적"이라며 "중앙선관위는 언론 보도가 있기 전까지 유출 사실조차 제대로 파악하지 못하고 있었다. 관외 사전투표소에서 투표용지를 투표함에 넣지 않고 들고 가는 사례가 종종 있다는 식으로 넘어갈 문제가 아니다. 궁색한 변명에 불과하다."고 선관위를 비판했다. 그는 "충남 공주·부여·청양 지역구의 투표용지가 왜 경기도 시흥에서 나왔는지, 투표용지 입수 경위와 발견된 투표용지 내 관리자로 기재된 사람이 중앙선관위 투표관리관이 맞는지 등을 명명백백하게 가려달라."고 요구했다.

2020년 4.15총선은 조작이 아니면 설명이 불가능하다.

6-8. 1번 찍힌 빳빳한 불법 사전투표지 대량 발견

이번에는 신권 지폐같은 빳빳한 투표지가 대량으로 발견돼 논란이 됐다. 4.15부정선거진상규명변호사연대의 박주현 변호사는 2020년 5월 22일 구리시 선관위에 대한 증거보전신청 집행 과정에서 접지 않은 빳빳한 관외사전투표지 묶음을 대량으로 발견했다고 자신의 페이스북에 적었다. 청와대 특별감찰관을 지낸 박 변호사는 "관외사전투표 봉투에 들어있던 사전투표용지가 어떻게 이렇게 신권지폐처럼 빳빳할 수 있을까요?"라면서 "이런 빳빳한 용지들은 모두 하나같이 1번에 기표가 되어 있다."고 말했다.

<사진 6.8.1> 구리시에서 발견된 신권 지폐같은 빳빳한 사전투표지

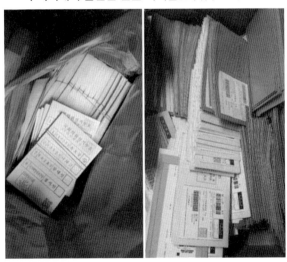

출처: 제21대 4.15총선 부정선거 백서

선관위는 투표한 후 투표용지를 접어서 투표함에 넣도록 권고하고 있다. 비밀투표의 특성 상 남이 볼 수 없도록 하기 위해서이다. 이것은 상식이다. 투표소의 투표참관인들도 투표자들에게 꼭 투표지를 접은 다음 투표함에 넣도록 안내한다. 설사 간혹 접지 않고 넣는 투표지가 있더라도 대부분의 투표지는 접어서 넣기에 투표지 다발 뭉치가 신권처럼 빳빳할 수가 없다.

<사진 6.8.2> 빳빳한 비례대표 관외 사전투표지

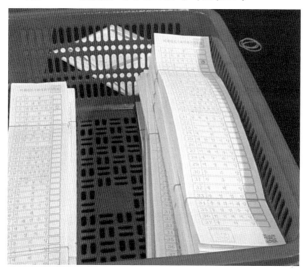

출처: 제21대 4.15총선 부정선거 백서

신권같은 빳빳한 투표지가 발견되자 일부에선 "투표용지를 접지 않고 투표함에 넣은 사람도 많다."는 취지의 반박 글이 나왔다. 그러나 이는 불가능하다. 왜냐하면 이는 관외 사전투표지이기 때문이다. 관외 사전투표지는 자신이 접지 않았다고 하더라도 해당 지역 개표소로 우편 발송하기 위해 반드시 접어 봉투에 넣어 보내야 한다. 봉투가 투표용지보다 작아서 접을 수밖에 없다.

그리고 공직선거법에는 투표지를 "접어" 투표함에 넣도록 규정하고 있다.

공직선거법 제157조(투표용지수령 및 기표절차) ④선거인은 투표용지를 받은 후 기표소에 들어가 투표용지에 1인의 후보자(비례대표국회의원선거와 비례대표지방의회의원선거에 있어서는 하나의 政黨을 말한다)를 선택하여 투표용지의 해당 란에 기표한 후 그 자리에서 기표내용이 다른 사람에게 보이지 아니하게 접어 투표참관인의 앞에서 투표함에 넣어야 한다.

제158조(사전투표) ④ 투표용지와 회송용 봉투를 받은 선거인은 기표소에 들어가 투표용지에 1명의 후보자(비례대표국회의원선거 및 비례대표지방의

회의원선거에서는 하나의 정당을 말한다)를 선택하여 투표용지의 해당 칸에 기표한 다음 그 자리에서 기표내용이 다른 사람에게 보이지 아니하게 접어 이를 회송용 봉투에 넣어 봉함한 후 사전투표함에 넣어야 한다.

이처럼 현실에서는 있을 수 없는, 접히지 않은 관외 사전투표용지가 증거 보전집행 현장에서 무더기로 나온 것이다. 더 의심스러운 점은 이같이 접힌 흔적이 없는 빳빳한 투표용지는 모두가 1번(민주당)이 찍혀 있었다.

<사진 6.8.3> 청주시 상당구에서 발견된 빳빳한 사전투표지

출처: 제21대 4.15총선 부정선거 백서

<사진 6.8.2>는 비례대표 관외 사전투표지이다. 봉투에 넣어져 우편 배달된 매우 긴 비례대표 관외 사전투표지가 사진처럼 접지 않고 빳빳하게 존재할 수는 없다. 누군가 이들 사전투표용지를 만들어 박스에 넣어 무더기로 개표소에 갖다 놓지 않고는 불가능한 모습이다. 봉투에 넣어져 우편으로 받은 개별 투표용지의 모습은 절대 아니다.

구리시뿐만 아니라 청주시 상당구 선거구에서도 똑 같은 모습의 투표지들이 대거 발견됐다. 역시 판사와 변호사들이 입회한 증거보전신청 집행 때였다. 이처럼 빳빳한 사전투표지에는 모두 1번(구리시 윤호중 민주당 후보, 청주시 정정순 민주당 후보)에 기표돼 있었다.

이에 대해 선관위는 투표용지의 재질이 '형상기억 종이'라서 이런 현상이 발생했다고 해명했다. 투표자가 투표용지를 접어 넣는다고 해도 시간이 지나면 펴지는 특수 종이이기 때문에 빳빳해졌다는 설명이다. 황당한 해명이다.

선관위 말대로라면 빳빳하지 않은 다수의 투표용지에 대한 설명이 안된다. 사전투표지는 잘 펴지고, 당일투표지는 펴지지 않는 선택형 형상기억 종이라는 얘기인지, 이해가 불가하다. 어쩌면 해명을 해도 이처럼 무식하게 하는지, 대한민국의 민의를 책임지는 기관이 맞는지 한심하기 짝이 없다.

<사진 6.8.4> 옆면이 인쇄 칼로 자른 듯한 사전투표지

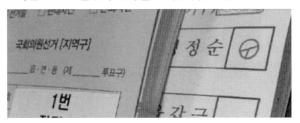

출처: 제21대 4.15총선 부정선거 백서

여기서 특히 눈 여겨 볼 것은 빳빳한 투표지들의 옆면이다. <사진 6.8.4>에서 보듯 투표지 옆면이 인쇄 칼로 자른 듯한 흔적을 분명하게 확인할 수 있다. 사전투표용지는 사전투표 당일 투표현장에서 신분 확인 후 개별로 출력된다. 따라서 이처럼 잘린 흔적이 나올 수 없다. 누군가 사전투표용지를 대규모로 인쇄한 후 이를 절단기로 자른 것 같은 모습이다. 불법으로 사전투표용지를 인쇄한 후 절단기로 자른 사전투표용지에 모두 1번으로 기표한 다음 뭉텅이로 박스에 넣어 개표소로 가져온 것이란 추정을 하게 한다. 그렇지 않고서야 사전투표용지가 신권처럼 빳빳하고 옆면에 잘린 흔적이 남을 수 없다.

6-9 좌우여백(혹은 상하여백) 다른
투표용지 대량 발견

4.15 총선 사전투표에 쓰인 투표용지 중에서 좌우 여백이 다르거나 투표지가 앞뒤로 붙어 있는 등 규격에 맞지 않은 투표용지가 대량으로 발견되었다. 선거법에는 투표용지의 규격이 정확히 규정되어 있다(그림 6.9.1). 규격 용지

를 쓰지 않는 것은 원천적으로 무효이다.

먼저 좌우 여백 혹은 상하 여백이 다른 투표지들을 보자. <사진 6.9.1>은 대구 중·남구 선거구에서 발견된 좌우 여백이 명백히 다른 투표용지이다. 왼쪽은 여백이 넓은 데 비해 오른쪽은 여백이 거의 없다. 투표지 하단 우측에 QR코드가 찍혀 있는 걸로 봐서 조작의혹을 받는 사전투용지이다.

<사진 6.9.1> 대구 중·남구 선거구에서 발견된 우측 여백이 잘린 투표지.

출처: 제21대 4.15총선 부정선거 백서

<사진 6.9.2> 춘천시·철원군·화천군 갑 선거구에서 발견된 하단 여백이 긴 투표지

출처: 제21대 4.15총선 부정선거 백서

<사진 6.9.2>는 좌우가 아닌 상하 여백이 다른 투표용지이다. 춘천시·철원군·화천군·양구군 갑 선거구에서 발견된 투표용지이다. 이 역시 투표지 하단 우측에 QR코드가 찍혀 있어 조작의혹을 받는 사전투용지이다.

<그림 6.9.1> 투표용지 공식 규격

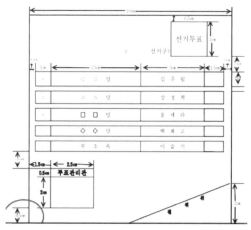

투표용지는 원래 표를 중심으로 상하좌우 여백의 규격이 정해져 있다.
/중앙선거관리위원회

<사진 6.9.3> 좌우 여백이 다른 사전투표지

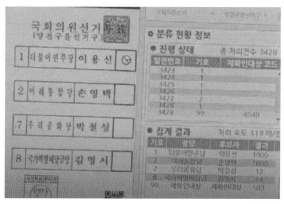

서울 양천구을 선거구의 개표소 투표지분류기에 연결된 컴퓨터화면에서
좌우 여백이 다른 다량의 투표지가 확인됐다.
출처: 제21대 4.15총선 부정선거 백서

앞서도 언급했지만, 사전투표용지는 투표장에서 일일이 신분 확인 후 프린터에서 개인별로 투표지를 뽑아주기 때문에 위 비정상적 사진들과 같은 투표용지는 결코 존재할 수 없다. 누군가 인쇄소에서 사전투표용지를 대량으로 인쇄한 후 투표용지를 절단기로 자르는 과정에서 좌우 여백, 혹은 상하 여백이 상이한 투표용지가 만들어졌고, 이들 위조 투표용지들이 유입된 것으로 추정할 수 있다. 당연히 불법이고 이들 투표지는 무효이다. 그러나 지난 4.15 총선에서 규격 투표지를 사용하지 않아 무효가 된 곳은 단 한 곳도 없었다.

6-10. 투표지분류기는 전자개표기… 즉, 총선무효다

4.15 총선이 끝난 지 한달 후인 5월에 부정선거의 결정적 증거 중의 하나가 드러났다. 4.15 총선 부정선거의 요체는 컴퓨터를 이용한 사전투표의 디지털 조작 의혹이다. 이후에는 일부 낙선자들이 법원에 증거보전신청을 하자 디지털조작을 정당화하기 위해 오프라인 조작에 나섰다는 것이 유력한 추정이다.

앞서 보았듯이, 오프라인 증거들, 즉 사전투표함 폐기, 삼립빵 박스에 투표지 보관, 투표함 봉인지 훼손, 막무가내로 찍힌 봉인도장 직인들, 투표함보관소에 CCTV 미설치, 꼭지가 서로 붙어있는 이상한 투표용지, 좌우 여백이 없는 조작흔적의 투표지, 함부로 보관해 유출된 투표용지, 보관의무가 있는 투표된 투표용지들의 파쇄, 선관위 직원들의 몰래 봉인지 서명 장면 등 무수한 부정선거 증거들이 드러났다.

디지털 선거부정 의혹을 부인하기 위해 중앙선관위가 지속적으로 일관되게 주장하는 바가 있다. 그것은 전자개표기, 즉 투표지분류기는 전자장치가 아닌 숫자만을 세는 단순한 기계장치일 뿐이란 주장이다. 이 투표지분류기는 결코 컴퓨터가 아닐뿐더러 네트워크로 외부와도 전혀 연결될 수 없다고 주장한다.

선관위가 투표지분류기를 일관되게 전자개표기가 아니라고 주장하는 이유가 있다. 헌법과 공직선거법에서 이를 금하고 있기 때문이다. 선거법 제278조(전산조직에 의한 투표, 개표)는 '투표의 비밀이 보장되지 않는 전산조직(컴퓨터)의 사용은 금지되고, 이를 사용할 경우 원천 무효가 된다'고 규정돼 있다. 특히 선거법 부칙 5조는 전국 규모의 선거에서 전자개표기를 사용할 수 없다고 분명히 못박고 있다. 왜냐하면 컴퓨터를 활용한 디지털 조작이나 외부 해커에 의한 선거조작을 막고 비밀선거를 보장하기 위해서이다.

따라서 만약 선관위가 사용한 투표지분류기에 컴퓨터가 내장돼 있거나 이 분류기가 외부와 연결되어 있다면, 그 자체만으로도 불법선거이며 선거무효임이 명백하다. 이미 선관위는 사전투표 용지에 바코드 대신 디지털 조작 우려가 있는 QR코드를 사용해 선거법을 위반했다는 비판을 받고 있다.

벤자민 윌커슨(Benjamin Wilkerson)이라는 한국계 미국인 컴퓨터 박사가 있다. 그는 초창기 IBM의 컴퓨터 회로를 설계했을 정도로 이 분야 최고의 전문가이며, 현재도 PW Semiconductor Labs.의 최고경영자(CEO), 최고기술경영자(CTO)로 활약하는 톱 랭크의 컴퓨터 전문가로 알려진 인물이다.

<사진 6.10.1> 윌커슨 박사가 구리시 선관위에서 찍은 투표지 분류기 내부

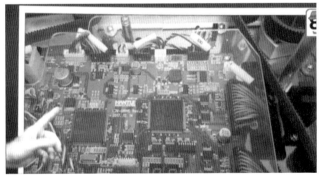

출처: 이봉규TV 캡처

그는 민경욱 당시 통합당 의원이 부정선거의 증거라며 흔들던 투표용지의 소재지인 경기도 구리시에 가서 구리시에서 사용한 투표지분류기 사진을 직접 찍어 와 분석했다. 그는 민경욱 의원의 요청으로 함께 구리시 선관위에 갔다. 구리시 선관위는 부정선거감시단의 항의농성과 민경욱 당시 국회의원의 강력한 요청에 마지못해 분류기를 몇 십 초 정도 짧게 제한된 참석자들에게만 보여주었다. 이때 그는 사진을 찍었다고 했다. 구리시 선관위에선 참석자 중에 그렇게 뛰어난 컴퓨터 전문가가 있으리라곤 생각을 못했을 것이다.

그의 분석에 따르면 이 컴퓨터분류기에는 완벽한 컴퓨터가 내장돼 있고, 외부와의 연결도 언제든 가능하도록 돼있다. 한마디로 단순한 기계장치가 아닌 전자개표기라는 것이다. 뿐만아니라 내장 컴퓨터를 의도적으로 외부 해커가 쉽게 전자개표기에 접근할 수 있도록 설계해 놓았다고 그는 폭로했다. 이 사실은 아래 첨부한 동영상에서 자세히 확인할 수 있다. 이는 빼도 박도 못하는 부정선거의 명백한 결정적 증거이다. 만약 이 주장이 거짓이라면 선관위는 당장 윌커슨 박사를 허위사실 유포로 고발했을 것이다. 그러나 선관위는 1년이 지나도록 그를 고발하지 않았다. 왜냐하면 부정선거를 저질렀다는 진실은 분명하고, 고발할 경우 법정에서 진실 확인을 더 앞당기는 우를 범할 것이기 때문이다.

대신 중앙선관위는 5월 28일 투·개표 공개시연회를 열고 민경욱 의원 등이 제기한 4·15총선 부정선거 의혹에 대해 반박했다. 선관위는 현장에서 직접 투표지분류기와 심사계수기, 노트북 등 개표 장비를 분해해 내부를 공개하기도 했다. 선관위는 "투표지분류기 노트북은 무선 랜 카드가 제거돼 있다."며 외부 통신을 통한 해킹이나 전산조작 등은 이뤄질 수 없다."고 거듭 밝혔다.

이에 대해 민경욱 의원은 이날 기자회견을 열고 "선관위가 '셀프 검증'한다는 것은 말이 안 된다."면서 "선관위는 우리 고발로 인한 피고발인이기도 한데, 그런 상황에서 어떻게 조작됐을지 모르는 기계로 시연을 해서 여론 조작을 시도하려 한다."고 비판했다. 그는 "(선관위 시연회는) 음주운전 사고를 내고 1주일 후 술이 깬 뒤에 운전해 보겠다고 하는 것", "음주운전 피의자가 셀프 음주측정을 하겠다는 것과 같다."며 선관위의 시연회를 공격했다.

민 의원이 선관위 시연회를 "음주운전 사고를 내고 1주일 뒤에 운전해 보겠다고 하는 것"이라고 말한 것은 타당한 비유이다. 왜냐하면 선거 때 사용한 투표지분류기와 시연회 때 보여준 분류기가 다르기 때문이다. 선거 때 사용한 투표지분류기에는 무선 랜 카드 등이 부착된 완벽한 노트북이 내장돼 있었으나 시연회 땐 이를 제거한 후 보여주었다는 의혹이 크다.

투표지분류기에 내장된 LG그램 노트북은 애초에 랜카드가 전원공급기(Power Supply)와 일체형으로 제작되어 공급된다고 한다. 민경욱 의원과 통화한 LG전자 직원도 "LG그램 노트북은 일체형으로 분리할 수 없다."고 증언했다. 따라서 선관위가 "투표지분류기 노트북은 무선 랜 카드가 제거돼 있다."며 외부 통신을 통한 해킹이나 전산조작 등은 이뤄질 수 없다."고 한 주장은 거짓일 가능성이 높다.

<사진6.10.2> 분류기 내 랜카드를 자신이 탈거했다고 시인하는 선관위 여직원

출처: 유튜버 '신의한수' 캡처

선관위의 공개시연회에서 선관위 여직원도 "(랜카드가) 여기 있었던 건데요. 제가 탈거한 거죠."라며 자신이 직접 랜 카드를 제거했음을 시인했다. 즉, 4.15 총선 때는 투표지분류기 내에 랜 카드가 부착된 노트북 컴퓨터가 내장돼 있었던 것으로 짐작할 수 있다. 한마디로 외부 통신을 통한 해킹이나 전산

조작이 가능한 전자개표기를 사용했다는 강한 확신이 든다.

투표지분류기(전자개표기)의 외부 통신 기능이 가능하다는 사실은 2020년 4월 15일 서울 성북구 개표소에서 전자개표기 2801호가 고장이 나서 교체작업을 할 때 드러났다. 컴퓨터 기사들이 새로 가져온 2905호 전자개표기를 작동시킨 후 선거구별 분류 프로그램을 눌러 위원회 코드 '가져오기'란 창을 띄웠다.

여기서 시도, 구시군, 위원회명이 모두 빈칸이었다. 만약 기기에 통신기능이 없다면 이 빈칸에 직접 손으로 타자를 쳐 넣어야 한다. 그러나 컴퓨터 기사들은 그렇게 진행하지 않았다. 마우스로 '위원회 코드 가져오기'를 누르니 곧바로 해바라기 문양의 로딩 표시가 뜨면서 다운로드가 시작되었다. 통신사정이 좋은 듯 작업 속도가 꽤 빨라 1분도 채 안돼 시도 칸에 서울특별시, 구시군 칸에 성북구, 위원회명에 성북구위원회란 글자가 올라왔다.

뿐만 아니라, 구시군 칸을 '누르기'에서 성북구뿐 아니라, 중랑구, 강북, 도봉구, 노원구 등 다른 이름도 검색됐다. 이는 어떤 서버의 DB에 접속해서 이런 데이터를 받아왔다는 뜻이다. 바로 중앙선관위의 DB 데이터서비스다. 다음, 노트북의 '분류기 운영프로그램'을 구동시키기 위해서 자판을 두드려 필요 정보를 넣지 않고, '위원회 코드 가져오기' 창을 마우스로 눌렀다. 그러자 해바라기 모양의 로딩 사인이 뜨며 외부에서 정보를 가져왔다. 어떠한 선도 외부와 연결되지 않았는데도 정보를 가져온 것은 무선네트워크로 구성됨을 보여주는 것이다.

이상에서 볼 때 투표지분류기는 컴퓨터 기능을 가진 전자개표기가 분명하다. 아래는 벤자민 윌커슨 박사가 유튜버 이봉규TV에 출연하여 밝힌 내용을 <제21대 총선 부정선거백서>가 요약한 내용이다.

유튜브 채널인 이봉규 TV에 벤자민 윌커슨 박사가 출연하여 전자개표기에 내장된 자일링스[3])와 ARM[4])칩셋은 일반 가정용 PC에 탑재된 CPU 보다 훨씬 고성능의 반도체라고 설명했다. 이는 외부에서도 충분히 개표기를 조작할 수 있는 등 다양한 기능을 구현할 수 있다고도 했다.

특히 자일링스든 ARM 이든 한 개의 칩만을 탑재하여도 선관위에서 설명하는 개표 분류 수준의 기능을 정상적으로 구현이 가능하다. 그럼에도 불구하고, 고의적으로 2개의 고성능 반도체 칩을 개표기에 탑재했다. 이에 따라 하나의 칩에서 처리한 값을 외부 통신이나 USB 등을 통해 다른 칩을 이용해 펌웨어(firmware)[5])를 조작함으로써 충분히 처리값(개표집계 수치) 또한 조작할 수 있다는 것이다. 즉, 듀얼 오퍼레이팅 시스템 탑재가 가능하다는 의미다. 동시에 두 개의 프로그램을 돌림으로써 얼마든지 전자개표기에서 집계되는 데이터 수치를 조작할 수 있다는 것이다.

또 두 번째 칩이 탑재됨으로써 전자개표기의 전원을 끄면 초기화되도록 하여 증거를 충분히 인멸할 수도 있다고 한다. 특히 시연회 당일 참석한 기자들에게 전자개표기 내부 사진촬영을 허용하긴 했다. 그러나 선관위는 고의로 자일링스 칩에 찍힌 모델번호 등을 지우거나(흔적 남음) 전선으로 가려

---

3) 자일링스(Xilinx, Inc.)는 광통신, 자동차, 소비자, 방어시스템과, 다른 영역 등 다양한 응용산업에 사용되는 FPGA(field programmable gate array)와 복합 프로그래머블 논리소자를 개발하는 개발회사이다.

4) 영국 ARM Holdings 사에서 설계하는 명령어 세트와 ISA(Instruction Set Architecture)의 총칭. ARM이 일반 대중에게 널리 알려진 계기는 대략 2010년 이후 스마트폰시장이 급격히 확대된 것으로, 스마트폰에서 CPU 역할을 하는 AP(Application Processor)가 널리 보급되며 인지도가 올라갔다. 2020년 9월 13일 엔비디아에서 인수하였다(위키백과).

5) 일반적으로 롬(ROM)에 기록된 하드웨어를 제어하는 마이크로프로그램의 집합이다. 펌웨어는 일반적으로 롬(ROM)에 저장된 하드웨어를 제어하는 마이크로 프로그램을 의미한다. 프로그램이라는 관점에서는 소프트웨어와 동일하지만 하드웨어와 밀접한 관계를 가지고 있다는 점에서 일반 응용소프트웨어와 구분되어 펌웨어는 소프트웨어와 하드웨어의 특성을 모두 가지고 있다고 할 수 있다(두산백과).

서 의도적으로 자일링스 칩이 어떠한 모델인지, 즉 해당 칩이 어떠한 성능과 기능을 할 수 있는지 알아내지 못하게 했다.

두 개의 칩셋이 전자개표기에 내장된 이유에 대해 중앙선관위는 더 빠르게 개표를 처리하기 위해 탑재하였다고 해명하였다. 또 중앙선관위는 2002년 제16대 대통령 선거(노무현 대통령 당선) 때부터 전자개표기를 사용하였는데 여태까지 아무런 문제가 발생하지 않았다고 주장했다. 그러나 노무현 대통령 때 사용한 시스템과 이명박·박근혜 대통령 선거 때 사용한 시스템은 '미르시스템'으로 다르다. 다시 말해 동일한 개표시스템을 사용하지 않았기 때문에 과거에 아무런 문제가 발생하지 않았다고 해서 지난 4.15 총선 때 사용한 전자개표기 시스템에 문제가 없다고 할 수 없다.

아울러 부여군 개표소에서 투표지분류 오류에 대해 문제를 제기하자 전자개표기 시스템을 리셋 버튼을 이용하여 껐다가 켰는데, 전원이 꺼지면서 해킹시스템이 정상시스템으로 다시 변경되는 초기화가 이루어져서 해킹을 잡을 수 없었을 것이라고 윌커슨 박사는 설명하였다.

전자개표기에 내장된 5개의 USB포트를 통해 전자개표기 내부의 데이터를 가져갈 수도 있고, 외부로부터 펌웨어나 데이터를 전자개표기 내부에 저장/구현시킬 수도 있다. 전자개표기 내부 메인보드를 보면 리셋 버튼과 부팅 버튼이 있는데 이는 운영시스템이 있다는 것이다. 즉 전자개표기는 하나의 고성능 컴퓨터 시스템이라는 것을 의미한다. 따라서 외부에서 얼마든지 전자개표기 조작이 가능하다.

공직선거법에 따르면, 대통령선거나 국회의원선거와 같은 전국 단위로 선거가 치러지는 큰 선거에서는 전자개표기를 사용할 수 없도록 규정하고 있다. 그러나 중앙선관위에서는 문제가 제기되는 전자개표기를 "투표지분류기"라고 부르며 개표 사무를 보조하는 단순 기계에 불과하다고 주장하고 있

다. 출처: 이봉규TV, 제목: 선관위 시연회 낱낱이 반박한다 [벤자민 윌커슨]
https://www.youtube.com/watch?v=6HE0n47koeM&feature=youtu.
be)

투표지분류기가 전자개표기라는 무수한 증언과 증거가 있다. 이는 매우 중요한 사안이다. 투표지분류기가 전자개표기라면 지난 4.15 총선은 그 자체로 불법이고 무효이다. 중앙선관위는 만약 투표지분류기가 전자개표기가 아니라고 확신한다면 윌커슨 박사를 비롯해 컴퓨터 전문가들을 초청해 공개시연회를 열고 증명해야 한다. 이미 의혹은 충분히 제기되었다. 주권자의 합리적 의혹을 밝히는 일은 중앙선관위의 당연한 역할이고 의무이다. 만약 그러지 않는다면 국민들은 지난 4.15 총선에서 전자개표기가 사용됐고, 이는 불법이고 선거는 무효라고 믿을 수밖에 없다.

6-11. 우편투표(관외사전투표)도 심각한 조작 의혹

관외 사전투표지를 동서울 우편집중국에서 의정부 우편집중국까지 배송하는 데는 얼마나 걸릴까? 두 지역간 거리는 27.8km이다. 내비게이션이 계산한 이동 예상 소요시간은 40분이다. 그런데 우체국은 관외 사전투표용지를 단 1분만에 배송했다. 그야말로 총알배송이다. 불가능한 일이다. 그러나 우체국의 배송기록에는 그렇게 나와 있다. 그런데 이런 기록이 한두 개가 아니다. 이렇게 내비게이션 추정 이동 시간보다 훨씬 짧은 순간에 배송한 사례가 자그마치 32만5,464건이나 된다.

우편물을 받는 수신인이 선거관리위원회인데, 수령인이 'ㅇㅇㅇ 배우자'로 기록되어 있는 경우도 있다. 언제부터 선관위 직원의 배우자가 국가기관의 우편물을 대신 수령하게 했는가? 이렇게 직원의 배우자가 대신 수령한 걸로 나와 있는 관외 사전투표지 우편물이 5,097개였다. 배우자뿐만이 아니다. 선관위 직원의 형제자매, 동거인이 대신 받은 관외 사전투표용지 우편물도 각각 400개씩이나 된다.

관외 사전투표용지의 수령자인 선관위 직원의 이름이 "새*를", "개*", "히*", "글*", "깨*" 등인 황당한 사례도 상당히 많았다. 즉, 우편물을 수령하는 선관위 직원의 성(姓)씨가 새, 개, 히, 글, 깨 등인 경우이다. 도저히 한국인이라고는 할 수 없는 국적불명의 성 씨이다. 이런 성 씨는 선관위 직원 명부에도 없다. 이같은 관외 사전투표지 우편물이 1만9,437건이나 됐다.

<사진 6.11.1> 동서울 -> 의정부 우편집중국에 1분만에 총알배송

기본정보				(마스킹(*)해제조회)	○ 제한페이지에대한 근거
등기번호	보내는분/발송날짜	받는분/수신날짜	취급구분		배달결과
10688105286675	선*우편물 2020.04.11	성*구선거관리위원회 2020.04.12			배달완료

배송 진행상황

날짜	시간	발생국	처리현황
2020.04.11	20:57	하남우체국	접수
2020.04.11	21:14	하남우체국	발송
2020.04.11	21:54	동서울우편집중국	도착
2020.04.12	07:34	의정부우편집중국	발송
2020.04.12	08:55	서울성북우체국	도착
2020.04.12	12:33	동서울우편집중국	발송
2020.04.12	12:34	의정부우편집중국	도착
2020.04.12	14:25	서울성북우체국	배달준비 집배원:박준성
2020.04.12	16:38	서울성북우체국	배달완료 (배달) (수령인:정*감님 - 회사동료)

출처: 박주현변호사TV 캡처

우편물을 배송하는 집배원의 이름도 이상야릇했다. "교부담당", "당직장", "소통팀", "특수실", "특수계" 등의 이름으로 등록돼 있었다. 물론 이같은 이름의 집배원이 존재할 리 없다. 이런 이름의 집배원이 배달한 관외 사전투표지 우편물이 총 6만8,539건에 달했다.

또 관외 사전투표용지를 담은 우편물이 발신지를 떠나 곧바로 수신지로 가지 않고 '전국유람'하는 사례도 부지기수였다. 예를 들어 발신지는 경주우체국이고 수신지는 경기도 부천 선관위였다. 경주를 떠난 관외 사전투표지는 포항, 대전을 거쳐 부천에 도착하는 듯했으나, 이내 다시 거꾸로 경주로 내려가서 포항을 거쳐 마지막으로 부천에 도착했다. 경주에서 부천으로 한 번이면 될 것을 전국 곳곳을 유람한 후 목적지에 안착한 것이다. 결코 정상적이지 않은 이동경로이다.

<사진 6.11.2> 경주에서 부천까지 오르락내리락 일곱 번 배송

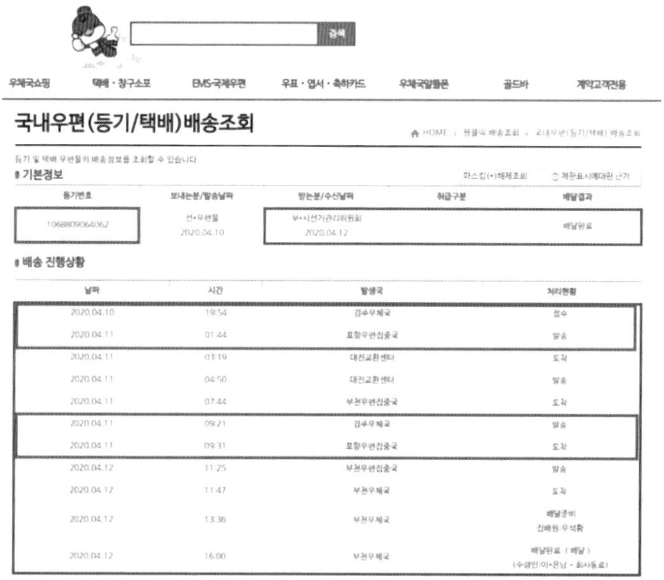

출처: 박주현변호사TV 캡처

관외 사전투표용지는 모두 등기우편으로 보낸다. 그런데도 등기우편물에 수신날짜가 없는 우편투표들이 13만8,860건이었고, 배달결과가 배달완료가 안 된 것이 13만8,853건, '배달완료'가 됐으면서도 이후 '배송진행'으로 바뀌어 표시되어 있는 사례가 14만515건 등이었다. 또 우편투표를 접수하지 않고 배송을 진행한 것이 5,356건, 접수 후 재접수가 된 것이 30,063건, 특정우체국에 접수 후에 다른 우체국에서 우편물이 처리된 것이 17,683건이었다.

정상적인 상황에서는 일어나기 힘든 기이한 사례들이다. 물론 소수의 경우에는 업무 실수라고 둘러댈 수도 있다. 그러나 업무 실수라고 하기에는 그 규모가 너무나 크고 엄청나다. 누군가의 조작이 아니라면 설명하기 힘든 현상들이다.

<그림 6.11.1> 헉, 오르락내리락 7번

출처: 박주현변호사TV 캡처

이들 비정상적 현상들은 '4·15총선 부정선거 국민투쟁본부(국투본)'이 우편을 이용한 관외사전투표 272만4,653개를 전수조사해 밝힌 내용의 일부이다. 조사방법은 272만개가 넘는 등기번호를 일일이 등기우편 배송조회 전산시스템에 입력해 조회하는 식이었다.

국투본은 총 272만4,653건의 우편투표 등기 중 비정상인등기수가 1,100,672건, 전체의 40.4%에 달한다고 밝혔다. 중복을 고려하지 않은 유형별 비정상 등기의 누적 수는 219만4,749건이나 됐다. 국투본은 이런 비정상적 현상들을 우편투표 부정선거의 유력한 증거들이라고 본다. 실제로는 움직이지 않은 유령표들이요, 만들어진 조작표들이라는 것이다. 사실 부정, 조작이 아니라면 달리 설명할 방도가 없다.

국투본은 "이번 사전투표 우편투표 조작은 중앙선거관리위원회가 통합선거인명부를 전산서버 데이터베이스로 관리하며 전산네트워크로 관리하였기 때문에 가능하였다. 특히 국회에서 법률로 규정하지 않은 QR코드로 투표지 일련번호를 부여하였고, 투표관리관의 날인도 인쇄된 것을 사용하였다. 따라서 실물 투표지를 계수하는 것만으로는 실제 투표를 한 선거인과 투표장에 가지도 않았으나 투표한 것으로 집계된 선거인의 숫자를 파악할 수 없다는 것이 이번 관외 사전투표인의 우편투표 전수조사로 드러난 것이다."고 말했다.

국투본은 "전체 우편투표의 40.4%인 약 1백만100,672건에 달하는 사전투표 등기우편에 조작이 확실한 치명적인 결함이 존재하므로 이번 4·15 총선의 관외사전투표(우편투표) 부분은 전부 무효"라며 "불과 수천표 내외에서 당락이 갈린 경합 지역 선거구가 수십 곳이다. 전국적으로 흩어진 110만 표가 넘는 무효표는 수많은 지역의 당락을 바꿀 숫자이며, 국회구성을 변경시킬 수 있는 숫자이다. 이 정도의 중대한 결함과 무효 사유는 이 하나만으로도 전체 선거를 무효로 선언하고 재선거를 실시해야 할 사유에 해당한다."고 강조했다.

이에 대해 우정사업본부 측은 다음과 같이 해명했다. 첫째, 우편투표의 동선이 제대로 기록되지 않은 것은 "업무 폭주로 인해 전산 입력 시간이 늦어졌기 때문"이라고 했다. 둘째, 우편투표 최종 수령인의 이름이 엉뚱하게 기재되거나 국적불명의 이름이 기록돼 있는 것에 대해선 "수령인이 단말기에 이름을 흘림체로 기록했기 때문에 단말기가 이 글자를 제대로 인식을 못해서 발생한 오류"라고 해명했다.

황당한 해명이다. 바로 다음과 같은 반론이 나왔다. 첫째, 민주주의의 근간을 이루는 총선과 같은 엄중한 사안에서 단순 실수가 어마어마하게 많이 발생했다는 자체가 관련자 문책을 넘어 선거무효가 될 사안이다. 둘째, 한글을 인식하는 단말기의 구조상 한글을 인식하지 못하는 오류가 2만건 가까이 발생활 가능성은 거의 없다는 게 전문가들의 일치된 견해였다.

여타 문제들에 관해 우정사업본부 측은 "최종 수령인 이름은 선관위 직원이 사인하기 때문에 선관위 측에 물어보라."고 말했다. 그러나 선관위는 "우편투표지가 일단 선관위를 떠났으면 그 뒤에는 우정사업본부 책임이므로 모든 사항을 우체국에 물어보라."고 답변했다. 우정사업본부와 선관위가 서로 책임을 미루는 형국이다.

국투본은 결국 2020년 9월 23일 관외사전투표(우편투표) 조작 혐의 관련, 중앙선관위와 우정사업본부 관련자들을 대검찰청에 고발했다

우편투표의 불법 의혹은 이뿐만이 아니다. 중앙선관위는 반드시 보관해야 할 <투표함 이동 및 보관대장>을 갖고 있지 않다고 답변했다. 또 우편투표함은 개봉되어 봉인도 없었다. 이동 경로에 CCTV도 일체 존재하지 않았다. 이동 차량과 장소에 참관인이 동행하지도 않았다.

따라서 선관위가 비정상 등기인 우편투표에 조작이 개입되지 않았음을 객관적으로 증명하지 못하는 한 100만 표가 넘는 비정상 우편투표(40.4%)를 포함한 전체 우편투표지는 무효일 수밖에 없다. 오스트리아의 경우에는 참관인이 없는 상태에서 일부 부재자(우편) 투표함을 조기 개봉했다는 이유만으로 관련 표 전체와 대통령 선거 무효를 선포하고 재선거를 실시한 바 있다.

4.15 총선 부정선거 의혹 증거들은 이외에도 넘치고 넘친다. 4.15 총선이 조작됐다는 의혹은 단순한 의혹을 넘어선다. 한두 가지라면 실수나 실무적 착오라고 넘어갈 수도 있다. 그러나 4.15 총선은 우선 통계적으로 현실에서는 불가능한 숫자들이 무수히 나왔고, 일반인의 눈으로도 확인할 수 있는 명백한 부정선거 증거들이 너무 많이 드러났다. 4.15 총선은 특정 세력에 의해 조직적이고 전방위적으로 조작된 것이 분명하다. 조작이 아니라면 지금까지 보아온 무수한 의혹들을 설명할 방법이 없다.

국회의원 선거무효 소송은 대법원에서 1번만 재판하는 단심제이다. 공직선

거법엔 이를 180일(6개월) 이내에 처리해야 한다고 명시돼 있다. 현재 대법원에 제기된 4.15 총선 관련 소송은 130여 건에 이른다. 그럼에도 불구하고 대법원은 소 제기 후 6개월이 훨씬 넘은 2021년 4월 현재까지도 재검표를 실시하지 않고 있다. 부정선거가 아니라면 대법원이 이렇게 선거법을 어기면서까지 재검표를 무한정 미룰 이유가 없다.

또 선관위와 대법원은 전자투표에 사용된 중앙선관위 서버와 임차서버, 투표용지발급기, 전자개표기, 무선장비 등 기기와 프로그램에 대한 포렌직 감정을 거부하고, 통합선거인명부, 전산확인장비 등 증거보전절차를 거부하고 있다. 이런 상황이라면 국회도, 언론도, 검찰도 부정선거를 밝히는데 적극 나서야 하지 않겠는가?

자유민주주의 국가 대한민국에서 투표조작·개표조작은 절대로 용납될 수 없다. 만약이게 사실이라면 '단군이래 최악의 범죄행위'에 해당한다. 4.15 총선 부정선거로 신성하고 존엄한 대한민국 주권은 심각하게 훼손됐다. 부정선거의 진실을 명명백백하게 밝혀 관련 범죄자들을 엄벌하여야 한다. 그것이 조작선거, 부정선거에 의해 짓밟힌 대한민국 국민의 신성한 주권을 회복하는 유일한 길이다.

대법원 재검표···
쏟아진 부정선거 증거들

대법원은 2021년 6월 28일 민경욱 전 미래통합당(국민의힘) 의원이 제기한 4·15 총선 무효 소송 인천 연수구을 선거구 재검표를 실시했다. 대법원 2부(주심 천대엽 대법관)는 민 전 의원이 제기한 '사전투표 조작의혹'을 검증하기 위해 사전 투표용지 수만 장을 직접 분석했지만, 조작된 투표용지를 찾을 수 없었다고 밝혔다.

재판부는 "전체 투표지 총 12만7166표 중 사전투표지 4만5593표에 대한 이미지 파일을 생성해 그 중 사전투표지들에 기재돼 있는 QR코드를 민 전 의원 측이 제안한 프로그램을 통해 일련번호 숫자 형태로 전환시켜 판독했다."고 말했다.

재판부는 또 "재검표 결과 선거관리위원회가 인천 연수구을 선거구에 부여한 일련번호 이외의 일련번호가 기재돼 있는 사전투표지는 존재하지 않았다."며 "중복된 일련번호가 기재돼 있는 사전투표지 역시 존재하지 않는 것으로 검증됐다."고 주장했다.

이번 재검표 결과, 유효 투표수 중 정일영 더불어민주당 후보자는 당초보다 128표가 줄어든 5만2678표, 민경욱 미래통합당 후보자는 151표가 늘어난 5만64표, 이정미 정의당 후보자는 48표가 감소한 2만3183표, 주정국 국가혁명배당금당 후보자는 69표가 증가한 494표를 얻은 것으로 나타났다. 오류표가 396표로 지역구 선거 사상 역대 최대였으나 당락을 바꿀 정도의 오류는 아니었다.

대법원에 의한 4·15 총선 인천 연수을 재검표가 2021년 6월 28일 인천시 미추홀구 인천지방법원에서 이뤄지고 있다. /YTN뉴스 캡처

그런데 위 결과는 재검표 과정에서 발견된 수많은 조작 의혹의 사전투표지들을 대법원이 유효표로 판정했기 때문이다. 대법원의 발표와 달리 인천 연수구을 선거구 재검표 결과, 부정선거 의혹과 증거들은 쏟아져 나왔다. 대법원은 부정이 없었다고 발표했지만, 재검표 과정에 참여한 원고 측 참관인들은 무수한 사전투표 인쇄표, 즉 무효표들이 발견되었다고 주장했다.

제6부 8장에서 살펴보았듯이, 사전투표지는 투표소에서 각 개인에게 프린트기로 출력된다. 만약 투표지가 프린트된 것이 아닌 인쇄(印刷)된 투표지라면 이는 위조된 부정한 투표지다. 그렇다면 4.15 총선은 명백한 부정선거로 무효이어야 한다.

사라진 원본 투표지 이미지파일

인천 연수구을 선거구 재검표 과정에서 발견된 부정한 투표지와 부정선거 의혹들을 살펴보도록 하자. 첫째, 원본 투표지 이미지파일이 삭제됐다는 의혹이다. 원고 측 이동환 변호사는 "재판부에 투표지 이미지파일의 원본이 있는지 확인해달라고 요구했고, 선관위 측이 재판부에 제출한 4월 15일 투표지 이미지는 사본이며 선관위가 원본을 삭제했다는 답변을 들었다."고 말했다.

뭔 이런 황당한 일이 있나? 법원이 선관위로부터 제출받아 보관하고 있는 투표지는 원래 해당 주민들이 투표한 것이어야 한다. 너무도 당연한 사실이다. 법원이 보관하고 있는 투표지들이 원래 주민들이 투표한 투표지가 아니라면 재검표를 해보았자 무슨 의미가 있겠는가. 원래 투표지를 보관하고 있지 않은 자체가 선거법 위반이고 부정선거다. 선거무효이다.

'투표지의 원본성'은 그래서 선거부정을 확인하는 가장 기본적 사항이다. 투표지의 원본성을 증명하기 위해 선거 당일 기표된 투표지들은 투표지분류기(전자개표기)를 통과하면서 이미지가 촬영된다. 이렇게 생성된 이미지파일들과 보관 중인 투표지들을 비교해 투표지들이 이미지파일과 동일한 것인지 원본성을 확인한다. 조작 여부를 가리기 위해서이다. 그런데 선관위는 이 원본 파일을 삭제했고, 갖고 있는 것은 사본뿐이라고 밝혔다는 것이다.

그런데도 대법원은 이 사본 이미지파일과 보관 중인 투표지들을 비교해 두 개가 동일해 조작이 없었다고 판결한 것이다. 이게 말이 되는가? 이미지파일이 사본이면 투표지들은 얼마든지 위조 혹은 조작된 투표지일 수 있다. 만약 가짜 투표지를 만들고 이를 촬영해 이미지파일을 만들었다면 이 둘이 동일한 것은 당연하다. 둘 다 가짜이기 때문이다. 이 둘을 비교해 동일하니 문제가 없다는 대법원의 판단은, 초등학생이 들어도 배꼽을 잡을 일이다.

대법원은 "'사전투표 조작의혹'을 검증하기 위해 사전 투표용지 수만 장을 직접 분석했지만, 조작된 투표용지를 찾을 수 없었다."고 밝혔다. 코미디다. 조작 가능성이 높은 사본 파일을 활용한 검증이 무슨 의미가 있는가? 사본 투표지 이미지파일이 조작이면 투표지들도 조작된 것이 분명한 데 말이다.

또한 대법원의 "전체 투표지 총 12만7166표 중 사전투표지 4만5593표에 대한 이미지파일을 생성해 그 중 사전투표지들에 기재돼 있는 QR코드를 민전 의원 측이 제안한 프로그램을 통해 일련번호 숫자 형태로 전환시켜 판독했다."는 발표의 근거도 모두 무너진다. 검증의 바탕이 된 4만5593표의 사본 이미지파일과 표가 조작일 수 있기 때문이다.

선관위가 투표지 이미지파일의 원본을 삭제했다고 밝힌 것이 사실이라면 이것 하나만으로도 지난 4.15 총선은 무효이다. 선관위가 진실 은폐와 증거 조작, 인멸에 직접 나선 것이기 때문이다. 또 이를 그대로 인정한 대법원도 부정선거 증거의 인멸과 은폐를 방조한 것이다.

조작 흔적의 녹색 '배춧잎 투표지'

재검표에서 나타난 두 번째 부정선거 증거는 이른바 '배춧잎 투표지'이다. 흰색이어야 할 사전투표지 일부가 배춧잎처럼 녹색을 띠고 있었다는 것이다.

총선무효 확인소송 재검표에 참관한 도태우 변호사는 "'비례대표 국회의원'이라는 글자가 겹쳐서 찍혀 있는 관외 사전투표지를 보았다."고 증언했다. 도 변호사는 또 재검표 직후 "사전투표지는 하얀색 프린트물이 출력되는데 밑에 4분의1 크기로 불규칙한 청록색의 배경색을 이루는 '비례대표 국회의원'이라는 글자가 겹친 것을 가장 충격적으로 직접 확인했다."고 밝혔다.

그는 "비록 한 장이지만 시사하는 바가 엄청나다. (원고 측에서) 이의를 제기했지만 (대법원) 촬영을 허락하지 않았다. 대법관도 '이건 공개하지 못하겠다'며 사진을 찍지 못하게 했다. 촬영하게 해달라고 거듭 요청했지만 거부되었고, 결국은 '감정목적물 5호'로 분류가 됐다."고 당시 상황을 설명했다.

<사진 6.12.1> 배춧잎처럼 녹색을 띠고 있는 사전투표지

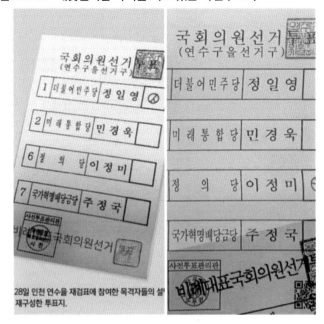

재검표에 참여한 목격자들의 증언을 토대로 재구성한 투표지. 흰색 투표지 하단이 녹색을 띠고 있거나 '비례대표국회의원선거'라는 글씨가 겹쳐져 있다. 비정상적 투표지다. /출처: 민경욱 전 의원 페이스북에서 캡처

선거무효 소송의 당사자인 민경욱 전 의원은 이같은 배춧잎 투표용지가 왜 나오는지 제보가 쇄도하고 있다며 그 이유를 다음과 같이 전했다.

"인쇄할 때 앞에 다른 인쇄물을 찍고 나서 새로운 인쇄를 할 때 맨 처음 종이와 연이은 서너 장의 종이에 앞선 인쇄물의 잔류가 묻어나온 답니다. 투표용지의 녹색 부분은 바로 이런 현상 때문입니다."

녹색 배경의 배춧잎 투표지는 결코 프린트로 출력된 투표지가 아니다. 프린트를 통해서 이런 투표지가 프린트될 수도 없거니와, 혹시라도 출력된다면 이 투표지는 그 자리에서 바로 무효처리된다. 투표자가 이런 투표지에 투표

하지 않을뿐더러 참관하는 선관위 관계자도 결코 이를 허용하지 않는다. 설령 이런 투표지가 불가사의한 과정을 거쳐 개표소에 도착했다고 해도 이는 개표소에서 바로 무효처리 된다.

그런데도 재검표 과정에서 발견된 녹색의 배춧잎 투표지, 어떻게 해서 재검표 과정까지 온 것일까? 그것은 개표 과정을 거치지 않고 누군가 재검표 직전에 인쇄를 해서 투표함에 넣어야 가능하다. 즉, 위조 투표지, 조작 투표지인 것이다. 재판부도 사안의 심각성을 직감했던지 사진촬영을 못하게 한 후 감정목적물로 분류했다. 너무 충격적인 사안이라서 먼저 사진촬영을 금지하고 일단 중요 증거물로 따로 분류해 대처방안을 모색하려는 의도로 보인다.

'감정목표물 5호'는 부정 인쇄물의 확실한 증거이다. 의심의 여지가 없는 선거무효의 증거다. '배춧잎 투표지'가 법정 프린터에 의해 출력되는 자체가 불가능하다. 조작선거의 확실한 증거가 확보된 것이다.

조작 흔적의 수많은 사전투표지 발견

이외에도 대법원의 재검표 과정에서 수많은 조작 흔적의 사전투표지가 발견되었다. 재검표 과정을 참관한 박주현 변호사에 따르면, 제6부 8장에서 살펴본 조작의혹의 투표용지들, 예를 들어 신권화폐 다발같은 빳빳한 사전투표지, 좌우여백의 규격이 서로 다른 사전투표지, 가로와 세로가 서로 붙어 있는 사전투표지들이 상당히 많이 발견되었다.

또 민경욱 전 의원에 따르면, 일장기의 붉은 원(圓)처럼 보이는 투표관리관의 날인이 있는 1,000여 장의 투표용지들도 발견되었다고 했다. 날인도장이 붉은 인주로 물들여져 날인도장의 원이 온통 붉은색인 투표지라는 말이다. 날인을 확인할 수 없는 비정상적 투표지들이다.

박주현 변호사 등 다수의 재검표 참관인들에 따르면, 인천지방법원에서 1년 넘게 보관 중이던 사전투표용지함을 개봉한 결과, 사전투표용지의 상태가 말린 흔적이나 접힌 흔적이 없이 빳빳했다(사진 6.12.2. 참조).

<사진 6.12.2> 재검표에서 발견된 조작의혹의 빳빳한 투표지들

출처: 민경욱 전 의원 페이스북에서 캡처

원래 사전투표용지는 롤(roll) 형태로 말려 있다가, 투표자가 오면 한 장씩 출력되어 발급된다. 따라서 롤의 형태가 조금이나마 남아있거나 접힌 흔적이 남게 마련이다. 투표자들이 투표지를 접어서 투표함에 넣기 때문이다. 그런데 <사진 6.12.2>에서 보듯 대법원의 재검표 과정에서 신권화폐 다발같은 빳빳한 사전투표지들이 대거 발견된 것이다. 이런 빳빳한 투표지는 누군가 대량으로 인쇄한 후 이를 투표함에 넣지 않으면 불가능하다. 정상적인 투표와 개표 절차를 거친 투표지가 아닌 것이다. 위조, 조작 투표지이다.

또 서로 붙어 있는 사전투표지들도 대량으로 발견되었다. 민경욱 전 의원 등에 따르면, 투표용지의 가로 모서리가 붙어 있는 형태와 세로 모서리가 붙어 있는 형태가 동시에 발견됐다고 한다.

전문가들은 이렇게 서로 붙어 있는 사전투표지들은 무성의하게 투표용지 숫자를 조작하다가 들킨 증거라고 보고 있다. 누군가가 조작된 투표지들을 인쇄한 후 서로 붙은 투표지를 한장 한장 다 떼어내야 했으나 시간이 없어 그러지 못했다는 것이다. 정상적인 사전투표의 투표용지는 한 장씩 투표자에게 프린트를 해서 발급해 주므로 두 장이 서로 붙는 일은 절대 일어날 수 없기 때문이다.

투표지가 서로 붙어 있었다는 한 증거로 본드 접착제 이물질도 발견되었다. <사진 6.12.3>에서 보듯, 투표지에 붙어 있던 굳은 본드 접착제로 추정되는 노란 물질이 재검표 과정에서 발견되었다. 조작 투표지들을 인쇄한 뒤 일괄적으로 절단하기 위해 종이의 한쪽 면을 본드로 붙여놓았다가 이를 한장한장 떼는 과정에서 남은 일부가 딸려온 것으로 보인다. 롤 용지로 한 장씩 프린트해서 나눠주는 사전투표지에서는 절대로 나올 수 없는 현상이다.

<사진 6.12.3> 재검표에서 발견된 노란색 접착제 이물질

출처: 민경욱 전 의원 페이스북에서 캡처

제6부에서 살펴보았듯이, 서로 붙은 투표지에 대해 선관위는 "관외 사전투표지는 회송용 봉투를 사용하는데, 그 봉투 투입구에 양면테이프 같은 접착 성분 물질이 있다. 개표할 때 회송용 봉투를 열고 투표지를 꺼내는데 그

과정에서 그 접착 물질이 투표지에 일부 묻은 걸로 추정한다."고 답변한 바 있다.

그러나 선관위의 이런 답변은 거짓일 확률이 높다. 왜냐하면 접착제가 남아있었다 하더라도 투표지의 면과 면이 붙은 것이라면 수긍할 수 있다. 그렇지 않고 선과 선, 모서리와 모서리가 한 치의 오차도 없이 정확하게 붙어 있는 것은 도저히 설명이 안되기 때문이다.

<사진 6.12.4> 절단 자투리가 붙어 있는 사전투표용지

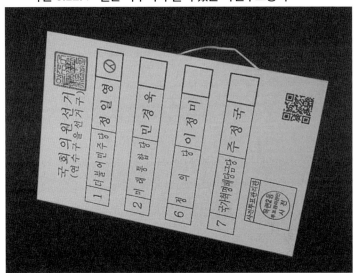

출처: 민경욱 전 의원 페이스북에서 캡처

실제로 옆면이 재단기로 자르다 만 것 같은 사전투표지가 발견되기도 했다. <사진 6.12.4>에서 보듯, 투표용지의 세로 절단면이 제대로 절단되지 않아 작은 종이조각이 덜렁덜렁 붙어 있다. 누군가 급히 투표용지를 인쇄해 절단하면서 실수로 절단 자투리가 남은 투표지로 보인다. QR코드가 있으므로 사전투표용지이다. 그러나 개개의 프린트로 출력되는 사전투표용지에선 절대 나올 수 없는 현상이다. 이 투표지에는 인천 연수을 옥련2동 투표관리관 도장이 찍혀 있다.

또 사전투표지의 2번, 6번, 7번 후보의 네모 칸의 끝부분 모서리가 일그러진(직각이 아닌) 투표지들이 최소 수 천장이 발견되었다고 한다. 인쇄전문가에 따르면, 이런 형태의 투표지는 프린터로는 절대 만들수 없고, 디지털 인쇄기로 찍어 재단할 때 발생한다고 했다.

"대법원, 조작 의혹의 수천~수만표를 유효표로 판정"

그런데 놀라운 사실은 이처럼 조작 의혹이 강한 표들이 모두 유효 판정을 받았다는 것이다. 박주현 변호사에 따르면, 신권화폐처럼 빳빳한 사전투표지들, 규격에 어긋난 표들, 서로 붙어 있는 표들, 모서리가 일그러진 표들, 일장기같은 모습을 한 붉은 인장 표들도 대법관들이 거의 전부 유효선언을 했다고 한다.

대법원이 최종 무효로 판단한 표는 321표였다. 그러나 직전 집계 판정 보류표는 820여표에 달했다. 이것도 수천 장에 달하는 의혹 표의 숫자에 비해 매우 적었다. 그런데도 대법관들은 820표도 무효표로 하기엔 너무 많아 보였는지 줄이고 줄이는 작업을 했다. 그러다가 820표 중 467표를 거의 전부 유효로 만들고 321표만 무효로 판정했다고 한다. 어이가 없는 일이다. 부정선거를 배격하고 공정한 선거를 추구하는 대법원이라면 단 한 표라도 조작의혹이 있다면 이를 엄격하게 감정하고 판정해야 한다. 그런데도 대법원은 무수한 조작 의혹의 투표지들을 유효표로 판정했다고 한다. 기가 막힐 일이다.

박 변호사는 "만약 엄격한 기준에 의해 판정했다면 무효표가 최소 수천표에서 많으면 수만표에 달할 것"이라고 주장했다.

특히 부정선거를 지속적으로 추적해온 공병호 박사 등 다수의 전문가는 인천 연수구을 선거에서 사전투표지가 통째로 조작됐다는 의혹을 제기하고 있다. 그래서 선관위가 원본 사전투표지 이미지파일을 삭제할 수밖에 없었다는 설명이다. 인천 연수을 주민의 표심이 담긴 원본 사전투표지를 몽땅 폐기한 후, 개표 때 발표된 조작 결과에 맞춰 인쇄된 조작 사전투표지로 모두 바꿔치기 했을 것이라는 얘기다. 매우 합리적인 의혹이다. 위에서 살펴본 조작 의혹의 수많은 사전투표지들은 이를 방증한다.

<사진 6.12.5> 날인도장이 붉은 인주로 물들여진 '일장기 사전투표지'

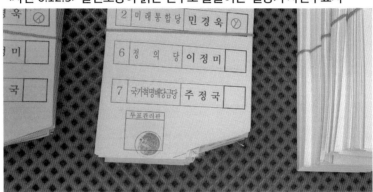

출처: 민경욱 전 의원 페이스북에서 캡처

사전투표지가 통째로 조작되었든, 일부가 조작되었든 이게 확인된다면 이는 경천동지할 중대한 선거범죄이다. 선관위의 누군가가 이를 주도, 공모, 방치했다면 이것 역시 중대한 범죄행위이다.

그런데 의혹을 풀기 위한 재검표인데 대법원이 나서서 의혹을 더욱 키우고 있다. 재검표에 임하는 대법원 재판부는 마치 선관위와 한통속이 아닌가 하는 의심을 하게 한다.

2021년 6월 28일 진행된 재검표는 인천 연수을 지역구 소송당사자인 민 전 의원이 2020년 5월 7일 소를 제기한 지 413일만에야 이뤄졌다. 대법원은 180일 이내에 부정선거 소송에 대한 결론을 내줘야 한다는 선거법 규정을 이미 한참 어겼다. 그래서 대법원이 선관위의 선거부정을 감싸준다는 강한 의혹을 받아 왔다.

또 대법원은 연수을 재검표 진행 상황에 대한 촬영금지를 명령했고, 심지어 '배춧잎 투표지' 등 충격적인 선거조작의 증거들이 나왔는데도 증거물에 대한 촬영을 금지했다. 진실을 밝히려는 것인지, 은폐하려는 것인지 그 의도가 의심된다.

이에 비해 역시 부정선거 의혹으로 재검표를 진행하는 미국 애리조나주에선 수십 개의 CCTV를 통해 재검표 상황이 24시간 중계된다. 재검표는 원래의 개표를 믿지 못하여 다시 검표하는 것이다. 그렇다면 투명하게 공개하고 사진촬영도 당연히 허용하는 것이 맞지 않겠는가? 그러함에도 우리 대법원은 무언가 숨기기에 급급한 모습이다.

사실 선관위 책임자들은 법원과 긴밀히 연결되어 있다. 대법관이 선관위원장을 겸하고, 지역 선관위원장들도 지방법원 부장판사들이 겸직한다. 어찌보면 법원과 선관위가 한 몸인 것이다. 그래서 대법원이 한사코 부정선거의 진실을 막으려는 것은 아닌지 의심된다.

이인제 전 의원 "선거무효의 중대한 하자 발견"

네티즌들은 재검표 현장에서 발견된 선거조작의 증거들을 빠르게 공유하면서 "결국 의혹이 사실로 밝혀진 것 같다."라는 반응을 보였다. 네티즌들은 "부정선거의 증거들이 나온 만큼 누가 어떤 과정을 거쳐 선거 조작에 개입하였는지 철저히 밝혀야 한다."고 목소리를 높였다.

대선후보와 경기도지사를 지낸 판사출신의 이인제 전 새누리당 국회의원은 자신의 페이스북에서 "재검표에서 선거의 공정을 담보할 수 없는 중대한 하자가 발견되었다."면서 대법원이 누구의 눈치도 보지 말고 "추상같은 판결을 내리기 바란다."고 촉구했다. 이 전 의원은 중대한 하자의 예로 인쇄된 사전투표지들, 선관위의 원본 이미지파일 삭제, 서로 붙은 투표지 등을 들면서

"이 세 가지 의문 가운데 하나라도 풀리지 않는다면 이는 선거무효의 결정적 사유가 된다."고 경고했다(소박스 참조).

또 도태우 변호사가 소속된 사단법인 법치와자유민주주의연대(NPK)는 7월 1일 성명을 내어 "4.15 선거무효! 조작증거 있다."며 "대법원은 인쇄된 사전투표지 공개 감정을 즉각 실시하라."고 요구했다. NPK는 "인쇄되어 부정하게 투입된 것으로 보이는 사전투표지들이 다량 발견되었다."며 "진실된 선거를 빼앗기는 것은 자유와 진실 대부분을 빼앗기는 것"이라고 경고했다.

다른 곳도 아닌 새검표 현장에서 소삭이 의심되는 투표지들이 다량으로 발견되었다는 것은 대단히 엄중하고도 심각한 문제이다. 선거조작이 있었다는 명백한 증거라고 믿어진다. 민주주의를 염원하는 모든 국민들의 각성과 행동이 필요하다.

"부정선거 의혹 철저하게 규명해야"

이인제 전 의원/페이스북 캡처

　민경욱이 제기한 선거소송이 힘들게 진행 중이다. 주요 언론들은 아예 눈을 감고, 야당은 강 건너 불구경이다. 오히려 선거부정을 주장하는 사람들을 음모론자로 치부하며 적대시한다. 엊그제 인천법원에서 재검표가 이루어졌다. 평상시보다 1년 늦게 실시된 재검표다.

　민경욱 등 원고 측에서 유투브를 통해 발표한 내용을 보자. 우선 재검표에서 표 차이는 2백여표 줄었고, 이는 재검표 사상 가장 큰 차이라고 한다. 그러나 승부는 뒤집히지 않았으므로 당선무효는 불가능하게 되었다.

　그러나 선거의 공정을 담보할 수 없는 중대한 하자가 발견되었다. 첫째, 관외투표용지는 투표소에서 한장 한장 프린트되어 교부하는 데, 인쇄된 다수의 투표용지가 관외투표함에 섞여있었다. 이는 선거부정의 결정적 증거다.

둘째, 피고인 선거관리위원회가 이미지파일 원본 제출을 거부하고 사본을 제출했다. 원본 없는 사본이 어떻게 가능한가? 원본을 파기했다면 범죄에 해당하고, 있는데도 제출을 거부하면 부정을 자인하는 것이다.

셋째, 투표용지가 서로 붙어있는 등 부정을 의심할 수밖에 없는 다량의 투표용지가 있었다. 앞으로 대법원은 이 문제에 대하여 감정 등의 방법으로 진실을 규명하는 일이 남았다. 이 세 가지 의문 가운데 하나라도 풀리지 않는다면 이는 선거무효의 결정적 사유가 된다.

대법원은 이미 늦었지만 지금이라도 속도를 높여 철저하게 진실을 규명해야 한다. 그리고 그 누구의 눈치도 보지 말고 추상같은 판결을 내리기 바란다. 여기서 공명선거의 믿음을 세우지 못하면, 다음 대선의 운명도 장담할 수 없을 것이다.

배신당한 촛불혁명

　'무너진 정의' 책을 쓰기로 마음먹은 것은 2020년 돌아가는 국내 정국(政局)이 너무 한심하고 기가 막혔기 때문이다, 코로나19가 지구촌을 덮친 2020년은 참 어려운 한 해였다. 전 세계 확진자가 1억명에 달하고, 사망자도 200만명이 넘었다. 우리나라도 예외가 아니었다. 확진자 7만여명, 사망자가 1500명에 육박했다. 재앙이었다. 큰 재앙이었다.

　코로나19로 경제활동을 못하니 국민들의 삶도 매우 핍박해졌다. 위기가 닥치면 경제적으로 가장 힘든 사람들은 일반 서민이다. 엎친데덮친 격으로 문재인 정부 들어 급등한 부동산 값은 더욱 치솟았다. 집 없는 사람들은 '벼락거지'가 돼 절망했고, 집이 있는 사람들은 폭등한 부동산 세금에 분노했다.

　그런데도 '촛불민심'을 업고 집권한 문재인 정권과 더불어민주당은 반대파 제거와 권력유지에만 몰두했다. '검찰개혁'이란 미명 하에 윤석열 검찰총장을 찍어내기 위해 온갖 몹쓸 짓을 다했다. 언론을 통제하고 표현의 자유를 억압했다. 국민과의 불통이 일상화했고, 화합 대신 노골적인 분열과 편가르기를 일삼았다. 헛발질의 경제정책에다 외교정책은 왕따를 자청했다. 인사정책은 탕평은커녕 코드와 부패, 무능만이 판을 쳤다.

　게다가 4.15 총선은 부정선거가 분명했다. 그럼에도 집권 민주당은 물론이고, 야당과 언론조차 문제 제기를 하지 않았다. 오히려 문제 제기한 사람들을 '극우'니 '음모론자'로 몰아 손가락질했다. 선거는 민주주의의 시작이자 끝이다. 선거가 조작이거나 부정이면 민주주의는 죽음이다. 그런데도 대한민국은 4.15 총선 부정선거 의혹에 대해 조용했다. 침묵했다.

도대체 나라가 나라 같지가 않았다. 더이상 민주주의와 상식이 통하지 않는 나라가 된 듯했다. 공정과 정의는 실종됐다. '촛불'은 배신당했다. 답답하고 화도 났다. 그래서 없는 시간을 내 컴퓨터 앞에 앉아 자판을 두드렸다. 생계로 바쁜 일상이지만, 그냥 두고 볼 수만은 없었다. 반드시 출판하고자 하는 의도가 있던 것도 아니다. 그렇게 자판을 두드림으로써 답답한 마음을 조금이나마 달래고자 했다. 적다 보니 어느새 책 한 권의 분량을 훌쩍 넘겼다. 이를 그냥 컴퓨터 안에 처박아 놓기에는 너무 아까웠다. 그렇게 정리한 내용이 책이 됐다.

이 책은 당초 2021년 5월 '문재인의 배신'이란 타이틀로 출판되었다. 저자 이름은 '장길산'이었다. 필자가 인터넷에서 가끔 사용한 필명이다. 장길산이란 필명을 쓴 이유는 첫째, 청와대와 문 정부, 민주당 내에 개인적으로 아는 사람들이 적지 않았기 때문이다. 실명(實名)이 아닌 필명을 쓰는 것이 그들에 대한 예의라고 판단했다. 둘째, 낯선 실명보다 장길산이란 널리 알려진 이름이 내용을 국민들에게 널리 알리고자 하는 집필 목적에 부합했기 때문이다. 셋째, 권력의 해코지를 두려워한 아내를 위시한 주변 사람들이 실명 출판을 극구 반대했기 때문이다.

그러나 출판된 후 지인 몇 분이 "실명으로 책을 냈으면 더 좋았을 것"이라고 아쉬워하셨다. 또 '문재인의 배신'이란 제목이 너무 자극적이란 지적도 해주셨다. 그러던 차에 때마침 출판사도 바뀌어 이참에 실명을 쓰고 제목도 '무너진 정의'로 바꾸기로 했다. 끈질긴 설득 끝에 아내도 결국 실명 출판에 동의했다. 바뀐 내용으로는 '문재인의 배신'에 없던 제5부의 '대한빚국 세금 퍼주기로 바닥난 곳간'과 제6부 '대법원 재검표...쏟아진 부정선거 증거들'이 추가됐다.

누구든 다 아는 내용일 수 있다. 언론에 이미 기사화된 것들도 많기 때문이다. 어쩌면 그래서 더욱 충격적이고 의미 있을지 모른다. 언론에 실린 사실(팩트)을 바탕으로 문 정부의 반민주성과 실정, 폭압을 정리했기 때문이다. 내용이 거짓이거나 허구(픽션)가 아니란 말이다. 팩트를 바탕으로 민주주의의 계승자라는 문 정부의 민낯을 까발려 보고자 했다.

먼저 문 대통령의 거짓과 위선을 드러내고, 문 정부의 언론 및 표현의 사유 억압 실태, 검찰개혁의 진짜 의도, 입법부와 사법부의 시녀화 기도, 직면한 경제·재정의 위기, 파탄지경의 외교 및 대북정책, 4.15 총선 부정선거 의혹 등을 중심으로 살펴보기로 했다. 이외에도 문 정부의 실정에 대해 써놓은 원고가 넘치지만 지면 제약 상 빠진 내용이 많아 아쉽다.

책의 성격상 문 대통령과 문 정부, 민주당에 대한 비판이 많다 보니 혹시 대안이 무엇이냐는 질문이 있을 수 있다. 그러나 대안은 비판에 대부분 포함 돼 있다. 민주주의와 민주적 절차 및 법치주의 원칙을 지키고, 무너진 정의를 바로 세우며, 무수히 약속한 소통과 포용, 인사탕평, 공정한 선거 등을 실천하라는 것이다. 특히 경천동지할 4.15 총선 부정선거 의혹에 대해선 철저히 수사해 엄정한 법적 심판을 받게 해야 한다는 것이다.

저자가 꿈꾸는 정치(지도자)는 평범하고 소박하다. 확실한 민주주의 실천 의지를 갖고, 국민을 분열 아닌 통합시키며, 국민을 두려워하고 존중하며, 언론 및 표현의 자유를 존중하고, 인사 탕평해 인재를 널리 등용하며, 시장을 존중해 경제발전과 일자리를 늘리고, 부동산시장을 안정시켜 집 없는 서민의 마음을 편하게 하고, 과거가 아닌 비전을 갖고 미래를 위해 나아가며, 북한과의 평화적 관계를 유지하되 굴종적이지 않고, 안보를 튼튼히 하고 국방력을 강화하며, 외국에 나가 부끄럽지 않고 당당한 자랑스런 대통령이어야 하고,

국부(國富)를 창출하는 기업과 기업인을 존중하며, 중산층을 위주로 정책을 짜되 합법적으로 돈 번 부자를 비난하지 말고, 소외된 사람들을 외면하지 않으며, 말과 행동이 다르지 않고 한번 한 약속은 실천하는 그런 대통령과 정권을 원한다. 평범하되 실천은 쉽지 않은 꿈이다.

이를 실천할 대안세력은 있는가? 더불어민주당이 실패했다면, 제1야당 국민의힘이 대안이 될 수 있을까? 그러나 야당의 무능과 책임도 가볍지 않다. 제1야당이 야당답지 못하고, 투쟁해야 할 때 투쟁력이 너무 약하다. '웰빙(Well-being) 야당'이다. 리더십도 큰 문제다. 팔팔한 젊은 정치인들이 80대의 연로한 정치인을 비상대책위원장으로 모셔놓고 그에 안주했다. 과거 정치노선도 불분명한 노옹(老翁)의 뒤에 숨는 모습들이 참 비겁했다.

그만큼 야당에 인재가 없다는 뜻이기도 하다. 그래서 많은 국민들이 민주당에 실망해도 이런 무능한 야당에 선뜻 호감을 갖지 못한다. 대안세력으로서 야당의 철저한 반성과 환골탈태가 절실하다. 그런 가운데 36세의 이준석 씨가 제1야당의 당 대표가 됐다. 놀랍고도 신선한 충격이다. 경험과 연륜이 부족한 젊은이긴 하지만 제1야당의 리더십 위기를 극복할 수 있길 기대해 본다.

한편, 문 정권에게 핍박받은 윤석열 전 검찰총장이 2021년 6월 29일 대통령 선거 출마를 공식 선언했다. 우리 사회의 정의와 상식이 파괴되는 것을 더는 두고 볼 수 없다고 공언하면서. 그는 검찰총장 재직 시 문 정권의 검찰장악 기도(企圖)에 온몸으로 맞서면서 배짱과 대범함, 언변, 리더십, 카리스마, 내공 등을 유감없이 보여주었다. 한평생 검찰에 몸담은 그가 국가 통치라는 종합적 리더십이 필요한 대통령이란 자리에 부합한 인물인지 아직은 미지수다. 그러나 일단 정치인으로서 뛰어난 기본 자질을 갖춘 것만은 분명해 보인다. 야권에 대박 기대주가 출현한 것이다.

지난 4년 반 동안 문 대통령과 집권 민주당은 무능함과 사악함을 여실히 보여주었다. 필자는 문 대통령을 한 번도 만나본 적이 없다. 그러나 지난 4년 반 동안 문 대통령의 통치행태를 통해 다음과 같은 확신을 갖게 됐다. 첫째, 문 대통령은 박근혜 전 대통령처럼 대통령 준비가 거의 되어 있지 않았다. 둘째, 문 대통령은 민주주의나 법치주의에 대한 철학과 신념이 매우 부족하다. 셋째, 문 대통령은 국가가 나아갈 길에 대해 확실한 비전이 없다. 넷째, 문 대통령은 지도자로서 가장 중요한 리더십이 매우 취약하다.

지도자는 상대방을 인정하고 이견과 갈등을 조정하며, 이들을 설득하고, 합의된 목표와 비전을 향해 대중을 이끌고 가는 자질과 능력이 있어야 한다. 그러나 문 대통령은 그저 사람 좋게 생기긴 했지만, 리더로서의 자질과 능력은 한참 부족한 사람으로 비친다.

특히 정치적 리더는 말(言)로써 먹고 사는 사람이다. 그러나 문 대통령은 정치적 리더로서 필수불가결한 언변이 매우 떨어진다. 말을 잘 못하면 성실성이나 진실성으로 대중을 설득해야 하지만, 대통령이 되고 난 이후의 문 대통령은 진실성도, 성실성도 보여주지 못했다.

문 대통령은 노무현 전 대통령을 만나 운좋게 대통령 비서실장을 했다. 그러나 문 대통령은 비서의 역할은 잘했을지 모르나 정치적 리더, 특히 대통령으로서의 자질과 능력은 많이 부족했다. 문 대통령은 그저 노무현 전 대통령의 비서로 끝났으면 좋은 기억으로 남을 사람이었다. 그럼에도 그는 노무현 전 대통령의 죽음에 대한 보복을 위해, 참여정부 실패를 가져온 '폐족'들의 부활을 위해 대리인으로 지명됐다. 운명이다. 대한민국의 슬픈 운명이다.

참여정부 폐족들의 대리인으로 지명됐기에 문 대통령에겐 '국정농단 최순실'이 많았다. 학생운동권의 대부 장기표 신문명정책연구원장이 지적하듯 "박근혜 대통령에겐 최순실이 한 명뿐이었지만 문 대통령에게는 최순실이 10명이다." 아주 정확한 표현이라 아니할 수 없다. 이게 사실이라면, 최순실 씨에게 그랬듯, 문 정권의 신(新)국정농단 세력들에게도 상응하는 엄중한 법의 심판을 받게 해야 한다. 그것이 최소한의 정의다.

4.15 총선 부정선거와 관련, 총선 결과 통계를 접한 후 부정선거 의혹이 강하게 들었다. 몇몇 친구 및 주변 친한 지인들에게 말했더니 아무도 믿지 않았다. "1950, 60년대도 아닌데 설마..."하는 반응이 태반이었다.

열심히 부정선거에 대해 설명해도 그들은 믿으려 들지 않았다. 오히려 그런 나를 한심하다는 의심의 눈초리로 쳐다보았다. 그도 그럴 것이, 만약 부정선거가 사실이라면 누구보다 적극 나서야 할 제1야당이 침묵했고, 심지어 일부 야당 정치인은 되려 부정선거 제기자들을 공격했기 때문이다.

문 정부에 비판적인 신문 조·중·동(조선,중앙,동아일보)조차 주된 논조는 선거부정을 주장하는 사람들을 태극기세력 등 극우나 음모론자로 몰아갔다. 부정선거 의혹 제기는 보수 유튜버들이 적극적이었는데, 이들 보수우파 유튜버도 부정선거 주장에 대해 찬반으로 갈려 서로 싸웠다. 이런 상황이니 말로 아무리 부정선거에 대해 설명해도 주변 지인들은 믿으려 하지 않았다.

그런데 말로 하던 것을 글로, 통계로, 표로, 도형으로, 사진으로, 동영상으로 보여주자 그들은 믿기 시작했다. 눈앞에 널려진 너무나 많은 명백한 부정선거 증거들에 믿지 않을 수 없었을 것이다. 지난 4.15 총선의 사전투표는 특정 세력에 의한 개표조작이나 대규모 부정이 개입되었을 가능성이 거의 99%라고 확신한다.

오늘날 디지털 시대에 디지털에 의한 선거부정은 흔한 일상이 됐다. 근자(近者)에 이라크, 이란, 터키, 러시아, 콩고, 케냐, 볼리비아, 키르기르스탄, 온두라스, 엘살바도르, 남아공, 벨라루스 등에선 부정선거가 드러나 대규모 시위, 유혈사태를 초래하거나 혹은 무력에 의해 정권교체가 이루어졌다. 심지어 세계 민주주의의 대명사 미국도 2020년 대선 부정선거논란으로 극심한 국론분열을 겪고 있다. 2021년 2월 미얀마에서는 아웅산 수치 정부와 선거관리위원회가 전방위 부정선거 의혹에 대한 해명을 거부하자 군부가 이에 반발해 쿠데타를 일으켜 정권을 잡았다.

4.15 총선 부정선거 의혹은 민주주의 지속을 위해 반드시 규명할 필요가 있다. 비용도 많이 들지 않는다. 반드시 의혹을 규명해 사실을 밝히고 다시는 이런 일이 재발하지 않도록 모든 조치를 취해야 한다. 그래야 가장 중요하고도 최소한의 정의, 민주주의가 작동된다. 폭정을 일삼아 민심을 잃은 부정선거 세력은 지금도 선거부정을 호시탐탐 노리고 있다. 대한민국의 민주주의와 정의는 고사(枯死) 위기에 처했다. 국민들의 뼈아픈 각성과 분발이 필요하다.

오 화 석

무너진 정의

초판 1쇄 인쇄 2021년 07월 20일
　　　2쇄 발행 2021년 10월 05일
지은이 오화석

펴낸이 禹 希 定

펴낸곳 공감책방
출판등록 제2021-000094호
주소 서울특별시 서초구 양재대로 11길 36
전화 02) 567-6646
팩스 070) 4009-2800
이메일 sotong-gonggam@naver.com

ISBN 979-11-975361-0-6 (03300)